भारतीय सिनेमा का सफरनामा

भारतीय सिनेमा का सफरनामा

सम्पादक

पुनीत बिसारिया
राजनारायण शुक्ल

ATLANTIC
PUBLISHERS & DISTRIBUTORS (P) LTD

प्रकाशक :

एटलांटिक पब्लिशर्स एण्ड डिस्ट्रीब्यूटर्स (प्रा.) लि.

7/22, अन्सारी रोड, दरियागंज, नई दिल्ली–110002

दूरभाष : +91-11-40775252, 23273880, 23275880, 23280451

फैक्स : +91-11-23285873

ई-मेल : orders@atlanticbooks.com

वेबसाइट : www.atlanticbooks.com

शाखा कार्यालय :

5, नालाथम्बी स्ट्रीट, वालाजाह रोड, चेन्नई–600002

दूरभाष : +91-44-64611085, 32413319

ई-मेल : chennai@atlanticbooks.com

ISBN 978-81-269-1798-3

मुद्रक : ग्लोरियस प्रिंटर्स, ए-13, डी.एस.आई.डी.सी., झिलमिल औद्योगिक क्षेत्र, नई दिल्ली–110095

BHARATIYA CINEMA KA SAFARNAMA (*in Hindi*)

By Puneet Bisaria and *Rajnarayan Shukla*

प्रस्तावना

मानव सभ्यता के प्रादुर्भाव से लेकर आज तक कहानियों में मनुष्य की गहरी अभिरुचि रही है। बचपन में वह अपनी दादी-नानी की गोद में बैठकर कहानियाँ सुनता रहा है, युवावस्था में वह पहले नाटकों, लोक कलाओं (नौटंकी, तमाशा, आल्हा, कठपुतली, आदि) से अपना मनोरंजन करता रहा है, तो वृद्धावस्था में वह धर्मग्रंथों की कहानियों से मनोरंजन के साथ-साथ धर्म लाभ भी करता रहा है। समय बीतने के साथ, विशेषकर बीसवीं शताब्दी के प्रारम्भ में हुए प्रौद्योगिकीय विकास के परिणामस्वरूप, अभिरुचि में परिवर्तन तो नहीं हुआ, किन्तु अभिरुचि के स्रोतों में परिवर्तन अवश्य परिलक्षित होने लगा। अब शनैः-शनैः दादी-नानी द्वारा सुनाई जाने वाली गुड्डे-गुड्डियों, राजा-रानी एवं परियों की कहानियों में से दादी-नानी गायब होने लगीं और उनका स्थान टी०वी० ने लेना शुरू कर दिया। इसी प्रकार युवाओं तथा प्रौढ़ों ने फिल्मों तथा टी०वी० में मनोरंजन ढूँढना प्रारम्भ कर दिया। इक्कीसवीं शताब्दी की शुरुआत से इसमें इण्टरनेट का आयाम भी जुड़ गया है। हालांकि कालान्तर में ये सभी माध्यम मात्र मनोरंजनप्रदाता न रहकर ज्ञान एवं सूचना के महत्त्वपूर्ण स्रोत के तौर पर भी उभरकर हमारे सामने आए। इन सभी माध्यमों ने अपने-क्षेत्रों का विस्तार किया और ये सभी आयु वर्ग के लिए अपनी उपयोगिता साबित करने लगे। भारतीय सिनेमा की सौवीं वर्षगाँठ की पूर्व संध्या के अवसर पर हम इनमें से सर्वाधिक महत्त्वपूर्ण एवं लोकप्रिय माध्यम सिनेमा की चर्चा करेंगे। यह पुस्तक सम्पूर्ण भारतीय सिनेमा पर एक विहंगम दृष्टि डालने का छोटा सा प्रयास है।

भारतीय सिनेमा ने अपनी शुरुआत धार्मिक फिल्मों से की। प्रायः सभी भाषाओं की प्रारम्भिक दौर की फिल्मों में हम धार्मिकता को प्रधान प्रवृत्ति के तौर पर देख सकते हैं। यह दौर लगभग एक से डेढ़ दशक तक कमोबेश सभी महत्त्वपूर्ण भारतीय भाषाओं में जारी रहा और इसके बाद सामाजिक समस्याओं, कुरीतियों एवं स्वाधीनता संग्राम पर आधारित फिल्में बननी शुरू हुईं। यहाँ यह

उल्लेख करना आवश्यक है कि इस दौर के फिल्मकारों ने अंग्रेज़ी हुकूमत की परवाह किए बगैर निर्भीक होकर आज़ादी की प्रेरणा देने वाली फिल्में बनाईं। उस दौर की अनेक फिल्मों के गीतों ने देश को आज़ादी दिलाने में प्रेरक तत्व का कार्य किया।

पाँचवाँ और छठवाँ दशक आज़ादी प्राप्त होने की मस्ती से सराबोर था, जिसमें प्रेम, रोमांस और जुदाई का दर्द प्रधान थे। यह प्रवृत्ति प्रायः सर्वत्र परिलक्षित होती है। इस दौर को 'भारतीय सिनेमा का स्वर्णयुग' कह सकते हैं। यहाँ एक आश्चर्यजनक तथ्य यह है कि इस दौर में भारतीय, विशेषकर हिन्दी साहित्य में प्रयोगवाद, अकवितावाद, आदि धुर कलावादी अशालीन प्रवृत्तियाँ हावी हो रही थीं, तो इसकी प्रतिक्रिया स्वरूप भारतीय सिनेजगत, विशेषकर हिन्दी सिनेमा ने, एक से बढ़कर एक सदाबहार गीत जनता को तोहफे में दिए। इससे यह निष्कर्ष निकालना गलत न होगा कि पाँचवें-छठवें दशक के हिन्दी साहित्य का प्रतिनिधित्व वास्तव में 'साहित्य' नहीं कर रहा था, बल्कि हिन्दी सिनेमा के सदाबाहर गीत कर रहे थे, जो आज भी सम्पूर्ण विश्व के बीच लोकप्रिय हैं। यही वह समय था, जब भारतीय सिनेमा को वैश्विक स्वीकृति मिलनी शुरू हुई और राजकपूर तथा सत्यजीत रॉय का जादू समूचे विश्व पर सिर चढ़कर बोलने लगा।

सातवें दशक से भारतीय सिनेमा ने रोमांस के मृदुल धरातल को छोड़कर यथार्थ के खुरदुरे एवं कठोर धरातल पर कदम रखने शुरू कर दिए। हालांकि इसकी शुरुआत "मदर इण्डिया" से हो चुकी थी, लेकिन इसे भारतीय सिनेमा की प्रधान प्रवृत्ति बनाया प्रकाश मेहरा की अमिताभ बच्चन द्वारा अभिनीत फिल्म "ज़ंजीर" ने। इसके बाद के दो दशक मार-धाड़ और खून-खराबे से भरपूर रहे। कहा जाता है कि इन दो दशकों के दौरान केवल हिन्दी सिनेमा में मारधाड़ के दृश्यों के फिल्मांकन के लिए जितना बारूद इस्तेमाल किया गया, उतने बारूद का इस्तेमाल तो द्वितीय विश्वयुद्ध में भी नहीं हुआ था। "दीवार", "शोले", "शान", "क्रांति", "वीरपांडियकट्टबोम्मन", "मीनव नंबन", "मुरट्टु कालै", "अल्लूरि सीतारामराजु", "जस्टिस चौधरी", "बोब्बिलि पुलि", "अग्निपर्वतं", आदि इसी प्रकृति की फिल्में थीं। हिन्दी सिनेमा में यह दौर प्रायः "प्रतिघात" फिल्म के बाद सिमटता दिखाई देता है।

नवें दशक की शुरुआत हिन्दी सिनेमा में "मैंने प्यार किया" से हुई और इस फिल्म ने "बॉबी" के निश्छल और सरल रोमांस को पुनर्जीवित तो किया ही, सिनेजगत में हिंसा के स्थान पर रोमांस को प्रतिस्थापित करने का कार्य

भी किया। इसके पश्चात बीसवीं शती का अन्तिम दशक कॉलेज रोमांस, सेक्स और थ्रिल के आसपास घूमता रहा।

इन सबके समानांतर न्यू वेव सिनेमा अथवा सार्थक सिनेमा की एक धारा भी सातवें और आठवें दशक में प्रवाहमान हुई, जिसका स्रोत नवें दशक तक आते-आते सूख गया। लेकिन यह धारा कहीं न कहीं छिपी अवश्य थी, जो इक्कीसवीं शती में आकर चालू सिनेमा से एकाकार होकर नए स्वरूप में सामने आई।

इक्कीसवीं शताब्दी के आने तक भारतीय दर्शक के 'टेस्ट' में भारी बदलाव आ चुका था और वह आठवें-नवें दशक की फॉर्मूला फिल्मों को देखने को तैयार नहीं था। अब उसे सिनेमा में कथ्यात्मक नवीनता तो चाहिए ही थी, तेज और इंस्टैंट मूवमेंट भी चाहिए थे। इसीलिए इस दौर में पुराने निर्देशक कहीं खो से गए और नए तथा ऊर्जावान निर्देशकों की फौज ने उनका स्थान ले लिया। इस फौज की "तारे जमीं पर", "रंग दे बसंती", "मुन्ना भाई एम०बी०बी०एस०", "ब्लैक", "पा", "देवदास", "देव डी", "पेज थ्री", "सत्या", "लगान", "इकबाल", "चक दे इण्डिया", "ए वेडनेसडे", "कहो न प्यार है", "धूम", "थ्री ईडियट्स", "पीपली लाइव", "दबंग", "अन्नियन, वेइल", "सेतु", "दशावतारम", "रोबोट", "द्वीप", "हसीना", "गम्यम्", "गुलाबी टाकीज", "प्रयाणम्", आदि फिल्मों ने सिनेजगत को नए कथ्य, तथ्य तथा नए विचार दिए हैं।

इक्कीसवीं शताब्दी के आरंभिक वर्षों में मोबाइल तथा इण्टरनेट की बढ़ती लोकप्रियता ने दुनिया को बहुत छोटा एवं निकट कर दिया है। आज कोई भी व्यक्ति मात्र दस-बीस रुपये देकर साइबर कैफे में एक घण्टे बैठकर पूरी दुनिया से सम्पर्क स्थापित कर सकता है। इसका फिल्मों पर भी प्रभाव पड़ा है। आज फिल्मों को ओवरसीज़ के नाम पर एक भारी भरकम बाजार मिल गया है। इसका नतीजा यह हुआ है कि बहुत से फिल्मकार विदेशी दर्शकों को ध्यान में रखकर फिल्में बनाने लगे हैं। अमेरिका, ब्रिटेन, चीन, कनाडा, रूस, स्पेन, थाईलैण्ड, सिंगापुर, आदि देशों की परंपराओं एवं संस्कृतियों को भारतीय पात्रों के साथ जोड़कर दिखाने की इस नई प्रवृत्ति के मूल ने इन देशों के नागरिकों तथा इन देशों में रह रहे प्रवासी भारतीयों को आकर्षित किया है। "दिल वाले दुल्हनिया ले जाएंगे", "काइट्स", "मर्डर", "सिंह इज़ किंग", "पटियाला हाउस", "चाँदनी चौक टू चाइना", "न्यूयॉर्क", "ज़िन्दगी न मिलेगी दोबारा", "स्पीडी सिंह", आदि फिल्मों के निर्माण में यही मानसिकता काम कर रही

थी। हिन्दी सिनेमा तथा हिन्दी भाषा को इसका लाभ भी मिला है। इससे हिन्दी सिनेमा को विदेशों में एक बड़ा बाजार मिला है, तो हिन्दी को विश्व भाषा की ओर अग्रसर होने में सहायता मिली है। अप्रवासी भारतीय इसके पीछे मुख्य प्रेरक तत्व रहे हैं। लेकिन इसके नुकसान भी देखे जा सकते हैं। विदेशी लोकेशनों पर विदेशी संस्कृति के साथ भारतीय संस्कृति का 'चूँ-चूँ का मुरब्बा' बनाया जा रहा है, जो न तो स्वस्थ रुझान कहा जा सकता है और न ही इससे भारतीयता के प्रति फिल्मों की संकल्पबद्धता प्रदर्शित हो पा रही है। उल्टे यह भारतीयता की जड़ों को खोखला करने वाली प्रवृत्ति बनकर रह गयी है। आइफा अवार्ड समारोह को विश्व के भिन्न-भिन्न देशों में प्रति वर्ष आयोजित करने से भी हिन्दी सिनेमा को फायदा हुआ है।

इधर भारतीय सिनेमा में एक नई प्रवृत्ति दिखाई दे रही है। वह यह कि विदेशी कलाकारों विशेषकर अभिनेत्रियों को भारतीय फिल्मों में महत्त्वपूर्ण भूमिका में दिखाना। इसके दोहरे फायदे हैं। एक तो विदेशी अभिनेत्रियों से अंग प्रदर्शन कराने में गोरी चमड़ी के ग्लैमर का लाभ मिल जाता है, दूसरे इनके माध्यम से विदेशों में फिल्म के प्रचार के लिए अधिक मेहनत नहीं करनी पड़ती। अब तो हॉलीवुड के अनेक कलाकार भी हिन्दी फिल्मों में मोटी कमाई के लालच में बॉलीवुड का रुख करने लगे हैं। लेडी गागा, पीटर रसेल, पेरिस हिल्टन, किम कार्देशियन, आदि विदेशी कलाकार बॉलीवुड में काम करने को लाइन लगाकर खड़े हैं। लेकिन इससे फिल्मों में भारतीयता एवं भारतीय संस्कारों की उपेक्षा हो रही है। साथ ही हिन्दी पर इनकी पकड़ न होने के कारण इनके द्वारा किया गया अभिनय हास्यास्पद सा प्रतीत होता है।

भारतीय सिनेमा विशेषकर हिन्दी सिनेमा ने अब एक नया प्रयोग प्रारम्भ किया है, जो अत्यंत सफल रहा है, वह यह कि विदेशी फिल्मों की भोंडी नकल करने की बजाय क्षेत्रीय भाषाओं की सफल फिल्मों को अपनी भाषा में रूपान्तरित करना। तेलुगु की "शिवा" फिल्म से शुरू हुई यह परंपरा आज अनेक हिन्दी फिल्मों में अपनाई जा रही है। गत वर्ष आई "रावण" फिल्म ने एक नए ट्रेंड को जन्म दिया। वह यह कि एक ही सेट और लोकेशन पर एक से अधिक भाषाओं की फिल्मों को एक ही समय में एक साथ शूट करना। यह एक अच्छा चलन है, जिसे प्रोत्साहन दिया जाना चाहिए। इससे समय और धन की बचत तो होती ही है, साथ ही एक ही यूनिट के कलाकारों से काम कराकर एक समय में दो या दो से अधिक फिल्में तैयार कर प्रदर्शित की जा सकती हैं।

हिन्दी सिनेमा के कुछ और नए रुझानों का यहाँ उल्लेख किया जाना आवश्यक है। पहला, पुरानी तथा कालजयी श्वेत-श्याम फिल्मों को रंगीन करके डिजिटल स्वरूप में पुनः प्रदर्शित करना। "मुग़ले आज़म" को इस माध्यम से सफलतापूर्वक पुनर्प्रदर्शित किया जा चुका है और "हम दोनों" तथा कई अन्य हिन्दी फिल्मों को नया कलेवर देकर पुनर्प्रदर्शित करने की तैयारी की जा रही है। पुरानी फिल्मों को आज के डिजिटल भारतीयों से हूबहू उसके रंगीन स्वरूप में परिचित कराने की यह परंपरा सराहनीय है। इसके अतिरिक्त कुछ फिल्मों के 3-डी संस्करणों को भी लाने की तैयारी हो रही है, जिनमें "शोले" और "मुग़ले आज़म" प्रमुख हैं। इसे भी बढ़ावा दिया जाना चाहिए लेकिन मौलिक की कीमत पर नहीं।

आज सिनेमा में रीमेक कल्चर बढ़ रहा है। यद्यपि पहले भी "जोगीदास खुमाण", "देवदास", "चित्रलेखा", आदि फिल्मों के रीमेक बनते रहे हैं, लेकिन हाल में इस चलन ने जोर पकड़ा है। "डॉन", 'अग्निपथ", "साहब बीबी और गुलाम", "शोले", "मैंने प्यार किया", "फूल और कांटे", आदि फिल्मों के रीमेक जल्द ही बड़े पर्दे पर अवतरित होने वाले हैं। लेकिन इसे एक अच्छा ट्रेंड नहीं कहा जा सकता क्योंकि यह मौलिकता से पलायनवादिता का परिचायक है और हिन्दी फिल्मकारों की बौद्धिक दरिद्रता को प्रदर्शित करता है।

आजकल फिल्मों में आइटम गीतों की प्रवृत्ति भी बढ़ रही है। विशेषकर लोक संस्कृति के सुन्दर एवं सुमधुर गीतों का फूहड़ अंग प्रदर्शन के साथ प्रस्तुतीकरण भारतीय लोक संस्कृति की आत्मा पर आघात कर रहा है। 'सरकाइ ल्यौ खटिया' से शुरू हुई यह परंपरा आज 'हलकट जवानी' तक आ पहुँची है। यद्यपि 'महँगाई डायन खाए जात है' और 'ससुराल गेंदा फूल' जैसे लोकगीतों का स्वस्थ एवं सार्थक चित्रांकन करके सिनेमा ने वाहवाही भी बटोरी है, लेकिन ऐसे दृष्टांत कम ही हैं।

भारतीय फिल्मों में प्रारंभ से ही महिलाओं को सशक्त भूमिका न देने की परंपरा रही है। भारतीय फिल्मों की महिलाएँ या तो सती-सावित्री होती हैं या ग्लैमर डॉल के रूप में चित्रित की जाती हैं। इक्कीसवीं सदी का एक दशक बीत जाने के बावजूद इसमें कोई बड़ा बदलाव नहीं दिखाई देता। यह दुर्भाग्यपूर्ण है कि आज भी कल्कि कोचलीन जैसी नवोदित अभिनेत्री को यह कहने को बाध्य होना पड़ता है कि "ज़िन्दगी न मिलेगी दोबारा" फिल्म में उनका इस्तेमाल "आई कैण्डी" के रूप में किया गया है। शायद यही सोचकर नेहा धूपिया ने

कहा होगा कि हिन्दी फिल्में तीन 'S' से चलती हैं–सेक्स, सलमान और शाहरुख खान। कहानी की डिमाण्ड के नाम पर फिल्मकारों द्वारा अंग प्रदर्शन को जायज ठहराना और अभिनेत्रियों का अंग प्रदर्शन करने हेतु खुशी-खुशी तैयार रहना शायद भारतीय सिनेमा की एक बड़ी विकृति का संकेत है। कुछ साल पहले अभिनेत्री महिमा चौधरी ने निर्देशक सुभाष घई पर यह आरोप लगाया था कि "परदेस" फिल्म में घई ने उन्हें नॉन ग्लैमरस रोल देकर उनका कॅरियर खराब कर दिया। राखी सावंत, कश्मीरा शाह, पाउली दाम, पूनम पाण्डे, सनी लियोन, पायल रोहतगी, आदि तथाकथित 'आइटम गर्ल्स' के भड़काऊ कपड़ों एवं बयानों से सिनेमा जगत में आ रही सॉफ्ट पोर्नोग्राफी की आहट को सुस्पष्ट तरीके से महसूस किया जा सकता है।

'नयापन' वर्तमान दौर में भारतीय सिनेमा की एक नई चाहत के रूप में उभरकर आया है। मोटे-तौर पर तो यह चाहत अच्छी दिखाई देती है, लेकिन जब यह नयापन कुछ सीमाओं को भी पार करने लगता है तो यह विकृत स्वरूप में हमारे सामने आ जाता है। दादा कोंडके ने कुछ समय पहले मराठी सिनेमा में द्विअर्थी संवादों से युक्त फिल्मों के निर्माण की शुरुआत की थी, जिनका हिन्दी समेत अनेक भाषाओं में डबिंग के साथ प्रदर्शन किया गया था। "अँधेरी रात में दिया तेरे हाथ में", "खोल दे मेरी........जुबान", आदि इसी कोटि की फिल्में थीं। लेकिन कुछ ही दिनों में दर्शक इससे ऊब गए और यह चलन खत्म हो गया। इधर हिन्दी में हिन्दी सिनेमा के अग्रणी फिल्मकार आमिर खान ने अपने भांजे इमरान खान के डूबते कॅरियर को पटरी पर लाने के लिए "डेल्ही बेली" जैसी बकवास फिल्म लेकर आए हैं, जिसमें अशालीन भाषा एवं भद्दी गालियों की भरमार है। "रागिनी एम०, एम०एस०", "बुड्ढा होगा तेरा बाप", "इश्किया", "इश्किया-2", "द डर्टी पिक्चर", "हेट स्टोरी", "तेज", "मर्डर-2", "राज-3", "हिरोइन", "जन्नत-2" आदि इसी परंपरा का अंधा अनुगमन कर रही हैं। जब 'आपकी अदालत' नामक कार्यक्रम में आमिर खान से पूछा गया कि "तारे ज़मीं पर" और "रंग दे बसंती" जैसी सार्थक फिल्में बनाने वाले निर्देशक को "डेल्ही बेली" जैसी फिल्म बनाने की क्या जरूरत पड़ गई तो उनका कहना था कि मैं इण्टरटेनर हूँ, मेरा काम जनता का मनोरंजन करना है और यह फिल्म नयी कॉन्सेप्ट थी, इसलिए मैंने इसका निर्माण किया। यह तर्क भारतीय सिनेमा को उसके पथ से भटकाने वाला प्रतीत होता है।

भारतीय सिनेमा में आज कहीं न कहीं अच्छी कहानियों एवं गीतों का भी सख्त अभाव दिखाई देता है। स्वयं अमिताभ बच्चन और स्व० मजरूह सुल्तानपुरी

भी इस ओर संकेत कर चुके हैं। इसका मुख्य कारण फिल्म पटकथा लेखकों एवं गीतकारों को उचित सम्मान एवं पारिश्रमिक न दिया जाना है। आज फिल्म निर्देशकों, संगीतकारों तथा नृत्य निर्देशकों को जितना सम्मान एवं धन दिया जाता है, उतना सम्मान एवं धन पटकथा लेखकों एवं गीतकारों को नहीं मिलता। शायद यही कारण है कि हम पटकथा के लिए या तो विदेशी फिल्मों की भोंडी नकल करते हैं या रीमेक की ओर भागते हैं और गीतों को या तो विदेशी धुनें चुराकर तैयार करवाते हैं या भारतीय लोकगीतों को भोंडे तरीके से पेश करते हैं।

इधर एक नई प्रवृत्ति भी देखी जा रही है। आज एक फिल्म के हिट हो जाने पर उसका दूसरा और तीसरा पार्ट बनाने की होड़ चल पड़ी है। "नगीना" और "निगाहें" की सफलता से शुरू हुआ यह रुझान रामगोपाल वर्मा की "डरना" सीरीज़ से होता हुआ "मुन्ना भाई" सीरीज़ का पड़ाव तय करते हुए आज "धूम", "भेजा फ्राई", "धमाल", "हेराफेरी", "मर्डर", "दबंग", आदि तक पहुँच गया है। रामगोपाल वर्मा ने तो इससे भी दो कदम आगे बढ़ते हुए एक बार में ही "रक्तचरित्र-1" और "रक्तचरित्र-2" बना ली थीं और दो माह के अन्तर से दोनों फिल्मों को प्रदर्शित कर दिया था। सन् 2012 में अनुराग कश्यप ने "गैंग ऑफ वासेपुर" में यही प्रयोग सफलतापूर्वक दोहराया। हालांकि इसके दुष्परिणाम भी देखे जा सकते हैं। पार्ट-2 बनाने के फेर में निर्देशक प्रायः फिल्मों के अंत का कबाड़ा कर रहे हैं। इससे सिनेमा हॉल से निकलने वाला दर्शक मनमाफिक एवं सार्थक अंत न होने पर ठगा सा महसूस करता है।

रेट्रो के हॉलीवुड पैटर्न को भी भारतीय दर्शकों पर कसने की कोशिश की गयी है। आज की फिल्मों में सातवें दशक का वातावरण सृजित करने की यह कोशिश "ओम शांति ओम" में तो कुछ हद तक सफल रही लेकिन बाद की "एक्शन रीप्ले", "तीसमारखाँ", "1920", "वॉन्टेड", आदि फिल्मों में दर्शकों ने इसे अस्वीकार कर दिया।

इधर कुछ स्वस्थ रुझान भारतीय फिल्मों को अन्तर्राष्ट्रीय मंच पर गर्व से खड़े होने के अवसर भी दे रहे हैं। बच्चों पर केन्द्रित कुछ सार्थक फिल्मों जैसे–"तारे ज़मीं पर", "इकबाल", "स्लमडॉग मिलिनेयर", "चिल्लर पार्टी", "भूतनाथ", "हनुमान", "स्टैनली का डब्बा", आदि ने इस उपेक्षित क्षेत्र को भी फलने-फूलने का अवसर दिया है। भारत में खेलों पर बहुत कम फिल्में बनती थीं, लेकिन हाल में कई फिल्मों में खेलों को महत्त्व दिया गया है। "लगान", "चक दे इण्डिया", "इकबाल", "पटियाला हाउस", "स्पीडी सिंह",

आदि फिल्मों ने इन खेलों की ओर भी जनता का ध्यान आकृषित किया है। शारीरिक एवं मानसिक रोगों पर भी कुछ अच्छी एवं सार्थक फिल्में बनी हैं। "आनंद", "अखियों के झरोखों से" तथा "दर्द का रिश्ता" से शुरू हुई यह परंपरा आज "तारे ज़मीं पर", "ब्लैक", "पा", "सेतु", "तेरे नाम", और "गुजारिश" से "बरफी" तक आ पहुँची है। इनके अतिरिक्त सामाजिक समस्याओं ("स्लमडॉग मिलिनेयर", "रोक", "डोर", "गंगाजल", "इश्किया", "नो वन किल्ड जेसिका", "खाप", "न्यूयॉर्क", "कुर्बान", "ए वेडनेसडे", "पान सिंह तोमर", "वेइल", "कल्लरली हूवागी"), शिक्षण व्यवस्था ("थ्री ईडियट्स", "तारे जमीं पर"), राजनीति ("सरकार", "सरकार राज", "राजनीति", "नायकम्"), फैशन कल्चर ("फैशन", "कॉरपोरेट", "पेज थ्री"), इतिहास ("जोधा अकबर", "भगत सिंह", "बोस दि फॉरगॉटेन हीरो", 'सरदार", "गाँधी माई फ़ादर") ग्राम्य समाज ("पीपली लाइव", "वेलकम टू सज्जनपुर", "मालामाल वीकली", "स्वदेश", "रेड अलर्टः द वार विदइन", "प्रयाणम्") विषयों पर भी इधर भारतीय फिल्मकारों ने कुछ अच्छी फिल्में दी हैं।

साहित्य के सिनेमा के साथ सम्बन्धों की ओर यदि दृष्टि डालें, तो स्थिति निराशाजनक दिखाई देती है। साहित्य ने कभी भी सिनेमा को अच्छी नजरों से नहीं देखा। चंद साहित्यकारों को छोड़ दें तो प्रायः अधिकांश साहित्यकारों ने फिल्म जगत से दूरी बनाकर रखी। सिनेमा ने भी उन्हें यह कहते हुए कम गले लगाया कि साहित्य एक दृश्य माध्यम है, जबकि सिनेमा दृश्य-श्रव्य माध्यम है। इसलिए साहित्यकार को यदि सिनेमा से जुड़ना है तो उसे सिनेमा की आवश्यकता के अनुरूप लेखन करना होगा। सिनेमा से प्रेमचंद और अश्क समेत कई साहित्यकारों के मोह भंग का यह एक बड़ा कारण था। हालांकि इसके बावजूद उर्दू, कन्नड़, बंगाली और गुजराती सिनेमा ने साहित्यिक कृतियों पर आधारित अनेक उत्कृष्ट फिल्मों का निर्माण किया। हिन्दी सिनेमा ने भी शरत, प्रेमचंद, सआदत हसन 'मण्टो', भगवतीचरण वर्मा, आर०के० नारायण, मिर्जा हादी रुसवाँ, महाश्वेता देवी, चेतन भगत, आदि की अनेक साहित्यिक कृतियों पर फिल्में बनाई। लेकिन यदि इक्का-दुक्का फिल्मों को छोड़ दें, तो इन फिल्मों को बॉक्स ऑफिस पर सीमित सफलता ही मिली क्योंकि सिने निर्देशक इन कृतियों का सिनेमाई रूपान्तरण करते समय अति नाटकीयता के मोह में पड़कर इनके साथ न्याय नहीं कर सके और इन कृतियों की आत्मा को मार बैठे।

भारतीय फिल्म इण्डस्ट्री में ऐसे अनेक कलाकार मौजूद रहे हैं, जिन्होंने साहित्य और सिनेमा दोनों ही क्षेत्रों में अपना परचम लहराया है। गोपाल दास

'नीरज', नरेन्द्र शर्मा, कवि प्रदीप, गुरुदत्त, डॉ॰ राजकुमार, मजरूह सुल्तानपुरी, हरिवंश राय बच्चन, डॉ॰ राही मासूम रज़ा, कैफी आजमी, मीना कुमारी, गिरीश कर्नाड, गुलज़ार, मनोहर श्याम जोशी, सुरेन्द्र वर्मा, जावेद अख्तर, आदि नाम इस श्रेणी में आते हैं। लेकिन वर्तमान समय में इनकी संख्या कम होती जा रही है, जो सिनेमा की सेहत के लिए अच्छा संकेत नहीं है।

भारतीय सिनेमा और एकेडमिक्स के बीच भी सम्बन्ध भारत में नहीं पनप सके हैं। इसका एक बड़ा कारण सिनेजगत का इस दिशा में उदासीन रहना है। सिने जगत की उदासीनता के कारण ही हिन्दी की पहली सवाक् फिल्म "आलमआरा" का एकमात्र प्रिंट पुणे में जलकर नष्ट हो गया। फिल्म उद्योग को इम्पा जैसी एक स्वतंत्र संस्था बनाकर भारतीय फिल्मों के संरक्षण की दिशा में आगे बढ़ना चाहिए। इस संस्था के माध्यम से भारतीय सिनेमा का एक संग्रहालय पुणे, चेन्नई, गोवा या जम्मू में स्थापित किया जा सकता है, जिसमें पुरानी कलात्मक फिल्मों के विभिन्न भारतीय भाषाओं में शो आयोजित किए जाने चाहिए। यह संग्रहालय सभी भारतीय फिल्मों के डिजिटलाइजेशन का वृहद् कार्य भी अपने हाथों में ले सकता है। इसके अतिरिक्त मैडम टुसाड के म्यूजियम की तर्ज पर इस संग्रहालय में भारत के कालजयी फिल्मकारों की मोम की मूर्तियाँ भी स्थापित की जा सकती हैं। इस संग्रहालय के माध्यम से भारतीय सिनेमा पर शोध कार्य को भी प्रोत्साहित किया जा सकता है।

यद्यपि फिल्म इंस्टिट्यूट, पुणे और एन॰एस॰डी॰ जैसी सरकारी संस्थाएँ अस्तित्व में काफी समय से हैं, लेकिन फिल्म शोध एवं समीक्षा की एक स्वस्थ परम्परा अभी भारत में विकसित होनी है। कुछ समाचार पत्रों में फिल्मों की अधकचरी आलोचना छाप कर उसे ही हम फिल्म समीक्षा मान बैठते हैं। आज आवश्यकता है कि दलित विमर्श, आदिवासी विमर्श, स्त्री विमर्श के पैटर्न पर सिनेमा विमर्श की गम्भीर शुरुआत की जाए और श्रेष्ठ फिल्मों के समालोचन हेतु पत्र-पत्रिकाएँ आगे आएँ एवं पुस्तकें लिखी जाएँ। इस पुस्तक के माध्यम से इस दिशा में पहला कदम रखा जा रहा है। आशा है कि अन्य पुस्तकें, पत्र-पत्रिकाएँ एवं समाचार पत्रों के साहित्यिक पृष्ठ भी इस दिशा में आगे बढ़ेंगे।

भारतीय सिनेमा पर केंद्रित इस पुस्तक में हमने भरसक प्रयास किया कि सभी भारतीय भाषाओं के आलेखों का समावेश किया जा सके, लेकिन फिर भी हम ओड़िया, कोंकणी, पंजाबी, राजस्थानी, सिन्धी, असमी, नागपुरी, मैथिली, नेपाली, संथाली और इण्डो-अंग्रेजी की भारतीय फिल्मों पर आलेख प्राप्त नहीं

कर सके। अनेक आलेखों को हासिल करने के लिए मैंने उन क्षेत्रों का कई बार दौरा किया। इसे हम इस देश की विडंबना ही कहेंगे कि राजस्थानी, कोंकणी, नागपुरी, आदि भाषाओं की फिल्मों की हम क्रमशः राजस्थान, गोवा और नागपुर के क्षेत्रों में एक भी सी॰डी॰ बाजार में नहीं हासिल कर पाए। यह तथ्य देश में भारतीय फिल्म संग्रहालय की आवश्यकता का भी शिद्दत से अहसास कराता है।

इस पुस्तक में भारत के महान फिल्मकार अडूर गोपालकृष्णन का एक लम्बा साक्षात्कार दिया जा रहा है, जो इसकी गरिमा में चार चाँद लगाता है। इसके अतिरिक्त शास्त्रीय संगीत का भारतीय फिल्मों में समावेश विषय पर एक महत्त्वपूर्ण आलेख है और फिल्मों में रोजगार के अवसरों पर एक सूचनास्पद आलेख भी है। इसके अतिरिक्त हिन्दी, संस्कृत, तमिल, तेलुगू, कन्नड़, मलयालम, गुजराती, मराठी, बंगला, भोजपुरी, आदि भाषाओं पर केन्द्रित अनेक महत्त्वपूर्ण आलेख इस पुस्तक में शामिल किए गए हैं। तो, यह पुस्तक अपने स्वरूप में अब पाठकों की अदालत में प्रस्तुत है। अब यह आप पर है कि आप हमारे इस प्रयास को किस दृष्टि से देखते हैं।

पुनीत बिसारिया

विषय-सूची

1

गुजराती सिनेमा

कनुभाई पटेल

बीसवीं सदी के अंत के गुजराती सिनेमा के बारे में यदि बात करनी हो, तब उन दशकों के दौरान भारतीय सिनेमा के क्षेत्र में विविध प्रांतीय भाषाओं में क्या काम हुए, उनका भी संदर्भ लेना जरूरी हो जाता है। गुजरात भारत का एक प्रांत है, इसलिए बहुत कुछ ऐसा होगा, जिसमें अन्य प्रांतों के साथ समांतरता खोजी जा सकती है और बहुत कुछ ऐसा होगा, जो इस प्रांत की अपनी विशिष्टता के रूप में अलग हो जाता है। सन् 1947 में स्वतंत्रता मिलने के बाद एक ऐसी व्यवस्था अस्तित्व में आई, जिसके अंतर्गत प्रत्येक प्रांत संवैधानिक दृष्टि से समान अधिकार संपन्न हो गए। इसके साथ ही "राष्ट्रीय अस्मिता" के प्रति जागरूकता के साथ सामाजिक-सांस्कृतिक गतिविधियाँ भी आरंभ हुईं।

गुजराती सवाक् फिल्मों के बारे में कुछ बात करने से पहले, अन्य प्रदेशों में क्या हुआ, यह जानना जरूरी है। फालके, बाबूराव पेंटर, मास्टर विट्ठल, विष्णु पगनीस, वी॰ शांताराम, आदि महाराष्ट्र में सक्रिय थे। इसी समय बंगाल में धीरेन्द्रनाथ गांगुली, शिशिर भादुड़ी, नरेश मित्र, नितिन बोस, योगेश चौधरी, आदि सक्रिय थे। बंगाल के हिमांशु राय तब तक बंबई आ चुके थे। पहली बंगला फिल्म के रूप में, सन् 1922 में निर्मित "बिलेत फेरत" का उल्लेख मिलता है। नितिश लाहिड़ी द्वारा निर्देशित इस फिल्म में धीरेन्द्रनाथ गांगुली अभिनेता थे। यह फिल्म जब दिखाई जाती, तब परदे के पास बंगाली साजिंदे बैठते। सन् 1922 में शिशिरकुमार भादुड़ी जैसे प्रख्यात रंगकर्मी ने नरेश के साथ "अंधारे आलो" का निर्देशन किया। यह फिल्म शरदबाबू के उपन्यास पर बनी थी। गुजराती में द्वारकादास संपटे ने कलापी की "हृदयत्रिपुटी" पर आधारित "मनोरमा" फिल्म बनाई थी। मणीलाल जोशी ने उसी वर्ष कन्हैयालाल माणिकलाल मुंशी के उपन्यास "पृथिवीवल्लभ" पर फिल्म बनाई थी। ऐसा कहा जा सकता है कि साहित्यिक कृतियों पर आधारित फिल्में बनाने की पहल बंगाल

ने की। सन् 1929 में नरेश मित्र ने शरदबाबू की कृति "देवदास" पर फिल्म बनाई। सन् 1931 में "न्यू थियेटर" की स्थापना हुई। वहाँ शरदबाबू की ही कृति "देना पावना" पर इसी नाम से निर्देशक प्रेमांकुर आतोर्थी ने फिल्म बनाई। आगे चलकर "न्यू थियेटर" टेक्नालॉजिकल शोध के लिए प्रसिद्ध हुआ। पार्श्वगायन भी यहीं से आरंभ हुआ। मुकुल बोस (नितिन बोस के छोटे भाई) जैसे ध्वनिमुद्रक ने फिल्म को श्रव्य बनाने की कला विकसित की। यहाँ एक दूसरी बात का उल्लेख भी ज़रूरी है। सन् 1919 में, "न्यू थियेटर" द्वारा रुस्तमजी के निर्देशन में बनाई गई फिल्म "बिल्वमंगल" बंगला की पूरी लंबाई की फिल्म मानी जाती है। यह फिल्म गुजराती लेखक चॉपसी उदेशी की कहानी पर बनी थी। महाराष्ट्र में बाबूराव पेंटर सन् 1925 में "सावकारी पाश" नाम की फिल्म बना चुके थे। उसमें जमींदारों द्वारा होने वाले अत्याचार तथा शोषण की बात कही गई थी। इस फिल्म में मुख्य भूमिका वी॰ शांताराम ने जुंजारराव पवार, नारायण सरपोतदार, आदि के साथ निभाई थी। सन् 1929 में, वी॰ शांताराम ने छत्रपति शिवाजी के जीवन चरित्र पर आधारित "उदयकाल" फिल्म बनाई थी।

यह परिदृश्य है सवाक् फिल्मों के पहले का।

सन् 1931 में "चवचवनों मुरब्बों" और सन् 1932 में चार रील की फिल्म "मुंबईनी शेठाणी" में गुजराती पात्र बोलने लगे। "मुंबईनी शेठाणी" फिल्म मदन थियेटर की फिल्म "शीरी फरहाद" के साथ दिखाई जाती थी। परन्तु, पूरी लंबाई की फिल्म "नरसिंह मेहता" है। गुजराती भाषा की प्रथम मानी जाने वाली ये फिल्म सागर मूवीटोन ने नानूभाई वकील के निर्देशन में बनाई थी। इस फिल्म में नरसिंह मेहता की भूमिका मराठी अभिनेता मारूतिराव पहलवान ने निभाई थी। उनके अलावा पुराने रंगमंच के प्रसिद्ध अभिनेता मोहनलालजी थे। कृष्ण की भूमिका उमाकांत देसाई ने निभाई थी। मा॰ मनहर, मेहताब और दमना ने भी इसमें अभिनय किया था। चतुर्भुज दोषी ने कवि नानालाल, प्रभूलाल द्विवेदी, रविशंकर रावल के मार्गदर्शन में पटकथा लिखी थी। कैमरामैन फरेदुन इरानी थे; संगीतकार एस॰पी॰ राणे तथा सहायक निर्देशक बलवंत भट्ट थे।

सन् 1932 से सन् 2000 तक के गुजराती सिनेमा के सात दशक प्राय: मुंबई स्थित गुजराती निर्माताओं, निर्देशकों, कलाकारों, टेक्नीशियनों द्वारा फिल्म निर्माण के क्षेत्र में किए गए प्रयत्नों के हैं। सवाक् फिल्मों का निर्माण शुरू होते ही जो बड़ी व्यावसायिक संभावनाएँ खड़ी हुईं, उनको भुनाने का प्रयत्न गुजराती नहीं, बल्कि हिंदी फिल्मों में ही हो सकता है–यह बात समझदार, व्यावसायिक मानसिकता वाले और मुंबई में बैठे गुजराती निर्माता-निर्देशकों को समझाने की ज़रूरत न थी। अरदेशर इरानी, चंदूलाल शाह, विजय भट्ट, शंकर भट्ट, नंदलाल, जशवंतलाल, कैमरामैन फरेदुन इरानी, चिमनलाल लुहार के अतिरिक्त

गौहरबानू, मेहताब, उमाकांत देसाई, आदि में से कोई ऐसा न था, जो अपने को गुजराती सिनेमा तक ही सीमित रखता अर्थात् शुरू से ही यह मानसिकता बनी कि मिले तो गुजराती में भी काम करेंगे; पर हिंदी की कीमत पर नहीं।

गुजराती फिल्म के शुरुआती वर्षों में हिन्दी-गुजराती फिल्में साथ-साथ बनीं। इसी कारण गुजराती फिल्मों में बहुत-से कलाकार गैर-गुजराती भी थे। जैसे–सन् 1932 में बनी फिल्म "सती सावित्री" चंदूलाल शाह ने बनाई, जिसमें भगवानदास के साथ गौहरबानू थीं। तीसरी फिल्म "संसारलीला" में राजकुमारी थीं। सन् 1936 में चिमनलाल देसाई ने चिमनलाल लुहार के निर्देशन में "बे खराब जण" बनाई, जिसमें शोभना समर्थ, मोतीलाल, याकूब, रमादेवी, आदि मुख्य कलाकार गैर-गुजराती ही थे। शोभना समर्थ तथा मोतीलाल ने तो गुजराती गीत भी गाए। यह फिल्म हिंदी में "दो दीवाने" नाम से बनी थी। इतना ही नहीं, गुजराती फिल्म "बे खराब जण" के "खाके जहर मर जाना सनम....", "गोरे-गोरे पान का बीड़ा बनाऊँ" जैसे कुल चार गीत हिंदी में ही हैं। यह प्रवृत्ति लंबे समय तक रही। गुजराती निर्माता हिंदी फिल्म बनाते, तो साथ-साथ गुजराती फिल्म भी बन जाती।

गुजराती फिल्म-निर्माण के क्षेत्र में सन् 1947 के बाद गति आती है। उसके मूल में सन् 1946 में बनी "राणकदेवी" नामक फिल्म की व्यापक सफलता तो थी ही; परन्तु सन् 1947 में आज़ादी की प्राप्ति और दूसरे विश्वयुद्ध के खत्म होते ही आर्थिक संकट में हुई कमी को भी इसका कारण माना जा सकता है। निर्माता-निर्देशक वी०एम० व्यास ने अपनी इस पहली सवाक् गुजराती फिल्म के द्वारा सारा परिदृश्य बदल दिया। इस फिल्म में पाटन के राजा सिद्धराज जयसिंह और जूनागढ़ के राजा रा' खेंगार (द्वितीय) के वंश-परंपरागत बैर और राणकदेवी के प्रेम की कथा है। दोनों राजा राणकदेवी को प्राप्त करना चाहते थे; परन्तु खेंगार के साथ राणकदेवी का विवाह हो गया और इस तरह वैमनस्य बढ़ गया। अंत में राणकदेवी सती हो जाती है। कथा के अनेक मोड़ों वाले इस लोकप्रिय सिनेमा में गुजरात के रजवाड़ों के इतिहास से संबंधित काफी मसाला है। इस फिल्म ने पहली बार अहमदाबाद से आगे सौराष्ट्र की धरती पर गुजराती फिल्मों का दर्शक वर्ग खड़ा किया। यह फिल्म खूब चली। उसके बाद शोभना समर्थ, मोतीलाल जैसे गैर-गुजराती कलाकारों की ज़रूरत रही नहीं। "राणकदेवी" फिल्म में मोतीबाई, छनालाल, भगवानदास पांडे के साथ अभिनेत्री के रूप में पहली बार निरूपा रॉय (मूल नाम कोकिला था; परन्तु वी०एम० व्यास ने नाम बदल दिया।) थीं। इस फिल्म के "लाख लाख दीवड़ानी आरती उतारजो", "मारे ते गामड़े एक बार आवजो" जैसे गीत बहुत लोकप्रिय हुए। इन गीतों को अमीरबाई कर्नाटकी ने गाया था। इस फिल्म में संगीतकार छनालाल ठाकुर ने

गुजराती लोक संगीत के रूप में रासड़ा, दूहा का प्रयोग किया था। गुजराती संगीत का यह प्रयोग गुजराती फिल्मों में गुजरातीपन पैदा करने में उपयोगी बना था। गीत-संगीत की दृष्टि से यह सही शुरुआत थी। फिल्म के संवाद करसनदास माणेक ने लिखे थे। भारतीय सिनेमा के संदर्भ में इस फिल्म का विशेष महत्त्व है। इसके पहले बनी विजय भट्ट की "संसारलीला" या चंदूलाल शाह की "अछूत" (1939) फिल्में भी महत्त्वपूर्ण मानी जा सकती हैं।

सन् 1946 के बाद वी.एम. व्यास ने "बहारवटियों" (1947), "कुंवरबाईनुं मामेरूं" (1947), "सती जसमा" (1947), "भाभीनां हेत" (1948) और "भाई-बहेन" (1948) नामक फिल्में बनाईं। इन फिल्मों के द्वारा फिर से गुजरात-सौराष्ट्र के ग्रामीण दर्शकों तक पहुँचने की कोशिश हुई। लोक-कथाओं पर आधारित फिल्में बनाने का उनके द्वारा शुरू किया गया सिलसिला फिर तो आगे बढ़ता ही गया—उत्थान और पतन दोनों भूमिकाओं पर। परन्तु उसे मोड़ दिया चंदूलाल शाह की प्रेरणा और आर्थिक सहायता से कार्य करने वाले उनके ही भांजे रतिलाल पुनातर ने। उन्होंने सन् 1947 में "गुणसुंदरी" बनाई। मूक फिल्मों के दौरान चंदूलाल शाह "गुणसुंदरी" बना चुके थे। निरूपा रॉय इस दूसरी "गुणसुंदरी" में पहली बार नायिका बनीं। उनके साथ नायक के रूप में थे मनहर देसाई। अविनाश व्यास सन् 1947 में चार फिल्मों में संगीत दे चुके थे। परंतु गीता रॉय (बाद में गीतादत्त) द्वारा गाए "गुणसुंदरी" के गीत "हवे थोड़ां थोड़ां थाओं वरणागी ओ भाभी तमे..." को जबरदस्त सफलता मिली थी। यह गीत आज भी लोकप्रिय है। चंदूलाल शाह ने इस फिल्म की पटकथा लिखी थी। पुनातर ने बाद में "ननद-भौजाई" (1947), "मंगलफेरा" (1950), "गाड़ानों बेल" (1950) और अंत में 1961 में निरूपा रॉय तथा मनहर देसाई को लेकर वजु कोटक के उपन्यास पर "चुंदड़ीचोखा" नामक फिल्म बनाई। वी०एम० व्यास द्वारा लोक-कथाओं के आधार पर बनाई जाने वाली फिल्मों के स्थान पर पुनातर ने सामाजिक फिल्में बनाने का एक नया मार्ग अपनाया। उनकी फिल्मों के साथ फिर से गुजरात के पढ़े-लिखे नगरीय रुचि वाले दर्शक जुड़े और रणजीत मूवीटोन ने समग्र निर्माण प्रक्रिया में उनकी मदद की थी। "गुणसुंदरी" के बाद सन् 1949 में उनके द्वारा बनाई गई "मंगलफेरा" नामक फिल्म बहुत सफल हुई थी। यह फिल्म रणजीत मूवीटोन की हिंदी फिल्म "शादी" पर बनी थी। "मंगलफेरा" में अविनाश व्यास के गीत-संगीत ने धूम मचाई थी। "तालीओना ताले गोरी गरबे धमी गाय रे", "राखना रमकड़ाने रामे, मारा रामे रमता राख्या रे" जैसे गीतों को गीता रॉय ने गाया था।

सन् 1948 से 1980 तक की फिल्मों पर 20 फिल्मों का निर्देशन करने वाले मनहर रसकपूर का प्रभाव है। वे सूरत के रहने वाले थे; परन्तु पहली

फिल्म "जोगीदास खुमाण" की सफलता के बाद सौराष्ट्र का लोक साहित्य उनके लिए कथा सामग्री का पिटारा बन गया। उन्होंने इस तरह से वी॰एम॰ व्यास की परंपरा को आगे बढ़ाया। उनसे पहले चतुर्भुज दोषी "जेसलतोरल", डब्ल्यू॰ गार्चर "रा नवघण", यूसुफ मूलजी "शेणी विजानंद" बना चुके थे। उसके बाद रसकपूर ने सौराष्ट्र के वीर नायकों और राजद्रोहियों की जीवनकथा को आधार बनाकर फिल्में बनाईं। "जोगीदास खुमाण" तो उन्होंने तीन बार (1948, 1962 और 1975) में बनाई। परंतु इसी दौरान 1950 में निर्माता-संगीतकार अजित मर्चेन्ट ने बलवंत भट्ट के निर्देशन में "दीवादाँड़ी" बनाई थी। यह फिल्म अपने गीत-संगीत के कारण महत्त्वपूर्ण मानी जाती है।

मनहर रसकपूर ने "कन्यादान", "मळेला जीव", "कादु मकराणी" "अखण्ड सौभाग्यवती", "ऊपर गगन विशाल" और "संतु रंगीली" ऐसी फिल्में बनाकर शैली वैविध्य का परिचय दिया। "मळेला जीव" फिल्म पन्नालाल पटेल के उपन्यास पर बनी थी। इसमें दीना पाठक ने जीवी की अविस्मरणीय भूमिका निभाई थी। उनके साथ महेश देसाई और अरविंद पंड्या थे। इस फिल्म में अभिनय की शैली में प्राचीन रंगमंच की अतिनाटकीय भावाभिव्यक्ति वाली शैली के कारण दीना पाठक अलग दिखाई पड़ती थीं। वे पात्र की मनोभूमि में प्रवेश करके सहजता के साथ चरित्र को प्रकट करती थीं। रसकपूर ने बाद में गुणवंतराय आचार्य के द्वारा "कादू मकराणी" की कथा लिखवाई, जो काफी सफल रही। इस फिल्म में "डुंगरे डुंगरे कादु तारा डायरा" और "अल्लाला बेली, मरने जो एकड़ी बार" जैसे अविनाश व्यास के संगीतबद्ध गीत और अरविंद पंड्या की मुख्य भूमिका के अतिरिक्त राव साहब की भूमिका में चॉपशीभाई नागड़ा थे। मनहर रसकपूर के लिए अरविंद पंड्या ने अनेक फिल्में बनाईं। जब उन्होंने सन् 1962 में "जोगीदास खुमाण" बनाई, तब उर्मिला भट्ट उस फिल्म की नायिका थीं। मनहर रसकपूर के बारे में यह कहा जा सकता है कि उन्होंने वी॰एम॰ व्यास के बाद निरन्तरता बनाए रखी। उनके बाद निरन्तरता बनाए रखने वालों में रवीन्द्र दवे का नाम लिया जा सकता है, जिन्होंने सन् 1971 से सन् 1985 के बीच 26 फिल्में बनाई हैं। इसके अतिरिक्त 1966 से 1982 तक 13 फिल्मों का निर्देशन करने वाले कृष्णकांत (के॰के॰), 1979 से 1982 तक 15 फिल्मों का निर्देशन करने वाले एस॰जे॰ तालुकदार के अलावा रामकुमार बोरा (15 फिल्में), 1977 से 1990 तक 18 फिल्में बनाने वाले मेहुल कुमार, 1976 से 1987 तक 15 फिल्मों का निर्देशन करने वाले अरुण भट्ट और 1976 से 1987 तक 13 फिल्मों का निर्देशन करने वाले चंद्रकांत सांगाणी के नाम उल्लेखनीय हैं। दिनेश रावल ने 1963 से 1990 तक 23 फिल्मों का निर्देशन किया है। मनहर रसकपूर ने ही रजब शयदा निर्मित "अखण्ड सौभाग्यवती"

फिल्म का निर्देशन किया। इस फिल्म में आशा पारेख, महेश देसाई, अरविंद पंड्या, उमाकांत देसाई थे। इस फिल्म में बरकत वीराणी के लिखे गीतों "नैने नैन मळे ज्यॉ छानां", "नजरनां जाम छलकावीने चाल्यां गयां तमे", "मारा ते चित्तनो चोर रे मारो सांवरियो", "तमे साचवे पार्वती अखंड सौभाग्यवती" के अलावा प्राचीन रंगमंच के लोकप्रिय गीतों का भी समावेश हुआ था तथा कल्याणजी आनंदजी के संगीत निर्देशन में सुमन कल्याणपुर, मुकेश, लता मंगेशकर तथा मन्ना डे ने गीत गाए थे।

चंद्रकांत सांगाणी ने "मारे जाऊं पेले पार", "जिगर अने अमी", "तानारीरी", आदि साहित्यिक रुचि वाले दर्शकों को पसंद आने योग्य भिन्न धारा की फिल्में बनाईं। "रमत रमाड़े राम" में प्रथम बार दिखाई पड़ने वाले संजीव कुमार "मारे जवुं छे पेले पार" (1968) में प्रथम गुजराती फिल्म में नायक के रूप में आए। "अमी अने जिगर" में संजीव कुमार के साथ नायिका के रूप में कानन कौशल थीं। सांगाणी की "तानारीरी" फिल्म संगीत प्रधान थी। उसमें तानसेन की भूमिका अरविंद पंड्या ने की थी और सोहराब मोदी ने मुख्य भूमिका निभाई थी। सांगाणी की फिल्में विषय वैविध्य की दृष्टि से भी महत्त्वपूर्ण हैं।

सन् 1960 में अलग गुजरात राज्य की स्थापना हुई। उसके बाद सिनेमा निर्माण के लिए सरकारी मदद शुरू हुई। भारत सरकार ने भी उसी वर्ष "भारतीय चलचित्र वित्त सहायक निगम" की रचना की।

गुजराती फिल्म-निर्माण के सातवें दशक में निर्मित और आज भी गौरवपूर्ण मानी जाने वाली फिल्म "कंकु" 1969 में आई। इस फिल्म के निर्देशक कांतिलाल राठौड़ थे। यह फिल्म गुजराती के महान कथाकार पन्नालाल पटेल के उपन्यास के आधार पर बनाई गई थी। इस फिल्म में मलकचंद नामक बनिये से गर्भवती बनी एक विधवा की कथा है। बनिया शादी से इन्कार कर देता है, तब वह महिला अकेले हिम्मतपूर्वक अपने बेटे का पालन पोषण करती है और उसकी शादी करती है। सामाजिक परिस्थितियों में फंसी हुई और आत्मगौरव को बचाने की कोशिश में लगी हुई नारी का इसमें बहुत ही संवेदनशील चित्रण हुआ है। अमेरिका से सिनेमा विद्या पढ़कर आए हुए कांतिलाल ने कैमरा वर्क, पटकथा, प्रकाश, लोकेशन तथा संगीत की दृष्टि से अपने अलग प्रकार के हुनर का परिचय दिया है। गुजराती सिनेमा निर्माण के क्षेत्र में, उसके हर एक घटक की दृष्टि से "कंकु" में ताजगी थी। यह पहली गुजराती फिल्म थी, जिसने राष्ट्रीय स्तर पर चल रहे समांतर सिनेमा के आंदोलन में ठोस योगदान दिया।

सन् 1970 से गुजरात सरकार द्वारा गुजरात में बनी गुजराती फिल्मों पर कर-मुक्ति की योजना लागू की गई। इसका आरंभ हुआ रवीन्द्र दवे द्वारा निर्देशित

पहली गुजराती फिल्म "जेसलतोरल" से। इस प्रक्रिया में कर-मुक्ति का लाभ, रंगीन चित्रों का आरंभ जैसे आयाम जुड़े। इसके पहले "लीलुड़ी धरती" के बाद "धरती ना छोरू" जैसी रंगीन फिल्में बनी थीं। दलसुख पंचोली के साथ काम कर चुके, "जेसलतोरल" फिल्म बनाने के पहले हिंदी में 1943 से 1969 तक 29 फिल्मों का निर्माण करने वाले रवीन्द्र दवे ऐसे पहले निर्देशक थे, जो इतने सारे अनुभवों के बाद गुजराती सिनेमा में सक्रिय हुए थे। उनकी हिन्दी फिल्में "गेस्ट हाउस", "पोस्ट बोक्स 999", "नगीना" और "सट्टा बाजार" खूब चली थीं। कर-मुक्ति का लाभ लेकर उन्होंने गुजराती में अत्यंत लोकप्रिय फिल्में बनाईं। उनका युग गुजराती सिनेमा के लिए "स्वर्ण युग" था। वे समझ चुके थे कि गुजराती सिनेमा के वफादार दर्शक तो सौराष्ट्र के गाँवों-कस्बों में ही बैठे हैं। कर-मुक्ति के कारण सिनेमा देखना उनको सस्ता भी पड़ेगा। इसलिए विषय के रूप में उन्होने जो लोक-कथाएँ अपनाईं उनमें वीर नायक के रूप में लुटेरे होते थे और आदर्श नारी के रूप में सती। "जेसलतोरल" पहले 1948 में चतुर्भुज दोषी के निर्देशन में बनी थी। यह फिल्म बहुत सफल रही। रवीन्द्र दवे ने इसी विषय पर इसी शीर्षक से उपेन्द्र त्रिवेदी, अनुपमा, अरविंद त्रिवेदी तथा रमेश मेहता जैसे कलाकारों को लेकर फिर से यह फिल्म बनाई। "जेसलतोरल" में वीरत्व, नीति-अनीति का संघर्ष, स्त्री-पुरुष संबंध, सौराष्ट्र के लोगों की भावुक धारणाएँ और पाप-प्रायश्चित का धार्मिक बोध था। यह फिल्म अहमदाबाद के रिलीफ सिनेमाघर में प्रदर्शित हुई थी और खूब सफल रही।

उसी वर्ष मनहर रसकपूर की "ऊपर गगन विशाल" नामक फिल्म आई और 1972 में गोविन्द सरैया ने "गुणसुंदरीनो घरसंसार" नामक फिल्म बनाई। यह फिल्म बनाने के पहले वे 27 वृत्तचित्र और 1968 में "सरस्वती चंद्र" जैसी हिट फिल्म का निर्देशन भी कर चुके थे। नड़ियाद में ही जन्मे गोविन्द सरैया के मन में नड़ियाद में जन्मे गोवर्धन राम त्रिपाठी के उपन्यास "सरस्वती चंद्र" का भारी आकर्षण था। इसलिए पहले हिन्दी में बनाने के बाद उसके दूसरे भाग के रूप में एक स्वतंत्र फिल्म के रूप में "गुणसुंदरीनो घरसंसार" बनाई। सुघड़ और सुरुचिपूर्ण सिनेमा के आग्रही सरैया की यह फिल्म, एकदम भिन्न रुचि जगाने वाली फिल्म "जेसलतोरल" के बाद आई। इस नाते इसे पर्याप्त सफलता नहीं मिली। फिर भी इस फिल्म में कानन कौशल के साथ मानचतुर के रूप में कृष्णकांत का अभिनय उत्तम था। हिन्दी सिनेमा में न्यू थियेटर्स और बॉम्बे टॉकीज के समय में अभिनेता रह चुके कृष्णकांत की "जीवड़ोजुगारी", "वनराज चावड़ो" और "कंकु" के बाद यह चौथी गुजराती फिल्म थी। इस फिल्म को श्रेष्ठ प्रादेशिक फिल्म का राष्ट्रीय पुरस्कार मिला था।

सन् 1971 से 1975 तक फिल्म निर्माण के क्षेत्र में मंदी रही परन्तु बाद में 1976 से व्यावसायिक उछाल आया, जो 10 वर्षों तक चला। 1976 से 1985

के बीच लगभग 314 फिल्में बनीं। इसके पहले इतनी गुजराती फिल्में कभी नहीं बनी थीं। इस दौरान 1973 में ईश्वर पेटलीकर के उपन्यास "जनमटीप" पर फिरोज सरकार ने इसी नाम से फिल्म बनाने का प्रयत्न किया, जिसमें सरिता जोशी नायिका थीं और नाटकों के बहुचर्चित अभिनेता प्रवीण जोशी नायक थे। साहित्यिक कृति पर जो फिल्में बनती हैं, वे अपने आप अच्छी नहीं होतीं। वास्तव में साहित्यिक कृति का सौन्दर्यशास्त्र और सिनेमा का सौन्दर्यशास्त्र दोनों भिन्न-भिन्न होते हैं। इस फिल्म में ऐसा ही हुआ था।

हिन्दी सिनेमा में ट्रिक फोटोग्राफी के लिए ख्यात निर्देशक, कैमरामैन बाबूभाई मिस्त्री ने 1974 में "संसारलीला" तथा "राणकदेवी" के बाद "हरिश्चन्द्र तारामती" फिल्म बनाई। ट्रिक फोटोग्राफी बाबूभाई के सिनेमा की विशेषता थी। इस कौशल में वे हमेशा सफल रहे। उनके द्वारा बनाई गई कुल 11 गुजराती फिल्मों में उनका यह कौशल देखा जा सकता है।

इसी दौरान 1975 में दिनेश रावल के निर्देशन में "मेला गुर्जरी" नामक फिल्म बनी, जिसमें प्रसिद्ध नृत्यांगना-अभिनेत्री मल्लिका साराभाई नायिका थीं। नायक के रूप में हिन्दी फिल्मों के असफल अभिनेता राजीव थे। यह फिल्म लक्ष्मी फिल्म लेबोरेटरी एण्ड स्टूडियो, प्रा॰ लि॰ बड़ौदा, में निर्मित हुई थी। यह स्टूडियो 1972 में शुरू हुआ था और उसमें "राणकदेवी" पहली फिल्म बनी थी, परंतु स्टूडियो ने अपने प्रथम निर्माण के रूप में यह फिल्म बनाई। 1974 में मुंबई के फिल्म उद्योग के प्रसिद्ध गुजराती निर्माता नड़ियादवाला ने हालोल में लकी स्टूडियो की स्थापना की। मात्र दो-ढाई वर्षों के दौरान गुजरात में दो-दो स्टूडियो की स्थापना से फिल्म निर्माण में सरलता भी हुई। फिर 1977 में उमरगाम में वृंदावन स्टूडियो शुरू हुआ। इन घटनाओं से स्पष्ट होता है कि गुजराती फिल्म निर्माण के क्षेत्र में अब अवसर बढ़ रहे थे। यहीं से गुजराती सिनेमा अधिकाधिक फार्मूलाबद्ध होने लगा; क्योंकि व्यावसायिक सुरक्षा के लिए यह जरूरी माना जाता है। अब अन्य भाषा के कलाकार भी गुजराती फिल्मों में आने लगे। आरंभ में अनुपमा और स्नेहलता आई थीं। उसके बाद 1975 में "लाखों फुलाणी" से रीटा भादुरी का प्रवेश हुआ। उसी वर्ष गिरीश मनुकांत के निर्देशन में गुजराती की पहली सिनेमास्कोप फिल्म "सोनलबाईनी चुंदड़ी" बनी।

जिस समय गुजराती सिनेमा फार्मूला में उलझने लगा, उसी समय सन् 1976 में कृष्णकांत (के॰के॰) द्वारा निर्देशित "डाकुराणी गंगा" नामक फिल्म आई। हरकिशन मेहता के उपन्यास "प्रवाह पलटायो" पर बनी यह फिल्म लोक-कथा के तत्वों से दूर एक नारी केंद्रित सामाजिक फिल्म थी।

1970-75 के दौरान गुजराती दर्शक सामाजिक, आर्थिक और शैक्षणिक रूप से भी बहुत बदल गए थे—तो फिर फिल्म सर्जन का ढांचा क्यों नहीं बदल

सकता था। के॰के॰ और अरुण भट्ट ने यह जागरूकता दिखाई। लोक-कथा वाली रूढ़िग्रस्त फिल्मों से ऊबे हुए दर्शक वर्ग को गुजराती फिल्मों की तरफ मोड़ने का प्रयत्न इन लोगों ने किया।

1979 में प्रख्यात नाट्य निर्देशक कांति मड़िया ने विनोदिनी निलकंठ की कहानी के आधार पर निर्मित फिल्म "काशी नो दीकरो" का निर्देशन किया। उस जमाने में जिस प्रकार की फिल्में बन रही थीं, उनके बीच अनेक घटनाक्रमों से युक्त यह सामाजिक विषय प्रबुद्ध दर्शकों को पसंद आया था। तकनीकी दृष्टि से वे "कंकु" से आगे नहीं बढ़े थे, परंतु कथनात्मक अभिव्यक्ति में विचारशील, संवेदनशील तथा नाटकीय घटनाएँ थीं। ये विशेषताएँ निर्देशक के भिन्न प्रयत्न की साक्षी थीं। इस फिल्म में सुगम संगीत के प्रसिद्ध गायक संगीतकार क्षेमु दिवेटिया ने प्रथम और अंतिम बार संगीत दिया था। रमेश पारेख, रावजी पटेल, माधव रामानुज, अनिल जोशी और बालमुकुंद दवे के गीतों को उन्होंने संगीतबद्ध किया था।

1980 में बनी फिल्म "भवनी भवाई" इन सबसे आगे-बहुत आगे थी। दिल्ली में अर्थशास्त्र के साथ स्नातक हुए केतन मेहता पूना फिल्म इंस्टीट्यूट में स्नातक होने के बाद लघु फिल्में और वृत्तचित्र बनाने के अलावा कई नाटकों का निर्देशन भी कर चुके थे। उन्होंने बिरजू महाराज, कुमुदनी लाखिया के नृत्य में प्रकाश आयोजन किया था। "भवनी भवाई" बनाने के लिए उन्होंने नियमित ऋणदाताओं के पास जाने के बदले संचार फिल्म मेकर्स को-ऑपरेटिव सोसाइटी नाम से गुजराती फिल्म उद्योग की प्रथम सहकारी संस्था की स्थापना की। इसाइत ठाकोर के भवाई वेश में से अछूतनो वेश को उन्होंने सामाजिक इतिहास की जागरूकता के साथ वर्ण व्यवस्था के आघातजनक पहलुओं को अनेक व्यंजनाओं से युक्त बनाकर फिल्म कृति में ढाला।

गुजराती सिनेमा जैसा है वैसा क्यों है—इस प्रश्न का उत्तर एक ही हो सकता है और वह है आधारभूत सर्जनात्मकता का अभाव। सिनेमा के माध्यम का उल्लेख वैसे तो बीसवीं सदी के आधुनिक शोध के रूप में होता है। परंतु माध्यम कोई भी हो उसकी प्रयोगात्मकता की दृष्टि से सर्जनात्मकता के द्वारा ही उसके स्वरूप को कलात्मक ऊँचाई प्राप्त होती है। गुजराती सिनेमा इस अर्थ में आज भी पिछली सदी के पतनशील मूल्यों और रसात्मक दृष्टि का वाहक है। उसके सौन्दर्यशास्त्र को बदलने के लिए कुछ अपवादों को छोड़कर कोई विशेष प्रयत्न अभी तक नहीं हुआ है। दूसरा यह कि जिन लोक-कथाओं के आधार पर फिल्मों को सफलता मिली, उन्होंने ही उनके दर्शक वर्ग को सीमित कर दिया। 1970 के बाद तो मानो गुजराती सिनेमा सौराष्ट्र के ग्रामजनों के लिए ही बनने लगा। सवाल उठता है कि सौराष्ट्र की ही लोक-कथाएँ क्यों? उत्तर

गुजरात, साबरकांठा, चरोतर, दक्षिण गुजरात मानो इस प्रकार की कथा सामग्री से एकदम वंचित ही थे। गुजराती फिल्मों की वेशभूषा, संवाद के रूप में प्रयुक्त बोली, उत्सव-त्यौहार, मेला या रीति-रिवाज सब सौराष्ट्र केंद्रित ही रहे। गुजराती कही जाने वाली फिल्में पूरे अर्थ में "गुजराती" कभी बन ही नहीं सकीं।

बीसवीं सदी के अंतिम दशक में "देश रे जोया दादा परदेश जोया" से मात्र तीन वर्ष के लिए फिर से व्यावसायिक स्थिरता आई। उस दौरान 1991 में संजीव शाह के निर्देशन में परेश नायक की कथा, पटकथा, गीत और राजनीतिक व्यंग्य से युक्त "हूँ हुँशी हुँशीलाल" नामक फिल्म बनी, परंतु वह दर्शकों तक पहुँच नहीं सकी। दिलीप जोशी और रेणुका शहाणे अभिनीत यह फिल्म कथनशैली में प्रयोगशील थी। 1993 में उपेन्द्र त्रिवेदी ने पन्नालाल पटेल के उपन्यास पर आधारित "मानवीनी भवाई" बनाई। साहित्यिक कृति पर आधारित यह फिल्म संभवत: बीसवीं सदी की अंतिम सुरुचिपूर्ण गुजराती फिल्म है। इस फिल्म के बाद प्रकाश कपाड़िया के नाटक पर विपुल शाह ने समुद्र की पृष्ठभूमि वाली "दरियाछोरू" फिल्म बनाई। इसके बाद चंद्रवदन सेठ के लेखन-निर्देशन में बनी "साद" फिल्म को भुलाया नहीं जा सकता। संवाद रहित यह फिल्म प्रकृति प्रेम और पर्यावरण संरक्षण के संघर्ष को प्रस्तुत करती है। दुर्भाग्यवश यह फिल्म वितरक के अभाव में दर्शकों तक नहीं पहुँच सकीं।

गुजराती सिनेमा अभी तक कॉलेजों के पाठ्यक्रम में स्थान नहीं पा सका है। वास्तव में सामाजिक विज्ञान के अध्येताओं के लिए सिनेमा जैसा लोकप्रिय माध्यम महत्त्वपूर्ण सामग्री उपलब्ध कराता है। आधुनिक जीवन के बारे में अध्ययन भी लोकप्रिय सिनेमा के सामाजिक तथा सांस्कृतिक विश्लेषण के बिना अधूरा ही है।

गुजराती फिल्में जैसी हैं वैसी क्यों हैं—इसके कई कारण हो सकते हैं। कुछ लोगों की धारणा यह है कि अगर गुजराती सिनेमा ने साहित्यिक कृतियों का अधिक आधार लिया होता, तो उसका स्तर अधिक अच्छा बना होता। आरंभ में लोक-कथाओं का आधार संभवत: जरूरी लगता हो, परंतु आगे चलकर क्रमश: उससे बाहर आने के लिए ऐसी कृतियों को स्वीकार करना पड़ता है, जो बदलते समाज और जनरुचियों का प्रतिनिधित्व करती हैं। कन्हैयालाल मुंशी, र०व० देसाई, गुणवंतराय आचार्य, करसनदास माणेक, ज्योतींद्र दवे, दर्शक, ईश्वर पेटलीकर, पन्नालाल पटेल, धीरूबेन पटेल जैसे साहित्यकारों की कृतियों पर फिल्में बनी हैं। जिन फिल्मों की पटकथा में साहित्यकारों का सहयोग लिया गया है, उनका परिणाम भी कुछ अच्छा ही आया है। गुजराती सिनेमा में ऐसे अनेक निर्माता-निर्देशक आए और चले गए जिनको गुजराती समाज का विशेष ज्ञान न था। ऐसे फिल्मकारों का फिल्म की गुणवत्ता सुधारने, साहित्य, संस्कृति तथा

समाज के साथ गहरा लगाव न था। ऐसे फिल्मकार फिल्म की गुणवत्ता सुधारने के लिए इस क्षेत्र में नहीं आते और न आ सकते हैं। उनकी जरूरत तो सिर्फ व्यवसाय तक होती है।

एक प्रश्न यह भी उठता है कि गुजराती फिल्में जैसी हैं, वैसी ही हैं–उसके कारणों में क्या गुजराती जनता भी है? अपनी संस्कृति के प्रति, अपने समाज के प्रति, कला के प्रति गुजराती जनता कितनी जागरूक है। गुजराती जनता ने गुजराती फिल्मों के बारे में क्या कभी ऐसा प्रश्न खड़ा किया है, जिससे फिल्म-सर्जकों और सरकारी तंत्र पर फिल्म के स्तर को लेकर कुछ आवश्यक दबाव बने?

एक दूसरी बात गुजराती फिल्म के आर्काइव्ज़ की है। आज किसी फिल्म रसिक को, किसी अध्येता को या शोधकर्ता को गुजराती फिल्म और कला के विषय में अध्ययन-अनुसंधान करना हो तो कोई ऐसा केन्द्र नहीं है, जो सबके लिए उपलब्ध हो। जो कुछ अनुसंधानकर्ता या अध्येता हैं, वे अपने खर्च, अपनी निष्ठा, अपनी सूझ और अपने साहस से काम करते हैं। सरकार या फिल्म उद्योग की तरफ से उन्हें कोई सहायता नहीं मिलती। फिल्मों को सुरक्षित रखने की भी कोई व्यवस्था नहीं है और कुछ नहीं तो देश में कुछ ऐसे आर्काइव्ज़ हों, वहाँ सरकार और फिल्म उद्योग को ऐसी व्यवस्था करनी चाहिए जिससे इन फिल्मों को सुरक्षित रखा जा सके, परंतु इस समय तो ऐसी अपेक्षा के फलीभूत होने की कोई संभावना नहीं दिखाई देती।

2

मराठी सिनेमा वितान

शैलजा माहेश्वरी

साहित्य विविधरूपी है। साहित्य के दृश्यकाव्य और श्रव्यकाव्य ये दो प्रमुख भेद हैं। दृश्यकाव्य के अंतर्गत नाटक आता है। नाटक रंगमंच पर नटों के अभिनय के माध्यम से कथानक को आँखों के सामने उपस्थित करता है। देश, काल, वातावरण, आंगिक-आहार्य, वाचिक अभिनय तथा सात्विक अनुभाव दर्शक की आँखों के सामने साक्षात् (Live) होते हैं और दर्शक नाटक से एकरूप होकर रस-आनंद प्राप्त करता है। इसलिए साहित्य की प्रमुख विधा तथा संस्कृत मनीषियों ने जिसे पंचम वेद कहा, वह नाटक ही है। नाटक में तात्कालिकता का खतरा है और जीवन्तता होने की वजह से केवल उसी क्षण तक भाव रसरूप में परिवर्तित हो सकते हैं। कुशलनटों का अभिनय भी स्थायी नहीं हो सकता। इसमें परदों की सहायता से अथवा प्रकाश योजना से आभास-भर उत्पन्न किया जा सकता है। नाटक की इस खाई को चित्रपट ने आपूरित किया और कैमरा, ध्वनि की सहायता से सिनेमा उर्फ चलचित्र का आगमन हुआ।

इस संदर्भ में डॉ॰ ओंकारनाथ माहेश्वरी लिखते हैं–चलचित्र कला का जन्म 19वीं शताब्दी में हुआ। उस समय इसके लिए Kinematograph शब्द का प्रयोग किया जाता था। यह एक ग्रीक शब्द है। जिसका अर्थ गीत (Motion) और आलेखन (Graph) है। इसी से Cinema और Cinematograph शब्द पर्याय के रूप में प्रचलित हुए।

सिनेमा में स्थापत्य, मूर्ति, चित्र, नाट्य, नृत्य, गीत, संगीत, साहित्य, शिल्प, आदि ललित कलाओं का समाहार होता है। सिनेमा कला को इसी कारण माया कहते हैं और मुंबई को "मायानगरी"। कारण भारतीय सिनेमा का गढ़ मुंबई है। माया का दूसरा अर्थ है संपत्ति प्राप्त करना। सिनेजगत से जुड़े सभी लोग करोड़ों रुपया कमाते हैं।

एक अंग्रेज विचारक इस संदर्भ में लिखते हैं–"The feature film is produced in the expectation of making money directly from paid theatre admissions."

सिनेमा सर्वाधिक प्रभावक माध्यम है। इस कारण मराठी के सुप्रसिद्ध आलोचक रा॰ग॰ जाधव इसे समाज की एक स्वशासी उपसंस्कृति मानते हैं। सिनेमा में प्रेम, भावुकता, मोहक ध्येय, समस्या का आसान समाधान, खलनायक की हार, नायक की जीत को ही प्रधानता मिलती है। मेरे मत से सिनेमा लेखक, निर्देशक, अभिनेता का ऐसा मनोहारी संगम है जो कैमरा, फ्रेम (चौखट), फिल्मिक रिदम से कलात्मक एल्बम का निर्माण कर दर्शक को सौन्दर्य से मोहित कर देता है।

7 जुलाई, 1896 के दिन मुंबई में संपन्न हुए भारत के पहले सिनेमा प्रदर्शन में ल्यूमियर ब्रदर के मूकपट देखकर भारतीय दर्शकों को अचरज हुआ और इससे प्रभावित होकर पाटणकर, करंदीकर तथा दिवेकर नामक मराठी लोगों ने पाटणकर यूनियन की स्थापना की और सती सावित्री के कथानक को आधार बनाकर सिनेमा बनाने का प्रयास किया। आगे चलकर एन॰जी॰ चित्रे की प्रेरणा से दादासाहब तोरणे ने (जो कैमरा के दुकानदार थे) "भक्त पुंडलिक" नाटक कैमरा द्वारा छायांकित किया। इसकी प्रोसेसिंग लंदन में हुई और 18 मई, 1912 को "भक्त पुंडलिक" का मुंबई सिनेमा हॉल में प्रदर्शन हुआ। परंतु यह नाटक का छायांकन मात्र होने से सिनेमा के इतिहास में उपेक्षित रहा।

दादासाहब धुंडिराज गोविन्द फालके ने भारतीय सिनेमा की नींव रखी। उन्होंने पौराणिक कथाओं को आधार बनाकर ऐसी फिल्मों का निर्माण किया जो भारतीयों को अपनी लगें। उन्होंने 1913 में "राजा हरिश्चंद्र" का निर्माण किया। लगभग पाँच सौ से अधिक मूक फिल्में 1932 तक महाराष्ट्र में बन चुकी थीं। कोहिनूर, हिंदुस्तान, शारदा, कृष्ण, एंपिरिअर, रणजीत, रॉयल आर्ट, यूनाइटेड पिक्चर्स, सिंडिकेट, आर्यन, आदि संस्थाओं का इस क्षेत्र में योगदान महत्त्वपूर्ण है। इन मूकपटों में मुख्यत: पौराणिक विषय होते थे जिन्हें जनता बेहद पसंद करती थी। परदे पर चलने वाले दृश्यों को परदे के किनारे बैठे हुए वादकों द्वारा हार्मोनियम, तबला की संगत से संगीत दिया जाता था जिससे दर्शक भावविह्वल हो जाते थे।

1932 में "आलमआरा" नामक चित्रपट के द्वारा सिनेमा को आवाज प्राप्त हुई। गूंगा चित्रपट बोलने लगा। इससे टॉकी शब्द चला और थियेटर का टॉकीज नाम पड़ा। पर आजकल मूवी शब्द ही अधिक प्रचलित है। मराठी में इसे बोलपट की संज्ञा प्राप्त है। मराठी सिनेमा में कोल्हापुर से पूना में आयी प्रभात फिल्म कंपनी ने "अयोध्येचा राजा" (1932) का निर्माण किया। यह मराठी की पहली

ध्वनि फिल्म है। मराठी सिनेमा में गीत, संगीत, संवाद अतिशय आकर्षक होते थे। कारण मराठी में नाटक अधिक प्रगल्भ रहा है।

मराठी सिनेमा का प्रारम्भ पुराण कथाओं से हुआ है। फिर भी इसमें कल्पना प्रधान सिनेमा भी मिलते हैं। ट्रिक सिनेमा के द्वारा माया, सपना, जादू की दुनिया को प्रभावशाली ढंग से प्रस्तुत किया गया है। अग्निकंकण और घटकेचा राजा, ठकसेन राजपुत्र, जादुगारीण, मोहिनी, वसंतसेना, आदि उल्लेखनीय पुराने सिनेमा हैं।

पुराण के अलावा संतजीवन चरित्र पर आधारित सिनेमा दूसरी विशेषता है। 1932 में "संत तुकाराम" से लेकर "संत सखू" तक ये सभी संतों पर आधारित हैं। संत नामदेव, गोराकुमार, संत ज्ञानेश्वर, संत कान्होपाया, देवकीनंदन गोपाला, साँई बाबा, शेगाबीचा राणा गजानना, आदि भी उल्लेखनीय है।

ऐतिहासिक सिनेमा में मराठा इतिहास को कथानक का आधार बनाया गया। सिंहगड़, मर्द मराठा, बाल शिवाजी, बाजीप्रभू देशपांडे, सर्जा, इत्यादि महत्त्वपूर्ण फिल्में हैं।

मराठी सिनेमा ग्रामीण आंचलिकता के कारण जाना जाता है। ग्रामीण जीवन की परंपरा, तमाशा, लावणी, नृत्य और मराठी मानस का अस्सल (रांगडा) स्वभाव मराठी दर्शकों को बहुत भाता है। 1936 में बाबूराव पेंटर ने "सावकारी पाश" नामक सिनेमा का निर्माण किया। यह भारतीय समाज व्यवस्था में कृषि का महत्त्व और कृषक के साहूकार द्वारा होने वाले शोषण के विदारक यथार्थ पर आधारित कथानक है। इसी समय के प्रकाशित प्रेमचंद के "गोदान" उपन्यास की याद बरबस हो आती है। किसान, कृषि जीवन के साथ-साथ देहाती वर्ण व्यवस्था, जाति व्यवस्था, की जीवन संघटना मराठी सिनेमा में प्रकट हुई है। किसानों को आधार बनाकर "गरीबों का राज", "जनम की गाँठ", "गाँवगुंड", "प्रपंच", "धरतीपुत्र", "नागिन", "शापित", "पूर्णसत्य" जैसी अनेक फिल्में आईं। इन फिल्मों में अन्याय-अत्याचार, शोषण का अंकन तो हुआ था परंतु इनमें इसे अपना भाग्य मानकर चुपचाप सहन करने की बात ही अधिक थी और इसके खिलाफ जाने का सपना भी धूमिल हो गया था। परन्तु 1947 में प्रदर्शित "जय मल्हार" में विद्रोह के तेवर उभरे। बगावत, विस्फोट, बैर, प्रतिशोध के लिए डाकू बनने की बातें भी आयीं। इन फिल्मों में निम्न जाति के लोगों जैसे, मांग, बेरड, रामोशी, जातियों का डकैत जीवन और ऐसे जीवन को स्वीकारने का कारण अन्याय, इनकी स्त्रियों पर हुए बलात्कार, जुल्म, जबर्दस्ती का अंकन हुआ। इस तरह की फिल्में हैं—"वंशाचा दिवा", "शिवा रामोशी", "रानपाखर", "आहेर", "गावत इज्जत", "फरारी, "देवता", "मर्दानी", आदि।

स्त्रियों पर होने वाले अत्याचार ग्रामीण सिनेमा का मुख्य कथ्य बना। भोग्या के रूप में उसे देखना और उसकी असहायता का गलत लाभ उठाना और इस काम में अपने पद, प्रतिष्ठा, बल का प्रयोग कर गाँव के पाटील, सरपंच, आदि के रूप में खलनायक प्रस्तुत हुए। निष्ठू फुले ने मराठी ग्रामीण जनता पर (कावेबाज पाटील के रूप में) अपनी भूमिका द्वारा अमिट छाप छोड़ी। सोन्याची लंका, जशास तसे, बेलभंडार, सांगते ऐफा, चांडाल चौकड़ी के अलावा अनाथाश्रम में होने वाले अत्याचार को उंबरठा फिल्म में प्रस्तुत किया।

स्त्री प्रधान सिनेमा के माध्यम से स्त्री शोषण प्रवृत्ति के विविध आयाम प्रस्तुत हुए और स्त्री मुक्ति की नींव अनायास रखी गई।

हिन्दू-मुस्लिम एकता को प्रस्तावित करने हेतु "रोजारी", ब्राह्मण ब्राह्मणेत्तर विवाह को प्रदर्शित करने हेतु "मोठी माणंस", महार परिवार पर होने वाले अत्याचार "मायमाऊली", दलित सवर्ण संघर्ष, पीने के पानी की समस्या को "आघात" में प्रस्तुत किया गया। निम्न जाति का आपसी संघर्ष "पंचारती चानी" में प्रकट हुआ।

1960 के बाद मराठी सिनेमा को मराठी नाटकों से तथा हिन्दी सिनेमा से मुकाबला करना पड़ा। सांगली, सातारा कोल्हापुर अर्थात् दक्षिण महाराष्ट्र में चीनी मिलों के कारण किसानों के हाथों में पैसा आने लगा और उन्होंने मराठी सिनेमा को प्रोत्साहन दिया। जिससे लावणी और तमाशा प्रधान सिनेमा का युग प्रारंभ हुआ। व्ही॰ शांताराम ने "लोकशाहिर राम जोशी" नामक फिल्म का निर्माण किया जिसके नृत्य, लावणी, श्रृंगार गीत पर दर्शक रीझ गये तो फिर उन्होंने "पट्टे बापूराव", "अमर भूपाली", "लोकशाहिर अनंत फंदी", "शाहिर परशुराम", "मानाना मुजरा" जैसी फिल्में प्रदर्शित कीं। तमाशा के कलंगी तुर्रा, सवाल जवाब, लावणी की दिलफेंक अदाएं तमाशा स्त्री के पीछे अपना सब कुछ गँवा देने वाले पुरुष, तमाशा की नायिका से विवाह करना, गाँव सुधार हेतु तमाशा का प्रयोग, आदि विषय इन फिल्मों में प्रस्तुत हुए। "पाटलाचा पोर", "सासरं माहेरं", "कलगी तुर्रा", "पुनवेची रात", "रंगपंचमी", "सवाल मासा रोका", "केला इशारा", "जाता जाता", "गण-गौद्धण", "मानाचा मुजरा", "अशी रंगली रात", "सोंगाड्या गणानं घुंघरू हरवलं चंदनाची चौकी अंग-अंग जाली", "पैज", "मानाचं कुंकू", आदि तमाशा प्रधान फिल्मों की लंबी कतार मराठी में लोकप्रिय है। दादा कोंडके द्वारा निर्मित, "सोगांडया" के माध्यम से लावणी-तमाशा एवं गाँव का आपसी संघर्ष प्रस्तुत हुआ। व्ही. शांताराम की "पिंजरा" फिल्म में श्रीधर पंज गुरुजी (डॉ॰ श्रीराम लागू) और चंद्रकला नामक तमाशा की स्त्री (संध्या) को मार्मिक ढंग से प्रस्तुत किया गया है। कोल्हापुर से इन फिल्मों का निर्माण अधिक होता था। यथार्थ-ग्रामीण जीवन और तमाशा

की प्रस्तुति मराठी सिनेमा का तुरुप का इक्का बन गया। आज भी यह पैटर्न लोकप्रिय है। "एक होता विदूषक", "पड़छाया", "सुरंगा म्हणत्यान भला", "नवरा मासा नवसाचा" फिल्मों में प्रासंगिक रूप से तमाशा और लावणी आयी है। पहलवानी और अपनी मिट्टी की गंध से सना तमाशा मन को जगा देता है और रसीले शौक का नया रूप इसमें अंकित होता रहा है।

मराठी सिनेमा का ध्यानाकर्षक प्रवाह तमाशा की प्रधानता है। तमाशा की कला मूलतः विशिष्ट उपेक्षित जातियों तक ही सीमित रही। महार, मांग देवदासी, मुरली स्त्रियाँ ही तमाशा में नाच-गाने का काम करती थीं। इसलिए यह कला इन स्त्रियों और जाति की तरह निम्नतर मानी जाती रहीं। तमाशा में काम करना तो दूर तमाशा देखना भी निंदाजनक माना जाता रहा है। पाटील के देहात के श्रेष्ठ कुलीन इकाई होने के कारण यदि उसके परिवार का या वह स्वयं यदि तमाशा में काम करता हो तो वह कुल कलंक बन जाता है। "सांगते रोका" और "नटरंग" इसी तरह की फिल्में हैं। "नटरंग" का नायक पाटील तमाशा की "मावशी" (किन्नर की भूमिका) अदा करता है। उसे मान-सम्मान मिलता है। पर घर-परिवार खत्म हो जाता है। "पिंजरा" के गुरुजी को स्वयं गुरुजी की हत्या के आरोप में फाँसी की सजा होती है। मराठी ग्रामीण सिनेमा के पटकथा लेखकों में शंकर पाटील का नाम अग्रणी है।

मराठी सिनेमा का दूसरा पहलू है–मध्यवर्गीय पारिवारिक जीवन। इसे देखने वाला बहुत बड़ा दर्शकवर्ग है–विशेषकर मध्यवर्गीय स्त्रियों से संबंधित विषय अत्यधिक लोकप्रिय हुए। "सूनबाई साधी माणसं", "लक्ष्मी, "सासरं-माहेरं", "सासुर वाशिण", "सून लाडकी या धरची", "खूनमासी सावित्री", "अरे संसार संसार", "माहेरची साड़ी", "थांब लक्ष्मी कुंकू लावने", "कुंकू", "नवरा मासा नवसाचा" जैसी फिल्मों में मायका ससुराल में स्त्री के भावविश्व को प्रस्तुत किया गया है तो स्त्री के मातृत्व को लेकर "बाका जो जो रे", "शामची आई", "कुलदीपक" जैसी फिल्में प्रस्तुत की गयीं। "भाऊबीज", "मानिनी" में बहन-भाई का प्रेम व्यक्त हुआ।

मराठी सिनेमा की तीसरी विशेषता विनोद की है। इसमें हल्के-फुल्के रंजक ढंग से कथानक को प्रहसन रूप में प्रस्तुत किया जाता है। मराठी के अधिकांश खलनायकों ने हास्य कलाकार की भूमिका भी अदा की है। अशोक सर्राफ का नाम इनमें सर्वोपरि है। लक्ष्मीकांत बेर्डे, दादा कोंडके, सचिन पिलगांवकर, दिलीप प्रभावणकर, मकरंद अनासपुरे, भरत जाधव, सिद्धार्थ जाधव, संजय नार्वेकर, शिंदे, आदि ने मराठी सिनेमा को नवीन आयाम प्रदान किया।

मराठी में राजनीति को आधार बनाकर 1970 के बाद फ़िल्मों का आगमन हुआ–"सामना", "सरकारनामा", "वजीर", "सिंहासन", "अरं-अरं आबा",

जैसे सिनेमा के साथ-साथ "निशाणी डावा अंगठा", "गल्लीत गोंधरू दिल्ली मुजरा", "वकू", "सावरखेड़ एक गाँव जनता" फिल्मों में अभावों के जीवन-संघर्ष को प्रभावक अभिव्यक्ति मिली। इनमें संदीप कुलकर्णी की भूमिका विशेष उल्लेखनीय है। इसी तरह के उद्देश्य को रखकर प्रयोगशील दिग्दर्शक सुप्रसिद्ध हिन्दी अभिनेता अमोल पालेकर ने "व्यासपर्व", "आनाहत वास्तुपुरुष", "बनगरवाडी कैरी" जैसे चित्रपट मराठी सिनेमा को प्रदान किये।

विषय प्रस्तुति की मौलिकता के साथ-साथ मराठी सिनेमा में नई तकनीक की भी सहायता ली गई और मराठी सिनेमा "सिनेमा हॉल" से मल्टीप्लेक्स में पहुँच गया। "धड़ाकेबाज" मराठी की पहली सिनेमास्कोप फिल्म है। "चिमणी पाखरे" में मराठी सिनेमा में डॉल्बी स्पेशल इफेक्ट्स नामक तकनीक का प्रयोग किया गया। मराठी सिनेमा को एक नया आयाम दूरदर्शन के सरकारी चैनल के कारण प्राप्त हुआ। दूरदर्शन के सहयाद्री चैनल पर प्रायः हर रोज चित्रपट दिखाया जाता है तो ज़ी टॉकीज चौबीस घण्टे मराठी सिनेमा प्रसारित करने वाला चैनल है। इसी सिनेमा ने मराठी सिनेमा निर्माण में भी पहल की है और "साडे माडे तीन", "दे धक्का", "नवरंग" जैसी फिल्में बनाई हैं। आई॰बी॰एन॰ लोकमत ने नवीन विषयों को आधार बनाकर "नेता" जैसी फिल्म बनायी। मराठी सिनेमा में हिन्दी अभिनेताओं ने भी काम किया है। जितेन्द्र, अमिताभ बच्चन, जॉनी लीवर, हिन्दी गायक सोनू निगम, आदि ने मराठी फिल्मों में काम किया है।

भारतीय सिनेमा जगत में मराठी सिनेमा का स्थान सिरमौर है। भारतीय सिनेमाजगत के पितामह दादा साहब फालके हैं। बाबूराव पेंटर, व्ही॰ शांताराम, राजदत्त इस क्षेत्र के युग पुरुष हैं। मराठी संस्कृति, मराठी ग्रामीण परिवेश, मराठी मध्यवर्ग की मानसिकता, दलित एवं स्त्री विषयक समस्याओं को प्रभावक अभिव्यक्ति मराठी सिनेमा ने प्रदान की। पारिवारिक विनोद, राजनीतिक विषयों के साथ-साथ बाल-मन की गुत्थियाँ सुलझाने का सफल प्रयास मराठी सिनेमा ने किया।

संदभ-ग्रन्थ

1. रा॰ग॰ जाधव – *चन्देरी चित्रहार*
2. पन्ना शाह – *द इंडियन फिल्म*
3. डॉ॰ ओंकारनाथ माहेश्वरी – *हिन्दी चित्रपट का गीतिसाहित्य*
4. विश्राम बेडेकर – *एक साड दोन पक्षी*
5. वसंत साठे – *बखर सिनेमाची*
6. ग्रहशोभिका – मई 2010

3

तमिल सिनेमा का बदलता परिदृश्य

एन॰ ललिता

अनादि काल से मानव के दिल बहलाने के लिए अनेक साधन उपलब्ध थे। किन्तु आधुनिक काल में सबसे ज्यादा लोकप्रिय रहा सिनेमा। यह प्रान्त तथा राज्यों के अनुसार मौलिक एवं अनोखे दृश्यों से परिपूर्ण चलता-फिरता संचार माध्यम बना।

देखा जाये तो तमिल फिल्म का इतिहास काफी पुराना रहा है। इसमें अनेक बड़े-बड़े कलाकार एक-एक कर उभरकर आये और अपनी छाप छोड़कर गये हैं। अनेक कलाकारों का आगमन होते हुए भी तमिल समुदाय दो महत्त्वपूर्ण हस्तियों को हमेशा याद रखेगा। उनमें से एक हैं, एम॰जी॰आर॰। इनका पूरा नाम है, एम॰जी॰ रामचंद्रन जो कि मक्कल निलगम (जनता का स्टार) की उपाधि से विख्यात हुए। दूसरे हैं–गणेशन जिन्होंने नाडिगर तिलगम (अभिनय का स्टार) के नाम से सबके दिल में अपना बसेरा कर लिया था।

अभिनेत्रियों में सरोजा देवी, सावित्री, अंजली देवी, वैजयंतीमाला, हेमामालिनी, आदि बहुत प्रचलित थीं। इनमें वैजयंतीमाला और हेमामालिनी धीरे-धीरे बॉलीवुड की ओर आकर्षित हुईं और अपना नाम उसके साथ जोड़ लिया।

साठ के दशक में तमिल फिल्म जगत "कॉलीवुड" में ऐसा एक दौर आया, जहाँ भावनाओं को हल्के धागों में पिरोने की कोशिश की गयी। रिश्तों की अहमियत, परिवार की घुटन, प्यार एवं मोहब्बत को लेकर फिल्में बनने लगीं। साथ ही ऐतिहासिक, धार्मिक, पौराणिक, तिलस्मी, आदि फिल्में भी बनने लगीं।

तिलस्म से जुड़ी एक फिल्म है "आयिरम तलै वांगिय अपूर्व चिंतामणी" ("हजार सिरों वाली अपूर्व चिंतामणी"), "अलिबाबावुम नारपदु तिरूडरकलुम" ("अलीबाबा और चालीस चोर"), "अलाबुदीदिन अरपुद विलक्कु"

("अलाउद्दीन का अद्‌भुत दीप"), आदि फिल्में वर्षों तक सिनेमाघरों में चली हैं।

स्वतंत्रता संग्राम

"कॉलीवुड" के द्वारा आजादी से जुड़ी अनेक कहानियाँ एवं बलिदान लोगों के सामने आए हैं। इनमें "सेवालिए" शिवाजी द्वारा अभिनीत, मिटाए न मिटने वाली हमेशा तरोताजा याद रहने वाली फिल्म है। "वीरपांडिय कट्टबोम्मन", "कट्टबोम्मन" अंग्रेजों के खिलाफ लड़ने वाला एक राजा था, जो अपने ही साथियों के षड्‌यंत्र में फँसकर अंग्रेजों के हाथ मारा गया। इस फिल्म में "शोले", "दीवार", "देवदास", आदि हिन्दी फिल्मों जैसे डॉयलाग हैं, जिन्हें हम भूल नहीं पायेंगे। "एन॰ कुलय् पेण्डिसक्कु मंजल अरैन्तुक कुडुन्ताया", "नी एन्न एन मामना", "मच्चाना", "नान एनडा उनक्कुकय्यम कटट वेण्डुम", आदि फिल्मों के डॉयलाग आज भी लोगों की जुबान पर हैं।

भारत की एकता का प्रदर्शन

भारत की सभ्यता में विभिन्नता एक अनिवार्य तत्व है मगर वह एकता का सूचक चिह्न है। इसका उदाहरण "भारत विलास" फिल्म द्वारा देख सकते हैं। इस फिल्म ने भारत के सभी राज्यों को एक साथ मिलाकर भावों की त्रिवेणी संगम में भावान्वित व तिरोहित कर दिया था।

इसके अभिनेता हैं शिवाजी गणेशन! इनके द्वारा ऐसी सैंकड़ों यादगार फिल्में निकलीं, जिन्होंने तमिल फिल्मी जगत के निर्वात पात्र को भर दिया।

मज़दूरों व गरीबों की दयनीय स्थिति पर फिल्में

"मक्कल तिलगम" फिल्म में एम॰जी॰आर॰ द्वारा किसानों, मछुआरों, मज़दूरों तथा निम्न वर्ग के लोगों की दयनीय स्थिति, एवं जमींदारों द्वारा इनका शोषण किस तरह हो रहा है, आदि बातों को खुलकर प्रकट किया गया है। शायद इसलिए एम॰जी॰आर॰ ने जनता में लोकप्रियता हासिल की और आसानी से राजनीति में प्रवेश कर बुलन्दियों को छुआ था। इनके साथ मिलकर अभिनेत्री जयललिता अनेक फिल्मों में काम कर चुकी हैं। बाद में एम॰जी॰आर॰ द्वारा पल्लवित ए॰डी॰एम॰के॰ (ADMK) पार्टी की बागडोर जयललिता को संभालनी पड़ी। जब तक एम॰जी॰आर॰ जीवित थे, उनको मुख्यमंत्री के पद से कोई हटा न सका! उनके प्रतिद्वंदी करूणानिधि कठिन प्रयास के बावजूद बहुत बाद में मुख्यमंत्री बन सके थे। करूणानिधि भी फिल्मी दुनिया में डॉयलाग लेखक के नाम से मशहूर हैं। "परासक्ति" फिल्म करूणानिधि के लिए मील का पत्थर साबित हुई।

बदलता परिदृश्य

तमिल फिल्म में एम॰जी॰आर॰ और शिवाजी इन दो अभिनेताओं ने युग परिवर्तन किया था, आज दोनों जगत प्रसिद्ध हैं। रजनीकांत और कमल हसन वर्तमान के ऐसे दो महान कलाकार हैं, जिनको दुनिया सराहती है।

"सुपरस्टार" कहलाने वाला रजनीकांत का स्टाइल जगत प्रसिद्ध है। उनका चलना, उठना, बैठना, चीज़ों को अपनाना, आदि में जो स्टाइल है उससे लोग प्रभावित होने लगे। रजनीकांत को तमिलनाडु की जनता ने आज जो दर्जा दे रखा है वह भगवान से कम नहीं है। उत्तम अभिनय के साथ-साथ सरलता व आत्मीयता में परिलक्षित इस इंसान की एक झलक के लिए लोग तरसते हैं। इनकी फिल्में भारत में ही नहीं बल्कि जापान, चीन, मलेशिया, आदि देशों में भी उसी उत्साह से देखी जाती हैं, जिस तरह भारत में लोग इन्हें देखते हैं।

जब इन दोनों का नाम सामने आता है तो इन कलाकारों को दुनिया के सामने लाने का श्रेय जाता है, "कॉलीवुड" के प्रसिद्ध निर्देशक एवं इन शिष्यों के गुरु, श्री बालचंदर को जो आज भी नये-नये विषयों को लेकर औरों से अलग, हटकर फिल्म बनाने के लिए विख्यात हैं। शायद ही इनकी बराबरी और किसी से संभव हो।

रजनीकांत यदि यशस्वी हैं तो कमल हसन का भी उतना ही महत्त्व है। इन्होंने अपने बचपन से ही अभिनय को अनायास प्रस्तुत कर पहली फिल्म में ही अवार्ड जीतने का कारनामा किया था। "कलत्तूर कण्णम्मा" में बाल कलाकार के रूप में उन्होंने अभिनय का श्रीगणेश किया। आज तक उन्हें अनेक राष्ट्रीय, अंतर्राष्ट्रीय पुरस्कारों और पदम् पुरस्कार से सम्मानित किया जा चुका है। वे हमेशा भिन्न-भिन्न रोल को अपनाने की चुनौती स्वीकार करते हैं।

"कादल मन्नन" (Romantic Hero) की उपाधि कमल हसन जी को दी गयी है, जो सर्वथा उचित है क्योंकि "एक दूजे के लिए" या "मरोचरित्रा मरोचरित्रम", यह एक ही फिल्म, तीन भाषाओं में हिन्दी, तेलुगु और तमिल में चित्रांकन की गयी है, जिसने प्यार की नई भाषा का मार्ग प्रशस्त किया है। "इंडियन" फिल्म के द्वारा देश में प्रचलित रिश्वतखोरी का यथार्थ रूप हम देख सकते हैं "नायगन" कमल हसन की और एक फिल्म का नाम है जिसमें नायक वेश्यापन का चमड़ा उतारकर रख देता है।

"अपूर्व सगोदररकल" में उन्होंने नाटा आदमी बनकर पूरी फिल्म में अभिनय किया है। इस फिल्म से दर्शक इतने आकर्षित हुए कि स्कूलों, कॉलेजों में डान्स हेतु वे इसी पात्र को चुना करते थे। "अटवै राणमुगी" ("चाची 420") के नारी पात्र में इतनी यथार्थता थी, कि स्वयं नारी भी ऐसा अभिनय शायद ही कर सकती थी।

इस तरह ऐसी अनेक फिल्में हैं जो कमल हसन के नाम से साथ जुड़ गई हैं। फिल्म जगत में इतिहास रचने वाले इस महान अभिनेता को लेकर अनेक रिसर्च कार्य भी हो रहे हैं। तमिलनाडु का यह पुत्र केवल तमिलनाडु की ज्योति नहीं बन रहा है बल्कि अनेक भाषाओं में अपने अभिनय से लोगों के दिल में जगह बना रहा है।

सन् 2000 के आस-पास से फिल्मों में नई टेक्नोलॉजी के आने की वजह से असंभव भी संभव सा होने लगा है। आज की युवा पीढ़ी का कहानी पर ज्यादा ध्यान नहीं है बल्कि वह चमत्कारों पर ध्यान अधिक दे रहे हैं, इनको "इंस्टेंट" का चस्का न केवल खाने के पदार्थों में है बल्कि वे इसे हर क्षेत्र में ढूँढ रहे हैं, नतीजा फिल्मों की रफ्तार इतनी तेज हो गई है मानो यह पलक झपकते ही खत्म हो जाती हो।

अभिनेता "अजीत" (Romantic Hero) द्वारा अभिनीत "कादल कोट्टै" फिल्म में एक नयी उक्ति को अपनाया गया है। फिल्मी जगत के लिए सर्वदा यह एक नया विषय है। इस फिल्म में नायक और नायिका एक दूसरे को देखे बिना ही प्रेम करते हैं और कठिन मुश्किलों के बावजूद वे एक हो जाते हैं।

"सेतु" या "तेरे नाम" फिल्म मनोवैज्ञानिकता पर आधारित है, जिसमें नायक पागलखाने में अपनी पूरी ज़िन्दगी बिता देता है। इसी दौरान ग्रामीण खेल को उजागर करने हेतु एक फिल्म बनायी गयी है, वह है "वेण्णिला कबड्डीक्कुलु" इसमें "कबड्डी" को देश में महत्त्वपूर्ण स्थान दिलाने के लिए प्रयत्न किया गया है। "परून्ति वीरन" एक अन्य फिल्म है जिसमें इस बात की पुष्टि हुई है कि भारत का मूल आधार एवं प्रगति का आधार गाँव हैं। "स्वयंवरम्" फिल्म सात निर्देशकों द्वारा सात नायिकाओं, सात नायकों को एकत्रित कर 24 घण्टे के अन्दर बनाई गई है।

तमिल ऐसी एक भाषा है जो क्षेत्रों के अनुसार अलग-अलग तरीकों से बोली जाती है। जैसे "परून्ति वीरन-मदुरै" में "कलवाणी-तंजावुर", तामिरबारणी-नेल्लै, "कोयिल"-तूत्तूक्कुडी, आदि में प्रचलित हैं।

महत्त्वपूर्ण निर्देशकों के हाथों में तमिल सिनेमा के दौर

"दीवार", "जंजीर", "आनंद", आदि लोकप्रिय हिन्दी फिल्मों की बराबरी करने हेतु 60-70 के दशक में निर्देशक, श्रीधर, बालाजी, बालचंदर, आदि के द्वारा पारिवारिक व सामाजिक फिल्में तमिल में बनाई गई हैं जो पत्थर की लकीर हैं। इनमें महत्त्वपूर्ण फिल्में हैं, "भागाप्पिरिविणै", "पास मलर", "एंग वीट्टु पिल्लै", "तायक्कुप्पिन तारम्", "मीनव नंबन", आदि।

90 के दशक में निर्देशक शंकर का आगमन हुआ। साथ ही "कॉलीवुड" में ब्रह्माण्ड का आविर्भाव भी इन्हीं से हुआ। "जीन्स", "जेन्टिलमैन", "इंडियन", आदि इसके उदाहरण हैं। बड़ी बजट फिल्म बनाने का रास्ता शंकर ने अन्य निर्देशकों को दिखाया। "कॉलीवुड" में शंकर का नाम आज सर चढ़कर बोलता है। इनके द्वारा निर्देशित फिल्म "एंदिरन" या "रोबोट" फिल्म है, जिसमें रजनीकांत और ऐश्वर्या बच्चन ने अभिनय किया है।

"Hero Image" को तोड़ने का श्रेय निर्देशक भाग्यराज को जाता है। साधारण व्यक्ति भी नायक बन सकता है, इसका निरूपण इनकी "तावाणिक्कनवुकलं", "चिन्नवीडु", "मुंदानै मुडिच्चु", "अंद 7 नाट्कल", आदि फिल्मों में हुआ है।

निर्देशक भारतीराजा को तमिल फिल्मी दुनिया गांवों की प्रतिनिधि मानती है। आप ग्रामीण कला, क्षेत्र की विशेषता, आदि को मिट्टी की खुशबू के साथ मिलाकर देने में सक्षम हैं।

इन जाने-माने निर्देशकों के साथ और एक का नाम जोड़ना चाहिए, वह हैं, "रोजा" फिल्म के निर्देशक "मणिरत्नम्"। वे "अलै पायुदे, उयिरे" ("दिल से) "रावण", "गुरु", आदि अनगिनत फिल्में "कॉलीवुड" तथा बॉलीवुड को समर्पित कर चुके हैं। निर्देशक आमीर, बाला, शशिकुमार, चेरन और अन्य अनेक निर्देशकों द्वारा अनेक विभिन्न प्रकार की तमिल फिल्में मंचित हुई हैं।

तमिल गानों का बदलता रूप

तमिल हो या फिर हिन्दी, पुराने गानों के मुकाबले नए गाने कहाँ टिक सकते हैं। भले ही आज के युग की बराबरी करने के लिये पहले तकनीकी उपलब्धियाँ कम थीं। फिर भी चार-पाँच वादियों के साथ सुरीले, मीठे गाने सुनने को मिलते थे। गाने की सफलता गायक एवं गायिका पर निर्भर हुआ करती थी। गाने के Lyrics भी इतने अर्थ ध्वनित थे और वह भी अपने मर्यादाओं के दायरे में रहा करते थे।

व्याकरण युक्त रस, छंदों के गाने लिखने का जमाना आज नहीं रह गया है कण्णदासन जैसे गाने लिखने वाला (Lyricist) आज एक भी नहीं है। उनके गानों में भाषा पर अधिकार सुदृढ़ होकर लोगों के दिल में गूँज उठता था। अर्थान्तरन्यास, उपमा, श्रृंगार, रूपक, आदि अलंकारों के अनेक उदाहरण इनके गानों में से लिए जा सकते हैं।

कण्णदासन के बाद पैदा हुए खालीपन को मिटाने का प्रयत्न हुआ वैरमुलू से! वे अपनी यथाशक्ति अच्छे गाने देने में सफल हुए।

संगीत में बदलता परिदृश्य

तमिल फिल्मों के Music के शिखरपुरुष हैं विश्वनाथ और राममूर्ति। तमिल फिल्मी संगीत का सारा दारोमदार इन्हीं के हाथों में रहता था कई साल बाद मैस्ट्रो, इलैयराजा और गंडौ अमरन भाइयों ने तमिल फिल्म संगीत में अपनी छाप छोड़ी। 80 के बाद के दशक में इलैयराजा का ज्वर तमिल सिनेमा पर चढ़ चुका था। इन्होंने संगीत की नयी तकनीक का आविष्कार कर आधुनिकता का समावेश किया।

इसके बाद तूफानी युवा संगीत निर्देशक ए०आर० रहमान मैदान-ए-जंग में उतरे तो सब को हराकर पीछे छोड़ दिया। इनके संगीत में ऐसी एक शक्ति थी, या फिर वह ब्रह्मास्त्र ही था, जिसने सबको मंत्रमुग्ध कर बांध डाला। इनका संगीत भाषा से परे होकर पूरे विश्व को अपनी ओर खींच डालने में सफल हुआ। उनके संगीत से सजी "स्लमडॉग मिलिनेयर" को दो आस्कर इसलिए मिले हैं कि उन्होंने "कॉलीवुड", "बॉलीवुड" में ही नहीं बल्कि "हॉलीवुड" पर भी अपना कब्ज़ा कर लिया है। ए०आर० रहमान ने संगीत से सबका दिल जरूर जीत लिया मगर उनकी इंसानियत के आगे सारी दुनिया नतमस्तक है।

फिल्मों में नृत्य

तमिल फिल्मों में "भरतनाट्यम", "मोहिनीआट्टम" आदि नृत्यों का 90 के दशक के बाद धीरे-धीरे लोप होता जा रहा था और पाश्चात्य नृत्य ने धीरे-धीरे अपना पाँव पसारना शुरू किया था। शुरुआत में "नागेश" (Humorous Character) का नृत्य काफी लोकप्रिय था। बाद में एम०जी०आर, कमल हसन, रजनीकांत, आदि लोकप्रिय रहे। मगर नृत्य में आज चिरंजीवी के बाद सबके दिल में नृत्य के प्रतिनिधि बन विराजमान हैं प्रभूदेवा। इनका नृत्य कभी-कभी माइकल जैक्सन की याद दिला देता है। यंत्रगति से अपने दुबले शरीर में वे ऐसे नृत्य की उत्पत्ति कर देते हैं कि लोग आँख झपकना भूल जाते हैं।

निष्कर्ष

तमिल फिल्म के विषयों को एवं उसकी प्रगति को पन्नों में समेटने का यह प्रयास "भगीरथ प्रयत्न" ही साबित होगा। फिर भी "कॉलीवुड" का छोटा सा परिचय देने की यथाशक्ति यह कोशिश रही है।

4

तमिल सिनेमा से वशीभूत तमिलवासी

सी॰आर॰ राजश्री

भारत की हर भाषा में निर्मित फिल्म को भारतीय सिनेमा कहते हैं। यह लोगों के बीच अति प्रचलित मनोरंजन का एक सशक्त माध्यम रहा है। पूरे भारत में कई भाषाओं में कई हजार से भी ज्यादा फिल्में निर्मित हो चुकी हैं। भारतीय, सिनेमा अधिकांश अंतर्राष्ट्रीय देशों में सम्मानपूर्ण जगह प्राप्त कर चुका है।

दुनिया में सबसे ज़्यादा फिल्म निर्माण करने वाले देशों में भारत अग्रणी है। अंतर्राष्ट्रीय देशों में स्थित अप्रवासी भारतवासी भी भारतीय सिनेमा को बड़े चाव से देखते हैं।

बेंगलूर का पी॰वी॰आर॰ सिनेमा भारत के विशिष्ट स्टूडियो में से एक है। इसी प्रकार एम॰जी॰ रोड गुड़गाँव एशिया में फिल्म निर्माण का प्रमुख स्थल है। वर्ष 2009 में तेईस भारतीय भाषाओं में निर्मित, लिखित फिल्मों की सूची में निम्नलिखित भारतीय फिल्में हैं–

श्रेणी	भाषा	फिल्मों की संख्या
1.	हिन्दी	235
2.	तेलुगू	218
3.	तमिल	190
4.	कन्नड़	177
5.	मराठी	99
6.	मलयालम	94
7.	बंगाली	84
8.	भोजपुरी	64

9.	गुजराती	62
10.	उड़िया	17
11.	पंजाबी	15
12.	अंग्रेज़ी	09
13.	असमिया	05
14.	राजस्थानी	05
15.	कोंकणी	04
16.	संथाली	02
17.	हरियाणवी	01
18.	कोडवा	01
19.	मैथिली	01
20.	नागपुरी	01
21.	नेपाली	01
22.	राजवंशी	01
23.	सांभलपुरी	01
	कुल	1288

दक्षिण की फिल्मों की श्रेणी में तमिल, तेलगु, कन्नड़ और मलयालम फिल्में आती हैं। दक्षिण भारतीय फिल्मों की अपनी अलग खासियत है एवं अपने क्षेत्र में इनका प्रधान योगदान रहा है।

तमिल सिनेमा को तमिलनाडु का सिनेमा या तमिल फिल्म उद्योग या चेन्नई फिल्म उद्योग कहा जाता है। ये चेन्नई के कोडम्बाकम (Kodambakkam) नामक जिले में है जहाँ कई फिल्मों का निर्माण होता है। तमिल फिल्म उद्योग को "कॉलीवुड" भी कहा जाता है। बॉलीवुड के बाद कॉलीवुड ही आय के मामले में भारतीय फिल्म उद्योग में एवं विश्व स्तर पर फिल्मों की बिक्री का खास स्रोत रहा है।

तमिल सिनेमा का इतिहास तमिलनाडु में तब शुरू हुआ जब एम॰ एडवर्ड्स ने सबसे पहले सिनेमा को 1897 में विक्टोरिया मेमोरियल हॉल में फिल्माया था। फिर विद्युत थियेटर मेजर वानविक ने और कोहर ने लिरिक नामक दूसरे सिनेमाघर का निर्माण किया। प्रारंभिक दिनों में चेन्नई ही फिल्म निर्माण का प्रधान केन्द्र रहा। यहाँ तेलुगू, कन्नड़, मलयालम, हिन्दी, सिंहली (श्रीलंका की भाषा) में भी फिल्में निर्मित होती थीं। यहाँ उपयोग किये जाने वाले नवीन

उपकरण और नई विधि अन्य भारतीय राज्यों से भिन्न थीं। तमिलवासियों की सिनेमा के प्रति रुचि व उत्सुकता ही श्रेष्ठ तमिल निर्देशकों, नायकों एवं नायिकाओं के उद्भव एवं उन्नति का कारण बना।

वैसे तो 1916 में ही तमिल सिनेमा का उद्भव हुआ किन्तु सन् 1931 में तमिल टॉकीज में "कालिदास" नामक फिल्म को सर्वप्रथम फिल्माया गया। 1939 के अंत तक तत्कालीन मद्रास की राज्य विधानसभा ने मनोरंजन कर अधिनियम, 1939 को पास किया। फिर श्रीलंका, सिंगापुर, दक्षिण कोरिया, मलेशिया, मॉरीशस, दक्षिण अफ्रीका, उत्तर अमेरिका, आदि देशों में तमिल सिनेमा को वितरित किया जाने लगा और चेन्नई के विद्युत सिनेमाघरों में मूक फिल्मों को प्रदर्शित किया गया। ये इसके पश्चात् कुछ सालों तक बंद रहे। अब यह भारतीय डाक कॉम्प्लेक्स का एक अंग है।

तिरूच्चि में सामि कण्णु विन्सेन्ट (Sami Kannu Vincent) नामक दक्षिण भारतीय रेल के एक कर्मचारी ने फ्राँसीसी युवक ड्यूपॉण्ट (Dupont) से एक फिल्म प्रोजेक्टर और कुछ मूक फिल्में खरीदकर फिल्मों को देखने के लिए एक टेन्ट बनाया। यह एक घुमन्तू इकाई रहा और यह इतना विख्यात हुआ कि वे इस पूरी घुमन्तू इकाई को एक शहर से दूसरे शहर और एक राज्य से दूसरे राज्यों में लेकर घूमते रहते थे। कालान्तर में उन्होंने टॉकीज (Talkies) का निर्माण किया और कोयम्बतूर में सिनेमाघर बनाया।

सन् 1909 में किंग जार्ज पंचम के भारत आने की खुशी में चेन्नई में एक महासमारोह का आयोजन हुआ जहाँ लघु फिल्मों का ध्वनि के साथ मिलाकर प्रदर्शन किया गया। ब्रिटिश सरकार ने भारत में पहली बार फिल्म प्रोजेक्टर (Film Projector) के साथ ग्रामोफोन (Gramophone) को अलग-अलग जोड़कर ध्वनि मिश्रित फिल्म का प्रदर्शन किया। रघुपति वेंकय्या नायडू नामक एक फोटोग्राफर ने इस पूरे उपकरण को खरीदकर टेन्ट सिनेमा द्वारा चेन्नई उच्च न्यायालय के पास पहले व्यक्तिगत थियेटर को स्थापित किया। इसका नाम गेइटी थियेटर (Gaiety Theatre) था। चेन्नई में सिनेमा को प्रदर्शन करने का यह पहला स्थल था। आज भी यह थियेटर किसी और की धरोहर बनकर चेन्नई में विद्यमान है।

धर्मलिंग मुदालियार और नटराज मुदालियार ने "कीचकवधम्" नामक पहली तमिल फीचर फिल्म को जन्म दिया। 1920 के दौरान मूक तमिल फिल्में चेन्नई के विभिन्न स्थलों पर शूट की जाती थीं और तकनीकी तरीके से तैयार करने के लिये इन्हें पूना या कलकत्ता भेजा जाता था। 1930 में ए०वी० मैय्यप्पन (AVM) ने कारेक्कुड़ी नामक स्थान पर एक निजी स्टूडियो का निर्माण किया और इसी दौरान पूरी फिल्म की तैयारी सेलम जिले में स्थित मॉडर्न थियेटर

(Modern Theatre) स्टूडियो में और कोयम्बतूर में सेन्ट्रल स्टूडियो (Central Studio) में चल रही थी। 1940 के मध्य में चेन्नई फिल्म निर्माण का प्रधान केन्द्र रहा और यहाँ विजय वाहिनी (Vijaya Vaahini) और जेमिनी (Gemini) नामक दो स्टूडियो का निर्माण हुआ, फिर (AVM) ए॰वी॰एम॰ स्टूडियो को मैय्यप्पन जी ने कारेक्कुड़ी से लाकर चेन्नई में स्थापित कर दिया।

इस प्रकार तत्कालीन मद्रास प्रेसिडेन्सी (Madras Presidency) तमिल एवं तेलुगू सिनेमा का मुख्य स्थल रहा। साथ ही यहाँ भारत की स्वतन्त्रता से पूर्व श्रीलंका की फिल्में भी बनती थीं।

टॉकीज फिल्मों के आते ही भारतीय सिनेमा का रुख ही बदल गया। भक्ति प्रधान फिल्में भारतीय वाङ्मय में सदैव से ही खास रहीं। शुरू में भक्ति से ओत-प्रोत पौराणिक कथानकों पर आधारित फिल्में ही बनती थीं। नटराज मुदालियार ने जो सफल फिल्म बनाईं उनमें "द्रौपदी वस्त्रापहरणम्", "रुक्मिणी सत्यभामा" और "महीरावणा" (1923) प्रधान थीं। (1901-50) तक आर॰ प्रकाश (R. Prakash) ही पहले दक्षिण भारतीय थे जिन्होंने लन्दन के बेकर्स मोशन पिक्चर्स स्टूडियों में प्रशिक्षण प्राप्त किया था। उनकी चर्चित फिल्मों में "भीष्म प्रतिज्ञा" (1922), "भक्त नन्दन" (1923), "Late Star of Mingrelia" (1937), "लंकादहनम्" (1935), और "अनादैपेण" ("बेसहारा लड़की") प्रधान हैं। 1931 में "कालिदास" तमिल की पहली फीचर फिल्म थी, जिसका निर्देशन एच॰एम॰ रेड्डी ने किया और इस फिल्म में टी॰पी॰ राजलक्ष्मी ने मुख्य भूमिका निभाई थी। 1934 में ए॰ नारायणन ने "श्रीनिवास कल्याणम्" नामक सवाक् फिल्म बनाई, जिसका निर्माण मद्रास स्टूडियों में हुआ था उनकी अन्य फिल्मों में "राजाम्बाल" (1935), "मीराबाई" (1936), "तेनालीरामन्" (1938), "कौशल्या" (1935) दक्षिण भारतीय फिल्म कॉरपोरेशन द्वारा निर्मित तत्कालीन फिल्में थीं। पहली महिला निर्माता, निर्देशक में टी॰पी॰ राजलक्ष्मी थीं जिन्होंने 1936 में "मिस कमला" नामक फिल्म का निर्माण किया। 1894-1944 तक राजा सेन्डो ने कई तमिल एवं तेलुगू फिल्मों का निर्माण किया, उनकी फिल्मों में "परिजातपुष्पकम्" (1932), "मेनका" (1935), "चन्द्रकान्ता" (1936), "चूड़ामणि" (1941) और "शिवकवि" (1943) थीं।

1904-71 तक सुब्रमणियम् ही ऐसे दक्षिण भारतीय व्यक्ति थे जिन्होंने सामाजिक विद्रोह के खिलाफ आवाज उठाने एवं समाज में परिवर्तन लाने के लिए सिनेमा को अपना महत्त्वपूर्ण औजार बनाया। उन्होंने सामाजिक बुराइयों पर प्रहार करके कई बहुचर्चित फिल्में बनाईं, जिनमें "बालयोगिनी" (1936), "सेवासदन" (1938), "भक्त चेतना" (1938), "त्यागभूमि" (1936) और

"उच्च देवयानि" (1939) विख्यात हैं। सेवासदन मुंशी प्रेमचंद द्वारा लिखित उपन्यास पर आधारित कथा है, जिसमें वे महिलाओं के अधिकार एवं स्वतंत्रता का संदेश देते हैं। इस भूमिका को निभाने वाली महान गायिका एम०एस० सुब्बलक्ष्मी थीं, जिन्होंने अपने अभिनय और गायन से लोगों का दिल जीत लिया था। यह फिल्म हिन्दी तमिल दोनों भाषाओं में प्रदर्शित हुईं।

1937 में चिंतामणि ही पहली फिल्म थी जो पहली बार थियेटर में एक साल चली। श्रीमती डी०के० पट्टमाल ने पहली बार पार्श्वगायिका के रूप में लम्बी वृत्तचित्र फिल्म "महात्मा गाँधी" (1940) में गीत गाया था जो ए०के० चेट्टियार द्वारा निर्मित थी। फिर 1938 में मुस्सरी सुब्रमणि अय्यर के साथ तमिल सिनेमा का यह पार्श्वगायन एक प्रधान रीति रही। 1939 में "सिरिक्कादे" ("मत हंसो") नामक फिल्म में अलग-अलग विषयों पर पाँच कहानियाँ थीं जो तमिल सिनेमा में नई बात थी। फिर उसी साल कवि कल्कि द्वारा लिखित "त्यागभूमि" का निर्माण हुआ। इल्लिस आर० डंकन (Ellis R. Duncan) नामक एक विदेशी फिल्म निर्माता ने "शकुन्तला" नामक एक फिल्म बनाई, जिसमें कर्नाटक शास्त्रीय संगीत के एक गायक जी०एन० बालसुब्रमणियम और एम०एस० सुब्बलक्ष्मी नायक नायिका के रूप में सामने आए। फिर "सभापति" और "अलिबाबाकुम 40 तिरूडरकलुम" नामक फिल्में आईं।

ए०वी० मैय्यप्पन (1907-79) ने दक्षिण भारतीय सिनेमा में एक नया इतिहास बनाया। 1943 में तमिल की पहली डब फिल्म बनी। उनकी कई हिट फिल्मों में "भूखालियास" (1939), "सभापति" (1941), "श्री वाल्लि" (1945), "नामईरूवर" (1947) मुख्य हैं। "कुन्दनाल" (1954) ऐसी दक्षिण भारतीय फिल्म है जिसमें कोई नृत्य या गायन नहीं है। 1940 में फिर जेमिनी स्टूडियों का आगमन हुआ और "मदन कामराजन", "नन्दवार" और "चन्द्रलेखा" नामक महत्त्वपूर्ण फिल्में बनी। हमारे भूतपूर्व मुख्यमंत्री सी०एन० अन्नादुरै जी ने वेलैक्कारी नामक फिल्म के लिए पटकथा लिखी। 1949 तमिल सिनेमा के लिए एक नया युग था। कथा लेखन को आगे बढ़ाते हुए करूणानिधि जी ने कई फिल्मों के लिए पटकथा लिखी। राजनीति में तीव्र दिलचस्पी के कारण राजनीति को पेशा बनाकर वे कई बार तमिलनाडु के मुख्यमंत्री के पद पर सुशोभित हुए। उनकी अद्वितीय प्रतिभा और वाक्पटुता तमिल के विश्व सम्मेलन में झलकी थी जो 23 जून से 28 जून 2010 तक कोयम्बतूर में हुआ। प्रगति की ओर अग्रसर होने की प्रेरणा देने वाले हमारे आदरणीय करूणानिधि जी तमिल साहित्य के साधक हैं जिन्हें सदैव तमिलवासी याद करते रहेंगे।

"अलिबाबावुम 40 तिरूडरकलुम" (Alibabavum 40 Thirudarkalum) तमिल की पहली रंगीन सिनेमा थी और "राजा राजचोलन" (Raja

Rajcholan) तमिल की पहली सिनेमास्कोप फिल्म है। फिर 70MM तमिल फिल्म मावीरन बनी। तमिल फिल्म के प्रोड्यूसर गिरिधारी लाल नागपाल ने 1998 में "स्वयम्वरम्" नामक फिल्म को 24 घण्टे में बनाकर एक नया रिकार्ड बनाया।

कई प्रमुख फिल्म निर्माताओं में एस॰एस॰ वासन, एस॰एम॰ श्रीरामुलु नायडू, ज्यूपिटर सोमू, एम॰के॰ त्यागराजबागवतर (MKT) हैं जो अच्छे गायक कलाकार थे। के॰ बालचन्दर, शंकर, मणिरत्नम् आज के ख्याति प्राप्त तमिल निर्देशक हैं। टी॰पी॰ राजलक्ष्मी तमिल सिनेमा की पहली नायिका थीं। तमिल नायकों में पी॰ओ॰ चिन्नप्पा, एम॰जी॰आर॰, एन॰टी॰आर॰ से लेकर कमल हसन, रजनीकान्त, अजित कुमार, सूर्या माधवन, विजय, आदि हैं। तमिलभाषियों का इन अभिनेताओं के प्रति पागलपन देखा जा सकता है। हर अभिनेता की अपनी अलग शैली होती है। फिल्म निर्माताओं के लिए कथा में नयापन एवं अभिनेताओं का अभिनय में नयापन तमिल सिनेमा को रोचक और मनभावन बनाता है।

तमिल सिनेमा की कुछ महत्त्वपूर्ण फिल्में

वर्ष	नाम	निर्माता
1931	कालिदास	एच॰एम॰ रेड्डी
1934	लवकुश	सी॰ पुलराह
1934	बालयोगिनी	के॰ सुब्रमणियम्
1937	अंबिकापति	इल्लियास डर्कन
1938	सेवासदन	के॰ सुब्रमणियम्
1939	त्यागभूमि	के॰ सुब्रमणियम्
1942	अशोक कुमार	नन्दनार
	राजचन्द्रशेखर	मुरुगदासा
1948	चन्द्रलेखा	एस॰एस॰ वासन
1948	कल्पना	एस॰एस॰ वासन
1949	वेलैक्कारी	ए॰एस॰ए॰ सामी
1953	अव्वैयार	कोदमंगलम् सुब्बु
1953	मरूमगल	डी॰ योगानन्द
1964	कादलिक्क नेरमिल्लै	सी॰सी॰ श्रीधर
1973	उलगम सुद्रुम वालिबन	एम॰जी॰आर॰

1977	अवर्गल	के॰ बालचन्दर
1980	मुरट्टु कालै	एस॰पी॰ मुत्तुरामन
1993	जेण्टिलमैन	एस॰ शंकर
1994	कादलन	शंकर
1996	इण्डियन	शंकर
1998	जीन्स	शंकर
1999	मुदलवन	शंकर
2005	अन्नियन	शंकर

अन्य मनोरंजन प्रधान फिल्मों में "चन्द्रमुखी पट्टीयल", "वेयिल", "गिल्ली", "उनक्कुमं येनक्कुम" (Something-Something) "पोक्किरी", "बिल्ला", "संतोष सुब्रमणियम् कल्लूरी", "शिवाजी", "पल्लीक्कूडम", "दसावतारम्", आदि अपनी विविधता के लिए प्रसिद्ध हैं। तमिल सिनेमा मनोरंजन एवं प्रेरणा के लिए दर्शकों का मनमोहक रहा है। नये-नये विषयों की खोज के लिए सदैव तत्पर रहने वाला तमिल सिनेमा तमिलवासियों के मन-मस्तिष्क पर राज करता आ रहा है। आज भी नई फिल्म को देखने की उत्सुकता लोगों के मन में उतनी ही रहती है जितनी पहले थी।

फिल्म की कथा, उसमें व्याप्त नयापन, गाने तमिलवासियों को किसी न किसी रूप में प्रेरणा देते रहते हैं।

5

तमिल सिनेमा का अद्भुत संसार

एस० पद्मप्रिया

भारतीय जनजीवन में फिल्मों की एक खास जगह है। रोटी, कपड़ा और मकान की समस्याओं से राहत पाने का एक महत्त्वपूर्ण साधन फिल्म है। नाच, गाना, प्रेम, मारधाड़, अच्छा, बुरा सभी कुछ मिलाकर जो मसाला बनता है वह सभी वर्गों में हाथों-हाथ ले लिया जाता है। गहन गंभीर विषयों से लेकर हल्के-फुल्के मनोरंजक स्वांग इस दुनिया के ताने-बाने को रंगीला बनाते हैं।

एक तरफ सिनेमा के दर्शकों का समूह है तो दूसरी तरफ यह उद्योग लाखों व्यक्तियों को काम के अवसर भी प्रदान करता है। भारत में मुंबई का फिल्म उद्योग बहुत बड़ा है। क्षेत्रीय भाषाओं के फिल्म उद्योग में चेन्नई का विशेष स्थान है। चेन्नई का फिल्म उद्योग न केवल तमिल फिल्मों के लिए, बल्कि सभी दक्षिण की फिल्मों का केन्द्र भी है। चूंकि यह चेन्नई के कोडम्बाकम जिले में बसा हुआ है इसलिए इसे "हॉलीवुड" की तर्ज पर "कॉलीवुड" के नाम से पुकारा जाता है। हिंदी फिल्मों के साथ इसका गहरा रिश्ता है। यहाँ के निर्माता, निर्देशक ही नहीं बल्कि नायक, नायिकाओं, तकनीशियनों का हिन्दी सिनेमा में बहुत बड़ा योगदान रहा है। पद्मिनी, वैजयंतीमाला, हेमामालिनी से लेकर श्रीदेवी और हाल की तृशा जैसी नायिकाओं के बिना हिंदी फिल्मों के बारे में सोचा भी नहीं जा सकता। रजनीकांत, कमल हसन जैसे नायकों को कौन नहीं जानता?

इस देश में फिल्मों का आगमन बीसवीं सदी के आरंभिक वर्षों में हुआ था और तमिल सिनेमा की पहली मूक फिल्म 1916 में प्रदर्शित हुई थी। इस फिल्म का नाम था "कीचक वधम्"। 1920 के दौरान तमिल भाषा में मूक चलचित्र चेन्नई, जो उस समय मद्रास के नाम से जाना जाता था, के आसपास अस्थायी लोकेशन पर फिल्मायी जाती थीं, और आगे की प्रोसेसिंग के लिए इन्हें पुणे या कलकत्ता भेजा जाता था। तीसरे दशक में ए०वी०एम० और जेमिनी ने यहाँ अपने स्टूडियो स्थापित कर लिये थे।

मद्रास के अन्ना सालाई या माउण्ड रोड पर "गेइटी" और "लिरिक थिएटर" उस समय की शामों को रंगीन बनाते थे। अंग्रेजों के यह पसंदीदा थिएटर थे। आज भी "गेइटी थिएटर" उसी पुरानी शान के साथ खड़ा है परंतु "लिरिक थिएटर" की जगह अब डाकघर बन गया है। सामीकण्णू विन्सेंट नामक दक्षिण रेलवे के एक कर्मचारी ने पहले-पहले एक प्रोजेक्टर खरीदकर फिल्में दिखानी शुरू की। मूक फिल्में ड्यूपॉण्ट नामक फ्रांसीसी व्यक्ति से खरीदी जाती थीं। अपनी फिल्मों को लेकर सामीकण्णू जगह-जगह घूमते और डेरे डालकर फिल्म दिखाते। डेरे वाली फिल्मों के लिए तीन तरह की टिकटें बेची जाती थीं। जमीन, बेंच और कुर्सी। जमीन पर बैठने वाले को कहीं भी बैठने की सहूलियत थी। उसे फिल्म अच्छी न लगे तो वह जमीन पर सो भी जाता था। हालांकि इसका आनंद उच्च वर्ग के कुर्सी पर आसीन दर्शक नहीं ले पाते थे। सामीकण्णू ने पहली टॉकीज तब बनाई जब किंग जार्ज पंचम आए थे। बहुत भव्य आयोजन हुआ था। प्रोजेक्टर के साथ ग्रामोफोन जोड़कर फिल्म दर्शायी गई थी पर चित्र और आवाज का तालमेल नहीं था। इस उपकरण को "क्रोन मेगाफोन" कहा जाता था। बाद में रघुपति वेंकय्या नायडू ने इस तकनीक को खरीदा और "डेरे" लगाकर मद्रास हाई कोर्ट के पास "टैंट सिनेमा" की स्थापना की। इन्होंने ही 1912 में माउण्ड रोड पर पक्का हॉल बनाया, यही "गेइटी" के नाम से आज भी शहर की एक महत्त्वपूर्ण पहचान बनकर मौजूद है। चेन्नई में पहली सवाक् फिल्म या बोलती फिल्म 1931 में बनी और फिल्म का नाम था "कालीदास"। 1940 तक विजयवाहिनी और जेमिनी स्टूडियो फिल्म निर्माण में व्यस्त हो गए थे। चूँकि अविभाजित मद्रास प्रेसीडेंसी के अंतर्गत आंध्र और केरल के क्षेत्र भी सम्मिलित थे इसलिए तमिल ही नहीं बल्कि तेलुगु, कन्नड़, मलयालम फिल्में भी यहाँ बनने लगीं। श्रीलंका की तमिल फिल्में भी यहीं बनती थीं। आज विश्वभर में तमिल सिनेमा के दर्शक फैले हुए हैं और इस उद्योग का आर्थिक तंत्र करोड़ों का व्यापार करता है। 1948 में बनी चंद्रलेखा तमिल सिनेमा में व्यवसाय की दृष्टि से मील का पत्थर है। इस फिल्म पर उस समय 600,000 रुपयों की लागत लगाई गई थी जो आज के समय लगभग 30 मिलियन डॉलर के करीब होगी। रजनीकांत की "रोबोट" भी ऐसी ही मँहगी फिल्म है। बीसवीं सदी में लगभग 5000 फिल्में बनी थीं।

राजनीति और तमिल सिनेमा

तमिल चलचित्र के नायक, नायिकाएँ, गीतकार, स्क्रिप्ट, लेखक, आदि ने राजनीति की ऊँचाइयों को छुआ है। सी॰एन॰ अन्नादुराई और पूर्व मुख्यमंत्री एम॰ करूणानिधि निर्देशक और पटकथा लेखक थे। इनके द्वारा क्रान्तिकारी विचारों से भरकर तमिल चलचित्रों में संस्कृति के विभिन्न तत्वों और

लोक-कथाओं से प्रेरणा लेते हुए अनेक नूतन प्रयोग किए गए। वर्तमान मुख्यमंत्री जयललिता भी फिल्मी नायिका थीं। चलचित्र परंपरा विरोध का माध्यम बना। नेपोलियन, रीतिश, विजयकांत, आदि नायकों ने भी राजनीति में महत्त्वपूर्ण जगह बनाई है। तमिल चलचित्र यहाँ के जनजीवन में इस तरह घुलमिल गया है कि लोगों के आन्दोलन, जीना-मरना सभी कुछ इनसे संचालित होता रहा है। तमिल सिनेमा के दर्शकों ने नायिका खुशबू और अमिताभ बच्चन के लिए जोश में आकर मंदिर तक बनवाए हैं। यहाँ के दर्शकों में सभी प्रकार की उत्तेजनाएँ देखी जा सकती हैं। पूजने की हद तक दीवानगी और पसंद न आने पर तीव्र अपमान करने से न चूकने वाले तमिल दर्शकों के लिए चलचित्र मात्र मनोरंजन का साधन नहीं हैं।

एम॰जी॰आर॰ अथवा एम॰जी॰ रामचंद्रन तमिल राजनीति के ही नहीं बल्कि चलचित्र के इतिहास में भी महत्त्वपूर्ण स्थान रखते हैं। एम॰जी॰आर॰ उन सभी फिल्मों के नायक रहे हैं जिनके लिए राजनीति में परिवर्तन अथवा प्रचार की आवश्यकता थी। एक नरम दिल खूबसूरत नायक के रूप में एम॰जी॰आर॰ जितने प्रसिद्ध थे उतने ही एक कुशल एवं सफल राजनीतिज्ञ के रूप में भी। एम॰जी॰आर॰ को "कादल मण्णन" या "प्रेमी" के नाम से जाना जाता है। तमिल फिल्मों के सफल नायकों का अंतिम लक्ष्य प्राय: राजनीति में प्रवेश ही रहा है। "द्रविड़ मुन्नेत्र कज़गम" की स्थापना ने तमिल फिल्मों की दिशा ही बदल डाली। द्रविड़ समाज के स्वाभिमान पर बल देने वाली यह पार्टी पटकथा लेखक सी॰एन॰ अन्नादुरई द्वारा स्थापित की गई। ब्राह्मणवाद और उत्तर भारत की श्रेष्ठता के अहंकार पर यह प्रबल चोट थी। नास्तिकवादी विचारों से ओतप्रोत फिल्मों के नायक के रूप में एम॰जी॰आर॰ उभरकर आए। एम॰जी॰आर॰ की पहली फिल्म का नाम था "सती लीलावती"। 1936 में बनी इस पौराणिक फिल्म के बाद एम॰जी॰आर॰ ने एस॰ए॰ स्वामी की फिल्म "राजदुलारी" में मुख्य भूमिका निभाई। "अरेबियन नाइट्स" की तर्ज पर बनी यह फिल्म 1947 में बनी थी। 1950 में बनी "मंतिरी कुमारी" से वे डी॰एम॰के॰ से जुड़े और "स्टार" बन गए। ऐसी ही फिल्म 1956 में फिर बनी जिसका नाम था "अलीबाबा एंड दा फोर्टी थीव्ज़"। 1956 में "मदुरई वीणा" के बाद 1958 में "नाडोडी मन्नन" बनी। "मंतिरी कुमारी" और "मदुरई वीरन" तमिल इतिहास के सुधारवादी पुनर्लेखन को प्रेरणा देती रही हैं। इन फिल्मों के माध्यम से वे निम्न वर्ग के कृषक वर्ग से जुड़ी जातियों के प्रतिनिधि बने। आगे चलकर एम॰जी॰आर॰ ने अन्ना-द्रुमुक नामक अपनी पार्टी बनाई जो गरीबों की हितैषी पार्टी थी। 1977 में यह पार्टी सत्ता में आई। अन्नादुरई और एम॰जी॰आर॰ पर आधारित ऐश्वर्या राय की एक फिल्म आई थी "इरूवर" जो बॉक्स ऑफिस पर चल नहीं सकी थी।

इसके तकनीकी कारण थे। तमिलनाडु की फिल्में समाज के सभी प्रकार के आलोड़नों को समेटे हुए हैं।

एम॰जी॰आर॰ के बाद शिवाजी गणेशन सबसे लोकप्रिय नायक रहे हैं। इन्होंने हर प्रकार की भूमिकाएँ निभाई हैं। इनकी फिल्म "मुदल मरियादई" ने खासी हलचल मचाई। इसमें एक गाँव के उच्चवर्ग के अधेड़ शादीशुदा मुखिया को एक निम्नवर्ग की लड़की से प्यार हो जाता है। इसका केन्द्रीय पात्र सामन्ती प्रथा पर ही नहीं बल्कि जाति प्रथा पर भी प्रहार करता है। मध्यकालीन प्रथाओं के तहत आज भी आदमी के लिए दूसरी स्त्री को रखना "स्टेटस सिंबल" है।

सिनेमा में समाज के अंतर्विरोधों का चित्रण

तमिल फिल्में पुरुष केंद्रित हैं और नायिकाएँ इनमें सहभागी मात्र होती हैं, अलंकरण मात्र। जिन फिल्मों में नायिका की भूमिका केंद्रीय होती है, वह या तो "सतीत्व" पर बल देती है अथवा "दैवी शक्ति" बनकर उभरती है। ऐसी फिल्मों की प्रसिद्ध नायिका हैं—के॰आर॰ विजया। इनकी भूमिकाएँ इतनी लोकप्रिय हैं कि "देवी" के रूप में इनकी पूजा होती है। तमिल फिल्मों के आइटम गानों में दोहरे अर्थों की भरमार होती है। हीरोइनें फिल्मों के लिए आधुनिक लिबास में प्रस्तुत की जाती हैं परन्तु हीरो उन्हें यह प्रवचन ज़रूर देता है कि भारत की स्त्री को पारंपरिक लिबास ही नहीं बल्कि हर प्रकार की परंपरा का निर्वाह करना चाहिए। स्त्री को लेकर अनेक अंतर्विरोध इन फिल्मों में उभरते हैं। तमिल सिनेमा में हद दर्जे का वैविध्य नज़र आता है। एक ओर जहाँ पेरियार, अन्नादुराई के परंपरा विरोधी क्रांतिकारी विचारों वाली फिल्में लोकप्रिय हुई हैं वहीं संस्कृति संरक्षण के नाम पर पुरुष केंद्रित विचारधारा को भी उछाला गया है। हाशिए के दमित, वंचित किरदारों को लेकर फिल्में बनाकर दर्शकों को हिला देने का साहस भी यहाँ के निर्माता, निर्देशकों में है।

"वेइल" 2007 के "कॉन फिल्म फेस्टिवल" में प्रदर्शित पहली तमिल फिल्म थी जिसे उत्तम तमिल फिल्म एवं निर्देशन के लिए "फिल्मफेयर" पुरस्कार प्राप्त हुआ। तमिल फिल्म के संगीतकार इलैयाराजा और ए॰आर॰ रहमान को "स्लमडॉग मिलिनेयर" में संगीत देने के लिए "ऑस्कर" भी मिल चुका है। हैरिस जयराज और युवान शंकर भी अत्यन्त लोकप्रिय हैं। इस प्रकार तमिल फिल्म उद्योग ने न केवल लोकप्रिय फिल्में बनायीं, बल्कि उच्च कोटि के राजनीतिज्ञ, संगीतकार, तकनीशियन भी दिए। फिल्म और समाज का अभिन्न संबंध तमिलनाडु में स्पष्ट दिखता है। हाल की फिल्में किसी भी विषय को लेकर कतराती नहीं हैं। "पितागमन", "वेइल", "चेन्नई 60028", "परूती वीरन", "सुब्रह्मणिया पुरम", "नाडोडीगल", "नॉन कडवुल", "पसंग",

"विनयतांडी वरूवर", आदि फिल्मों के विषय इतने विविध और जीवन के इतने पास हैं कि मात्र मनोरंजन भर इनका उद्देश्य नहीं रह जाता है। यह दर्शक को सोचने पर मज़बूर ही नहीं करतीं बल्कि उन पर छा जाती है। रजनीकांत और कमल हसन अपने आप में "लेजेण्डरी फिगर्स" माने जाते हैं और इनकी अपनी विशिष्ट शैली और विशेषता है। तमिल की कई फिल्में बहुभाषी भी बनी हैं जैसे मणिरत्नम की "रोजा" और "बॉम्बे"। बहुनिर्देशकों द्वारा निर्देशित "दिल से" और एस॰ शंकर द्वारा निर्देशित "नायगन" (1987), को "टाइम मैगजीन" द्वारा 100 सदाबहार उत्तम फिल्मों में स्थान दिया गया है। रजनीकांत की "शिवाजी द बॉस" ने इंग्लैंड तथा अफ्रीका में टॉप टेन अधिक लाभ कमाने वाली बड़े बजट की फिल्मों में स्थान प्राप्त करके रिकार्ड तोड़ा है और कमल हसन की "इंडियन" और "दशावतरम" ने एक ही व्यक्ति द्वारा अनेक भूमिकाएँ निभाने की विशिष्टता भी हासिल की है।

6

कन्नड़ सिनेमा का सुहाना सफ़र

राजशेखर उमेश जाधव

समस्त विश्व में भारत एक ऐसा राष्ट्र है जहाँ एक से अधिक भाषाएँ बोली जाती हैं और भाषा के आधार पर राष्ट्र को प्रांतों या राज्यों में विभाजित किया गया है। इसी का एक अंग या राज्य है कर्नाटक, जिसकी प्रमुख भाषा कन्नड़ है और इस भाषा में ऐसे कई चलचित्रों का निर्माण हुआ है, जो कई राष्ट्रीय पुरस्कारों से पुरस्कृत हैं। एक पुरानी चीनी कहावत है–"हजारों मील की यात्रा एक छोटे कदम से शुरू होती है।" इसी तरह कन्नड़ सिनेमा का इतिहास भी आरंभिक अवस्था में उतना सशक्त न होने पर भी मज़बूत कदमों के बलबूते पर आज पूरे विश्व में चर्चित है। कन्नड़ सिनेमा ने कई उतार-चढ़ाव के बावजूद लगभग 75 वर्ष पूरे कर लिए हैं। बहुत कम अंतराल में ही सिनेमा ने सामाजिक सरोकारों से जुड़कर स्वयं को कला के स्तर पर स्थापित किया है। यह पूरी प्रक्रिया सहज स्वाभाविक न होते हुए समय के साथ-साथ विकसित हो रही फिल्मी कलाकारों तथा निर्माताओं की लगन और ललक में हो रहे परिवर्तन का फल है।

कन्नड़ में ध्वनिविहीन फिल्मों का दौर

कन्नड़ सिनेमा को "सैण्डलवुड" के नाम से भी पहचाना जाता है। आम भारतीय भाषाओं की भाँति कन्नड़ भाषा में भी सिनेमा का आविर्भाव ध्वनिविहीन मूक फिल्मों के द्वारा ही हुआ। कन्नड़ फिल्मों के विकास में इन मूक फिल्मों का योगदान अविस्मरणीय है। अंदाजा लगाया जाता है कि कर्नाटक में लगभग 175 मूक फिल्में बनी होंगी, परंतु कर्नाटक में मूक फिल्मों का आविर्भाव कब से माना जाए, इसको लेकर विद्वानों में मतभेद रहा है। विद्वानों का कहना है कि "1921 ई॰ में निर्मित 'वसंतसेन' कन्नड़ का प्रथम मूक चलचित्र है।" परंतु कुछ अन्य विद्वानों के अनुसार "वसंतसेन" से पूर्व "निरूपमा" तथा "महात्मा

कबीर" नामक दो मूक चलचित्रों के उदाहरण भी सामने आते हैं। गंगाधर मोदलियार जी ने "कन्नड़ सिनेमा इतिहासद् पुटगल्ली" नामक ग्रंथ में इस समस्या का हल प्रस्तुत करते हुए उल्लेख किया है कि 1921 ई॰ में "रत्नावली थियेट्रिकल कंपनी" के ए॰वी॰ वरदाचार्य के निर्देशन में राजमहल में "निरूपमा" नाटक का मंचन किया जाता था। श्री कंठीरव नरसिंहराज ओडेयर सिनेमा से अवगत थे। उन्होंने इसे कैमरे में उतार लिया था और विदेशी अतिथियों को इससे मनोरंजित किया करते थे।

इसके उपरांत 1925 ई॰ में निर्मित और एक ध्वनिविहीन मूक सिनेमा का उल्लेख मिलता है। स्थानीय जनता इसे "बाइस्कोप" नाम से जानती थी। "1925 ई॰ में गुब्बी वीरण्णा जी के द्वारा मंचन किया गया लोकप्रिय नाटक 'महात्मा कबीर' को मूक सिनेमा के रूप में फिल्माया गया।" इसी प्रकार युवराज द्वारा "निरूपमा" नाटक को ही फिल्माकर उसे सिनेमा का रूप दे दिया, तो उस नाटक के कलाकार रह चुके गुब्बी वीरण्णा या रंगय्या नायडू को इससे प्रेरणा अवश्य ही मिली होगी। "निरूपमा" के द्वारा मैसूर के युवराज रहे श्री कंठीरव नरसिंहराज ओडेयर को कन्नड़ सिनेमा के प्रथम निर्माता-निर्देशक के रूप में पहचाना जाता है।

निरूपमा के उपरान्त चार साल के अंतराल में बनी "वसंतसेन" (मृच्छकटिक) को 1929 ई॰ में संपूर्ण रूप से बेंगलूर में तैयार किया गया। इस फिल्म को कर्नाटक ऐतिहासिक स्थानों जैसे कि बेलूरू, हलेबीडू, सोमनाथपुर, श्रीरंगपट्टण में टीपू के राजमहल, श्रवणबेलगोल, बेंगलूर का लालबाग, तमिलनाडु में मदुरै, रामेश्वर के मंदिरों में फिल्माया गया। पी॰ए॰ पिक्चर्स द्वारा निर्मित इस फिल्म में बेल ऐण्ड हूवेल कैमरा का उपयोग किया गया था और जर्मनी के यू॰एफ॰ए॰ से "श्वेत-श्याम" फिल्म पर हैण्ड कलर का प्रयोग करके लाया गया। दो साल के उपरांत 11-4-1931 में इस फिल्म को दोबारा न्यू एंपायर थिएटर में प्रदर्शित किया गया। इस फिल्म के बारे में यह भी कहा जाता है कि इस फिल्म को क्रिसमस के अवसर पर जर्मनी में भी प्रदर्शित किया गया था। उस समय इस फिल्म के निर्माण में पूरे एक लाख रुपयों की पूँजी लगायी गयी थी।

इसके बाद ध्वनिविहीन फिल्मों का दौर लगातार चलता रहा। इसी तरह ध्वनिविहीन मूक फिल्में बनाने में निरत "सूर्य फिल्म कंपनी" का नाम उल्लेखनीय रहा है। इस कंपनी के द्वारा कन्नड़ सिनेमा को लगभग 40 मूक फिल्मों का योगदान प्राप्त हुआ है। इस कंपनी ने "राजहृदय" (1929) अंग्रेजी शीर्षक "हार्ट ऑफ दि किंग" से प्रथम फिल्म का निर्माण किया, जिसके निर्देशक थे-केशवलाल जोशी। इसी फिल्म के द्वारा लक्ष्मीबाई ने सिनेमा के क्षेत्र

में प्रवेश किया और एक सुपर स्टार के रूप में लोकप्रियता प्राप्त की। कर्नाटक पिक्चर्स कार्पोरेशन द्वारा "हरिमाय" (1930) "हिज़ लव् अफेयर" (1930) एवं "सांग ऑफ लाइफ", शिवराम कारंत द्वारा "डोमिगो" (1930) तथा "भूतराज्य" (1931) आदि फिल्में बनीं। शिवराम कारंत जी का "डोमिगो" हरिजनों को आधार बनाकर फिल्मायी गयी थी। यह हरिजनों की वास्तविकता पर आधारित सामाजिक फिल्म थी।

कई फिल्मों के निर्माण के उपरांत मूक फिल्मों का वह सुहाना दौर समाप्त होने के बावजूद सवाक् फिल्मों के दौर में कई सालों के अंतराल में फिर एक बार 1987 ई॰ में श्रृंगार नागराज द्वारा निर्मित "पुष्पक विमान" को फिल्माया गया। यह सिनेमा ध्वनिविहीन फिल्मों का स्मरण कराता है। इस फिल्म ने भी लोकप्रियता प्राप्त की।

कन्नड़ में सवाक् फिल्मों का आविर्भाव

भारत का प्रथम सवाक् हिन्दी सिनेमा "आलमआरा" 1931 ई॰ में फिल्माया गया था। उसके तीन साल बाद कन्नड़ में भी यह प्रयत्न चलने लगा। 1933 में ए॰वी॰ वरदाचार्य रत्नावली थियेट्रिकल कंपनी के मित्रों ने वरदाचार्य मेमोरियल ट्रस्ट की स्थापना करके "भक्तध्रुव" फिल्म के निर्माण हेतु प्रयत्न प्रारम्भ किया। उसी समय एम॰वी॰ सुब्बय नायडू तथा रंगकर्मियों के द्वारा "सती सुलोचना" नामक सवाक् फिल्म को फिल्माया जाने लगा। लगभग एक ही समय में कन्नड़ में पौराणिक कथा पर आधारित दो फिल्में निर्मित हो रही थीं। "भक्तध्रुव" फिल्म के संपूर्ण रूप से तैयार होने पर भी इसके प्रदर्शित होने में समय लगा। इस फिल्म का प्रदर्शन 5 अप्रैल 1934 को हुआ तो "सती सुलोचना" का प्रदर्शन भी इसी वर्ष 3 मार्च 1934 को हुआ था। केवल एक महीने के अंतराल से "भक्तध्रुव" कन्नड़ का प्रथम सिनेमा की ख्याति से वंचित रहा।

"सती सुलोचना को पूर्णतः महाराष्ट्र के छत्रपति सिनेटोन स्टूडियो में फिल्माया गया। इस फिल्म में अधिकतम दृश्य युद्धों पर आधारित थे और ऐसी फिल्मों के लिए यह स्टूडियो पहले से ही लोकप्रिय भी था, तो निर्देशक वै॰वी॰ राव ने इसी स्टूडियो का चयन किया। इस बृहद् लंबी सवाक् सिनेमा को तैयार करने में तीन महीने लगे, लगभग चालीस हजार रुपयों की पूँजी लगी एवं युद्ध के दृश्यों को सहजता से दर्शाने के लिए दो हजार लोगों को एकत्रित किया गया।" इन सबसे प्रथम सवाक् फिल्म शानदार फिल्म के रूप में सामने आयी।

इस फिल्म में प्रभावकारी अभिनय करने के द्वारा एम॰वी॰ सुब्बय्य नायडू कन्नड़ सवाक् सिनेमा के प्रथम नायक के रूप में उभरकर आये। आर॰ नागेन्द्रराव

अभिनय के साथ-साथ पहली बार सवाक् सिनेमा के संगीत निर्देशक बने। इस फिल्म में सोलह गीत थे, जिसमें लक्ष्मीबाई द्वारा गाया गया–"भले-भले पार्वती बलू चदूरे..." नामक गीत बहुत लोकप्रिय भी हुआ। इस गीत को कन्नड़ का सर्वप्रथम सबसे लोकप्रिय गीत का गौरव प्राप्त हुआ है। एम०वी० सुब्बय्य नायडू ने सती सुलोचना में इंद्रजीत की भूमिका से सिनेमा में प्रवेश करने के उपरान्त "वसंतसेन" (1941), "सत्य हरिश्चंद्र" (1943), "महात्मा कबीर" (1947), "भक्तप्रहलाद" (1958) फिल्मों की अविस्मरणीय भूमिकाओं के द्वारा जनसमूह का मनोरंजन किया है।

"सती सुलोचना" तथा "भक्तध्रुव" के उपरांत सवाक् फिल्मों का सिलसिला चलता ही रहा, परन्तु आरंभिक अवस्था बहुत ही मंद गति में थी। 1935 ई० में "सदारमें", 1936 ई० "संसार नौक" फिल्मों ने लोगों का मनोरंजन किया। 1935 से 1945 ई० के अंतराल में कुल मिलाकर चौदह कन्नड़ फिल्में फिल्माई गईं। यदि इसे संख्या की दृष्टि से देखा जाये तो बहुत कम हैं, परंतु इन फिल्मों ने महत्त्वपूर्ण इतिहास रचा है। कुछ कविगण, साहित्यकार तथा संगीतकारों ने फिल्मी दुनिया में प्रवेश करके कन्नड़ सिनेमा को उत्तुंग शिखर पर पहुँचाया है। 1936 ई० में निर्मित "संसार नौक" दक्षिण भारत में फिल्मायी गई प्रथम सामाजिक फिल्म मानी जाती है। 1937 ई० में निर्मित "राजसूर्ययाग" फिल्म संपूर्ण रूप से कर्नाटक में ही तैयार की गयी थी। इससे पूर्व कन्नड़ सिनेमा के निर्माताओं को पड़ोसी राज्यों मुंबई (पूर्व नाम बंबई) तथा चेन्नई (पूर्व नाम मद्रास) पर निर्भर रहना पड़ता था। 1941 ई० में निर्मित "वसंतसेन" ने तब तक पूरे भारत में फिल्माई गई फिल्मों में से तकनीकी रूप से अत्युत्तम फिल्म का गौरव हासिल किया था। 1943 ई० में एम०वी० राजम्म "राधारमण" फिल्म निर्मित कर कन्नड़ की प्रथम महिला निर्माता बनीं। 1943 ई० में बनी "सत्य हरिश्चंद्र" सिनेमा ने रजत महोत्सव मनाया। कन्नड़ सिनेमा में रजतोत्सव मनाने वाली प्रथम फिल्मों की श्रेणी में इसकी गिनती होती थी। सन् 1938 से 1940 के बीच का समय कन्नड़ सिनेमा के क्षेत्र के लिए बहुत ही भयानक था। यह द्वितीय महायुद्ध का समय था। लगभग तीन साल तक कोई भी फिल्म नहीं बनी। 1944 तथा 1946 का वर्ष भी एकदम शान्त था। 1941 से 1942 में केवल दो फिल्में, 1943 में चार फिल्में तथा 1945 में केवल एक फिल्म प्रदर्शित हुई।

गुब्बी वीरण्णा का योगदान

सिनेमा की आरंभिक अवस्था में गुब्बी वीरण्णा जी का योगदान अविस्मरणीय रहा है। सवाक् फिल्मों के आरंभिक दौर से अगले सात वर्षों में लगभग चौदह फिल्में आईं। उनमें से चार फिल्में गुब्बी वीरण्णा के द्वारा निर्देशित

की गयी थीं। शकुंतला फिल्मस के द्वारा 1935 में "सदारमे", गुब्बी फिल्म्स के द्वारा 1941 में "सुभद्र", 1942 में "जीवननाटक", 1945 में "हेमरड्डी मल्लम" फिल्में बनायी गईं। इस कंपनी ने कन्नड़ सिनेमा को अनेक अभिनेताओं से परिचित कराया है। इनकी कंपनी के द्वारा आज भी कई कलाकार फिल्मों में प्रवेश कर रहे हैं। गुब्बी कंपनी के इतिहास में रंगमंच तथा कन्नड़ फिल्मी उद्यम का आपसी संबंध आज भी जुड़ा हुआ है। उन्होंने कई नाटकों का मंचन किया था। उनमें से एक प्रसिद्ध नाटक था "बेडर कण्णप्प"। इसी नाटक को गुब्बी कंपनी ने फिल्म का रूप दिया और यह फिल्म लोकप्रिय भी रही। कन्नड़ फिल्मों का निर्माण कर्नाटक में ही हो इसके लिए वे सिनेमा-निर्माण कक्ष की स्थापना के लिए बहुत पहले से ही परिश्रम कर रहे थे। लगभग दो बार इसमें विफल भी हुए। अपने मित्रों की सहायता से वे श्रीकंठीरव स्टूडियो लि॰ संस्था की स्थापना के लिए अविरत प्रयत्न करते रहे और 1946 में सफल भी रहे।

गुब्बी वीरण्णा कंपनी के द्वारा फिल्माये गये चलचित्र: "हरिमाय" 1930, "हिज़ लव् अफेयर" 1930, "सांग ऑफ लाइफ" 1931, ये तीनों ध्वनिविहीन सिनेमा थे। सवाक् चलचित्र, "सदारमे" (1935), "सुभद्र" (1941), "जीवननाटक" (1942), "हेमरड्डी मल्लम" (1945), "गुणसागरी" (1953), "बेडर कण्णप्पा" (1954) और "सदारमे" (1956) थे।

नाटक तथा सिनेमा के प्रति वीरण्णा जी की लगन तथा प्रतिभा को देखते हुए मैसूर के महाराजा श्री जयचामराजेंद्र ओडेयर ने सन् 1942 ई॰ में उन्हें "नट रत्नाकर" उपाधि से सम्मानित किया। केन्द्र सरकार ने पद्मश्री तथा 1970 में मैसूर विश्वविद्यालय ने डॉक्टरेट की उपाधि दी।

कन्नड़ का प्रथम सामाजिक सिनेमा

देवीज़ फिल्मस के द्वारा फिल्मायी गयी "संसार नौक" कन्नड़ की प्रथम सामाजिक फिल्म है। सवाक् चलचित्रों की प्रारंभिक अवस्था में जहाँ पौराणिक कथाओं पर आधारित फिल्में ही बनाई जाती थीं, वहाँ सामाजिक फिल्म को फिल्माना एक साहस भरा कार्य ही था। इसके निर्माता थे एच॰एल॰ सिंह (लक्ष्मीनरसिंह)। यह वर्तमान में फिल्मायी जा रही सामाजिक फिल्मों का मूल स्त्रोत है। "संसार नौक" को वेल् स्टूडियो में पूरे चार महीनों तक फिल्माया गया। इस फिल्म को बनाने में पूरे 36 हजार रुपयों की पूंजी लगायी गई।

सन् 1934 ई॰ से 1950 ई॰ तक कन्नड़ भाषा में सवाक् चलचित्रों का निर्माण हुआ और उन्हें प्रदर्शित भी किया गया परंतु वास्तविक रूप से कन्नड़ सिनेमा को 1950 ई॰ से लोकप्रियता प्राप्त होने लगी। यह वर्ष कन्नड़ सिनेमा के लिए तो सुवर्ण वर्ष सा था। इसी वर्ष गुब्बी वीरण्णा की नाटक कंपनी में

अपने अप्रतिम अभिनय के द्वारा प्रेक्षकों के दिलों में घर बना चुके "मुत्तुराज" अर्थात राजकुमार जी ने एच०एल० सिंह जी के निर्देशन में निर्मित "बेडर कण्णप्पा" फिल्म के द्वारा चलचित्र में पदार्पण किया। यह फिल्म बहुत ही लोकप्रिय हुई और इस फिल्म के द्वारा कन्नड़ सिनेमा ने नये कलाकारों को जन्म दिया, जो कई सालों तक सितारों की भांति सिनेमा की दुनिया में चमकते रहे।

राजकुमार कन्नड़ सिनेमा के अप्रतिम कलाकार रहे हैं। इनकी पहली फिल्म "बेडर कण्णप्पा" राष्ट्रीय पुरस्कार से पुरस्कृत हुई। इसके उपरांत उन्होंने "सोदरी" (1955), 1956 में "भक्तविजय", "हिरिभक्त" तथा "ओहिलेश्वर" फिल्मों में अभिनय किया। उनकी प्रारंभिक फिल्में भक्ति प्रधान थीं। इसके बाद 1957 में उन्होंने "रायर सोसे" नामक सामाजिक फिल्म में अभिनय किया। इसके उपरांत उन्होंने कभी पीछे मुड़कर देखा ही नहीं। "अण्ण तंगी", "मेयर तुत्तण्ण", "बंगारद मनुष्य", "जीवन चैत्र", "इम्मडी पुलकेशी", "रणधीर कंठीरव", "मयूर", "संत तुकाराम", "संत शिशुनाल शरीफ", "संपत्तिगे सवाल", "भाग्यद बागीलु", "देवता मनुष्य", आदि फिल्मों के द्वारा उन्होंने अपनी अप्रतिम कला प्रतिभा से जनसमूह का मनोरंजन किया। उन्होंने लगभग 200 फिल्म में अभिनय किया है और वे लोकप्रिय अभिनेता के साथ-साथ अच्छे गायक भी रहे हैं।

"भाग्यद बागीलु" (1968) फिल्म में अभिनय करने के बाद वे सौ फिल्में करने वाले प्रथम अभिनेता बने तो, उन्हें "नट सार्वभौम" की उपाधि से अलंकृत किया गया। "गंधद गुडी" (1973) फिल्म के द्वारा 150 फिल्में पूरी करने पर उन्हें "रसिकराज" की उपाधि दी गई। उनकी कला सेवा के लिए 1976 ई० में मैसूर विश्वविद्यालय ने उन्हें डॉक्टरेट उपाधि से सम्मानित किया। सन् 1983 ई० में भारत सरकार ने "पद्मभूषण" तथा सन 1993 में राज्य सरकार ने "कर्नाटक रत्न" से सम्मानित किया। 1996 ई० में वे "दादा साहेब फाल्के" पुरस्कार से सम्मानित हुए।

साहित्य तथा साहित्यकारों का योगदान

1965 के बाद कन्नड़ सिनेमा एक महत्त्वपूर्ण पड़ाव पर आया। इस समय सिनेमा के क्षेत्र में कन्नड़ के श्रेष्ठतर साहित्यकारों ने अपना योगदान देना शुरू किया था। उन्होंने कन्नड़ सिनेमा की गरिमा को बढ़ाया था। प्रथम सवाक् फिल्म "सती सुलोचना" के साहित्यकार थे बेल्लावे नरहरिशास्त्री। दूसरी सवाक् फिल्म के साहित्यकार थे देवुडू नरसिंहशास्त्री। ध्वनिविहीन फिल्मों के दौर में ही कन्नड़ के कई साहित्यकारों ने फिल्मी दुनिया में प्रवेश किया था। उदाहरण के लिए– कैलासं, बी० पुट्टस्वामय्य, अ०नु०कृ, आदि ने पटकथा, गीत, आदि लिखने में

अपना योगदान दिया है। कविता, उपन्यास तथा नाटकों को आधार बनाकर कई कन्नड़ फिल्मों को रचा गया। 1960 में टी॰वी॰ ठाकुर ने कृष्णमूर्ति पुराणिक के "धर्मादेवते" उपन्यास पर आधारित "करूणेये कुटुंबद कण्णु" का निर्देशन किया। यह फिल्म कन्नड़ में कन्नड़ उपन्यास को आधार बनाकर फिल्मायी गयी प्रथम फिल्म थी। ज्ञानपीठ पुरस्कार विजेता साहित्यकार कुवेंपु, द॰रा॰ बेंद्र, शिवरामकारंत, मास्ती वेंकटेश अय्यंगर, यू॰आर॰ अनंतमूर्ति, एस॰एल॰ भैरप्पा, पूर्णचंद्र तेजस्वी, कृष्णमूर्ति पुराणिक, अ॰न॰कृ॰, त॰रा॰सू॰, बरगूर रामचंद्रप्पा, त्रिवेणी, आदि के साहित्य का फिल्म निर्माताओं ने प्रचुर मात्रा में उपयोग किया है। "गौरी" सिनेमा में कुवेंपु जी के "याव जन्मद मैत्री...", दोणी सागली मुंदे होगली...दूर तीरव सेरली", 1964 में "कलावती सिनेमा" में "कुहू-कुहू...एन्नुत हाडुवा चिन्नद कंठद कोगिलेये..." गीत को मन्ना डे ने गाया है। "मावन मगलु" (1965) सिनेमा में कुवेंपु द्वारा रचा गया देशभक्ति पर आधारित गीत "नडे मुंदे नडे मुंदे हिग्गी नडे मुंदे..." को लिया गया है। 1984 में श्रीहर्ष ने कुवेंपु द्वारा रचित नाटक "बेरल गे कोरल" पर फिल्म बनायी।

द॰रा॰ बेन्द्रे जी ने 1955 में "विचित्र प्रपंच" सिनेमा के लिए सात गाने तथा संवादों को लिखा। 1963 में "कुलवधू" फिल्म में बेंद्रे जी की प्रसिद्ध कविता "युग युगादी कलेदरू युगादी मरली बरूतिदे", "बेल्लीमोड" फिल्म में "मूडन मनेय मुत्तिन नीरिन एरकावा होटदा...", "अरिशियान कुंकुम" फिल्म में "इलिदू बाताये इलिदू बा...", "शृंगार मास" में (1984) "बंतिदु शृंगार मास...", "प्रेमतरंग" फिल्म में "नी हिंग नोड ब्याड नन्न...", आदि साहित्यिक गीत देखे जा सकते हैं। 1996 में "जीवन चैत्र" फिल्म में मूडरू मल्लाप द्वारा रचित "मानवनागी हुट्टिद मेले एनेन कंडी..." कविता को लिया गया है।

शिवराम कारंत जी ने मूक फिल्मों के दौर में ही फिल्म का निर्माण करने का साहस किया था। वे अपने उपन्यास "चोमन दुडी" पर फिल्म बनाकर राष्ट्रीय पुरस्कार प्राप्त कर चुके हैं। उन्होंने "मलेय मक्कलु" (1978) फिल्म का निर्देशन भी किया है। मास्ती वेंकटेश अय्यंगर का "काकन कोटे" (1977), एस॰एल॰ भैरप्पा जी के उपन्यास "वंशवृक्ष", "तब्बली नीनादे मगने", यू॰आर॰ अनंतमूर्ति का उपन्यास "संस्कार" (1970) पर आधारित फिल्मों ने कन्नड़ सिनेमा की दुनिया में एक लहर सी उठा दी। "संस्कार" फिल्म को राष्ट्रीय पुरस्कार प्राप्त हुआ था। 1974 में गिरीश कर्नाड ने "काडु" फिल्म का निर्देशन किया और इस फिल्म के द्वारा कन्नड़ सिनेमा को एक बार फिर राष्ट्रीय पुरस्कार प्राप्त हुआ। "काडु" श्रीकृष्ण आलनहल्ली द्वारा लिखित उपन्यास है। इसी को आधार बनाकर गिरीश कर्नाड जी ने इस फिल्म की पटकथा तथा निर्देशन का कार्य किया था।

1977 में "घटश्राद्ध" के निर्देशन के द्वारा गिरीश कासरवल्ली ने कन्नड़ सिनेमा में प्रवेश किया था। घटश्राद्ध ने "राष्ट्रीय पुरस्कार स्वर्ण कमल" को प्राप्त किया। उन्होंने "आक्रमण" (1980), "मूरू दारिगलु", "तबरन कथे" (1987), "बण्णद वेश" (1988), "मने" (1990), "क्रौर्य", (1999), "तायी साहेब" (1997), "द्वीप" (2001), "हसीना" (2005), "गुलाबी टॉकीज़" (2008) नामक फिल्मों का निर्देशन किया है।

इनमें से "घटश्राद्ध", "आक्रमण", "मूरू दारिगली", "तबरन कथे", (स्वर्ण कमल पुरस्कार), "मण्णद वेश", "तायी साहेब" (स्वर्ण कमल पुरस्कार) "द्वीप" (स्वर्ण कमल पुरस्कार), "हसीना" तथा "गुलाबी टॉकीज़" फिल्मों को राष्ट्रीय पुरस्कार प्राप्त हो चुका है। कन्नड़ सिनेमा में ऐसे सृजनात्मक साहित्यकारों का होना तथा सिनेमा में रुचि रखने वाले व्यक्तित्वों का क्रियाशील रहना कन्नड़ सिनेमा के लिए गर्व की बात है।

1965 से कन्नड़ की फिल्मी दुनिया में महत्त्वपूर्ण परिवर्तन आने लगा था। नयी तकनीकी के साथ निर्देशकों ने अपनी भावनाओं तथा विचारों में परिवर्तन लाना शुरू कर दिया था। कुछ ऐसे निर्देशक थे, जो सफलता की सीढ़ी चढ़ते गये और उन्होंने अपने आपको इस क्षेत्र में पारंगत बना लिया। जैसे–पुट्टण कणगाल्, सिद्धिलिंगय्या, के॰एस॰एल॰ स्वामी, टी॰वी॰ सिंह, ठाकुर, भगवान–दोरैराज्, आरूरू पट्टाभी, एस॰वी॰ राजेन्द्र सिंह बाबू, पी॰ लंकेश, भार्गव, के॰वि॰ जयराम, शंकरनाग, टी॰एस॰ नागाभरण, सुरेश हेब्लीकर, रविचंद्रन, सुनील कुमार देसाई, उमेश कुलकर्णी, काशिनाथ, एन॰ जयगोपाल गीतप्रिय, सी॰वी॰ श्रीधर, सी॰वी॰ राजेन्द्रन, अमृतम्, सांई प्रकाश, दिनेश बाबू, सुदीप, एस॰ नारायण, आदि निर्देशक कन्नड़ सिनेमा के लिए एक से एक अच्छी फिल्में देते आ रहे हैं। इन निर्देशकों में पुट्टण कणगाल् का नाम गर्व से लिया जाता है। उन्होंने "बेल्लीमोड़", "गेज्जेपूजे", "पांडवरू", "रंगनायकी", "शुभमंगल", "मानस सरोवर", "धरणि मंडल मध्यदोलगे", "ऋणह मुक्तलू", आदि फिल्मों का निर्देशन किया है। इसके साथ ही उन्होंने कई नये कलाकारों को अभिनय करने का सुअवसर भी दिया है, जो आगे चलकर नामी कलाकार बने हैं।

अस्सी के दशक में अप्रतिम प्रतिभा से संपन्न शंकरनाग ने अभिनय के साथ-साथ निर्देशन में भी अद्वितीय यश प्राप्त किया। उन्होंने "गीता", "ऑक्सिडेंट", "नोड़ी स्वामी नाविरोदे हीगे", जैसी फिल्में कन्नड़ सिनेमा को दी। परन्तु विधि के हाथों उन्हें अकाल मृत्यु का सामना करना पड़ा। कन्नड़ सिनेमा के क्षेत्र में इस निर्देशक का स्थान शायद कोई भर नहीं सकेगा।

कन्नड़ सिनेमा के हास्य-व्यंग्य के कलाकारों का विशेष स्थान रहा है। इन्होंने अपनी अद्वितीय अदाकारी से प्रेक्षकों का मनोरंजन किया है। शुरुआती दौर

में जी॰वी॰ अय्यर और नरसिंहराजू के हास्य अभिनय के द्वारा कन्नड़ सिनेमा को विशेष बल मिला है। इन दोनों के बारे में यह भी कहा जाता था कि जी॰वी॰ अय्यर अर्थात् हास्य, नरसिंहराजू। इसके बाद द्वारकिश, मंदीप, दोड्डण्ण, उमाश्री, मुख्यमंत्री चंद्रु, बैंक जनार्धन, मूसरी कृष्ण, जग्गेश, मंड्य रमेश, सादुकोकिल, आदि हास्य कलाकारों ने अपनी विभिन्न शैली के अभिनय से कन्नड़ जनता के मनमानस को प्रफुल्लित करने का कार्य किया।

वर्तमान में कन्नड़ सिनेमा के क्षेत्र में अत्याधुनिक परिवर्तन आ गए हैं। आधुनिक युवा पीढ़ी आधुनिक सोच विचार के साथ फिल्मों का निर्देशन तथा निर्माण करती है। आज किसी तरह की तकनीकी दिक्कतों का सामना नहीं करना पड़ता है और पूँजी के बारे में सोचा नहीं जाता। इसी का परिणाम है कि आज करोड़ों की पूँजी लगाकर फिल्म बनायी जाती है। कन्नड़ सिनेमा में 2005 के उपरांत नई आशा की किरणें उठने लगीं। परिणामस्वरूप "दुनिया", "जोगी", "मुंगारू मले", "अण्ण", "नेनपिरली, "डेड्ली सोमु", "प्रीति प्रेम प्रणय", "मल्ल", "मलेयली जोतेयली", "जीवा", जैसी कई फिल्मों का निर्माण हुआ। ये ऐसी कालजयी फिल्में हैं जिनसे अन्य भाषाओं में बनी फिल्मों के साथ प्रतिस्पर्धा कर सकते हैं। इतना ही नहीं समकालीन समय में कन्नड़ सिनेमा की मांग देश-विदेश में भी बढ़ रही है। 2007 में "मुंगारू मले" फिल्म कर्नाटक में ही नहीं बल्कि विदेशों में भी लोकप्रिय रही थी। यू॰एस॰ए॰, यू॰के॰ तथा आस्ट्रेलिया में भी इस फिल्म की मांग थी। इस फिल्म ने आज तक का कन्नड़ बाक्स ऑफिस का रिकार्ड तोड़ते हुए पूरे 50 करोड़ से भी अधिक रुपये कमाए हैं।

राष्ट्रीय पुरस्कार प्राप्त कन्नड़ फिल्में

- बाल कलाकार–विजय राघवेंद्र –सिनेमा–चिन्नारी मुत्तु
- श्रेष्ठ नायिका (उर्वशी पुरस्कार) –तारा
- श्रेष्ठ नायिका (उर्वशी पुरस्कार) –नंदनी भक्त वत्सल
- 1954 में राष्ट्रीय सर्वश्रेष्ठ प्रादेशिक फिल्म –बेडर कण्णप्पा
- 1958 में राष्ट्रीय सर्वश्रेष्ठ में से तृतीय स्थान प्राप्त सिनेमा –स्कूल मास्टर
- 1959 में राष्ट्रपति रजत पदक प्राप्त कन्नड़ की प्रथम फिल्म –प्रेमद पुत्री
- 1969 में सर्वश्रेष्ठ पटकथा–पुट्टण कणगाल् –गेज्जेपूजे
- 1971 में निर्देशन के लिए गिरीश कर्नाड और बी॰वी॰ कारंत –वंशवृक्ष

- 1971 में राष्ट्रपति स्वर्ण कमल पुरस्कार प्राप्त फिल्म "संस्कार" –निर्देशक पट्टभीराम रेड्डी
- 1974 श्रेष्ठ बाल कलाकार–अ॰ख॰ नटराज फिल्म –काडु
- 1975 में राष्ट्रपति स्वर्ण कमल पुरस्कार फिल्म "चोमनदुडी" –निर्देशक बी॰वी॰ कारंत
- 1975 में श्रेष्ठ नायक–वासुदेवराव, फिल्म "चोमनदुडी" –निर्देशक बी॰वी॰ कारंत
- 1975 श्रेष्ठ फिल्म पार्श्व गायक–बालमुरली कृष्ण –फिल्म "हंसगीते"
- 1976 मे सर्वश्रेष्ठ छायाचित्रण पुरस्कार विजेता–के॰ रामचंद्र फिल्म –"सिनम्मा दृश्य श्रृंग"
- 1976 में निर्देशन के लिए राष्ट्रीय पुरस्कार विजेता–पी॰ लंकेश –फिल्म "पल्लवी"
- 1977 में श्रेष्ठ बाल कलाकार–अजित कुमार –फिल्म "घटश्राद्ध"
- 1977 में सर्वश्रेष्ठ छायाचित्रण पुरस्कार विजेता –बालु महेंद्र –फिल्म "कोकिला"
- 1977 में राष्ट्रपति स्वर्णकमल प्राप्त फिल्म –"घटश्राद्ध" –निर्देशक गिरीश कासरवल्ली
- 1979 उत्तम गायक शिवमोग्गा सुब्बणा –फिल्म "काडुकुदेरे"
- 1985 बाल कलाकार–पुनीत राजकुमार –फिल्म "बेट्टद हू"
- 1986 में राष्ट्रपति स्वर्णकमल प्राप्त फिल्म "तबरन कथे" –निर्देशक गिरीश कासरवल्ली
- 1988 फिल्म मनोरंजनात्मक सिनेमा "पुष्पकविमान" –निर्देशक "सिंगीतम् श्रीनिवास"
- 1992 श्रेष्ठ गायक–डॉ॰ राजकुमार –फिल्म "जीवन चैत्र"
- 1997 में राष्ट्रपति स्वर्ण कमल प्राप्त फिल्म "तायी साहेब" –निर्देशक गिरीश कासरवल्ली
- 2001 में राष्ट्रपति स्वर्ण कमल प्राप्त फिल्म "द्वीप" –निर्देशक गिरीश कासरवल्ली
- 2005 में श्रेष्ठ पारिवारिक कल्याण फिल्म "हसीना" –निर्देशक गिरीश कासरवल्ली
- 2008 में श्रेष्ठ नायिका–उमाश्री "गुलाबी टाकीज़" –निर्देशक गिरीश कासरवल्ली

- 2009 में श्रेष्ठ भावैक्यता पुरस्कार प्राप्त फिल्म "कल्लरली हुवागी" –निर्देशक–टी०एस० नागाभरण
- 2009 श्रेष्ठ प्रादेशिक सिनेमा –"काडबेलदिंगलु"
- 2009 में श्रेष्ठ बालचलचित्र–केराफ फुटपात –निर्देशक मास्टर किशन

आरंभिक कन्नड़ फिल्में उस समय के नाटकों का विस्तारित रूप ही हैं। मराठी फिल्मों की भांति ही कन्नड़ रंगमंच के कलाकार, निर्देशक तथा निर्माताओं ने भी फिल्मी दुनिया में प्रवेश किया। रंगमंच ही एक ऐसा क्षेत्र था जिसने आरंभिक अवस्था में कन्नड़ सिनेमा को जीवन देने तथा चेतना भरने का कार्य किया था। आरंभिक दौर की लगभग ध्वनिविहीन तथा सवाक् फिल्में नाटकों से प्रेरित होकर बनाई गयी थीं। जैसे-जैसे युग में परिवर्तन होता रहा वैस–वैसे सिनेमा को विस्तार मिलता गया और समाज में उसे एक स्पेस दी जाने लगी। इन फिल्मों ने अनावश्यक सामाजिक मान्यताओं, रूढ़ियों एवं अंधविश्वासों को समाप्त करके जनसामान्य में जागरूकता लाने में अहम् भूमिका अदा की है। इस भूमिका में कन्नड़ के साहित्यकारों ने जो योगदान दिया है और दे रहे हैं, वह कन्नड़ सिनेमा के लिए प्रशंसनीय है। सात–सात ज्ञानपीठ पुरस्कारों से पुरस्कृत कन्नड़ साहित्य में आज भी कई ऐसी कथाएँ हैं, जिन पर उत्कृष्ट फिल्में बनायी जा सकती हैं। अजित राय के इन शब्दों में कितनी सच्चाई है कि–"सिनेमा अकेला ऐसा सशक्त कला माध्यम है, जिसमें 'हम टाइम और स्पेस' (देश–काल) को बार–बार जी सकते हैं, बार–बार रच सकते हैं। इसी प्रकार कन्नड़ सिनेमा से जुड़ा प्रत्येक व्यक्ति इसके बारे में विचार करे तो कन्नड़ सिनेमा को दिन–ब–दिन सफलता मिलती रहेगी।"

संदर्भ-ग्रंथ

1. "पत्रिकोद्यम", लेखक–जी०एन० रंगनाथन, पृ० 465।
2. गंगाधर मोदलिया–कन्नड़ सिनेमा इतिहासद पुटगलल्ली, कन्नड़ पुस्तक प्राधिकार, बेंगलूर–पृ० 2।
3. वही–पृ० 3।
4. वही–पृ० 6।
5. वही–पृ० 28।
6. वही–पृ० 40।
7. संवहन माध्यम बी०एस० चंद्रशेखर-पृ० 76।
8. ई–नाडू कन्नड़ ब्लॉग।
9. लेख–सिनेमा में इतिहास की यात्राएँ–हंस–अप्रैल 2009।
10. विकिपीडिया–मुक्त ज्ञान कोष।

पत्र-पत्रिकाएँ

1. *कन्नड़ प्रभा* दैनिक समाचार पत्र।
2. *प्रजा वाणी* दैनिक समाचार पत्र।
3. *विजय कर्नाटक* दैनिक समाचार पत्र।
4. *कस्तूरी* मासिक पत्रिका।
5. ई-पत्रिका दि सण्डे।

7

शासक बनाता तेलुगु सिनेमा

दोड्डा शेषु बाबु

"सिनेमा को हीन दृष्टि से मत देखिए। एक दिन सिनेमा के लोग पूरी मानव जाति के शासक बनेंगे"–जॉर्ज बर्नार्ड शॉ की ये भविष्यवाणी आज संपूर्ण रूप से सच न होने पर भी आंशिक रूप में सच हो गयी है। रोनाल्ड रीगन के अमेरिका का राष्ट्रपति बनने के बाद दक्षिण भारत में तमिलनाडु में अन्नादुरै, करूणानिधि, एम॰जी॰ रामचंद्रन और जयललिता तथा आंध्र प्रदेश में नंदमूरि तारक रामाराव के शासक (मुख्यमंत्री) बनने से बर्नार्ड शॉ की भविष्यवाणी सच हुई है। देशों और राज्यों के शासकों को बनाने वाले कथा नायकों का सृजन करने वाले सिनेमा के बारे में चर्चा करना अत्यंत दिलचस्प हो सकता है।

सिनेमा का जन्म कब हुआ, कैसे हुआ, क्यों हुआ, आदि प्रश्नों को लेकर कहा गया है–"As several of the contributors paint out cinema was not invented. It was the result of a complicated process, which has began about three centuries earlier, a process which mixed science, entertainment, popular culture and the other media, story telling business and education in varying proportions."

सच बात यह है कि सिनेमा एक व्यक्ति के हाथों से नहीं बनाया गया है। यह हवाई जहाज, आकाशवाणी, रेल इंजन, साइकिल जैसी एक व्यक्ति के हाथों में एक ही दिन में बनायी गयी वस्तु नहीं है। वास्तव में सिनेमा सैकड़ों सालों से रूपांतरित होती रही दृश्य काव्य प्रक्रिया है।

तेलुगु में दृश्य, शब्द और संगीत से सम्मिलित मनोरंजन का प्रदर्शन 'कुरवंजी' से प्रारंभ हुआ है। आंध्र के राजाओं के शिकार के लिए जंगल में जाकर दोपहर में आराम लेते वक्त अथवा खाना खाते वक्त वहाँ की जनता अपने राजाओं की प्रसन्नता के लिए जानवरों की तरह, डलू, सींग की पुंगी बजाते हुए, गाना गाते हुए और कदम से कदम मिलाकर नाचने की प्रक्रिया करती थी। इसे

ही 'कुरवंजी' कहा जाता था। 'कुरवंजी' लोकगीतों से भरा दृश्य काव्य है। अर्थात् यह एक विशेष नृत्य कला है। इस तरह के नृत्यविशेष एवं उसकी रूपांतरण की प्रक्रिया को लेकर नागभूषण शर्मा लिखते है–"Folk art, the unassuming creative expression of nithans of village people, is a treasure house of their customs and group behavior beliefs and concerns pains and pleasures in fact, their very ways of life.... In the absence of classical forms of dance and drama for a considerable long period in history, the folk performing arts have filled in an important lacuna in the otherwise struggling lives of the people...."

दृश्य काव्य का यह स्वरूप (कुरवंजी) शनैः-शनैः मनोरंजन प्रक्रिया के अनेक रूपों में रूपांतरित हो गया। बाद में यह क्रमशः यक्षगान और चेक्कबोम्मलाटा (लकड़ी के खिलौनों से खेला जाने वाला खेल), तोलु बोम्मलाटा (गुड़ियों का खेल) के रूप में परिवर्तित हो गया एवं कालान्तर में हरिकथा, बर्रकथा, वीधि नाटक (नुक्कड़ नाटक), मंचीय नाटक के रूप में अपनी यात्रा तय करते हुए इसने सिनेमा के रूप में संपूर्णता प्राप्त की है। सत्य तो यह है कि 20वीं शती में सांस्कृतिक क्रांति सिनेमा द्वारा ही आयी है।

तेलुगु सिनेमा की हीरक जयंती के अवसर पर उन महान लोगों को याद करना आवश्यक है, जिन्होंने तेलुगु फिल्म क्षेत्र की प्रगति में अविस्मरणीय योगदान दिया है। तेलुगु फिल्म उद्योग या टॉलीवुड (Tollywood) आज दुनिया की सर्वश्रेष्ठ फिल्मों के निर्माण में अग्रणी भूमिका निभा रहा है। टॉलीवुड के बारे में सोचते वक्त टॉलीवुड की अनेक अमर फिल्में हमें स्मरण हो आती हैं। टॉलीवुड के जनक के रूप में प्रसिद्धि प्राप्त करने वाले स्वर्गीय रघुपति वेंकय्या के नाम पर आंध्र प्रदेश सरकार ने एक पुरस्कार की घोषणा की है। रघुपति वेंकय्या ने सन् 1886 में 17 साल की उम्र में फ़ोटोग्राफ़ी के क्षेत्र में काम करना आरम्भ किया था। सन् 1910 में उन्होंने एक विदेशी क्रोनो मेगाफ़ोन और करीब 4000 फुट लंबी सिनेमा रील को तैयार कर 'चलित' चित्रों को दिखाते हुए देखने वालों को आश्चर्यचकित कर दिया था। रघुपति वेंकय्या ने तेलुगु सिनेमा की नींव डाली तो उनके सुपुत्र प्रकाश और इन दोनों से प्रशिक्षण प्राप्त सी॰ पुल्लय्या ने मद्रास में पहली फिल्म ("मूकी") बनाई।

भारतीय सिनेमा के इतिहास में सन् 1931 सुवर्ण अक्षरों से लिखने वाला वर्ष है। इसी वर्ष 'टॉकी युग' प्रारंभ हुआ है, जब बंबई में इंपीरियल फिल्म कंपनी में आर्देशिर ईरानी की फिल्म "आलमआरा" बनी थी, उसी समय तेलुगु में एच॰एम॰ रेड्डी की फिल्म "भक्त प्रहलाद" बनी। यह तेलुगु फिल्म भी बंबई में बनी थी, लेकिन तेलुगु की दूसरी फिल्म "सीता कल्याणम" का निर्माण

मचलीपट्टनम के पी०वी० दास ने सन् 1934 में मद्रास में किया था। इसके लिए बंबई से फिल्म सामग्री मद्रास लाई गयी थी। इस फिल्म के निर्देशक नरसिंहा राव थे। उस समय की तेलुगु फिल्मों पर हिन्दी की तत्कालीन फिल्मों की भाँति पौराणिक गाथाओं का प्रभाव स्पष्ट लक्षित होता है। माधव पेड्ढी, कोच्चर्लाकोटा, सी०एस०आर०, कन्नाम्बा, आदि उस दौर के महान कलाकार थे। यद्यपि कुछ समय बाद ही यहाँ भी सामाजिक फिल्में बनने लगीं।

सन् 1939 में बेरोजगारी को विषय बनाकर सी० पुल्लय्या ने "वरविक्रय" फिल्म का निर्माण किया, बी०एन० रेड्डी ने "वंदेमातरम्" बनाई। "विधवा विवाह" को विषय बनाकर वै०वी० राव ने "मल्ली पेल्ली" (फ़िर शादी) फिल्म बनाई। आर० प्रकाश के उपन्यास पर आधारित "बारिस्टर पार्वतीश", किसानों की समस्याओं पर आधारित थी। गूडवल्ली रामब्रहाम ने जमींदारी पद्धति के खिलाफ "रैतु बिड्डा" (किसान का बेटा) बनायी, स्त्रियों की समस्याओं को आधार बनाकर बी०एन० रेड्डी ने "सुमंगली" फिल्म का निर्माण किया। ये सभी तेलुगु की अच्छी फिल्मों के रूप में समादृत हैं। जिस समय ये फिल्में बन रही थीं, वे दिन भारत की आज़ादी की लड़ाई के दिन थे। उस समय एक तरफ आज़ादी के लिए लड़ाई चल रही थी तो दूसरी तरफ समाज अस्पृश्यता, शराबखोरी, अंधविश्वास, आदि समस्याओं से त्रस्त था। ठीक उसी वक्त वृत्तिवेंटि नागेश्वर राव ने सन् 1936 में "प्रेम विजयम" (प्रेम की विजय) नामक सामाजिक चित्र का निर्माण किया। अगले साल के० सुब्रमणियम ने "बालयोगी" नामक फिल्म का सृजन किया। एच०एम० रेड्डी ने नशाखोरी को दृष्टि में रखकर "गृहलक्ष्मी" फिल्म बनाई। सन् 1936 में निडमर्ती सूरय्या ने दुर्गा स्टूडियोज़ का निर्माण कर "संपूर्ण रामायण" पौराणिक फिल्म का निर्माण किया।

इसके बाद दूसरे महायुद्ध के कारण विश्व के सभी देशों की आर्थिक स्थिति खराब हो गई। इस कारण तेलुगु सिनेमा में भी कम फिल्मों का निर्माण हो सका लेकिन उल्लेखनीय तथ्य यह है कि इस दौरान निर्मित फिल्मों की गुणवत्ता में आश्चर्यजनक सुधार देखा गया। सन् 1943 में बनी "पतुलम्मा" (अध्यापिका) तथा सन् 1945 में बी०एन० रेड्डी की "स्वर्ग सीमा", आदि फिल्में इस तथ्य की पुष्टि करती हैं। दो साल के बाद इन्हीं के द्वारा बनायी गयी "भक्त पोतना", "योगि वेमना" चर्चित फिल्मों के रूप में मानी जाती हैं। इन फिल्मों में नायक के रूप में चित्तूरि नागय्या के अभिनय करने के बाद वे खुद नायक बन गये। इसी समय अक्किनेनि नागेश्वर राव का आगमन हुआ था। ऐतिहासिक फिल्म "पल्नाटि युद्धम" (पलनाटि का युद्ध) में नागेश्वर राव का बालचंद्र का अभिनय, गोविंद राजुला सुब्बाराव का ब्रह्मनायुडु का अभिनय, पसुफुलेटि कन्नांबा का 'नागम्मा' के रूप में अभिनय आज भी महत्त्वपूर्ण माना

जाता है। नागेश्वर राव की अन्य फिल्में यथा–"बालराज", "सुगुण सुंदरि कथा", "कीलुगुर्रम" (लकड़ी का घोड़ा) तथा "लैला मजनू" भी इसी दशक में बनायी गयी हैं। नंदकमूरि तारक रामाराव (एन०टी० आर) का परिचय भी सन् 1949 में "मनदेशं" फिल्म (हमारा देश) से हुआ था। इसी समय तेलुगु में एस०वी० रंगाराव एवं जानकी के अद्भुत अभिनय से सजी "षाउकारू" (जमींदार) फिल्म का निर्माण हुआ था। इसके नायक एन०टी० रामाराव थे। यह आस-पड़ोस के परिवारों की कथा थी। इस फिल्म में आस-पड़ोस के दो परिवारों के बीच के संबंधों को उत्कृष्ट ढंग से वर्णित कर सेल्युलाइड पर दर्शाया गया था।

सन् 1951 के बाद तेलुगु सिनेमा बहुत तेज़ी से सामाजिक और पौराणिक फिल्मों के निर्माण में व्यस्त हो गया। "पाताल भैरवी", "मल्लीश्वरी" जैसी उस दौर की सुपरहिट फिल्मों को आज भी तेलुगु जनता याद करती है। "पाताल भैरवी" तेलुगु लोक-कथा साहित्य पर आधारित फिल्म थी। लोक-साहित्य के सभी विशेषणों को इसमें अद्भुत ढंग से दिखाया गया है। "धैर्ये साहसे लक्ष्मी" कहकर "तोटा रामुडु" का "उज्जियनी" की राजकुमारी से प्यार करना, नेपाल तांत्रिक के बंधनों से नायिका को मुक्ति दिलाकर दूसरी बार मांत्रिक का वध करना इसकी मूल कथावस्तु थी। इस फिल्म के "जय-पाताल भैरवी", "नरूडा येमि नी कोरिका" (तुम्हारी क्या इच्छा है) आदि संवाद आज भी अपनी विशिष्टता के कारण अमर हैं। इसी फिल्म को चालीस साल बाद हिंदी में "पाताल भैरवी" नाम से पद्मालय स्टूडियोज ने पुनर्निर्मित किया था और इस फिल्म ने हिन्दी सिनेमा के बाक्स ऑफ़िस पर भी अपना वर्चस्व स्थापित किया था।

अक्किनेनि नागेश्वर राव की "देवदास", एन०टी०आर० की "पिच्चि पुल्लया" (पागल पुल्लया), "अग्गिरामुडु" (आग का राम), "विप्रनारायण" (ब्राह्मण देवता) "पेट्ट मनसुलु" (बड़े लोग), एस०वी० रंगाराव की "बंगारू पापा" (प्यारी बच्ची) फिल्में आज भी तेलुगु जनता के दिलों पर राज करती हैं। अंजली देवी की "अनारकली सावित्री" फिल्म ने स्त्रियों के हृदय में एक विशिष्ट स्थान बना लिया है। "अर्थांगी" अन्नपूर्णा स्टूडियोज की "दोंग रामुडू" (चोर राम), "मिस्सम्मा", प्रगतिशील फिल्म "रोजुलु माराई" (दिन बदल गये), ऐतिहासिक फिल्म "तेनाली रामचंद्र", आदि हैं।

आंध्र प्रदेश में एवरग्रीन फिल्म "माया बाजार" इसी दशक की देन मानी जाती है। एन०टी०आर० को पौराणिक ब्रह्म के रूप में श्रीकृष्ण विश्वरूप धारण करने वाली पहली फिल्म यही है। विशेष बात यह है कि आज भी इस फिल्म में श्रीकृष्ण वेशधारी एन०टी०आर० की तस्वीर असली कृष्ण के रूप में आंध्र प्रदेश के हर एक घर में दिखाई देती है।

60 के दशक में तेलुगु फिल्म का क्षेत्र और विस्तृत हो गया है। एन॰टी॰आर॰ की "जगदेक वीरूनि कथा" (विश्वविजेता की कहानी), "भीष्मा" (भीष्म), "भार्या-भर्ततु" (पति और पत्नी), "रक्त संबंध" (खून का रिश्ता), "श्रीकृष्णार्जुन युद्ध" (श्रीकृष्णार्जुन युद्ध), "लवकुश" (कलर फिल्म), "डॉ॰ चक्रवर्ती", "मंचि मनिषि" (अच्छा आदमी), आदि इस दौर की चर्चित फिल्में हैं।

सन् 1965 कों तेलुगु चित्र उद्योग का महत्त्वपूर्ण साल माना जाता है क्योंकि इसी साल तमिलनाडु की मुख्यमंत्री कुमारी 'जयललिता' ने "मनुषुल-ममतलु" (मनुष्य और ममता) नामक फिल्म के द्वारा अपने अभिनय की शुरुआत की। आज के तेलुगु सुपर स्टार घट्टमनेनि शिवरामकृष्ण (कृष्ण) का आगमन भी इसी साल "तेने मनसुलु" (मधु के मन) फिल्म के द्वारा हुआ था। शोभन बाबू की "विक्टरी", "वीराभिमन्यु" और "पाण्डव वनवास" फिल्में इसी साल प्रदर्शित हुई थीं। इसके बाद सन् 1969 में "मनुषुलु मारालि" (लोगों को बदलना है) जैसी फिल्म आई।

सातवें दशक की अग्रगण्य फिल्मों में "दसरा बुल्लोडु", "प्रेमनगर", "तहसीलदार गारि अम्मायि" (तहसीलदार की बेटी), स्त्रियों की समस्याओं से संबंधित फिल्म "मनसू-मागल्य" (मन और मांगल्य), "पवित्र बंधम्" (पवित्र बंधन) आदि प्रमुख हैं। इसी दशक में सन् 1973 में "गिनीज़ बुक ऑफ वर्ल्ड रिकार्ड्स" में शामिल निर्देशक दासरि नारायण राव का आगमन हुआ। इनके निर्देशन में बनायी गयी प्रगतिशील फिल्म "ताता-मनमडु" (दादा-पोता) फिल्म ने तेलुगु फिल्म उद्योग को नई ऊँचाइयों तक पहुँचाया है।

सन् 1974 में तेलुगु की धीरता और आत्मगौरव की प्रतीक अमर शहीद अल्लूरि सीतारामराजु के इतिहास पर फिल्म "अल्लूरि सीतारामराजु" बनायी गयी इस फिल्म को 'सिनेमास्कोप' (Cinemascope) में बनाया गया था। इस फिल्म में सुपर स्टार कृष्ण ने अल्लूरि सीताराम राजू के पात्र का अभिनय करके आंध्र प्रदेश की जनता में उत्साह और देशभक्ति की भावना को बढ़ाया है।

इतना ही नहीं 'कृष्ण' ने "देवदासु मल्ली पुट्टाडु" (देवदास ने फिर जन्म लिया) जैसी सोशियो फैंटेसी फिल्म में अभिनय करके अपनी बहुमुखी प्रतिभा का परिचय दिया है। यह फिल्म आंध्र प्रदेश में सौ दिनों तक प्रदर्शित की गई थी।

नागों पर जिस प्रकार हिन्दी में अनेक फिल्में बनी हैं, उसी प्रकार तेलुगु में ए॰वी॰एम॰ कंपनी ने "नोमु" (व्रत) फिल्म का निर्माण किया था। यह फिल्म सुपर-डुपर हिट हुई थी और "नागदेवता' ने इस फिल्म के निर्माता-निर्देशक की झोली भर दी थी।

सन् 1977 में के॰ राघवेंद्रराव के निर्देशन में एन॰टी॰आर॰ के अभिनय से सजी "अडवी रामुडु" (जंगल का राम) फिल्म आयी थी। लोगों का मानना है कि तेलुगु जानने वाले प्रत्येक व्यक्ति ने इस फिल्म को देखा होगा। इस फिल्म ने यह साबित कर दिया कि एक फिल्म के सुपरहिट होने के लिए पटकथा या नैतिक मूल्यों का समावेश होना आवश्यक नहीं है और केवल ग्लैमर, मनोरंजन, सुरीले संगीत, हास्य, आदि के कारण भी एक फिल्म सफल हो सकती है। इसी ग्लैमर के फॉर्मूले पर विश्वास करते हुए वे तीन दशकों से फिल्मों का निर्माण कर रहे हैं। सन् 1978 में तेलुगु के आज के सुपरस्टार 'चिरंजीवी' का आगमन हुआ। "प्राणं खरीदु" (जान का मूल्य) और पुरस्कार प्राप्त फिल्म "ऊरि कथा" (गाँव की कहानी) इसी साल में जनता के सामने आयीं।

सन् 1980 में तेलुगु के महान रचनाकार परूचूरि ब्रदर्स का तेलुगु फिल्म जगत से परिचय "मरो मलुपु" (और एक मोड़) फिल्म से हुआ था। अस्पृश्यता, आतंकवाद, महाविद्यालयों में भेदभाव, अंधविश्वास, आदि विषयों को इस फिल्म के माध्यम से तेलुगु सिनेमा में पहली बार सफलतापूर्वक उठाया गया। इसी दौरान अत्याचारी व्यक्ति के साथ शादी करवाना, राक्षस के रूप में परिवर्तित होना, आदि कहानियों की परम्परा प्रारंभ हुई। चिरंजीवी द्वारा अभिनीत कोडि रामकृष्ण के निर्देशन में गोल्लपूडि मारूती राव का परिचय कराने वाली फिल्म "इंट्लो रामय्या-वीधिलो कृष्णय्या" (घर में राम-गली में कृष्ण) इसी समय आयी। इस दौरान के॰ राघवेंद्र राव के निर्देशन में एन॰टी॰आर॰ के अभिनय से सजी "जस्टिस चौधरी" तथा दासरि नारायण राव के निर्देशन में बनी, "बोब्बिलि पुलि" (बोब्बिलि का बाघ), आदि महत्त्वपूर्ण फिल्में आयीं। 'देश की सरहद पर शत्रुओं का संहार करने पर परमवीर चक्र देने वाली सरकार घर के शत्रुओं का संहार करने पर सजा क्यों देती है' जैसे प्रश्नों से समाज में चेतना लाने वाली फिल्मों के रूप में ये आज भी महत्त्वपूर्ण मानी जाती हैं।

सुपर स्टार कृष्ण द्वारा अभिनीत फिल्म "इनाडु" (आज) ने उस समय तहलका मचा दिया था। राजनीति विषय पर बनी यह सर्वप्रथम फिल्म है। क्रांति कुमार की "इदि पेल्लंटारा" (क्या यही शादी है), "वंदेमातरम्", "मेघ संदेशं", "बंगारू भूमि" (स्वर्ण भूमि), "तरंगिणी", आदि प्रगतिशील फिल्में इसी दौर की देन हैं। इसी परंपरा को बढ़ाते हुए सन् 1983 में दासारि नारायण राव की व्यंग्यात्मक फिल्म "एम॰एल॰ए॰ एडुकोंडलु" आयी। मध्यवर्गीय जीवन की समस्याओं की चर्चा करने वाली "इदि मुगिंपु कादु" (यह अंत नहीं है), "ईदेशं लो वोक रोजु" (इस देश में एक दिन) तथा पैसा कमाने वाली लड़की के साथ शादी के लिए किस तरह का खेल खेलता है, जैसे विषय पर बनी फिल्म

"ई पिल्लुक पेल्लिअवुतुंदा?" (क्या इस लड़की की शादी होगी?), आदि अद्‌भुत फिल्में इस समय में आयीं।

"कैदी", "मंत्रिगारि विय्यंकुडु" (मंत्री की समाधि), फाँसी के खिलाफ आयी फिल्म "अभिलाषा" (इच्छा), पूंजीवाद और मार्क्सवाद के परिप्रेक्ष्य में भाई और बहन के बीच चलने वाली संघर्ष पर आधारित "चंडशासनुडु" (चंडशासन), ऐतिहासिक फिल्म "आंध्रकेसरी", के० विश्वनाथ की "सागर संगमम" एवं "काय राजा काय", सन् 1985 की अग्निपर्वतं (अग्नि पर्वत) "चट्‌टंतो पोराटम", ओ तंड्रि तीर्पु (एक पिता का फैसला), आदि फिल्मों ने चिरंजीवी को मेगास्टर के रूप में स्थापित किया।

सन् 1985 में ही बी० गोपाल की प्रगतिशील फिल्म, "प्रतिध्वनि", के० विश्वनाथ की "स्वातिमुत्यम", तेलुगु सिनेमा जगत की पहली 70एम०एम० फिल्म "सिंहासन" (सिंहासन), "अरुणा किरणम" (अरुण किरण), आर० नारायण मूर्ति के निर्देशन में भारतीय समाज को जस का तस जनता के सामने रखने वाली फिल्म "अर्ध रात्रि स्वतंत्रम" (आधी रात की आज़ादी), सन् 1986 में कोडिराम कृष्ण के निर्देशन में बनी "तलंब्रालु" (अशिक्षित), आदि प्रमुख हैं।

नवें दशक में ई०टी०वी० के अभिनेता रामोजीराव की संस्था उषाकिरण मूवीज़ के बैनर तले बनी "मौन पोराटम" (मौन लड़ाई) महत्त्वपूर्ण फिल्म मानी जाती है। आभिजात्य लोग आदिवासी स्त्रियों को किस तरह इस्तेमाल करके धोखा देते हैं, इस विषय पर बनी "फ़ारेस्ट ऑफ़िसर", आंध्र प्रदेश की राजनीतिक स्थिति का यथावत् वर्णन करने वाली "अंकुशम" (अंकुश), आदि फिल्में एक ट्रेंड सेटर बन गयी हैं। इनके पीछे आयी रामगोपाल वर्मा की "शिवा" (शिव) सिनेमा में शब्द की महत्ता को गंभीर ढंग से बताती है। इन दोनों फिल्मों के बाद 'हीरो' का फिल्मों पर एकाधिकार कम हो गया और निर्देशकों का महत्त्व बढ़ने लगा है।

इसी सिलसिले में ए० मोहन गाँधी के निर्देशन में दो फिल्में रिलीज़ हुईं, जिनमें से एक फिल्म को बॉक्स आफ़िस पर अपार सफलता प्राप्त हुई है, जबकि दूसरी फिल्म फ़्लाप हुई है लेकिन ये फिल्में पुलिस ऑफ़िसर का सम्मान और पुलिस डिपार्टमेंट का महत्त्व बढ़ाती हैं। अभिनेत्री विजया शांति को आई०पी०एस० ऑफ़िसर के रूप में हीरो बनाया गया है। इस फिल्म की अभिनेत्री विजया शांति को केंद्र सरकार ने 'उर्वशी' पुरस्कार से सम्मानित किया है।

इसी दशक में उषाकिरण मूवीज़ के बैनर पर आयी "पीपुल्स एनकाउण्टर" तथा कड़पा रेड्‌डम्मा फिल्में नक्सलाइट आंदोलन से प्रभावित फिल्में हैं। इसी परंपरा में ईतरम बाबूराव के निर्देशन में आयी "एर्रामंदारम" (लाल मंदार) तेलुगु सिनेमा की उत्कृष्ट फिल्म है।

मुल्लपूड़ी वेंकट रमणा (बापु) की "पेल्लिपुस्तकम" (शादी की किताब), हर दिन देखे जाने योग्य फिल्म है। 300 फिल्मों में अभिनय करने के बाद चरित्र अभिनेता मोहन बाबू को "असेंब्ली रौडी" (असेंबली का गुण्डा) फिल्म में हीरो बनाया गया। इसी प्रकार 70 वर्ष की उम्र में एन०टी०आर० को फिल्म "ब्रह्मर्षि विश्वामित्र" में नायक की भूमिका दी गयी थी। एन०टी०आर० की 300वीं फिल्म "मेजर चंद्रकांत" भी इसी समय आयी थी।

तेलुगु सिनेमा में इक्कीसवीं सदी का प्रारंभ फैक्शन (Faction) या आँचलिकता से हुआ है। बालकृष्ण की समरसिंहा रेड्डी नरसिंहा नायुडु ने आँचलिकता के वातावरण को तेलुगु के सिल्वर स्क्रीन पर दिखाकर करोड़ों रुपए कमाए हैं। इसी परंपरा में आंध्र प्रदेश के एक प्रमुख क्षेत्र "रायलसीमा" की जीवन पद्धति को मोहन बाबू की "रायलसीमा" फिल्म में फैक्शन के माध्यम से दिखाया गया। रामन्न फिल्म डी० रामानायुडु के सुपुत्र वेंकटेश के अभिनय की जीवंत मिसाल है। "जयं मनदेरा" (जीत हमारी है), "कलिसुंदाम रा..." (मिलकर रहेंगे...), आदि फिल्में भी आज के दौर की महत्त्वपूर्ण फिल्में हैं। इसी समय प्रेमकथा साहित्य पर आधारित फिल्मों की संख्या भी वृद्धि देखी गई है। "नुव्वे कावाली" (तुम ही चाहिए), "चिरूनव्वुतो" (मुस्कुराते हुए), "कुशी", "मुरारी", "मनसंता नुव्वे" (मन भर तुम हो), "स्टूडेंट नंबर वन", आदि फिल्में इस कोटि में आती हैं। इस दशक के द्वितीय पक्ष में आयी चिरंजीवी की फिल्मों "ठागुरू" (ठग) और "इंद्रा", "स्नेहम कोसम" (दोस्ती के लिए), ने तेलुगु फिल्म जगत को नयी राह दिखाई है।

नित परिवर्तित सामाजिक परिवेश के साथ-साथ तेलुगु दर्शक की आदतें और सोच भी बदलती रही हैं। आज का दर्शक दिन-प्रतिदिन नयी शैली का सिनेमा देखना चाहता है। लेकिन टॉलीवुड में आज सिनेमा बाज़ार की चीज बन गयी है और प्रेम कहानियों की स्वस्थ परंपरा विकृत दिशा में जा रही है। सॉटवेयर बूम के कारण हैदराबाद को आयकर में रियायत दी जाती है, लेकिन फिल्म क्षेत्र को इससे नुकसान हो रहा है क्योंकि आज हैदराबाद में बनने वाली फिल्मों का उद्देश्य केवल 'आयकर' को बचाना रह गया है। कॉमेडी के नाम पर 'विकृत हास्य' को दिखाना एक फ़ैशन ट्रेंड बन गया है। इसी कारण हाल में घोषित राष्ट्रीय फिल्म पुरस्कारों में तेलुगु फिल्म उद्योग को खाली हाथों रह जाना पड़ा है। आज तेलुगु के अनेक निर्माता-निर्देशक पैसे के पीछे पागलों की तरह भाग रहे हैं। वे यह भूल चुके हैं कि सिनेमा एक सृजनात्मक सामाजिक कला भी है। सृजनात्मकता में ह्रास, सोच की कमी, दूसरों के मार्ग के अनुकरण के फॉर्मूले को अधिक महत्त्व देना आज टॉलीवुड का फ़ैशन बन गया है। हीरो-हीरोइन के बीच विभिन्न प्रकार के 'ट्विस्ट' बनाना, विदेशी लोकेशन्स में

चार "रिच" गीत बनाना, कॉमेडी के नाम पर "विकृत हास्य" का फिल्मांकन करना आज तेलुगु फिल्म का ट्रेंड बन गया है।

हालांकि कुछ जागरूक निर्देशक आज भी तेलुगु दर्शकों का ध्यान अपनी ओर आकृष्ट करने में सफल हो रहे हैं। दर्शकों की रुचि को पकड़ते हुए सन् 2009 में आयी "गम्यम" (गम्य), "मंत्रा" (मंत्र), "हैप्पी डेज़" (Happy Days), "प्रयाणम" (यात्रा), "ए फिल्म बाइ अरविंद" (A Film by Arvind) "अरूंधति" और चिरंजीवी के सुपुत्र रामचरण तेजा की फिल्म "मगधीरा" (वीर), आदि फिल्में एक नूतन शैली में बनाई गई हैं। इन फिल्मों ने टॉलीवुड की दशा और दिशा को परिवर्तित किया है।

निष्कर्षत: कहा जा सकता है कि तेलुगु सिनेमा मुंबई से प्रारंभ होकर मद्रास से होता हुआ हैदराबाद तक पहुँचा है। एन॰टी॰ रामाराव के 'तेलुगु अस्मिता' के नारे के कारण आज तेलुगु फिल्में हैदराबाद को केंद्र बनाकर बॉलीवुड के बाद दूसरे स्थान पर शान से खड़ी हैं। तेलुगु सिनेमा रघुपति वेंकय्या की जड़ से बना, एन॰टी॰आर॰, ए॰एन॰आर॰, कृष्ण, शोभन बाबू, चिरंजीवी, एस॰वी॰ रंगाराव, सावित्री, जमुना, कृष्ण कुमारी, आदि के अथक परिश्रम से यह महावृक्ष बनकर आज पूरे देश को दिशा-निर्देशन करने की स्थिति में आ गया है। बाज़ारीकरण, भूमण्डलीकरण, मुक्त व्यापार, आदि के प्रभाव से प्रभावित होकर तेलुगु सिनेमा विश्व स्तर की तकनीकी पद्धतियों को इस्तेमाल करने की दशा तक पहुँचा है। अंत में कहा जा सकता है कि तेलुगु सिनेमा अपनी परंपरागत बेड़ियों से बाहर आकर 10 करोड़ तेलुगुभाषी लोगों की आकांक्षाओं को सफल बनाने की दिशा की ओर अग्रसर है।

संदर्भ

1. *तेलुगु सिनेमा* : नामाला विश्वेश्वर राव।
2. *तेलुगु तेरा* : एस॰वी॰ रामाराव।
3. *स्वर्णयुगम्* : डॉ॰ एम॰वी॰ रमण रेड्डी।
4. Cinema—*The Beginning and Future*; Christopher Williams.
5. *Folk Performing Arts of Andhra Pradesh*: Nagabhushana Sharma.
6. *British National Cinema*: Sarah Street.

8

मलयालम सिनेमा पर एक नज़र

एन॰ ललिता

जीवन सुख-दुख का पर्याय है। दुख-सुख जीवन में बारी-बारी से आते रहते हैं। व्यस्तता इन्हीं दोनों के बीच कहीं रहा करती है। इनमें मन बदलाव एक महत्त्वपूर्ण आयाम बन जाता है। मनोरंजन के साधन इसमें सहायक सिद्ध होते हैं। संचार माध्यमों ने इन्हें और अधिक उपयोगी बनाया है। इन्हीं माध्यमों में से एक माध्यम के रूप में सिनेमा ने मनुष्य की तनावग्रस्त जिन्दगी के जख्मों पर मरहम लगाने का काम किया है।

मलयालम सिनेमा ने विश्व सिने जगत में अपनी अमिट छाप छोड़ी है। इसकी शुरुआत तीसरे दशक से होती है, जब सन् 1930 में जे॰सी॰ डैनियल विगत "कुमारन" नामक पहली मूक मलयाली फिल्म लेकर आए। इसके बाद अनेक मलयाली फिल्मों ने विश्व सिने जगत में अपना लोहा मनवाया है।

अडूर गोपालकृष्णन मलयालम फिल्म जगत की ऐसी महान विभूति हैं, जिनके प्रकाश की आभा में मलयालम सिनेमा की चमक कुछ और अधिक बढ़ गयी है। यथार्थोन्मुखी पारिवारिक फिल्मों के द्वारा इन्होंने अपना अविस्मरणीय योगदान दिया है। इनकी "कथापुरुषन", "निव्वल इत्तु", "मतिवुकल", आदि फिल्मों को आज भी लोग चाव से देखते हैं।

प्रेम नसीर मलयालम सिनेमा के ऐसे महानायक रहे हैं, जिनका नाम मलयाली सिने इतिहास में स्वर्णाक्षरों में लिखा जाना चाहिए। प्रेम नसीर ने "तुलाभरम्" नामक फिल्म में अभिनेत्री शारदा के साथ मिलकर अभिनय के जो शिखर छुए हैं, वे अन्यत्र दुर्लभ हैं। इस फिल्म में गरीबी का दारुण चित्रण किया गया है। गरीबी से तंग आकर नायिका अपने बच्चों को विष दे देती है और खुद भी जहर खा लेती है, लेकिन नियति की विडंबना तो देखिए कि उसके सभी बच्चे मर जाते हैं, किन्तु वह जीवित बच जाती है। इस फिल्म को देखकर आज भी दर्शकों की आँखों में आँसू आ जाते हैं।

प्रेम नसीर के बाद मलयालम सिनेमा जिन दो महान कलाकारों के इर्द-गिर्द घूमता रहा है, वे हैं–मम्मूटी और मोहनलाल। यह दोनों ऐसे नक्षत्र है, जो तीन दशकों से भी अधिक समय से मलयालम सिने संसार में अपनी चमक बिखेर रहे हैं। जिस प्रकार तमिल सिनेमा कमल हसन और रजनीकांत के बिना अधूरा है, उसी प्रकार मलयालम सिनेमा की मम्मूटी एवं मोहनलाल के बगैर कल्पना भी नहीं की जा सकती।

मम्मूटी मूलत: एक वकील थे, जिन्होंने फिल्मों में आकर धूम मचा दी। इनके द्वारा अभिनीत ऐसी असंख्य फिल्में हैं, जो वर्षों तक सिनेमाघरों में चली हैं। इन्होंने पारिवारिक, पौराणिक, राजनैतिक सभी विषयों की फिल्मों में काम करके अपनी विलक्षण प्रतिभा का परिचय दिया है। सन् 2006 में मम्मूटी की "पलसी राजा" नाम से एक अविस्मरणीय फिल्म आयी थी, जिसने समूचे मलयालम सिने जगत में हलचल मचा दी थी। इस फिल्म में भारतीय स्वतंत्रता संग्राम में आदिवासी जनजातियों के योगदान को बड़े ही सुन्दर ढंग से दर्शाया गया है। इस फिल्म को 2006 की सर्वश्रेष्ठ मलयालम फिल्म घोषित किया गया था।

मोहनलाल मलयाली जनता में ही अपितु सम्पूर्ण सिने संसार में अपनी अभिनयशीलता के कारण सम्मान की दृष्टि से देखे जाते हैं। "कम्पनी" फिल्म में काम करने के बाद हिन्दी फिल्मों के दर्शक भी उनके मुरीद हो गए हैं। मोहनलाल की नृत्य कला भी बेजोड़ है। वे कथकलि और मोहनीअट्टम के श्रेष्ठ कला साधक रहे हैं।

अस्सी के दशक में "चेम्मीन" नामक फिल्म आयी थी, जिसका मलयालम सिनेमा में विशेष स्थान है। इसकी कथावस्तु मछुआरों के जीवन पर केन्द्रित है। इसमें मछुआरों की उस परम्परा को चित्रित किया गया है, जिसके अनुसार मछली पकड़ने जाने वाला मछुआरा यदि सही सलामत घर वापस आ जाता है तो उसकी पत्नी कठोर व्रत रखती है। यह भी धारणा दिखाई गयी है कि स्त्री यह विश्वास करती है कि यदि किसी त्रुटिवश उससे व्रतभंग हो गया जो उसका पति जल में विलीन हो जाएगा। इस फिल्म में इसी धारणा को इतने सुन्दर ढंग से दिखाया गया है कि आज भी इस फिल्म को देखकर दर्शक भाव विभोर हो जाते हैं। सत्यन, शीला, मधु, आदि सितारों से सजी यह फिल्म मलयालम की सर्वश्रेष्ठ फिल्मों में से एक है। जॉन अब्राहम ने अस्सी के दशक में "अग्रहारत्तिल कव्वुदै" नामक फिल्म का निर्देशन किया था, जिसे आज भी मलयालम की श्रेष्ठ फिल्मों में परिगणित किया गया है। इसके अतिरिक्त मलयालम सिनेमा ने अनेक यादगार रोमांटिक फिल्में दी हैं, जिनमें "मुव्वा", "मदुर नंबर काट्टु", "ताल वटयम", आदि उल्लेखनीय हैं।

नौवे दशक में सुरेश गोपी ने अपराध केन्द्रित फिल्मों के माध्यम से मलयालम सिनेमा में अपनी अमिट छाप छोड़ी है। वे मलयाली सिनेमा में पुलिस की भूमिका के लिए विख्यात रहे हैं।

मलयालम सिनेमा में गायन के क्षेत्र में भी ऐसी विलक्षण प्रतिभाएँ रहीं हैं, जिन्होंने सम्पूर्ण विश्व को अपनी गायन प्रतिभा से सम्मोहित किया है। वस्तुतः केरल के गायकों का मलयालम ही नहीं अपितु तमिल, तेलुगू, कन्नड़ यहाँ तक कि हिन्दी सिनेमा में भी सिक्का चला है। के॰जे॰ येशुदास, एस॰पी॰ बालासुब्रामणयम, चित्रा, स्वर्णलता जैसी मधुर ध्वनियाँ केरल की उर्वर धरती की देन हैं।

ऑस्कर पुरस्कार विजेता संगीत निर्देशक रसूल पुक्कुट्टी ने संगीत की दुनिया में मलयालम सिनेमा को नयी ऊँचाइयाँ दी हैं। उनका संगीत आज भी कानों में अमृत घोलता है।

निष्कर्षतः कहा जा सकता है कि मलयालम सिनेमा ने विश्व सिनेमा में अपने अमिट निशान छोड़े हैं तथा मलयालम की फिल्में भविष्य में भी संसार को अपनी मौलिकता, विलक्षणता एवं रंजनशीलता से लुभाती रहेंगी।

9

भारतीय सिनेमा और "पथेर पांचाली"

राजनारायण शुक्ल

पिछली सदी में भारत में जो अत्यन्त महत्त्वपूर्ण घटनाक्रम हुए उनमें एक है भारत में सिनेमा का जन्म और उसका प्रसार। भारत में सिनेमा का जन्म और उसका अनुभव एक चमत्कार से दो-चार होना था। भारत में इस चमत्कार से रूबरू होने के लिए 7 जुलाई, 1896 की शाम को 5 बजे का समय निर्धारित किया गया। बम्बई के वाटसन होटल में सर्वप्रथम दो सौ लोग इस घटना के साक्षी बने। इन लोगों ने जब होटल के कमरे में सामने से आ रही रेलगाड़ी का प्रदर्शन देखा तो चकित रह गए। ऐसा नहीं है कि उन्होंने रेलगाड़ी को इससे पहले नहीं देखा था, परन्तु यह कि जो वह वास्तविक जीवन में देख चुके थे, उसी का पर्दे पर इस तरह का छायांकन उन्हें चमत्कृत, आनन्दित और मन्त्रमुग्ध कर देने वाला था। उस दिन लोगों ने छोटी-छोटी आठ फिल्में देखीं जिनमें फैक्टरी से बाहर आते मजदूर, एक दीवार का गिरना, आदि फिल्में थीं।

तब से लेकर अब तक इतिहास ने एक लम्बा सफर पूरा किया है। इस सफर में कई मोड़ आए, कई क्रान्तिकारी बदलाव हुए और कई नए आयाम जुड़े, पर भारतीय सिनेमा रुका नहीं। उसका इतिहास निरन्तर आगे बढ़ते रहने का इतिहास है। ऐसा इतिहास जो दुनिया के सिने इतिहास की समृद्ध विरासत में अपना प्रमुख हिस्सा रखता है।

सिनेमा का प्रारम्भ एक नए प्रकार के मनोरंजन का प्रारंभ था, मानवीय आनन्द की खोज में एक नए अध्याय का सूत्रपात था। चौंकना, चमत्कृत होना, अपने आस-पास की घटनाओं का एकदम से सामने आ जाना जबकि हम स्वयं उस घटना का हिस्सा नहीं हों, हमें एकदम हतप्रभ कर देता है और अन्ततः इन सबका उद्देश्य मानवीय चेतना को आनन्द से झंकृत कर देना होता है। सिनेमा

के पहले समीक्षक मैक्सिम गोर्की ने जब पहली फिल्म देखी तो उन्होंने लिखा कि "कल रात" मैं छायाओं के साम्राज्य में था।.... और मैंने लुमिएर के सिनेमाटोग्राफ द्वारा प्रदर्शित चलचित्र देखा।.... इन बिम्बों का असाधारण प्रभाव विलक्षण, जटिल और बहु आयामी है। मुझे नहीं लगता कि मैं इस प्रभाव से सभी पहलुओं की स्पष्ट व्याख्या करने में समर्थ हो पाऊँगा।.... तुम सोचते हो कि यह बौछार सीधे तुम्हारे चेहरे पर पड़ेगी और तुम तेज़ी से पीछे हट जाते हो।.... तुम भूल जाते हो कि तुम कहाँ हो और तब अद्भुत कल्पनाएँ तुम्हारे दिमाग में प्रवेश करने लगती हैं।"[1]

सिनेमा से पहले लेकिन समर्थ आलोचक ने पहली ही नज़र में सिनेमा की ताकत व उसकी सम्भावनाओं का आकलन कर लिया था। भारत में सिनेमा के पहले प्रदर्शन के समय जो विज्ञापन दिया गया उसमें कहा गया था कि "मनोरंजन" 6, 7, 9 और 10 बजे होगा। तब आयोजकों को इसकी सफलता का अहसास पहले से था।

सिनेमा तब भी मनोरंजन की वस्तु थी और अब भी है, परन्तु भारत में सिनेमा ने मनोरंजन के साथ ही और कई आयाम भी जोड़े। ये थे ज्ञानवर्द्धन और नैतिक, सामाजिक सन्देश। भारतीय सिनेमा के जनक दादा साहेब फाल्के सिनेमा को मनोरंजन के साथ-साथ ज्ञानवर्द्धन का माध्यम भी मानते थे।

प्रारम्भ में भारतीय सिनेमा को दुनिया में जो पहचान मिली वह हिन्दी सिनेमा से न मिलकर सत्यजीत रॉय और उनकी बंगला फिल्मों से मिली। सत्यजीत राय की पहली फिल्म "पथेर पांचाली" 1955 में पर्दे पर आई। इस फिल्म को बनाने तक सत्यजीत रॉय एक कठिन संघर्ष से गुजर चुके थे, परन्तु "पथेर पांचाली" जो भी देख रहा था, वह उससे प्रभावित हो रहा था। "पथेर पांचाली" हिन्दी सिनेमा के इतिहास में कोई क्रान्तिकारी परिवर्तन ला पायी हो, ऐसा नहीं है पर वह भारतीय सिनेमा के इतिहास का एक स्वर्णिम पृष्ठ अवश्य सिद्ध हुई।

हिन्दी सिनेमा में उन दिनों "आवारा" का दौर था। यह अभिनेता निर्देशक राजकपूर की फिल्म थी जिसकी हीरोइन नर्गिस थीं। इस फिल्म ने भारत में ही नहीं इसके बाहर सोवियत संघ और अफ्रीका जैसे देशों में भी प्रसिद्धि पाई थी। इससे पूर्व "किस्मत" जैसी एक और बड़ी फिल्म (1943) भी आ चुकी थी। यह फिल्म कोलकाता में तीन साल तक एक ही सिनेमाघर में चलती रही थी। निर्देशक ज्ञान मुखर्जी की इस फिल्म में नायक अशोक कुमार और नायिका मुमताज थीं। "पथेर पांचाली" के समय ही एक अन्य लोकप्रिय फिल्म "देवदास" आ चुकी थी। यह फिल्म विमल राय के निर्देशन में बनी थी और इसमें नायक की भूमिका दिलीप कुमार ने निभाई थी। इसके अलावा भी अनेक लोकप्रिय फिल्में हिन्दी सिनेमा को समृद्ध कर रही थीं। इसमें "आवारा" ने भारत

के बाहर भी लोकप्रियता बटोरी। दो अन्य अच्छी फिल्में भी इसी दौरान आईं। 1946 में अब्बास की "धरती के लाल" और चेतन आनन्द की "नीचा नगर"। "नीचा नगर" कॉन फिल्म महोत्सव में पुरस्कृत भी हुई, परन्तु दोनों ही फिल्में राजनैतिक उथल-पुथल का शिकार हुईं और लोकप्रिय नहीं हो पाईं। विमल राय की "दो बीघा जमीन" 1953 में आ चुकी थी और मास्को फिल्म समारोह का उद्घाटन भी इसी फिल्म से हुआ।

1952 में ऋत्विक घटक की फिल्म "नागरिक" भी बन चुकी थी। बहुत कम लागत से यह फिल्म बन गई थी, परन्तु यह कहीं प्रदर्शित नहीं हो पाई। आगे चलकर ऋत्विक ने कई श्रेष्ठ फिल्में बनाईं। 1951 में गुरुदत्त की "बाजी" भी एक सफल फिल्म के रूप में पर्दे पर आ चुकी थी, परन्तु वह सिनेमा इतिहास की बहुत उल्लेखनीय फिल्म साबित होने वाली नहीं थी। हालांकि आगे चलकर उन्होंने "कागज़ के फूल", "प्यासा" और "साहब बीबी और गुलाम" जैसी अमर फिल्में दीं।

इस तरह हिन्दी सिनेमा के इतिहास में यह समय बेहद समृद्ध समय था। जब लगातार फिल्में बन रहीं थीं और मनोरंजन के स्तर पर सफल भी हो रही थीं। इनमें से "आवारा", "दो बीघा जमीन", "धरती के लाल" और "नीचा नगर" जैसी फिल्में विश्व सिनेमा में अपनी छाप छोड़ने का भी प्रयास कर रहीं थीं, परन्तु 1955 में सत्यजीत राय की "पथेर पांचाली" ने आकर भारतीय सिनेमा के धुरन्धर निर्देशकों और प्रसिद्ध फिल्मकारों को स्तब्ध कर दिया तो वह केवल इसलिए नहीं बल्कि उस समय तक के एक गुमनाम से निर्देशक ने अपनी फिल्म अपनी पहली ही फिल्म से विश्व सिनेमा में अपनी प्रभावशाली दस्तक दे दी, अपितु इसीलिए भी कि "पथेर पांचाली" का वास्तविक सौन्दर्य तो एक-एक शॉट में रचा बसा था। अपनी पहली फिल्म निर्देशित करने वाले सत्यजीत राय, पहली फिल्म में छायांकन करने वाले सुब्रतो मित्र और केवल दो फिल्मों के अनुभवी वंशीचन्द्र गुप्त और संपादक दुलालदत्त ने भारतीय सिनेमा के तकनीक के दिग्गज कहलाने वाले बड़े-बड़े निर्देशकों को पीछे छोड़ दिया था।[2] यह फिल्म न केवल कला के स्तर पर समृद्ध सिद्ध हुई वरन् इसने लोकप्रियता के स्तर पर भी बाजी मार ली। तत्कालीन फिल्म समीक्षक अदीब ने "टाइम्स ऑफ इण्डिया" में लिखा "इस फिल्म में एक भी शब्द गैर ज़रूरी नहीं है। न ही कहीं बिखराव है। कहीं भी अतिरिक्त चीजें नहीं ठूँसी गयी हैं। सब कुछ स्पष्ट तथा फोकस में है। बिम्ब बोलते हैं और उन्हें हम अपने नेत्रों से सुनते हैं। वे इतना कुछ कहते हैं कि उसे पूर्णतया आत्मसात करना असम्भव है। गाँव खण्ड-खण्ड हो रहा है। यहाँ जीवन की अस्थियाँ भी हैं और गाँव का धड़कता हुआ हृदय भी।.... यह पथेर पांचाली का संसार है।.... इस फिल्म की

अन्य किसी भी (भारतीय) फिल्म से तुलना करना बचकानापन होगा। (इसकी तुलना में) अब तक बनी सभी फिल्में चिर-परिचित दोहराव से भरी लगती हैं।"

फ्रांस के कॉन फिल्म महोत्सव में इसका पुरस्कृत होना भी संघर्ष की एक अगली कड़ी जैसा ही है। जिस समय "पथेर पांचाली" का शो दिखाया गया, इसे अनदेखा करते हुए निर्णायक मण्डल के अधिकांश सदस्य भोज में चले गए, परन्तु फ्रांस के सुप्रसिद्ध आलोचक आंद्रे बाजां ने इसे देखा। अगले दिन समाचार पत्रों में आंद्रे बाजां की टिप्पणी छपी कि किस प्रकार जूरी "पथेर पांचाली" जैसी फिल्म को अनदेखा कर विश्वासघात कर रही है। बाजां की टिप्पणी का असर हुआ और "पथेर पांचाली" का एक और शो हुआ। जूरी ने अपनी भूल स्वीकार की तथा इस फिल्म को कॉन समारोह में 1956 का "सर्वोत्तम मानवीय दस्तावेज सम्मान प्रदान किया गया।"[3] हालांकि पहले दो सप्ताह तक फिल्म देखने कम ही लोग आए, परन्तु जैसे-जैसे इसकी चर्चा हुई, फिल्म देखने के लिए लोगों की भीड़ बढ़ने लगी। कलकत्ता सिनेमाघर में कई सप्ताह तक "पथेर पांचाली" ने धूम मचाए रखी अर्थात पुरस्कृत होने से पूर्व ही भारत में यह फिल्म व्यावसायिक रूप से सफल हो चुकी थी। दर्शकों एवं समीक्षकों में यह फिल्म एक साथ एक जैसा महत्त्वपूर्ण स्थान बना रही थी।

इन सबके बावजूद इसके आलोचक भी कम नहीं थे। कई पुराने प्रसिद्धि प्राप्त फिल्मकार तथा निर्देशक इस फिल्म की लोकप्रियता से दुःखी भी थे। कुछ लोग इसमें दिखाई गई गरीबी के दुनियाभर में प्रदर्शन से नाराज़ भी थे। इसके पुरस्कृत होने को भी वे जूरी के "गरीबी के प्रति सहानुभूति" के रूप में देख रहे थे। जबकि इतने बड़े फिल्म समारोह में किसी प्रकार की अतिरिक्त उदारता की सम्भावना न के बराबर होती है। 1956 में कॉन महोत्सव में राय की पहली फिल्म "पथेर पांचाली" जब पुरस्कृत हुई तो उसके पीछे निर्णायकों के मन में यह बात नहीं थी कि हमें भारत के गरीबों के प्रति सहानुभूति दिखानी है। "पथेर पांचाली" विश्व सिनेमा के इतिहास की उन थोड़ी सी फिल्मों में से है, जिसमें एक कलाकार की मानवीय दृष्टि अपने श्रेष्ठतम रूप में है और साथ ही साथ सिनेमा माध्यम की समझ का अत्यन्त रचनात्मक रूप भी मौजूद है। भारतीय ज़िन्दगी के बारे में आज कोई कलाकार यदि मन से फिल्म बनाएगा तो उसे गरीबों की ज़िन्दगी का सामना करना पड़ेगा ही।[4]

यह सच है कि अपने देश के वे पहलू जो हमें गौरवान्वित नहीं करते, हमें शर्मिन्दगी दिलाते हैं, वो चाहे गरीबी हो, भूख हो, गन्दगी हो, अन्धविश्वास हो, जातीय विग्रह हो या भ्रष्टाचार हो, अगर फिल्म जैसे माध्यम से सारी दुनिया में ये हमें ले जाते हैं तो हमें परेशानी होगी ही। लेकिन अगर हम इस कारण इन्हें दूर करने के प्रयासों हेतु हौसला पाते हैं तो यह प्रयास भी सार्थक होंगे। हम

अपनी कमी बहुत दिनों तक ढँक नहीं सकते और न ऐसा करके हम देश का गौरव बढ़ा रहे होते हैं। अपने देश की गरीबी को दूर करने के बजाय ढँकने का ही नतीजा है कि आज़ादी के 60 वर्ष बाद भी हम गरीबी में उल्लेखनीय सुधार नहीं कर पाए। भारतीय गाँवों की इसी गरीबी को "पथेर पांचाली" हमारे सामने लाती है। गरीबी के बावजूद उसका चेहरा मानवीय रहता है। वह विगलित करता है विकृत नहीं।

"भारतीय गाँव की पीस डालने वाली गरीबी में 'पथेर पांचाली' अज्ञात झुण्ड को नहीं देखती बल्कि एक मनुष्य को देखती है जो अपने प्रेम, प्रकृति और बचपन के आनन्द में उतना ही अकेला है जितना कि मृत्यु के बिछोहकारी दुःख में और अस्तित्व बनाए रखने के अपने अन्तहीन दैनिक संघर्ष में। यह ग्रामीण गरीबी का मानवीय चेहरा है, इसके सांख्यिकीय कष्टों का नहीं। यह मानवीय चेहरा ही हमें अपु या दुर्गा, सर्वजया या हरिहर को अपने बीच के ही एक मनुष्य के रूप में दिखाता है। हम जान पाते हैं कि हरिहर एक कवि हैं, एक बुद्धिजीवी : सर्वजया क्षमता और गरिमायुक्त नारी है : अपु सौम्य संवेदनशीलता वाला लड़का है और दुर्गा प्रकृति की सुन्दर और निर्दोष बालिका है, वे हमारे ही जीवन का एक अंग बन जाते हैं और हमारे भीतर कुछ बदल देते हैं और मानवता के प्रति हमारे दृष्टिकोण को भी।"[5]

विभूति भूषण बंद्योपाध्याय के दो उपन्यासों "पथेर पांचाली" और "अपराजितो" से कुछ अंश लेकर सत्यजित रॉय ने अपनी "फिल्म त्रयी" बनाई–"पथेर पांचाली", "अपराजितो" और "अपुर संसार"। "पथेर पांचाली" में दो बच्चों दुर्गा और अपु, उनके माता–पिता, हरिहर रॉय और सर्वजया तथा उनकी बूढ़ी दादी की कहानी है। जब अपु का जन्म होता है तब दुर्गा तीन या चार वर्ष की रही होगी। हरिहर राय की कोई निश्चित आमदनी नहीं है। इसलिए परिवार गरीबी में रहता है। बूढ़ी दादी दुर्गा से लगाव रखती है। सर्वजया को लगता है कि इससे बच्ची बिगड़ रही है। हरिहर की पुश्तैनी जमीन का एक हिस्सा गिरवी रखा है। उसमें लगने वाले अमरूद चुरा लेने में दुर्गा कोई बुराई नहीं मानती। उस पर चोरी का इल्जाम पड़ोस की औरतें लगाती रहती हैं। इसलिए दुर्गा की पिटाई हो जाती है। अपु एक लाला के पास जाकर अपनी पढ़ाई करता है। हरिहर की उपस्थिति के समय घर का वातावरण शान्त रहता है। लेकिन गरीबी बढ़ती ही जाती है। इसी बीच पिशी मौसी की मृत्यु हो जाती है।

एक दिन हरिहर कलकत्ता चला जाता है और बच्चों के भरण–पोषण का काम सर्वजया को करना पड़ता है। गाँव में दुर्गा की धनी सहेली की सगाई हो रही है। दुर्गा तेरह वर्ष की है। उस समय के अनुसार वह शादी योग्य है पर उसे लगता है कि उसकी शादी कभी नहीं होगी।

"पथेर पांचाली" का सबसे सुन्दर दृश्य वर्षा के आगमन का है। वर्षा की पहली बूँद के साथ ही रविशंकर का सितार झंकृत हो उठता है। वर्षा में देर तक नहाते रहने के कारण दुर्गा बीमार पड़ जाती है। इलाज के लिए पैसे न होने से उसकी मृत्यु हो जाती है। हरिहर जब धन कमाकर कलकत्ता से लौटता है तो घर बिखरा हुआ पाता है। अपु मृत्यु के अनुभव को समझ चुका है। वह घर से बाहर निकलता है। आकाश की ओर देखता है भीतर जाता है और छाता लेकर निकल पड़ता है।

फिल्म के पर्याप्त हिस्से की शूटिंग धनाभाव के चलते हुए हुई। फिल्म में इस संघर्ष को समझा जा सकता है। बाद में पश्चिम बंगाल सरकार ने धन देना स्वीकार किया पर इस शर्त पर कि यह फिल्म पश्चिम बंगाल सरकार की सम्पत्ति होगी।

"पथेर पांचाली" की यह कहानी आगे की दो फिल्मों "अपराजितो" और "अपुर संसार" तक चलती है। 1956 में "अपराजितो" बनकर तैयार हुई और 1959 में "अपुर संसार" बनकर आ गयी। यह तीनों ही फिल्में सिनेमा इतिहास की विशिष्ट फिल्में सिद्ध हुईं। इस एक फिल्म "पथेर पांचाली" ने हिन्दी सिनेमा को झकझोर दिया। उस समय जबकि "आवारा" लोकप्रियता के रिकार्ड तोड़ रही थी और राजकपूर और गुरुदत्त जैसे महान फिल्म निर्माता अपनी फिल्मों से धूम मचा रहे थे। पर इन फिल्मों का एक प्रधान पक्ष था गीत-संगीत, जो इनकी सफलता का प्रमुख सूत्र था। कथावस्तु का दोहराव भी कई स्तरों पर हो रहा था। ऐसे समय में "पथेर पांचाली" ने बिना नृत्य के, बिना गाने के, अपने कथ्य की बुनावट, उसकी कसावट, उसके प्रकृति संगीत और तकनीक के स्तर पर मानवीय संवेदना को प्रस्तुत करने की ईमानदारी के स्तर पर भारतीय सिनेमा को भविष्य के लिए नए संकेत दिए। वस्तुतः "जिस प्रकार सन् 1913 में दादा साहेब फाल्के ने भारतीय सिनेमा को जन्म दिया था, उसी प्रकार सत्यजीत रॉय ने सन् 1955 में भारतीय सिनेमा की मृत देह में पुनः प्राण फूँके थे।"[6]

सन्दर्भ

1. जे लीडा: किनो, *हिस्ट्री ऑफ रशियन एण्ड सोवियत फिल्म*, प्रकाशक: कालियर न्यूयार्क, 1960 में उद्धृत।
2. चड्ढा मनमोहन: *हिन्दी सिनेमा का इतिहास*: सचिन प्रकाशन, दिल्ली, पृ॰ 352।
3. इण्डियन फिल्म: एरिक बरनौ एण्ड एस॰ कृष्ण स्वामी, पृ॰ 228।
4. भारद्वाज विनोद–*सिनेमा, कल, आज, कल,* वाणी प्रकाशन, पृ॰ 13-14।
5. गुप्ता चिदानन्ददास: *सत्यजीत रॉय का सिनेमा*, नेशनल बुक ट्रस्ट, प्रस्तावना से।
6. चड्ढा व मनमोहन: *हिन्दी सिनेमा का इतिहास*, सचिन प्रकाशन, पृ॰ 346।

10

इतिहास के आइने में भोजपुरी सिनेमा

वीरेन्द्र सिंह यादव

हर युग में मनोरंजन के भिन्न-भिन्न साधन रहे हैं। आज विज्ञान के इतिहास के साथ-साथ मनोरंजन के साधनों का भी विकास हुआ है। मनोरंजन करना मानव का मूल स्वभाव है। वर्तमान समय में रेडियो, वीडियो, सर्कस, पर्यटन के अलावा सिनेमा का भी महत्त्वपूर्ण स्थान है। चित्रपट यानि 'सिनेमा' समाज का दर्पण कहा जाता है क्योंकि समाज की स्थिति का सच्चा चित्रण इसके माध्यम से होता है। सिनेमा का आविष्कार तो 19वीं शताब्दी में हुआ, परन्तु इसका विकास एवं सर्वव्यापी स्वरूप 20वीं सदी के आरम्भिक दशकों में स्थापित हुआ।

सिनेमा को आरम्भ से ही नाटक-नौटंकी का स्थानापन्न माना गया अर्थात् जनसाधारण का मनोरंजन करने का साधन और मूल रूप से सीख देने का माध्यम भी। देखा जाये तो यह फोटो खींचने की परम्परा की अगली कड़ी थी। फोटो खींचने से लेकर चलती-फिरती तस्वीरों की यह यात्रा बहुत लम्बी नहीं रही। शुरुआत में तो मूक फिल्मों का निर्माण किया गया, परन्तु जैसे-जैसे तकनीकी विकास हुए, बोलती फिल्में बनने लगीं। विषय वस्तु को और भी प्रभावशाली ढंग से व्यक्त करने के लिए बोलती फिल्मों का ईजाद हुआ।

विश्व की पहली बोलती फिल्म थी "द जैज सिंगर" जिसे अमेरिकी कम्पनी वार्नर ब्रदर्स ने सन् 1926 में बनाया था, परन्तु हमारे देश में पहली बोलती फिल्म का नाम था "आलमआरा" जिसे सन् 1931 में इम्पीरियल फिल्म कम्पनी ने बनाया था तथा इसका प्रदर्शन बम्बई के मैजेस्टिक सिनेमा में 14 मार्च सन् 1931 को हुआ। इस फिल्म की अपार सफलता के पश्चात उत्साहित होकर अन्य अनेक भाषाओं में सिनेमा का निर्माण होने लगा।

फिल्म का उद्देश्य सभी का करीब-करीब एक ही रहा। प्रयोजनमूलक मनोरंजन, गाना-बजाना, समाज में हो रहे कार्यों, परम्पराओं का सजीव चित्रण इन फिल्मों में फिल्माया जाने लगा। मनोरंजन का यह साधन लोगों को अत्यधिक रास आया। बम्बई फिल्म निर्माण का मुख्य केन्द्र बन गया तथा देखते-देखते सैकड़ों कम्पनियाँ खुल गयीं और देश प्रेम, धार्मिक, आर्थिक, सामाजिक, राजनीतिक, सभी विषयों पर फिल्में बनने लगीं। देखा जाये तो सिनेमा मनोरंजन के साथ-साथ शिक्षा का भी अपूर्व साधन है। इसके द्वारा हमारे इतिहास, भूगोल, विज्ञान, राजनीति, कृषि, धर्म, इत्यादि के ज्ञान में सरलता से वृद्धि हो सकती है। समाज के वातावरण को उच्च व स्वस्थ बनाये रखने में इन फिल्मों का योगदान अवश्य वर्णनीय है। अपने काम से थककर जब लोग घर लौटते हैं तो वे ऐसा अपना मनोनुकूल मनोरंजन चाहते हैं जिससे कि उनकी पूरी थकान मिट जाये। सिनेमा इस कार्य को भली-भाँति पूरा करने में सक्षम है क्योंकि यह सबसे अधिक लोकप्रिय साधन है। अर्थात् पूरे दिन की थकान, ऊब और एकरसता को मिटाने के लिये सिनेमा टॉनिक का काम करता है। सिनेमा कुछ देर के लिये ही सही हमें ऐसी स्वप्निल दुनिया में ले जाता है जहाँ हम अपने वर्तमान दुःख-दर्द को थोड़ी देर के लिए भूल जाते हैं। इसलिए सिनेमा का समाज से गहरा सम्बन्ध है।

सिनेमा चाहे हिन्दी भाषा में हो या अन्य किसी भाषा में, तत्सम्बन्धित भाषाओं को बोलने वाले समूह को सदैव लाभान्वित करता रहा है। अन्य भाषाओं में 'भोजपुरी' भाषा का अपना अलग महत्त्व है। वर्तमान समय में भोजपुरी भाषा ने स्वयं को एक प्रमुख भाषा के रूप में स्थापित कर लिया है। देश में ही नहीं वरन् विदेशों में भी इस भाषा ने अपना प्रभुत्व जमाया है।

यद्यपि भोजपुरी का नामकरण बिहार के भोजपुर परगने के नाम पर हुआ, परन्तु यह भोजपुर की सीमा से आगे बहुत दूर तक बोली जाती है। यह एक हृदयग्राही एवं संगीतात्मक भाषा है, जो सीधे हृदय पर जाकर दस्तक देती है। अपनी बोली की मिठास के कारण यह सभी को अपनी ओर आकर्षित करने में सक्षम है। भोजपुरी भाषा की इन विशेषताओं के पीछे अनेक कारण हैं, जिन्होंने आज भोजपुरी भाषा को वह स्थान दिया है, जिसकी वह वास्तविक हकदार है।

विज्ञान के बढ़ते कदमों एवं अत्याधुनिक संचार उपकरणों ने भोजपुरी को लोकप्रिय बनाने में विशेष सहायता की है। इन माध्यमों में एक प्रमुख माध्यम है-'भोजपुरी सिनेमा' जिसने भोजपुरी भाषा, कला-साहित्य, संस्कृति को गौरवपूर्ण स्थान दिलाया है। कभी भोजपुरी भाषा को बड़े ही हेय दृष्टि से

देखा-समझा जाता था। कथित बुद्धिजीवियों की नजरों में भोजपुरी फिल्मों को देखने वाले दर्शकों की संख्या बढ़ी है। अनेक बड़े सितारे एवं बड़ी फिल्म कम्पनियाँ भोजपुरी फिल्मों के निर्माण में लगी है।

साहित्य, संगीत-नृत्य के मेल से बना सिनेमा भोजपुरी भाषा के विकास में सर्वप्रमुख है। भोजपुरी भाषा में करीब 400 फिल्मों का निर्माण हो चुका है। भोजपुरी फिल्मों की इस यात्रा की शुरुआत की नासिर हुसैन ने, जो गाजीपुर के रहने वाले थे। सन् 1962 में उन्होंने "गंगा मइया तोहे पियरी चढ़इबो" नाम से फिल्म बनाई। यह फिल्म उत्कृष्ट थी, जो दर्शकों द्वारा उत्यन्त सराही गई तथा दर्शकों के दिलों पर अपनी अमिट छाप छोड़ने में सफल रही। इसमें अभिन्य के अलावा नृत्य-संगीत भी उत्तम था। भोजपुरी फिल्मों की जो शुरुआत हुई, वह आज तक भोजपुरी भाषा में बनी हैं और उत्कृष्ट फिल्में बनी हैं उतनी अन्य किसी लोकभाषा में नहीं बनीं। यह भी गर्व का विषय रहा है कि ज्यादातर फिल्में हिट एवं सुपरहिट रहीं। "बलम परदेशिया", "दुल्हा गंगा पार के", "हमार भौजी", "दगाबाज बलमा", "दंगल", "गंगा क बेटी", "पिया रखिह सेनुरवा क लाज", "नदिया के पार", इत्यादि फिल्में अपनी विशेषता के बल पर समाज में अपना स्थान बनाने में सक्षम रहीं। इनके अतिरिक्त "बिदेसिया", "गंगा किनारे मोरा गाँव", "ससुरा बड़ा पईसा वाला", दरोगा बाबू आई लव यू", "दुलहा मिलल दिलदार", "पण्डित जी बताई ना बियाह कब होई", "परिवार", आदि फिल्में भी दर्शकों को बेहद पसन्द आई।

किसी भी फिल्म के निर्माण में अभिनेता-अभिनेत्री के साथ-साथ गीत-संगीत, नृत्य, कहानी, संवाद, चरित्र, इत्यादि सभी का समान योगदान होता है और इन सभी का सामंजस्य उचित तरीके से हो इसका श्रेय प्रोड्यूसर, डायरेक्टर को जाता है। इस दृष्टि से नासिर हुसैन तथा ताराचन्द बड़जात्या, आरती भट्टाचार्या, आदि का नाम विशेष रूप से लिया जा सकता है।

अभिनेता-अभिनेत्री का नाम लें तो ढेरों कलाकारों के नाम सामने आते हैं, जिन्होंने अपना जीवन भोजपुरी फिल्मों के लिये दिया तथा भोजपुरी के विकास में अपनी महत्त्वपूर्ण भूमिका का निर्वाह किया। राकेश पाण्डेय, सचिन, सुजीत कुमार, मनोज तिवारी, रवि किशन, कुणाल सिंह, दिनेश लाल यादव 'निरहुआ', कमाल खान के अतिरिक्त अनेक अन्य नये चेहरे भी दिखाई देते हैं। अभिनेत्रियों में यदि हम शुरू से देखें तो जददन बाई, लीला मिश्रा, आरती, कुमकुम, पद्मा खन्ना, गौरी खुराना, तनूजा, प्रेमा नारायण, टीना घई, साहिला चड्ढा, पिंकी यादव, नगमा के अतिरिक्त मीरा माधुरी, रेखा सहाय, वन्दिनी मिश्रा, शीला डेविड, सीमा बजाज, बरखा पंडित, नूर फातिमा, रेनूश्री तथा शबनम, इत्यादि

अभिनेत्रियों ने भी भोजपुरी फिल्मों को सफल बनाने में अपना महत्त्वपूर्ण योगदान दिया।

देखा जाये तो भोजपुरी फिल्मों को विशेष रूप से महिलाओं ने अपनी कलागत विशेषता से एक नया मुकाम हासिल कराया। महिला कलाकारों की भूमिका अनिर्वचनीय है। चाहे वे भोजपुरी भाषी हों अथवा गैर भोजपुरी, इन फिल्मों में उन्होंने सशक्त एवं स्मरणीय भूमिका निभायी। बनारस की लीला मिश्रा, जिन्हें सिनेमा जगत् भोजपुरी काकी अथवा भोजपुरी चाची कहकर बुलाता था, अपने किरदार से हिन्दी व भोजपुरी सिनेमा में एक नया इतिहास रचने में सफल रहीं। बढ़िया भोजपुरी बोलकर इन्होंने दर्शकों के दिल पर न केवल अमिट छाप छोड़ी, बल्कि विदेशों में भी इस भाषा को पहचान दिलाई।

"गंगा मइया तोहे पियरी चढ़इबो" फिल्म में कुमकुम ने जिस प्रकार अपने किरदार को निभाया वह प्रशंसनीय है। पद्मा खन्ना जो इस फिल्म की नायिका थीं, अपने चरित्र से उन्होंने समाज में एक नई छाप छोड़ी। इस फिल्म की कहानी ऐसी रही कि वर्षों तक लोगों के मन में 'गंगा मइया' के प्रति जो भाव भरा था, वह आज भी अपनी पवित्रता को जनमानस में रचाए-बसाए है। इस फिल्म ने 'मनौती' मानने की परम्परा को खूबसूरत ढंग से समाज में बनाये रखा। इस फिल्म का गीत-संगीत अत्यंत उत्कृष्ट एवं जन-जन को रससिक्त करने वाला है। भोजपुरी परिवेश, संवाद, पारिवारिक मर्यादाओं को इस फिल्म में बखूबी चित्रित किया गया है। "बलम परदेसिया" पद्मा खन्ना अभिनीत अत्यन्त खूबसूरत फिल्म थी। "गंगा मइया तोहे पियरी चढ़इबो" की अपार सफलता के पश्चात् गंगा पर आधरित अनेक फिल्मों का निर्माण हुआ। जैसे गौरी खुराना द्वारा अभिनीति "दुल्हा गंगा पार के" तथा "गंगा किनारे मोरा गाँव" एवं "गंगा क बेटी", जिनमें टीना घई ने सशक्त भूमिका निभाई, दर्शकों द्वारा बेहद सराही गई। "हमार भौजी" में तनूजा ने भौजी के किरदार को इतने बेहतर ढंग से निभाया कि समाज में पारिवारिक रिश्तों को समझने की एक पुख्ता सोच लोगों में आई। तेजी से विघटित हो रहे परिवारों को संगठित करने में एवं रिश्तों की गहराई को बनाये रखने में यह फिल्म अत्यन्त सफल रही।

"कब अइहे दुल्हा हमार" में आँचल नामक अभिनेत्री ने जो दमदार अभिनय किया है, वह स्मरणीय एवं प्रशंसनीय है। इसी प्रकार "पिया रखिह सेनुवा क लाज" में पटना की पिंकी यादव ने अपने चरित्र को इतने बखूबी से निभाया कि उसे बेहद सराहा गया।

"नदिया के पार" फिल्म जो ताराचन्द बड़जात्या ने राजश्री प्रोडक्शन के बैनर तले बनाई, समाज में अपनी अमिट छाप छोड़ने में कामयाब रही। रिश्तों की मर्यादा, परिवार का मान एवं समाज के रीति-रिवाजों को जिस खूबसूरती

से इस फिल्म में चित्रित किया गया है, वह अवर्णनीय है। फिल्म के नायक सचिन एवं नायिका साधना ने जिस संजीदगी एवम् शिद्दत के साथ अपने किरदार को निभाया है, वह जनमानस में एक नई सोच पैदा करता है। इन फिल्मों को देखकर ऐसा लगता है कि ये सारी बातें हमारे इर्द-गिर्द घट रही है। फिल्म की समस्या हमारी समस्या प्रतीत होती है। ये फिल्में पूरी तरह से दर्शकों को बाँधने में सफल रहीं। इसी तरह यदि सामाजिक, चारित्रिक विशेषताओं पर आधारित फिल्में बनती रहीं और एक उद्योग अथवा पैसा कमाने का क्षेत्र न समझकर, बल्कि अपने दायित्व को समझकर फिल्में बनती रहीं तो निश्चय ही ये समाज को समृद्ध एवं स्वस्थ मनोरंजन के साथ-साथ एक नई दिशा, नई सोच देने में सफल रहेंगीं तथा भोजपुरी केवल गिने-चुने प्रदेशों की नहीं, बल्कि जन-जन की भाषा बनकर उभरेगी।

भोजपुरी फिल्मों की सफलता का राज भोजपुरी गीतों का माधुर्य एवं संवादों की अर्थवत्ता भी है। कई संवाद तो इतने लोकप्रिय हुए कि भोजपुरी भाषी के अतिरिक्त अन्य भाषा-भाषी भी उन संवादों को बोलते थे तथा हिन्दी फिल्मों में हास्य व्यंग्य लाने के लिए उन भोजपुरी संवादों का प्रयोग किया जाने लगा।

फिल्मों में संगीत का महत्त्व किसी से कम नहीं है तथा अनेक ऐसी फिल्में हैं, जिनके संगीत ने उन फ़िल्मों को सुपरहिट का दर्जा दिलाया। फिल्मों की काफी सफलता उसके संगीत पर निर्भर करती है। भोजपुरी फिल्मों के पार्श्वगायन में महिलाओं में शारदा सिन्हा, विन्ध्यवासिनी देवी, अलका याज्ञिक, उषा मंगेशकर, हेमलता, चंद्राणी मुखर्जी, दिलराज कौर, मोनिका अग्रवाल तथा पुरुषों में उदित नारायण, सुरेश वाडेकर, मनोज तिवारी, बालेश्वर, इत्यादि का योगदान सर्वविदित है।

इन भोजपुरी फिल्मों की कहानी हमारी कहानी है, हमारे समाज की कहानी है। समाज का ऐसा कोई मुद्दा नहीं है। जो इन फिल्मों में न दिखाया गया हो। समाज की सच्ची तस्वीर इन फिल्मों में दिखाई देती है। अमीर-गरीब, ऊँच-नीच, शोषित-दलित सभी वर्गों से सम्बन्धित बातों, समस्याओं का चित्रण, मानव मन की भावनाओं की सच्ची अभिव्यक्ति इन फिल्मों में है। एक साधारण व्यक्ति का दृष्टिकोण भी इन फिल्मों में मिलता है।

भोजपुरी फिल्मों के बारे में जितना भी लिखा जाये, कम ही होगा क्योंकि लोगों का फिल्म देखने का शौक 'लागी नाहीं छूटे रामा' की तरह है। वास्तव में देखा जाये तो फिल्में समाज के प्रत्येक अंग को स्पर्श करती हैं, पूरे समाज से प्रभावित होती हैं तथा पूरे समाज को प्रभावित भी करती हैं। अतः सामाजिक चित्रपट समाज की स्थिति के ठीक-ठीक प्रदर्शक हों, तभी ठीक कहे जा सकते

हैं। साथ ही जनसमुदाय के समक्ष उच्च आदर्शों को रखा जाना आवश्यक है, इसी से समाज का अस्तित्व बना रहेगा तथा समाज सुखी एवं समृद्ध रहेगा।

भोजपुरी फिल्मों ने इन सभी विशेषताओं से तालमेल बिठाकर न केवल भोजपुरी के विकास में अपना अमूल्य योगदान दिया है, बल्कि समाज को भी संगठित एवं सुरक्षित रखने में अपनी भूमिका का निर्वाह किया है। आज भोजपुरी भाषा संस्कृति को जो साख मिली है, उसे इस स्तर तक पहुँचाने में भोजपुरी फिल्मों का योगदान निश्चित रूप से अवर्णनीय एवं प्रशंसनीय है।

11

समाज, साहित्य और सिनेमा

दयाशंकर

साहित्य-सृजन और फिल्म-निर्माण में समाज की भूमिका को एकदम दरकिनार नहीं किया जा सकता। यद्यपि कलावादी मानसिकता के आलोचक साहित्य-सृजन, प्रयोजन और मूल्यांकन को समाज से असम्पृक्त मानते हैं, लेकिन साहित्यकार और उसकी भाषा को समाज का अनिवार्य हिस्सा होने के कारण उससे अछूता कैसे माना जा सकता है? साहित्य और सिनेमा कल्पना और व्यावसायिकता के विशेष आग्रह के बावजूद अपनी कच्ची सामग्री कमोबेश समाज से ही लेते हैं। यहाँ तक कि दोनों अपने प्रयोजन में, वह आनंद हो चाहे मनोरंजन, सामाजिक ही होते हैं।

साहित्य और सिनेमा में यदि साहित्य सबसे पुराना कला माध्यम है तो सिनेमा अत्याधुनिक। रचना की दृष्टि से साहित्य की तुलना में सिनेमा अधिक सामूहिक और व्यावसायिक माध्यम है, पर अपने प्रयोजन में दोनों सामूहिक माध्यम हैं। साहित्यिक विधाओं में नाटक एकमात्र ऐसी विद्या है, जो अपने मंचन और प्रस्तुति में सिनेमा के सबसे निकट है और अन्य साहित्यिक विधाओं की तुलना में सबसे अधिक सामूहिक भी। नाटक से निकट होने के बावजूद सिनेमा अपने फार्म, निर्माण, उपकरण तंत्र, प्रस्तुति में उससे अलग अत्याधुनिक मशीनी कला है। साहित्यिकता का जो आग्रह नाटक में रहता है, वह सिनेमा के लिए अनिवार्य नहीं है। कला फिल्मों की बात यदि छोड़ दें तो व्यावसायिक फिल्में नाटक से बहुत दूर जा पड़ती हैं।

सामान्यतः साहित्य, विशेष रूप से नाटक और सिनेमा को दो विरोधी कलाओं के रूप में देखा और खड़ा किया जाता है। यहाँ तक कि सिनेमा के आगे नाटक के मिट जाने का अनुमान लगाया जाता है, पर ऐसा हुआ नहीं है। यह बिल्कुल स्वाभाविक है। जब कोई नयी कला विकसित होती है तो पुराने कलारूपों को कुछ आगे-पीछे खिसकाकर अपनी जगह बनाती है, लेकिन अपने

विकास की प्रक्रिया में वह उनसे अछूती भी नहीं रहती और अन्य कलारूप भी उससे कुछ न कुछ प्रभावित अवश्य होते हैं। सिनेमा टी॰वी॰ के विकास और टेक्नीक के बिना "कसप", "मुझे चाँद चाहिए", "कितने पाकिस्तान" जैसे उपन्यासों का लिखा जाना संभव नहीं था। यह सही है कि सिनेमा के विकास की गति बहुत तेज़ है, फिर भी साहित्य अभी भी लिखा जाता है, नाटक अभी भी लिखे और मंचित किये जाते हैं, और उनका एक सुशिक्षित पाठक और दर्शकवर्ग भी है। हाँ, यह सही है कि इस पाठक-दर्शक वर्ग की संख्या पहले की तुलना में कम हो गयी है, लेकिन सिनेमा साहित्य और नाटक की हस्ती को न तो मिटा पाया है और न ही उनके आस्वाद को बदल और खत्म कर पाया है। पुराने कलारूपों के मिट जाने का कारण बदली हुई परिस्थितियाँ, मनोवृत्तियाँ और नये युग की आवश्यकताएँ और मांग हुआ करती हैं। साहित्य भी कहाँ एक सा रहा है, बदलते समय के साथ उसने भी अपना चोला बदला है। वह श्रुत से हस्तलिखित, हस्तलिखित से पाठ्य और पाठ्य से अब "ई पुस्तकालय" की ओर चल पड़ा है। विकास के साथ बदलाव स्वाभाविक प्रक्रिया है, लेकिन आश्चर्य तब होता है जब साहित्य और सिनेमा को एक-दूसरे के पूरक और पोषक के बदले शत्रु रूप में देखा और दिखाया जाता है। नाटक को छोड़कर अन्य साहित्यिक विधाएँ सामान्यत: पाठ्य हैं। यदि सिनेमा और दूरदर्शन से उनमें मदद ली जाए तो वे न केवल अधिक सम्प्रेषणीय बनेंगी, बल्कि उनका दायरा शिक्षित के साथ अशिक्षित तक व्यापक हो जायेगा। इसी प्रकार यदि सिनेमा साहित्य को अपना सहयोगी और पोषक मानकर चलता है तो उसके सस्तेपन, फूहड़पन पर न केवल अंकुश लगेगा, बल्कि वह समाज के लिए, अपने दर्शकवर्ग के मानसिक स्वास्थ्य के लिए अधिक लाभप्रद होगा। लेकिन दुर्भाग्य की बात यह है कि दोनों कला क्षेत्रों के विशुद्धाग्रही दृष्टिकोण-साहित्य में विशुद्ध साहित्यकता और सिनेमा में विशुद्ध व्यावसायिकता के दुराग्रह ने उन्हें एक दूसरे को निगलने वाले शत्रु के रूप में खड़ा कर दिया है। दोनों कलारूपों में टकराव का कारण यह है कि साहित्यिकता के आग्रही सिनेमा को साहित्य के साधन रूप में और सिनेमा के आग्रही साहित्य को सिनेमा के साधन के तौर पर इस्तेमाल की वकालत करते हैं। दोनों कलारूपों की द्वंद्वात्मकता और संतुलन को समझने और बरतने वाले सिनेमा में जहाँ निर्देशकों की संख्या कम है, वहीं साहित्यकारों में सिनेमा की तकनीक से परिचितों की संख्या बहुत कम है। सिनेमा-निर्देशकों की पलटन में सत्यजीत रे, श्याम बेनेगल, गोविन्द निहलानी, गिरीश कर्नाड, गुलज़ार, आदि जहाँ साहित्यिक और संवेदनशील निर्देशक रहे हैं, वहीं साहित्यकारों की भीड़ में राही मासूम रज़ा, कमलेश्वर, मनोहर श्याम जोशी, सुरेन्द्र वर्मा, आदि जैसे सिनेमा की तकनीक से परिचित साहित्यकार भी रहे हैं,

पर सवाल यह है कि फिल्म निर्देशकों और साहित्यकारों की विशाल जमात में उनकी संख्या कितनी है।

भारतीय सिनेमा अपने विकास के आरंभ से ही अपने निर्माण में समाज और साहित्य दोनों से मसाला लेता रहा है। धर्म, इतिहास, राजनीति, देशभक्ति, अपराध, हिंसा, भ्रष्टाचार, आदि उसके प्रिय विषय रहे हैं। भारतीय सिनेमा में एक दौर था जब पुराने संस्कारों पर बल देने के लिए धार्मिक, पौराणिक-ऐतिहासिक विषयों से सम्बद्ध फिल्मों के निर्माण पर बड़ा ज़ोर था, लेकिन आज़ादी के बाद धीरे-धीरे वह मंद पड़ता गया। इन्हीं के समानान्तर सामाजिक और राष्ट्रीय विषयों पर उम्दा फिल्मों का निर्माण हुआ। यहाँ तक कि "बॉम्बे टॉकीज़ में सिर्फ सामाजिक विषयों पर आधारित कथाओं पर ही फिल्मों का निर्माण हुआ। प्रेमकथा हो या पारिवारिक कथा, हिमांशु राय ने हमेशा समाज के रूढ़िवादी संस्कारों और नियमों को आधार बनाते हुए ही फिल्मों का निर्माण किया था। अपनी हर फिल्म के द्वारा वे हमेशा एक नई बात कहते थे जो दर्शकों के हृदय पर गहरा प्रभाव डालती थी।" (*भारतीय सिनेमा*, प्रसून सिन्हा, पृ॰ 44)। "अछूत कन्या", "दुनिया न माने", "अंदाज़", "पाकीजा", "साहब बीबी और गुलाम" से लेकर "हम आपके हैं कौन", "बागवान", "बाबुल", आदि इसी प्रकार की फिल्में हैं। सामाजिक और राष्ट्रीय विषयों से जुड़ी फिल्मों के आजादी के पहले विशेष प्रभावशाली होने का कारण आन्दोलन था। उस समय देश को आज़ाद कराने के लिए जितनी ज़रूरत राष्ट्रीय ज़ज्बे की थी उतनी ही ज़रूरत समाज सुधार की भी थी। महात्मा गाँधी दोनों को साथ लेकर चल रहे थे। इसका असर आज़ादी के बाद लगभग ढाई दशक तक रहा। यही कारण है कि "सत्तर के दशक के पहले की फिल्मों का कथानक, अदाकारों के चरित्र और फिल्मों की प्रस्तुति का व्याकरण सीधा-सादा रहा है। फिल्मी कथाओं में कुछ न कुछ सीख देने की कोशिश की जाती थी। नायक और नायिकाओं के सम्बन्धों को मर्यादित ढंग से प्रस्तुत किया जाता था अर्थात् इनके चरित्र, पोशाक और संवाद एक दूसरे से मेल खाते हुए सादगी का एक प्रतीक हुआ करते थे। फिल्में समाज के लिए बनती थीं, इसलिए वे सामाजिक हुआ करती थीं। फिल्म व्यक्ति और समाज के साथ चलती थीं" (वही पृ॰ 155)।

साहित्य को समाज का दर्पण कहने का चलन पुराना है, लेकिन साहित्य सम्पूर्ण समाज के दर्पण की भूमिका जड़वत् नहीं निभाता। साहित्यकार की विचारधारा, संवेदना और कल्पना सामाजिक यथार्थ को अपना जामा पहनाकर उसे काफी बदल देती है। इस प्रकार साहित्य समाज का दस्तावेजी प्रतिबिंब नहीं हुआ करता। सिनेमा भी समाज से पूरी तरह असम्पृक्त नहीं होता, लेकिन वह समाज का हूबहू दर्पण भी नहीं होता। समय के साथ समाज में कुछ न कुछ

बदलाव होता है और कमोबेश वह साहित्य को बदलता है। इसी प्रकार "समय, समाज, अर्थव्यवस्था, संस्कृति और लोगों की बदलती मानसिकता का प्रभाव फिल्मों पर भी होता है। राजकपूर की ही फिल्मों को लें तो उनकी पुरानी फिल्में–आवारा, श्री 420 वगैरह में हमें उनकी प्रगतिशील दृष्टि और समाजवादी दृष्टिकोण देखने को मिलता है। उनकी पूरी टीम ही मार्क्सवादी विचारों से प्रभावित थी, जो कि सीखा मार्क्सवाद नहीं था। उनकी फिल्मों में मार्क्सवाद काव्यात्मक चोला पहनकर बहुत रुचिकर बनकर चित्रित होता था" (*सिनेमा के सौ बरस*, उद्धरण–ए॰के॰ हंगल, पृष्ठ 24)। इस दौर में भारतीय राजनीति पर नेहरू के समाजवादी विचारों का बड़ा प्रभाव था। राजनीति में नेहरू अपने ढंग से इसे अंजाम दे रहे थे तो फिल्मों में राजकपूर बिना किसी प्रोपेगंडा के अपने ढंग से।

भारतीय सिनेमा का आरंभ से ज़ोर जहाँ सामाजिक रूढ़ियों से संघर्ष करने का रहा है, वहीं दूसरी ओर रोमांस और पारिवारिक विषयों पर फिल्में बनाने का रहा है। जहाँ कुछ फिल्में पुराने सामाजिक मूल्यों को पोसने का काम करती हैं, वहीं कुछ फिल्में उन्हें तोड़ने का भी काम करती है। दरअसल "हिन्दी सिनेमा ने समाज में मूल्य-व्यवस्था को बनाने बिगाड़ने में दोहरी भूमिका निभाई है। भारतीय समाज का सामन्ती मूल्यों वाला ढाँचा युवक-युवतियों में रोमांस के बुरी तरह खिलाफ है, जबकि युवक-युवतियों में रोमांस एक सहज प्रवृत्ति है, जिसे रोका नहीं जा सकता। इसे दबाने के दुष्परिणाम निकलते हैं। केवल इसे स्वस्थ व सहज रोमांस की दिशा दी जा सकती है। हिन्दी सिनेमा की भारतीय समाज में सर्वाधिक प्रगतिशील भूमिका युवक-युवतियों में रोमांस की प्रवृत्ति को उभारने व इसके लिए सामन्तवादी जीवन मूल्यों से संघर्ष करने को प्रेरित करने में है। नब्बे प्रतिशत से अधिक हिन्दी फिल्में इसी विषय पर केन्द्रित रहती हैं। सर्वाधिक लोकप्रिय रोमांटिक फिल्में आवारा, बरसात, अंदाज़, बैजूबावरा, मुगले आज़म, देवदास, आदि इसी परम्परा में आती हैं" (वही, लेख–डॉ॰ चमनलाल, पृष्ठ 27)।

पुरानी सामन्ती व्यवस्था के अवशेषों और पूँजीवादी व्यवस्था के साथ बढ़ते हुए औद्योगीकरण और शहरीकरण ने डकैती, हिंसा, अपराध, तस्करी, नशाखोरी, खून, गुण्डागर्दी के समानान्तर फलने-फूलने को संभव बनाया। भारतीय समाज की यह सच्चाई सातवें दशक के बाद के हिन्दी सिनेमा को बहुत भायी। परिणामस्वरूप नायक की जगह खलनायक विशेष लोकप्रिय होने लगे। नेहरू युग का अन्त हो चुका था, राजनीति की दिशाहीनता युवाओं के दिलोदिमाग में समा गयी थी। दिमागी खालीपन को इस प्रकार की फिल्में बड़ी राहत देती थीं। इसी वातावरण ने आगे एंग्रीमैन और डॉन को पैदा किया। इस दिशा में हिन्दी सिनेमा

ने "हरे रामा हरे कृष्णा" से जो कदम रखा, वह "दीवार", "शोले", "डॉन", "मिस्टर नटवरलाल" से होते हुए "खलनायक", "डर", "बाजीगर" तक जा पहुँचा। "अग्निसाक्षी, "बैण्डिट क्वीन", "गॉड मदर" का रास्ता भी यही था। भूमण्डलीकरण के दौर में अप्रवासी भारतीय दर्शकों को लुभाने की कोशिश में कई फिल्में बनीं, जिनमें "ताल", "बागवान", "कभी खुशी-कभी ग़म" प्रमुख हैं।

सत्तर के बाद की फिल्मों ने व्यापक दर्शक समाज की परवाह न करते हुए मध्यवर्ग को विशेष रूप से अपनी ओर खींचने की कोशिश की और कामयाबी भी पायी। दरअसल गाँवों से पलायन करके यही वर्ग शहरों में आ जमा था और अपनी जड़ों से कट भी गया था। यह वर्ग सेक्स की ग्रंथियों से पीड़ित और अनेक सामाजिक वर्जनाओं से ग्रस्त था। सारी आधुनिकता के बावजूद वह इसी मुद्दे पर सबसे अधिक कमज़ोर था और व्यावसायिक फिल्में उसकी इसी कमज़ोरी को पैसे में भुनाती थीं। निर्देशक सामान्यत: मध्यवर्ग का ही सदस्य होता था, इसलिए वह इसका भरपूर फायदा उठाता था। निम्नवर्ग दर्शक को व्यावसायिक फिल्में मनोरंजन के बहाने दूसरे तरह से ठगती रहीं हैं। अपराध, हिंसा, हत्या के जरिए वे उनके भीतर असंभावित झूठे सपने दिखाती थीं। रातों-रात धनी होने का सपना गरीब दर्शक वर्ग को इन्हीं व्यावसायिक फिल्मों का दिया हुआ है। पुरानी फिल्मों में कला और व्यावसायिकता में संतुलन था, लेकिन आगे चलकर धीरे-धीरे व्यावसायिकता का भूत इतना सवार हुआ कि कलापक्ष को अनदेखा कर दिया गया। "यह वास्तविकता हिन्दुस्तान की नहीं बल्कि विश्व के सभी बड़े फिल्म उद्योगों की थी। वे जनता के लिए नींद की एक गोली की तरह होती थीं ताकि वे हफ्ता भर आँख मूँदकर बैल की तरह काम करते रहें। इस स्थिति से उबरने के लिए 'आर्ट फिल्म' का जन्म हुआ। 'आर्ट फिल्म' वस्तुत: एक प्रतिवाद थी-व्यावसायिक विकृति के खिलाफ। बुद्धिजीवियों ने इस नये शस्त्र का प्रगति और प्रतिक्रिया की लड़ाई में जमकर प्रयोग किया और यह वस्तुत: बाजारू मनोवृत्ति के खिलाफ कलात्मक सृजन की एक जंग में तब्दील हो गई। फिल्मों के आगमन से नाट्यकला को एक ज़ोर का झटका तो लग ही चुका था, परन्तु कला फिल्म के उद्भव से 'सेल्यूलॉयड' मंच का एक सक्षम प्रतिद्वंदी बना था" (*सिनेमा के सौ बरस*, लेख-मुल्कराज आनंद, पृष्ठ 10)। "दामुल", "आकार", "अर्थ", "सारांश", "निशांत", "अंकुर", आदि कला फिल्मों ने बुद्धिजीवी वर्ग के बीच लोकप्रियता बटोरी, इन्हें राष्ट्रीय पुरस्कार भी मिले, लेकिन ये मासदर्शकों को नहीं लुभा पायीं। "सलाम बॉम्बे", "लम्हे", "बॉम्बे", "रूदाली", "मिर्च-मसाला, "फायर, "पीपलीलाइव", यद्यपि कला फिल्में नहीं हैं लेकिन इन्होंने सामाजिक वास्तविकता और कला के बीच सामंजस्य बैठाये रखा।

आजकल नये अस्मितावादी विमर्शों दलित विमर्श, स्त्रीविमर्श, आदि का बड़ा ज़ोर है। अब ज़रूरी हो गया है कि इनकी नज़र से सिर्फ समाज और साहित्य की ही नहीं, बल्कि भारतीय और हिन्दी सिनेमा की समीक्षा की जाए। दलित विमर्श के प्रबल पक्षधर जय प्रकाश कर्दम का हिन्दी सिनेमा के बारे में कहना है कि "वह सवर्ण 'हिन्दूवादी मानसिकता' से ग्रस्त रहा है। इसी कारण हिन्दी सिनेमा राष्ट्रीय नवजागरण और स्वाधीनता आन्दोलन संघर्ष में दलितों के योगदान को दिखाने से कतराता है यह कम विडम्बनापूर्ण नहीं है कि भारतीय समाज में चिन्तन की हर गाड़ी जाति के स्टेशन से बचकर निकलती है, जबकि दलितों की सारी समस्याओं के मूल में सबसे बड़ा कारक जाति है। भारतीय सिनेमा का नजरिया भी इससे भिन्न नहीं है। दलितों के प्रति करुणा दिखाकर वह अछूत कन्या, अछूत, सुजाता, बूटपॉलिश और सद्गति जैसी फिल्मों का निर्माण करता है, किन्तु जिस तल्खी और शिद्दत से जाति के प्रश्न को उठाये जाने की ज़रूरत है, उस तरह से नहीं उठाता" (*सिनेमा के सौ बरस*, लेख जयप्रकाश कर्दम, पृष्ठ 305-06)। जहाँ तक स्त्रियों का प्रश्न है भारतीय सिनेमा पुरुष-प्रधान मानसिकता से ग्रस्त रहा है। यही हाल हिन्दी फिल्मों का है। फिल्मों की सफलता सामान्यतः नायक से जुड़ी है। यहाँ तक कि नायक का पारिश्रमिक नायिका से बहुत अधिक होता है। डॉ॰ विजय शर्मा का यह कहना काफी सही है कि "नायिका की भूमिका नायक का दिल बहलाने की होती है। हिन्दी फिल्मों में स्त्री माँ की भूमिका में होती है, उसका काम रोना-धोना होता है, बहन-बेटी तो अबला होती है और नहीं तो पेड़ों के इर्द-गिर्द हीरो के संग नाचने वाली सुकुमार नायिकाएँ कभी-कभी कोठों पर नाच-गाकर पेशा करने वाली बना दी जाती हैं। निर्देशक जब चाहता है, वह प्रकट हो जाती है, जब और जहाँ चाहता है अदृश्य हो जाती है। वह सदैव हाशिए पर बनी रहती है। उसका स्वतंत्र व्यक्तित्व नहीं होता, स्वतंत्र अस्तित्व या छवि नहीं होती। कभी-कभी डाकू, हंटरवाली और ज़ख्मी औरत के रूप में भी वह दिखाई देती है। मगर एक व्यक्ति के रूप में जीवन की वास्तविकताओं से रू-ब-रू होती उत्तरदायित्वपूर्ण भूमिका में नायिका को प्रस्तुत करना अधिकांश हिन्दी फिल्मों का चलन नहीं है" (वही, पृष्ठ 227)।

भारतीय सिनेमा–हिन्दी और हिन्दीतर दोनों–अपने निर्माण के लिए साहित्य, विशेष रूप से कथा साहित्य से कच्ची सामग्री लेता रहा है। भारतीय भाषाओं के कथासाहित्य से फिल्म निर्देशकों ने अनेक फिल्में बनाईं, जिनमें से कई तो बड़ी लोकप्रिय भी हुईं। "शतरंज के खिलाड़ी", "सद्गति", "दो बैलों की कथा" (प्रेमचंद) "तीसरी कसम" (रेणु) "यही सच है", "आपका बंटी", "महाभोज" (मन्नू भण्डारी) "दामुल" (शैवाल), "तमस" (भीष्मसाहनी), "सूरज

का सातवाँ घोड़ा" (धर्मवीर भारती) पर सत्यजीत रे, प्रकाश झा, श्याम बेनेगल, गोविन्द निहलानी, आदि जैसे फिल्म निर्देशकों ने फिल्म निर्माण करके उन्हें अमर कर दिया। अन्य भारतीय भाषाओं के कथा साहित्य से बनायी गयी फिल्में भी यादगार रही हैं। बंगला से बनी "देवदास" (शरतचन्द्र), "आनंदमठ" (बंकिमचन्द्र), "साहब, बीबी और गुलाम" (विमल मित्र), "पथेर पांचाली" (विभूति भूषण बंद्योपाध्याय), "हजार चौरासी की माँ", "रूदाली" (महाश्वेता देवी), गुजराती से "पृथ्वीवल्लभ" (कन्हैयालाल म॰ मुंशी), "सरस्वती चन्द्र" (गोवर्धन राम त्रिपाठी), "मानवीनी भवाई" (पन्नालाल पटेल), उड़िया से "दो बीघा जमीन" (फकीर मोहन सेनापति), उर्दू से उमराव जान "अदा" (मिर्जा हादी रुसवा), अंग्रेज़ी से "गाइड" (आर॰के॰ नारायण), कन्नड़ से "घटश्राद्ध" (यू॰आर॰ अनन्तमूर्ति), संस्कृत से "मृच्छकटिक" (उत्सव) बनी फिल्मों को कौन भुला सकता है। कथा साहित्य मूलतः पाठ्य है और सिनेमा दृश्य-श्रव्य। दोनों भिन्न प्रकार के फार्म हैं। सिनेमा कथा साहित्य की पाठ्य सामग्री को स्क्रीनप्ले या क्राफ्ट में बदलकर दृश्य बनाता है। ऐसी स्थिति में उसे अनेक साहित्यिक अंशों और गैर दृश्य वाले वर्णनों को छोड़ना और संभावनाशील अंशों को दृश्यों में विकसित करना पड़ता है। एक दूसरे तरह का कला माध्यम होने के कारण सिनेमा साहित्य को साहित्यिक शर्तों पर नहीं, बल्कि अपनी शर्तों पर लेता है। वह साहित्यिक शर्तों पर न तो अपनी कला की बलि चढ़ाता है और न अपनी सौन्दर्य विशिष्टता की। इसलिए "साहित्य कृति पर बनी फिल्म अपने आप अच्छी हो, ऐसा नहीं होता। वास्तविकता यह है कि साहित्यिक कृति का सौन्दर्यशास्त्र और सिनेमा का सौन्दर्यशास्त्र अलग-अलग है और सिनेमा सर्जक भी साहित्यकृति के पाठक रूप में साहित्यिक आस्वाद तत्वों पर मुग्ध होकर उनका सिनेमेटिक रूपान्तरण किये बगैर आगे बढ़ जाते हैं" (*बीसवीं सदीनु गुजरात*, सिनेमा-बकुलटेलर, पृष्ठ 295)। एक उम्दा साहित्यिक कृति हमेशा फिल्म के लिए चुनौती होती है। साहित्यकृति के रूप में कोई रचना महान हो सकती है, लेकिन आवश्यक नहीं कि उस पर बनी फिल्म भी उतनी या उससे महान हो। दरअसल आला दर्जे की साहित्यकृति की समझ और उसका फिल्म में गहरी सर्जनात्मक संवेदना के साथ रूपान्तरण करने का माद्दा बहुत कम निर्देशकों के पास होता है। इसलिए हर साहित्यकृति पर बनी फिल्में भी सफल नहीं होतीं। "बहुत से श्रेष्ठ साहित्य पर फिल्में बनीं, लेकिन गोदान, उसने कहा था, चित्रलेखा, एक चादर मैली सी जैसी कई फिल्मों को हम स्थूल और असफल फिल्में कहेंगे क्योंकि इनमें साहित्य तो है, पर उस साहित्य को समझने और फिल्म जैसे माध्यम में ढालने की गहरी सर्जनात्मक संवेदना नहीं है-वह गोविन्द निहलानी में है, बासु भट्टाचार्य में है, श्याम बेनेगल में है। किसी भी साहित्यिक रचना के भीतर पहुँचना और उसे रंगमंच और फिल्म या दूरदर्शन

मीडिया की माध्यमगत मौलिकता के साथ सम्प्रेषणीय बनाना एक 'पुनर्सर्जन' है" (*सिनेमा के सौ बरस*, लेख-गिरीश रस्तोगी, पृष्ठ 242)।

भारतीय सिनेमा ने अपने विकास के पहले चरण से अनेक कथाकारों और गीतकारों को अपनी ओर खींचा। हिन्दी साहित्यकारों में प्रेमचन्द, भगवतीचरण वर्मा, रामवृक्ष बेनीपुरी, अमृतलाल नागर, फणीश्वरनाथ रेणु, पाण्डेय बेचनशर्मा उग्र, उपेन्द्रनाथ अश्क, राही मासूम रज़ा, कमलेश्वर, मनोहर श्याम जोशी, सुरेन्द्र वर्मा, नरेन्द्र शर्मा, नीरज, प्रदीप, शैलेन्द्र, आदि ने बम्बईया सिनेमा की राह पकड़ी थी। राही मासूम रज़ा, कमलेश्वर को छोड़कर हिन्दी कथाकारों को वहाँ विशेष सफलता नहीं मिली और कथा की आत्मा मर जाने के डर से वे वापस भी आ गये। कथाकारों की तुलना में हिन्दी गीतकारों को अधिक सफलता मिली और हिन्दी गीतकारों से भी अधिक सफलता साहिर लुधियानवी से लेकर जावेद अख़्तर तक उर्दू गीतकारों को मिली और उन्होंने सिनेमा के बाजार में साहित्यिकता की रक्षा भी की। दरअसल सिनेमा के बाजार में कथा हो या गीत, सफलता और ज़्यादा से ज़्यादा पैसा कमाने की ताकत पर उनका मूल्य आँका जाता है। कथा महान और गीत उम्दा होने मात्र से सिनेमा का काम नहीं चलता। बम्बईया सिनेमा के प्रेमचन्द के व्यक्तिगत अनुभव के आधार पर यही कहा जा सकता है कि सिनेमा अपने कमाने के धंधे के सामने साहित्यकार के कद और साहित्य की ऊँचाई की परवाह नहीं करता। वह सब कुछ सफलता और पैसे के तराजू पर तौलता है। कमलेश्वर ने हिन्दी सिनेमा में अपने भाग्य को कोसने वाले कथाकारों की मानसिकता पर अचूक टिप्पणी करते हुए कहा है कि "हिन्दी लेखक की जो छवि बनी हुई है और उसके साथ अहंकार और तिरस्कार की जो त्रिशूलधारी तस्वीर मौजूद है, वह फिल्मी दुनिया में नहीं चल पाती। वह एक निहायत दूसरी तरह की ज़रूरतों की दुनिया है, जो आपके नाम और यश पर नहीं चलती। यह लेखक की सफलता पर चलती है। जिसके लिए फिल्म तकनीक की जानकारी बहुत ज़रूरी है। हमारे लेखक बंधु हमेशा शाश्वत साहित्य लिखते हैं, यहाँ लिखा हुआ हर दृश्य और शब्द नश्वर होता है। फिल्म लिखना एक क्राफ्ट है, कला नहीं" (*सिनेमा के सौ बरस*, पृ॰ 359)।

भारतीय फिल्मों के सामाजिक-राजनीतिक, धार्मिक, राष्ट्रीय औचित्य-अनौचित्य पर विचार करके अंकुश लगाने के लिए सेंसर बोर्ड है, लेकिन दुखद आश्चर्य यह है कि सौ वर्षों के इतिहास और विकास के बावजूद इनकी समीक्षा का कोई स्वस्थ रूप नहीं है। फिल्मों की समीक्षा अखबारों या फिर इधर-उधर की पत्रिकाओं के एकाध कॉलम तक सीमित है। फिल्म को विशेष सकारात्मक दिशा में मोड़ने के लिए इनकी गंभीर समीक्षा ज़रूरी है। हमारे बुद्धिजीवियों में फिल्मों के प्रति एक रूढ़ धारणा है, यही कि उन्हें गंभीरता से न लेने की। "यह

दुर्भाग्य है कि आज भी साहित्य और समाज से रंगमंच और फिल्म का गहरा सम्बन्ध नहीं बन पाया है। कोई भी मौलिक, सर्जनशील निर्देशक साहित्यकार की तरह ही बड़ा सर्जक है, बल्कि कई मोर्चों, मुद्दों, संकटों से वह ज़्यादा जूँझता है। फिल्म और रंगमंच जैसे माध्यमों के प्रति हिन्दी साहित्यकारों में जो दूरी है, अलगाव है वह घातक है। गंभीर संवेदनशील रचनाकारों और पत्रिकाओं को गंभीर फिल्मों और निर्देशकों के सर्जन पर संवाद की स्थिति बनानी चाहिए" (वही लेख डॉ॰ गिरीश रस्तोगी, पृष्ठ 244)।

समाज को साहित्य और सिनेमा दोनों की ज़रूरत है। पढ़े-लिखे लोगों को साहित्य चाहिए और सिनेमा भी। साधारण जनता मनोरंजन के लिए साहित्य से अधिक सिनेमा का भरोसा करती है। इसलिए उसे तो सिनेमा चाहिए ही। ज़रूरी यह है कि उसका स्तर सुधरे और समाज के लिए अधिक स्वास्थ्यप्रद हो।

सन्दर्भ

- *भारतीय सिनेमा: एक अनन्त यात्रा*–प्रसून सिन्हा, श्री नटराज प्रकाशन, दिल्ली, प्रथम संस्करण–2006।
- *सिनेमा के सौ बरस*–सं॰ मृत्युजंय, शिल्पायन प्रकाशन, दिल्ली, प्रथम संस्करण–2004।
- *बीसवीं सदीनु गुजरात सिनेमा* खंड।

12

भारतीय फिल्म संगीत में शास्त्रीय संगीत–गायन के विशेष संदर्भ में

सृष्टि माथुर

परिचयः 'संगीत' अर्थात 'सम्यक गीतम्', 'सम्' अर्थात 'सहित', 'गीत' अर्थात 'गान' यानि गान सहित अंगभूत क्रियाओं (नृत्य) के साथ किया हुआ गीत पूर्ण 'संगीत' कहलाता है। संगीत की उत्पत्ति के विषय में कई मत हैं, जैसे–संगीत की उत्पत्ति ब्रह्मा जी के द्वारा, शिवजी के द्वारा, पशु–पक्षियों के द्वारा तथा पाश्चात्य मनोवैज्ञानिक फ्रायड के मतानुसार[1] "संगीत की उत्पत्ति एक शिशु के समान मनोविज्ञान के आधार पर हुई। जिस प्रकार बालक रोना, चिल्लाना, हँसना आदि क्रियाएँ आवश्यकतानुसार सीख जाता है, उसी प्रकार मानव में संगीत का प्रादुर्भाव मनोविज्ञान के आधार पर स्वयं हुआ"। सामाजिक क्रियाकलापों, संस्कारों, खेत–खलिहानों, चौपालों, आदि में उन्मुक्त रूप से प्रयुक्त संगीत जो हमें मिट्टी की खुशबू व मानवीय उल्लास के निकट लाता है वह है–'लोक संगीत'। जब यही लोक संगीत शास्त्र की परिधि में बँध जाता है तो शास्त्रीय संगीत कहलाता है, जिसमें राग–रागनियों, स्वर ताल, गायकी, बढ़त, इत्यादि की अपनी ही एक शैली है, जिसके नियमों का पालन करते हुये शुद्ध रूप में प्रस्तुत करना होता है। मूलतः संगीत का आधार शास्त्रीय संगीत है। शास्त्रीय संगीत का प्रभाव हमारी भारतीय फिल्मों में भी प्रारम्भ से ही देखा गया है। फिल्मी संगीतकारों द्वारा शास्त्रीय रागों पर आधारित ऐसे अनेक गीतों की रचना की गई, जिनके कारण गीत न केवल चिरस्मरणीय बन पड़े हैं, बल्कि जनमानस के हृदय में शास्त्रीय संगीत के प्रति अभिरुचि जागृत करने में सहायक रहे हैं।

विषयवस्तुः "संगीत से पूर्व शास्त्रीय शब्द लग जाने से एक ही बात प्रकट होती है कि ऐसा संगीत, जो शास्त्र की दृष्टि से पूर्णतः निर्दोष तो हो, किन्तु

आन्तरिक लोकरंजन की दृष्टि से वह पर्याप्त सक्षम हो।[2] यदि शास्त्र संगीत के मूल्य उद्देश्य में बाधक होता है तो उसे तोड़कर भी संगीत की रंजन शक्ति की रक्षा की जानी चाहिये। दुर्भाग्य से मुग़ल काल से चला आता हुआ तथाकथित 'शास्त्रीय संगीत' शास्त्र की रक्षा में रंजकता को तिरस्कृत करता रहा है। नवीन प्रयोगों का प्रायः शास्त्रीय संगीतज्ञ स्वागत तो करते ही नहीं, उनकी भर्त्सना ही करते हैं। लोक की स्वीकृति व सहयोग पाकर फिल्मी संगीत ने बहुत हद तक इस प्रवृत्ति को हतप्रभ कर दिया है"।

चूँकि भारतीय फिल्म जगत में हिन्दी भाषी फिल्मों का प्रमुख रूप से योगदान है, अतः यह लेख भी हिन्दी फिल्मों में हिन्दुस्तानी शास्त्रीय संगीत के प्रयोग पर प्रकाश डालता है। लेख की शुरुआत भारतीय फिल्म जगत के संक्षिप्त इतिहास से शुरू करते हैं। दादा साहब फाल्के द्वारा निर्मित "राजा हरिश्चन्द्र" (1913) भारतीय सिनेमा की प्रथम मूक[3] फिल्म थी। 1930 के दशक तक भारतीय फिल्म उद्योग के द्वारा प्रति वर्ष करीब 200 फिल्में बनाई जाने लगीं। आर्देशिर ईरानी के द्वारा सन् 1931 में प्रथम सवाक् फिल्म "आलमआरा" बनी।[4] वैसे तो मूक चित्रपट बंगाल, महाराष्ट्र, पंजाब तथा मद्रास में सन् 1912-13 से ही निर्मित होने लगे थे किन्तु टॉकी युग के आरम्भ होने से एक नई शैली के संगीत की शुरुआत हुई, जिसे 'फिल्म संगीत' कहा जाने लगा। आरम्भ में शास्त्रीय संगीतकार ही फिल्म संगीत की रचना करते थे और प्रत्येक फिल्मी संगीतकार किसी न किसी संगीतिक घराने का शिष्य हुआ करता था। सर्वप्रथम फिल्मों में अभिनय करने वाले कलाकार स्वयं ही अपने गीत गाते थे जैसे–के॰एल॰ सहगल, पंकज मलिक, गोविन्द राव टैम्बे, विनायकराव पटवर्धन, अशोक कुमार, किशोर कुमार, नूरजहाँ, कानन बाला, उमा शशि, इत्यादि। ये सभी कलाकार शास्त्रीय संगीत में शिक्षा प्राप्त करते थे।[5] सन् 1942-43 से फिल्म संगीत में पार्श्व गायकों का ज़माना आया, जो आज तक कायम है। इनमें लता मंगेशकर, मन्ना डे, मुकेश, मोहम्मद रफी, सी॰एच॰ आत्मा, मीना कपूर, शारदा, जी॰एम॰ दुर्रानी, हेमन्त कुमार, तलत महमूद, किशोर कुमार, आशा भोंसले, ऊषा मंगेशकर, महेन्द्र कपूर, इत्यादि अग्रगण्य हुये।

हमारा भारतीय संगीत मैलोडी की धारा में बहता रहा है। हालांकि पाश्चात्य संगीत की हॉरमनी का प्रभाव भी हम पर बीच-बीच में पड़ता रहा है परन्तु वह स्थिर रूप में कायम न रहकर केवल एक नवीनता व चमत्कृति पैदा कर पुनः एक तरफ छिप जाता है या कभी-कभी बीच में अपना प्रभाव दिखाता रहता है। भारतीय संगीत का आधार मैलोडी है, जिसमें एक-एक स्वर को क्रमानुसार इस प्रकार रखा जाता है कि स्वर रचना चित्ताकर्षक बन सके। पाश्चात्य संगीत का आधार हॉरमनी है, जिसमें दो या अधिक स्वरों को साथ-साथ बजाकर रचना

की जाती है। मैलोडी हमारी आंतरिक भावनाओं को, जो कि हृदय से उत्पन्न होती हैं, स्पर्श व प्रभावित करती है। हृदय के भाव उत्पन्न करने में मैलोडी जितनी सक्षम है उतनी हॉरमनी नहीं। हृदय की कोमल भावनाओं को व्यक्त करने व दिमाग को सुकून, शीतलता व आलौकिक आनन्द प्रदान करने में समर्थ मैलोडी है जो कि हमारे शास्त्रीय संगीत का आधार है। इसी कारण भारतीय फिल्मों के जो गीत शास्त्रीय रागों का आधार लेकर रचे गये हैं, वे आज भी हमारे मन को आनन्दित कर जाते हैं। इसी कारण शास्त्रीय संगीत को हमारे फिल्म संगीत में बहुत महत्त्वपूर्ण स्थान प्राप्त हुआ है। फिल्मी संगीतकार हमारी शास्त्रीय बन्दिशों को सीधे व सरलतम रूप में और बिना अधिक परिवर्तन किये फिल्मों में प्रयुक्त करने लगे। उदाहरणार्थ–पंडित भातखण्डे जी की 'क्रमिक पुस्तक मालिका' में से राग गौड़ मल्हार का छोटा ख्याल 'गरजत बरसत भीजत आइला', राग कामोद में निबद्ध 'कारे जाने न दूंगी', उस्ताद अब्दुल करीम ख़ाँ की प्रसिद्ध ठुमरी 'कैसे आऊँ जमुना के तीर', स्वामी हरिदास की रचना 'सप्त सुरन तीन ग्राम, उनन्चास कोटि तान', इत्यादि ऐसी गीत रचनाएँ हैं, जिन्होंने शास्त्रीय संगीत की इन बन्दिशों को लोकप्रिय भी बनाया तथा ये आज भी गायी व गुनगुनायी जाती हैं।[6]

"शास्त्रीय रागों का प्रयोग फिल्मी गीतों में मुख्य रूप से दो प्रकार से हुआ। प्रथम, गीत किसी भी राग विशेष पर केवल आधारित हो या उसमें स्वरबद्ध हो, किन्तु शास्त्रीय गायकी की भाँति उसमें आलाप-तान आदि कठिन अंग न हों तथा बंदिश सीधी व सरल हो। कभी-कभी इन गीतों का स्वरूप इतना सरल रहता है कि साधारण श्रोता वर्ग इन गीतों का सम्बन्ध रागों से करता ही नहीं। इस श्रेणी के गीतों में कदाचित सबसे अधिक गीत भैरवी राग में होंगे। जैसे–'दो हंसों का जोड़ा बिछड़ गयो रे' ('गंगा जमुना'), 'ऐ मेरे दिल कहीं और चल' ('दाग़'), 'बोल राधा बोल' ('संगम') आदि। अन्य रागों में भी ऐसे उदाहरणों की कमी नहीं, जैसे 'आँसू भरी हैं ये जीवन की राहें' (राग यमन), 'उनसे आया न गया हमसे बुलाया न गया' (राग बागेश्री) तथा 'जाने कहाँ गये वो दिन' (राग शिवरंजनी) इत्यादि। दूसरी श्रेणी में वे गीत रखे जा सकते हैं, जिनमें यथासम्भव राग को उसके शुद्ध रूप में आलाप तान आदि से युक्त शास्त्रीय शैली में प्रस्तुत किया गया हो, जैसे 'जिया ले गयो रे मोरा साँवरिया' (फिल्म 'अनपढ़', राग-यमन), 'छम-छम नाचत आई बहार' (फिल्म 'छाया', राग-बहार) इत्यादि"।[7] "आज से दस-बारह वर्ष पूर्व फिल्मों में पाश्चात्य संगीत छाया हुआ था। उन दिनों पाश्चात्य संगीत के शोर से शास्त्रीय संगीत दब चुका था। वास्तव में देखा जाये तो पाश्चात्य संगीत पर आधारित गीतों का जीवनकाल भी बहुत कम था। 'नया नौ दिन पुराना सौ दिन' की लोकोक्ति के अनुसार आज कोई

भी 'लाल लाल गाल' के गीत की धुन सुनने को तैयार नहीं है, परन्तु फिल्म 'बैजू बावरा' के गीत 'मन तड़पत हरि दर्शन को आज' (राग मालकौंस) को आज भी पसन्द किया जाता है।"

फिल्मी शास्त्रीय रागों पर आधारित गीतों में भारतीय वाद्यों का प्रयोग भी बहुत कुशलता से किया गया है। वीणा, सितार, जलतरंग, तबला, हारमोनियम, शहनाई, इत्यादि का प्रयोग इन्हीं वाद्यों के महारथी प्रख्यात कलाकारों द्वारा किया गया। 'मधुबन में राधिका नाचे रे' गीत (फिल्म "कोहिनूर", राग-हमीर) पर आधारित तबला तरंग के सुन्दर प्रयोग को सुनने वाले अभी भी 'वाह' कर उठते हैं तथा फिल्म "गूँज उठी शहनाई" में शहनाई नवाज़ उस्ताद बिस्मिल्लाह ख़ाँ की शहनाई, फिल्म "तेरी सूरत मेरी आँखें" का गीत "नाचे मन मोरा मगन" में पंडित सामता प्रसाद का तबला, फिल्म "उमराव जान" में उस्ताद सुल्तान ख़ाँ की सारंगी, इत्यादि आज भी संगीत प्रेमियों में ताज़गी का अहसास भर देती है।

फिल्मी संगीत में शास्त्रीय संगीत को जटिल करने की बजाये सुगम व रसरंजक बनाकर प्रस्तुत किया जाता है, जिसमें शास्त्रीय बंधन व नियम जैसे क्रमवार राग की बढ़त, वादी-सम्वादी स्वरों पर बल, आलाप-तान, सरगम, गमक, कण, मींड, इत्यादि विशेषताओं में से सबको समाहित न करते हुये राग का आधार लेते हुये सीधी सरल बंदिश, सीन की मांग के अनुरूप वाद्यों का प्रयोग, छोटी-छोटी सरल सरगम या तानें, इत्यादि इस प्रकार सजाई जाती हैं कि पाँच या सात मिनट में श्रोता व दर्शक को राग के आनन्द के साथ शब्दों का तथा वाद्यों की मिठास का भी मिला जुला आनन्द इस प्रकार मिल सके कि वह रस मग्न होकर तृप्त हो जाये। कर्णप्रिय संगीत होने के साथ ही साथ फिल्मों में दृश्य भी होता है जिससे समूची तस्वीर जागृत होकर दृश्य व श्रव्य का इस प्रकार तालमेल बिठाती है कि शास्त्रीय रागों पर आधारित धुनें चिरकाल तक बनी रहती हैं व श्रोताओं पर अपनी छाप छोड़ते हुये शास्त्रीय संगीत को उन तक सहज रूप में पहुँचाने व उसके प्रति श्रोता वर्ग में रुझान पैदा करने का कार्य भी करती हैं।

पुरानी फिल्मों (60-70 के दशक की) के कुछ गीत जो कि विशुद्ध शास्त्रीय रागों में निबद्ध अथवा उन पर आधारित हैं, उनकी रागानुसार सूची[8] (श्री वेदमणि सिंह ठाकुर के लेख द्वारा उद्धृत) यहाँ दी जा रही है-

क्र.स.	राग	गीत	फिल्म
1.	भैरवी	'तू गंगा की मौज'	"बैजू बावरा"
		'सर पे कदम की छैयाँ'	"भक्त सूरदास"
		'जो तुम तोड़ो पिया' एवं 'मेरे ऐ दिल बता'	"झनक-झनक पायल बाजे"

क्र.स.	राग	गीत	फिल्म
		'फुलगेंदवा न मारो'	"दूज का चाँद"
		'न बजइहो श्याम'	"अलोर पिपासा"
		'ओ गोरी तोरी बाँकी'	"आधी रात के बाद"
		'सुन ले बापू ये पैगाम'	"बालक"
		'जोत से जोत जगाते चलो'	"सन्त ज्ञानेश्वर"
		'मेरे मन की गंगा'	"संगम"
		'बच्चे मन के सच्चे'	"दो कलियाँ"
		'गरीबों की सुनो'	"दस लाख"
		'मुझको इस रात की तन्हाई में'	"दिल भी तेरा हम भी तेरे"
		'छलिया मेरा नाम'	"छलिया"
		'मैं चली मैं चली' एवं 'लाल छड़ी मैदान'	"प्रोफेसर"
		'चाहे कोई मुझे जंगली कहे'	"जंगली"
		'इक तारा बोले'	"यादगार"
		'मेरे देश की धरती'	"उपकार"
		'दिल का खिलौना हाय टूट गया'	"गूँज उठी शहनाई"
		'नाचे मन मोरा'	"मेरी सूरत तेरी आँखें"
		'लागा चुनरी में दाग़'	"दिल ही तो है"
		'साँवरे जाओ साँवरे'	"अनुराधा"
		'दिल अपना और प्रीत पराई' एवं 'शीशा ऐ दिल इतना न उछालो'	"दिल अपना और प्रीत पराई"
		'होठों पे सच्चाई रहती है' एवं 'मेरा नाम राजू'	"जिस देश में गंगा बहती है"
		'सब कुछ सीखा हमने'	"अनाड़ी"
		'तुम्ही हो माता'	"मैं चुप रहूँगी"
		'मोरा रंग दे बसन्ती चोला' एवं 'पगड़ी सम्भाल जट्टा'	"शहीद"
		'राजा की आयेगी बारात'	"आह"
		'बरसात में हम से मिले तुम'	"बरसात"
		'जीना यहाँ मरना यहाँ एवं 'कहता है जोकर'	"मेरा नाम जोकर"
		'ये हरयाली और ये रास्ता'	"हरयाली और रास्ता"
		'अप्रैल फूल बनाया'	"अप्रैल फूल"

क्र.स.	राग	गीत	फिल्म
		'मेरा जूता है जापानी', 'प्यार हुआ इकरार हुआ' एवं 'रमैया वस्ता वैया'	"श्री 420"
		'जिस दिल में बसा था प्यार तेरा'	"सहेली"
2.	पीलू	'मैने रंग ली आज चुनरिया'	"दुल्हन एक रात की"
		'चन्दन का पलना रेशम की डोरी'	"शबाब"
		'कभी आर कभी पार'	"आर पार"
		'मोहे पनघट पे नन्दलाल'	"मुग़ले आज़म"
		'मत मारो श्याम पिचकारी'	"दुर्गेश नन्दिनी"
		'न मानू न मानू न मानू रे' एवं 'पी के घर आज'	"मदर इण्डिया"
		'ढूँढो ढूँढो रे साजना'	"गंगा जमुना"
3.	यमन कल्याण	'जियो तो ऐसे जियो'	"बहू-बेटी"
		'ज़िन्दगी भर नहीं भूलेगी' एवं 'न तो कारवाँ की'	"बरसात की रात"
		'सप्त सुरन तीन ग्राम'	"संगीत सम्राट तानसेन"
		'लगता नहीं है दिल मेरा'	"लाल किला"
		'ज़रा सी आहट होती है'	"हक़ीकत"
		'दिल जो भी कहेगा मानेंगे'	"दिल ही तो है"
		'मन रे तू काहे न धीर धरे'	"चित्रलेखा"
4.	दरबारी कान्हड़ा	'झनक झनक तोरी बाजे पायलिया'	"मेरे हुजूर"
		'अब मोरी विनती सुनो भगवान'	"ताज"
		'उड़जा भँवर माया कमल का'	"रानी रूपमती"
		'तोरा मन दर्पण कहलाये'	"काजल"
		'मुझे तुमसे कुछ भी न चाहिये'	"कन्हैया"
		'सरफ़रोशी की तमन्ना'	"शहीद"
		'ओ दुनिया के रखवाले'	"बैजू बावरा"
		'हम तुम से मुहब्बत करके'	"आवारा"
5.	केदार	'दर्शन दो घनश्याम'	"नरसी भगत"
		'बेकस पे करम कीजिये'	"मुग़ले आज़म"
		'मैं पागल मेरा मनुआँ पागल'	"आशियाना"
		'पंछी बावरा'	"भक्त सूरदास"
6.	शिव रंजनी	'ओ मेरे सनम'	"संगम"
		'पिया मिलन की आस रे'	"पिया मिलन की आस"
		'जाने कहाँ गये वो दिन'	"मेरा नाम जोकर"

क्र.स.	राग	गीत	फिल्म
		'मेरे नैना सावन–भादौं'	"महबूबा"
7.	सोहनी	'प्रेम जोगन बनके'	"मुग़ले आज़म"
		'झूमती चली हवा'	"संगीत सम्राट तानसेन"
		'जीवन ज्योत जले'	"गृहस्थी"
		'कुहू–कुहू बोले कोयलिया'	"स्वर्ण सुन्दरी"
8.	देस	'गोरी तोरे नैन'	"मै सुहागिन हूँ"
		'कदम चले आगे'	"भक्त सूरदास"
		'सैंयाँ जा–जा'	"झनक–झनक पायल बाजे"
		'आपको प्यार छुपाने की'	"नीला आकाश"
9.	ललित	'तू है मेरा प्रेम देवता'	"कल्पना"
		'कान्हा रे कान्हा'	"ट्रक ड्राइवर"
		'प्रीतम दरस दिखाओ	"चाचा ज़िन्दाबाद"
		'एक शहंशाह ने'	"लीडर"
10.	मेघ मल्हार	'मेरा मन झूले रे'	"महासती अनुसूया"
		'बरसो रे कारे बादरवा'	"तानसेन"
		'घनन–घनन घन गरजो रे'	"बैजू बावरा"
		'डर लागे गरजे बदरिया'	"राम राज्य"
11.	बागेश्री	'आ जा पिया, मोहे निंदिया'	"अलोर पिपासा"
		'जाग दर्द–इश्क जाग'	"अनारकली"
		'राधा ना बोले, ना बोले रे'	"आज़ाद"
		'डगर चलत छलके'	"एक राज"
12.	मालकौंस	'मन तड़पत हरि दर्शन को आज'	"बैजू बावरा"
		'वृन्दावन की कुंज गलिन में'	"गवैया"
		'सावन की रात कारी–कारी'	"मेहरबान"
		'अँखियन संग अँखियाँ लागी'	"अज्ञात"
		'जाने बहार हुस्न तेरा'	"प्रीत न जाने रीत"
13.	बसंत बहार	'मन की बीन मतवारी'	"शवाब"
		'छम–छम नाचत'	"छाया"
		'केतकी गुलाब जूही'	"बसंत बहार"
14.	शहाना	'घायल हिरनिया'	"मुनीम जी"
15.	भीमपलासी	'रैन भई, सो जारे पंछी'	"रामराज्य"
		'नैनों में बदरा छाये'	"मेरा साया"
		'मेघा छाए आधी रात'	"शर्मीली"
		'ए री, मैं तो प्रेम–दिवानी'	"नौ–बहार"

क्र.स.	राग	गीत	फिल्म
16.	बिंद्रावनी सारंग	'दिरदिर तानुम तन देरेना'	"कीचकवध"
		'आ लौटके आ जा', 'झननननन-झननननन बाजे' एवं 'आ जा, आ जा भँवर'	"रानी रूपमती"
		'सावन आए या न आए'	"दिल दिया, दर्द लिया"
17.	खमाज	'ना जइयो राधे'	"सौ साल बाद"
		'पिया बिन नहीं आवत चैन'	"पतिव्रता"
		'अबके सावन घर आ जा'	"झनक-झनक पायल बाजे"
18.	तोड़ी	'मोसे रूठ गयो'	"विद्यापति"
		'हर नई किरन के साथ'	"संत ज्ञानेश्वर"
		'रैना बीती जाये'	"अमर प्रेम"
19.	कलावती	'काहे तरसाये'	"चित्रलेखा"
		'कभी तो मिलोगे'	"सती सावित्री"
		'हाए रे वो दिन क्यूँ	"अनुराधा"
		'कोई सागर दिल को'	"दिल दिया दर्द लिया"
20.	यमन	'जिया ले गयो री मोरा'	"अनपढ़"
		'जय-जय-जय जगदंबे माता'	"गंगा की लहरें"
		'आँसू भरी हैं ये'	"परवरिश"
		'चंदन सा बदन'	"सरस्वतीचंद्र"
21.	तिलंग	'सजन संग काहे'	"मैं नशे में हूँ"
		'लगन तोसे लागी'	"देख कबीरा रोया"
22.	अड़ाना	'झनक-झनक पायल बाजे'	"झनक-झनक पायल बाजे"
		'मनमोहन मन में'	"कैसे कहूँ"
23.	बहार	'पवन दीवानी'	"डा॰ विद्या"
		'बाग लगा दूँ सजनी'	"तानसेन"
24.	आसावरी	'जान सके तो जान'	"शेरू"
		'मेरी याद में तुम ना' एवं 'मुझे तो परमेश्वर मिल'	"मदहोश"
25.	जौनपुरी	'दीम्त दीम्त दीम्तदीम्तन देरेना'	"शिव भक्त"
26.	मियाँमल्हार	'महम्मद शा रंगीले'	"जबसे तुम्हें देखा है"
		'ना बरसो बादल'	"पृथ्वीराज चौहान"
		'कैसे भाए सखी' एवं 'बोले रे पपीयरा'	"गुड्डी"
27.	सिंध भैरवी	'अजहूँ' न आये बलमा'	"साँझ और सवेरा"
28.	भूप कल्याण	'अबके बरस ये बहार'	"सौ साल बाद"

क्र.स.	राग	गीत	फिल्म
		या शुद्ध कल्याण	
		'रसिक बलमा'	"चोरी-चोरी"
29.	हमीर	'मधुवन में राधिका नाचे रे'	"कोहिनूर"
30.	जयजयवंती	'मनमोहना बड़े झूठे'	"सीमा"
		'आँखें कह गई दिल की बात'	"आँखें"
31.	शुद्ध सारंग	'लागे तोसे नैन'	"चाँदी की दीवार"
32.	नट बिहाग	'झनझन-झनझन पायल बाजे'	"बुजदिल"
33.	बिहाग	'तेरे सुर और मेरे गीत'	"गूँज उठी शहनाई"
34.	मारूबिहाग	'तुम तो प्यार हो सजना'	"सेहरा"
35.	भूपाली	'ज्योति कलश छलके'	"भाभी की चूड़ियाँ"
		'नील गगन की छांव में'	"आम्रपाली"
36.	भैरव	'दिल एक मन्दिर है'	"दिल एक मन्दिर"
		'मोहे भूल गये साँवरिया'	"बैजू बावरा"
37.	अहीर भैरव	'पूछो न कैसे मैने रैन बिताई'	"मेरी सूरत तेरी आँखें"
38.	यमनी बिलावल	'जाओ रे जोगी तुम'	"आम्रपाली"
39.	हंसध्वनि	'जा तोसे नहीं बोलूँ कन्हैया'	"परिवार"
40.	छायानट	'तेरे नैना तलाश करें'	"तलाश"
41.	रामकली	'देखो बिजली डोले बिन बादल के'	"अज्ञात"
42.	गौड़मल्हार	'गरजत बरसत सावन आयो रे'	"बरसात की रात"
43.	काफी	'होरी खेलत नंदलाल'	"गोदान"
		'कैसे कहूँ जी की बात'	"अज्ञात"
		'बालम आय बसो मोरे'	"देवदास"
44.	मालगुंजी	'नैन सों नैन नाहीं'	"झनक-झनक पायल बाजे"
		'बेदर्दी दगाबाज जा'	"ब्लफ मास्टर"
45.	शंकरा	'रूमझुम-रूमझुम चाल तिहारी'	"तानसेन"
46.	देसी	'आज गावत मन मेरो झूमके'	"बैजू बावरा"
47.	प्रभाती	'पार लगा दे मेरे जीवन की नैया'	"चंदन का पलना"
48.	पहाड़ी	'दीवाना तुमसा'	"तीसरी मंज़िल"
		'चौदहवीं का चाँद हो'	"चौदहवीं का चाँद"
		'सुन मेरे सजना'	"गूँज उठी शहनाई"
		'इन हवाओं में'	"गुमराह"
49.	मधुवंती	'झूम-झूमके बजाओ'	"पूजा"
50.	मारवा	'पायलिया बावरी बाजे'	"साज़ और आवाज़"

क्र.स.	राग	गीत	फिल्म
51.	भंखार	'सुध बिसर गई आज'	"संगीत सम्राट तानसेन"
52.	पटदीप व मधुवंती	'साज़ हो तुम आवाज़ हूँ में'	"साज़ और आवाज़"
53.	खमाजी बहार	'सकल वन गगन पवन चलत'	"ममता"
54.	दरबारी-पटदीप	'राधिके तूने बंसरी चुराई'	"खानदान"
55.	नायकी कान्हड़ा	'कल नहीं पाये जिया'	"छोटी सी मुलाकात"
56.	मल्हार	'बरसो रे बरसो रे'	"तानसेन"
57.	दुर्गा	'गीत गाया पत्थरों ने'	"गीत गाया पत्थरों ने"
58.	मुल्तानी	'दया करो गिरधर गोपाल'	"शबाब"
59.	कामोद	'ऐ री जाने न दूँगी'	"चित्रलेखा"
60.	तिलक श्याम	'जाने कैसे सपनों में'	"अनुराधा"

उपसंहार: फिल्मी गीतों को इस प्रकार शास्त्रीय रागों में ढालने के कारण एक ओर तो आम जनमानस में शास्त्रीय रागों व संगीत के प्रति जिज्ञासा व अभिरुचि बढ़ी, वहीं दूसरी ओर स्वत: ही शास्त्रीय संगीत लोकप्रिय भी हुआ क्योंकि रागों को सरल रूप में व सुगम शब्दों की सहायता से प्रस्तुत किया गया। इनमें रंजकता व सुगमता का विशेष ध्यान रखा गया जिस कारण यह ताज़गी के अहसास से परिपूर्ण थे।

हमारी सांस्कृतिक जड़ें इतनी गहरी व मज़बूत हैं कि हमारे हर सामाजिक संस्कार हमारी विरासत में लिपटे हुये हैं और उनको सम्भालते हुये व पोषित करते हुये निरन्तर आगे बढ़ रहे हैं तो फिर संगीत भला कैसे पीछे रह सकता है? संगीत हमारी संस्कृति व परम्पराओं का वह आइना है जो हमें हमारे इतिहास से निरन्तर परिचय कराता रहता है। समय के साथ फिल्मी गीतों में प्रयोगवादिता के आधार पर पाश्चात्य 'फ्यूज़न', आदि का प्रयोग नवीनता व चमत्कृति पैदा करने के लिये अवश्य हुआ परन्तु शास्त्रीय व लोकसंगीत पर आधारित फिल्मी गीत निश्चय ही सदाबहार बने रहते हैं व स्मृति पटल से धूमिल नहीं हो पाते। आम जनमानस शास्त्रीय संगीत से दूर इसलिये भी है क्योंकि वह इसके नियमों व बन्धनों के विषय में अवगत नहीं है। फिल्मी संगीतकारों ने इन नियमों को शिथिल करके व रंजकता को आगे रख गीतों के माध्यम से शास्त्रीय संगीत को इस प्रकार प्रस्तुत किया है कि वह रेगिस्तान में फुहारों का सा अहसास दिला

देते हैं। आज कई संगीतकार 'फ्यूज़न' के द्वारा भारतीय शास्त्रीय संगीत का आधार लेकर गीतों की रचना कर रहे हैं साथ ही शास्त्रीय संगीत के कई सिद्धहस्त कलाकार भी फिल्म संगीत में अपना योगदान दे रहे हैं। आज भी पार्श्व गायक व वादक शास्त्रीय संगीत की तालीम लेकर ही अपनी कला के जौहर का प्रदर्शन करते हैं क्योंकि शास्त्रीय संगीत ऐसा आधार है जिसकी तालीम व रियाज़ के बिना गायक का गला तैयार नहीं हो सकता। कई बार यह भी प्रश्न उठता है कि संगीत तो ईश्वरीय देन है, जिसे नसीब हो गई उसे सीखने की आवश्यकता ही कहाँ? परन्तु इसके साथ ही यह भी उतना ही सत्य है कि विधिवत तालीम लेने से ही दिल–दिमाग़ खुलता है और संगीत की बारीकियों का ज्ञान भी होता है, जिससे अगर आगे चलकर फिल्मों में भी पार्श्व गायन करना हो तो गायक अपनी शिक्षा का प्रयोग विभिन्न पक्षों पर भली–भाँति कर सकता है। फिल्म संगीत की भारतीय संगीत के क्षेत्र में हमेशा से ही अहम भूमिका रही है। अगर यह संगीत शास्त्रीयता से परिपूर्ण हो तो यह हमारी संस्कृति की रक्षा के साथ ही कला का पोषण व रक्षण करने में सक्षम होगा।

संदर्भ-ग्रन्थ

1. *संगीत विशारद*, 24वाँ संस्करण, जनवरी 2002, पृष्ठ 13।
2. *निबन्ध संगीत*, तृतीय संस्करण, मार्च 2003।
   शास्त्रीय संगीत और फिल्म संगीत'–डॉ॰ मुकेश गर्ग, पृष्ठ 115।
3. http:èèen.wikipedia.orgèwikièBollywood, Contents History First Para.
4. *संगीत विशारद*, 24वाँ संस्करण, जनवरी 2002।
   फिल्म संगीत की ऐतिहासिक परम्परा और उसके घराने, पृष्ठ 630।
5. *संगीत विशारद*, 24वाँ संस्करण, जनवरी 2002।
   फिल्म संगीत की ऐतिहासिक परम्परा और उसके घराने, पृष्ठ 632।
6. *संगीत–फिल्मी शास्त्रीय गीत* अंक–जनवरी 1973, *फिल्मों में शास्त्रीय गीत: एक विहंगावलोकन*–कैलाश पंकज श्रीवास्तव, पृष्ठ 10–11।
7. *संगीत–फिल्मी शास्त्रीय गीत अंक*, जनवरी 1973–देवकीनंदन धवन, पृष्ठ 9।
8. *संगीत–फिल्मी शास्त्रीय गीत अंक*, जनवरी 1973, *फिल्मों में शास्त्रीय संगीत*–वेदमणिसिंह ठाकुर, पृष्ठ 15–19।

13

वैश्वीकरण की अवधारणा, प्रक्रिया और मूल्यबोध

(संदर्भ : बॉलीवुड और हॉलीवुड)

अश्विनी कुमार शुक्ल

चुपके से हम सब, बगिया में घुस जाएंगे,
छापामार युद्ध परिवार को सिखाएंगे,
आतंकवादियों की तरह।
अपनी बेशर्मी का झंडा फहराएंगे।
राष्ट्रगीत की बजाय फिल्मी गीत गाएंगे।
अपना स्वतंत्रता दिवस मस्ती से मनाएंगे।[1]

ऊँची-ऊँची गगनचुंबी इमारतों में रहने वाले बौने होते आदमी की दास्तान ऊपर उद्धृत काव्यांश के भाव से मेल खाती है। भारत जब भारतवर्ष हुआ करता था तो "वसुधैव कुटुंबकम्" की राह पर चलते हुए सकल विश्व को अपना बनाए हुए था, किंतु वही भारतवर्ष आज इण्डिया बनकर विकसित शक्तियों का अनुगामी बना हुआ दूसरों के अपरिपक्व सिद्धांतों पर अमल करके अपने आपको गौरवान्वित और धन्य समझता रहता है। इतिहास गवाह है कि पश्चिम ने सदैव मूल्यों से ज़्यादा धन को महत्त्व दिया है–"यवनों और भारतीयों की क्षतिपूर्ति में विशेष अंतर है। पाश्चात्य जिस अपमान को अर्थ की संख्या में आँकते हैं, पौरस्त्य उसको रक्त और मज्जा से मापते हैं। इस संतोलन में तो बड़ा वैषम्य है हैलिओदोर! अच्छा होता यदि यवन अपना मानदंड अपनी विपणियों तक ही परिमित रखते।"[2] यह वार्तालाप आज से लगभग 2150 वर्ष पूर्व मगध साम्राज्य और तक्षशिला के यवन दूत के बीच विदिशा में हुआ था। विदिशा स्थित गरुड़ध्वज रूपी कीर्ति-स्तंभ इस घटना का जीता-जागता प्रमाण है।

वैश्वीकरण बड़ा रोचक शब्द है, यह बना तो विश्व से है किन्तु इसका तालमेल वैश्य से सही बैठता है। शब्दों की सत्ता ही कुछ ऐसी होती है कि कुछ का कुछ अर्थ निकलने लगता है। **शब्द अपनी गवाही देंगे। मगर उसके/जो उनके पीछे तक देखता है**[3] की तर्ज पर वैश्वीकरण का अर्थ और इतिहास दोनों ही रोचक हैं। वैश्वीकरण की प्रक्रिया स्थान/क्षेत्र/राष्ट्र की सीमाओं को तोड़कर वस्तुओं/घटनाओं का रूपांतरण विश्व स्तर पर करती है अर्थात् यह ऐसी प्रक्रिया है, जिसके द्वारा पूरे विश्व के लोग मिलकर एक समाज बनाते हैं तथा एक साथ कार्य करते हैं। वैश्वीकरण की प्रक्रिया आर्थिक के साथ-साथ तकनीकी, सामाजिक, सांस्कृतिक और राजनीतिक (यहाँ तक कि धार्मिक) ताकतों का एक संयोजन है। वैश्वीकरण का उपयोग प्रायः आर्थिक-वाणिज्यिक गतिविधियों के संदर्भ में किया जाता है। व्यापार, विदेशी प्रत्यक्ष निवेश, पूँजी-प्रवाह, प्रवास, शिक्षा और प्रौद्योगिकी के प्रसार के माध्यम से राष्ट्रीय अर्थव्यवस्था का अंतर्राष्ट्रीयकरण होता है। आरंभ में (1960 ई॰ के आसपास) **वैश्वीकरण** शब्द का उपयोग सामाजिक विज्ञान में किया जाता था, लेकिन 1980 ई॰ के दशक के उत्तरार्द्ध और 1990 ई॰ तक, अर्थशास्त्रियों की कोशिशों के बावजूद, इसकी अवधारणा लोकप्रिय नहीं हुई। उद्यमी से राजनीतिज्ञ-मंत्री बने चार्ल्स तेज़ रसेल (Charles Taze Russell) नामक एक अमेरिकी ने वैश्वीकरण की सबसे पुरानी सैद्धांतिक अवधारणाओं के द्वारा 1897 ई॰ में **कॉर्पोरेट दिग्गजों** शब्द की रचना की।

वैश्वीकरण की प्रक्रिया मानव जनसंख्या (Human population) और सभ्यता (Civilization) के विकास पर नज़र रखती है, इसीलिए इसके प्रारंभिक रूप सिंधु घाटी सहित रोमन, पार्थियन (Parthian) सभ्यताओं और हान राजवंश (Han Dynasty) के समय में पाए जाते थे, जब चीन में शुरू हुआ रेशम मार्ग पार्थियन साम्राज्य की सीमा तक पहुँचकर रोम की ओर बढ़ गया। अगले चरण में मुस्लिम अन्वेषकों और व्यापारियों ने पुरानी दुनिया में प्रारंभिक विश्व अर्थव्यवस्था (Global economy) की स्थापना की, जिसके परिणामस्वरूप फसलों के व्यापार, ज्ञान और प्रौद्योगिकी का वैश्वीकरण (Globalization) हुआ। 17वीं शताब्दी के आरंभ से पहले वैश्वीकरण की शुरुआत आज के संदर्भों में, स्पेन और विशेष रूप से पुर्तगाल में हुई। पुर्तगाल का वैश्विक विस्तार एक बड़े पैमाने पर महाद्वीपों, अर्थव्यवस्थाओं और संस्कृतियों से जुड़ा है, जो अफ्रीका के अधिकांश तटों और भारतीय क्षेत्रों के साथ अधिक है। विश्व व्यापार (Global trade) से उपनिवेशवाद (Colonization) और सांस्कृतिकग्राह्यता (Enculturation) दुनिया के सभी कोनों तक पहुँच गई। 16वीं और 17वीं शताब्दियों में यूरोपीय व्यापार के प्रसार

के माध्यम से वैश्विक विस्तार जारी रहा और पुर्तगाली (Portuguese) तथा स्पैनिश (Spanish) प्रभाव अमेरिकी महाद्वीपों तक पहुँच गया और अंतत: फ्रांस व ब्रिटेन भी विस्तारवादियों की राह पर चल पड़े।

डच ईस्ट इंडिया कंपनी (Dutch East India Company), जो अक्सर पहला बहुराष्ट्रीय निगम कहलाती है, की स्थापना के साथ 17वीं शताब्दी से भारत भी विस्तारीकरण की नीति का निशाना बन गया। डच ईस्ट इंडिया कंपनी दुनिया की पहली कंपनी बन गई, जिसने भंडार (Stock) के जारी शेयरों (Shares) के माध्यम से कंपनियों के जोखिम और संयुक्त स्वामित्व की हिस्सेदारी की। हिस्सेदारी का वही तरीका आज के वैश्वीकरण का महत्त्वपूर्ण आधार है। वैश्वीकरण का पहला दौर 1930 ई॰ के आसपास की महामंदी से समाप्त हुआ माना जाता है। दूसरे विश्वयुद्ध के बाद वैश्वीकरण का नया दौर शुरू हुआ और वैश्वीकरण मुख्य रूप से अर्थशास्त्रियों, व्यापारिक हितों और राजनीतिज्ञों के नियोजन का परिणाम बन गया, जिससे संरक्षणवाद (protectionism) और अंतर्राष्ट्रीय आर्थिक एकीकरण में गिरावट के मूल्य को पहचाना गया। ब्रेटन वुड सम्मेलन (Bretton Woods Conference) और इस दौरान स्थापित हुई अंतर्राष्ट्रीय संस्थाओं ने वैश्वीकरण की नवीनीकृत प्रक्रिया का निरीक्षण, इसको बढ़ावा और इसके विपरीत प्रभावों का प्रबंधन किया। इन संस्थाओं में पुनर्निर्माण और विकास के लिए अंतर्राष्ट्रीय बैंक (विश्व बैंक) और अंतर्राष्ट्रीय मुद्राकोष (International Monetary Fund) शामिल हैं। तकनीक के आधुनिकीकरण के कारण बड़ी सुविधा हुई, जिससे व्यापार और व्यापार वार्ता दौर की लागत कम हो गई। फलत: मूल रूप से शुल्क तथा व्यापार पर सामान्य समझौते (General Agreement on Tariffs and Trade) (GATT) के तत्वावधान के चलते ऐसा हुआ है, जिससे कई समझौतों में मुक्त व्यापार (Free Trade) पर से प्रतिबंध हटा दिया गया।

अंतर्राष्ट्रीय व्यापार अवरोधों में अंतर्राष्ट्रीय समझौतों, आदि के माध्यम से लगातार कमी आई है। शुल्क तथा व्यापार पर सामान्य समझौते (GATT) के परिणामस्वरूप कई विशेष पहल की गईं और इसमें विश्व व्यापार संगठन (W.T.O.), जिसके लिए शुल्क तथा व्यापार पर सामान्य समझौते (GATT) आधार हैं, शामिल हैं। इन सबसे मुक्त व्यापार का संवर्धन हुआ, जिनमें शुल्क (Tariff) में कमी या सम्पत्ति, कम या शून्य के साथ मुक्त व्यापार क्षेत्र (Free trade zone) का निर्माण, विशेष रूप से समुद्र नौवहन के लिए डिब्बाबंदीकरण (containerization) के विकास के परिणामस्वरूप होने वाले परिवहन मूल्य में कमी, पूँजी नियंत्रण (Capital controls) में कमी या कटौती, स्थानीय व्यवसाय के लिए छूट (Subsidies) में कटौती, उन्मूलन या सम्मिश्रण, आदि

शामिल हैं। उरूग्वे वार्ता (Uruguay Round) (1984 से 1995 तक) में एक संधि हुई, जिसके अनुसार विश्व व्यापार संगठन व्यापारिक विवादों में मध्यस्थता करेगा और व्यापार के लिए एक एकीकृत मंच उपलब्ध कराएगा। अन्य द्विपक्षीय और बहुपक्षीय व्यापार समझौते, जिनमें मास्ट्रिच संधि (Maastricht Treaty) और उत्तरी अमेरिका मुक्त व्यापार समझौते (North American Free Trade Agreement) शामिल हैं, का लक्ष्य भी व्यापार के अवरोधों और मूल्यों को कम करना है। परिणामस्वरूप विश्व निर्यात में हुई वृद्धि से जो विश्व सकल उत्पाद (Gross Product) 1970 में 8.5 प्रतिशत था, 2001 में बढ़कर 16.1 प्रतिशत हो गया। नोम चॉम्स्की (Noam Chomsky) का कथन कि वैश्वीकरण के कई पहलू हैं, जो दुनिया को कई प्रकार से प्रभावित करते हैं, वर्तमान वैश्विक परिदृश्य पर उपयुक्त बैठता है।

वैश्वीकरण ने दुनिया भर में संस्कृतियों और मूल्यों, विशेषकर पारंपरिक मूल्यों पर व्यापक प्रभाव डाला। भौतिकवादी सोच ने सारे मूल्य उलट-पुलट डाले हैं। आइए इस संबंध में कुछ झलकियाँ देखते हैं–

1. एक भीड़ भरी ट्रेन के सामान्य श्रेणी के डिब्बे में अनेक संभ्रांत व्यक्तियों, महिलाओं और बालिकाओं के बीच एक सीट पर एक किशोर दूसरे की गोद पर बैठा हुआ है और दोनों अश्लील हरकतें किए जा रहे हैं। मना करने पर वे बदतमीजी पर उतर आते हैं ओर शिक्षा देने लगते हैं कि देखने वालों की नज़रों में दोष है।
2. फिल्मी दृश्यों को सच मानकर एक किशोर और एक किशोरी एक विश्वविद्यालय के परिसर में शर्म-सदाचार को तिलांजलि देकर प्रेमालाप कर रहे हैं। अनेक छात्र-छात्राएँ बिना रोक-टोक मोबाइल पर बातचीत कर रहे हैं अथवा संगीत बजा रहे हैं।
3. एक छोटा सा बच्चा अपने परिवार के साथ टेलीविजन पर एक विज्ञापन देखकर बाल-सुलभ जिज्ञासावश अपनी माँ से पूछता है कि "मॉर्निंग पिल्स" क्या होती है?
4. एक सज्जन को नौकरी मिली। संबंधित विभाग में प्रभार-ग्रहण के समय बड़ी शान से बताते फिर रहे थे कि ऊपर तक पहुँच के कारण उन्हें कुछ लाख कम देने पड़े हैं।
5. दो युवक आपस में बात कर रहे थे। एक ने दूसरे से पूछा कि वह सेना में क्यों नहीं जाना चाहता है? दूसरे ने उत्तर दिया कि वह चंद टुकड़ों के लिए अपनी जान जोखिम में नहीं डालना चाहता।

ये तो चंद झलकियाँ हैं। सन् 1945 ई० के बाद के साहित्य (विशेषकर कथा-कविता की विधाओं) में विभिन्न मूल्यों में बदलाव और ह्रास का सजीव

चित्रण किया गया है। जीवन मूल्य और पारंपरिक मूल्य दोनों पर पड़े वैश्वीकरण के प्रभावों को स्पष्ट तौर पर देखा जा सकता है।

सच तो यह है कि साहित्य के माध्यम से जो बदलाव बहुत मंद गति से होता है, फिल्म-सिनेमा और संचार माध्यमों के द्वारा वह द्रुत गति से होता है। वैश्वीकरण के प्रसार के सबसे बड़े साधन आधुनिक संचार माध्यम हैं। इन्हीं संचार माध्यमों के कारण हॉलीवुड का संबंध बॉलीवुड से हो गया और बॉलीवुड ने भारतीय संस्कृति एवं मूल्यों में पलीता लगाकर भारतीय भाषा-बोलियों, रहन-सहन, वेश-भूषा, आचार-विचार, खान-पान, ज्ञान-विज्ञान, आदि के साथ-साथ समग्रतः संचार माध्यमों एवं साहित्य को बहुत गहरे तक प्रभावित किया है। यूरोपीय औद्योगिक विकास, रूस का सोवियत संघ बनना और फिर मिखाइल गोर्बाचोव के ग्लॉस्नोस्त (Glasnost) (T^aCHOCTb) (अर्थात सूचना की स्वतंत्रता के साथ सरकारी संस्थाओं को क्रियाकलापों का अधिकतम प्रकाशन, उनमें खुलापन और पारदर्शिता) तथा पेरेस्त्रोइका (Perestroika) (TIepavtpoNka) (अर्थात राजनैतिक और आर्थिक सुधार) के कारण पुनः रूस बन जाना तथा जापान-संयुक्त राज्य अमेरिका की अर्थव्यवस्थाएँ समग्र बदलाव के अन्य कारण हैं। कुल मिलाकर एक ऐसा दुश्चक्र बन गया है, जो अब तोड़ने से भी नहीं टूट रहा है। आइए, हम इसे एक रेखीय चित्र के माध्यम से देखते हैं–

निष्कर्षतः, भारत ही नहीं समस्त विश्व के देश वैश्वीकरण के हानि-लाभों से प्रभावित हो रहे हैं। एक ओर यदि विश्व समाज का निर्माण होने से

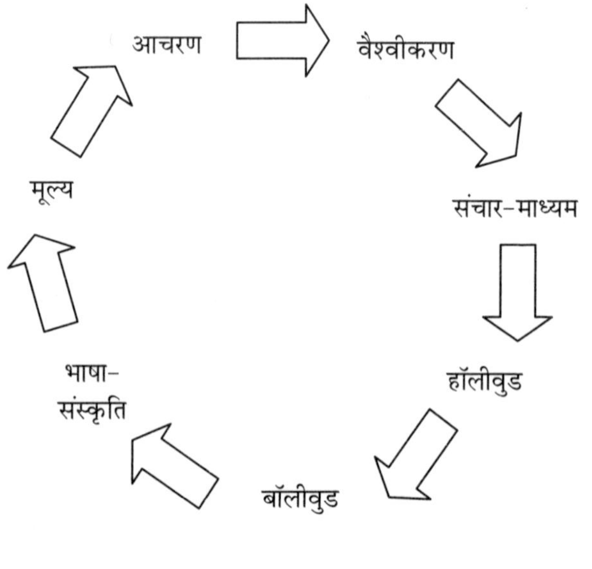

शिक्षा-सुविधाओं के विश्वव्यापी अवसर उपलब्ध हो रहे हैं और संपूर्ण मानव जाति भौतिकता के प्रति अतिशयतापूर्ण ढंग से आसक्त होती जा रही है तो, वहीं दूसरी ओर अनेक विसंगतियों-विरोधाभासों का जन्म भी हो रहा है। अनैतिकता, भ्रष्टाचार, अनाचार, आचरणहीनता, बेइमानी, सीनाजोरी, आदि का बोलबाला प्रत्येक क्षेत्र में निर्बाध रूप से बढ़ता जा रहा है। रिश्वतखोरी एक रस्म बनती जा रही है। विकसित देशों द्वारा अपने देश भारत सहित विकासशील और अविकसित देशों को प्रयोगशाला बना डाला गया है, जिसके फलस्वरूप अनेक गरीब, बेरोज़गार एवं किसान आत्महत्या के लिए विवश हो रहे हैं। संवेदनहीनता, क्रूरता और निर्दयता बढ़ती ही जा रही है। धार्मिक कट्टरता व आर्थिक वैषम्य के कारण आतंकवादी व नक्सली गतिविधियों में बेतहाशा वृद्धि हो रही है और वैश्वीकरण के पास इनका कोई समुचित निदान नहीं है।

संदर्भ-ग्रन्थ

1. चंद्रिकाप्रसाद सक्सेना "कीर्ति": बेशरम (28), पृ॰ 63।
2. भगवतशरण उपाध्याय: *गरुड़ध्वज "निबंध निकष"*: सं॰-डॉ॰ पुनीत बिसारिया, पृ॰ 78।
3. भवानीप्रसाद मिश्र: *अंधेरी कविताएँ, "शरीर और फ़सलें, कविता और फूल"* पृ॰ 11।

14

फिल्में और हम

दया दीक्षित

महान कथाकार एवं उपन्यासकार मुंशी प्रेमचन्द ने कभी फिल्मों की ओर रुख किया था। उन्होंने वहाँ जाकर जो अनुभव किया था, वह आज भी प्रासंगिक है। वे कहते हैं कि "साहित्य ऊँचे भाव, पवित्र भाव अथवा सुन्दरम् को सामने लाता है। पारसी ड्रामे, होली और कजली, बारहमासी, चित्रपट आदि साहित्य नहीं हैं, क्योंकि इन्हें सुरुचि से कोई प्रयोजन नहीं है। सिनेमा में वही तमाशे खूब चलते हैं, जिनमें निम्न भावनाओं की विशेष तृप्ति हो। साहित्य दूध होने का दावेदार है, सिनेमा ताड़ी या शराब की भूख को शान्त करता है। साहित्य जन-रुचि का पथ-प्रदर्शक होता है, उसका अनुगामी नहीं। सिनेमा जन-रुचि के पीछे चलता है। डायरेक्टर ऊँचे भावों से भरी फिल्म बनाकर हानि उठाता है, लेकिन जब वह बाज़ारू ढंग की फिल्म बनाता है, तो उसे खूब मुनाफ़ा होता है। साहित्य और सिनेमा का मेल कठिन है। हिन्दी के कई साहित्यकार सिनेमा की उपासना में लगे हैं। देखना है कि सिनेमा इन्हें बदल देता है या ये सिनेमा की कायापलट कर देते हैं" (*लमही जुलाई-सितम्बर 2010* प्रधान संपादक–विजय राय)।

प्रेमचंद का यह कथन उनके समय से लेकर आज तक प्रासंगिक है। कारण, उस समय भी अच्छी-बुरी या हल्की और उत्कृष्ट फिल्में बन रहीं थीं, आज भी स्थिति ऐसी ही है। हाँ बीच के कालखंड ने पूरी तरह से फिल्मों को एक खास दिशा में प्रवृत्त कर दिया था, उसके बाद स्थिति लगातार बद से बदतर होती चली गई, भारतीय हिंदी सिनेमा की इस गिरावट के साथ-साथ वीडियो, दूरदर्शन, चैनल, सी॰डी॰, डी॰वी॰डी॰, वी॰सी॰डी॰ के चलते यह दिन भी आ गए कि बड़े-बड़े सुप्रसिद्ध छविगृह 'मॉल' या 'मल्टीप्लैक्स' या 'मेगामार्ट' में तब्दील हो गए....। ...इधर एक लंबे अर्से बाद यानि सन् 2000 से फिल्मों के स्तर में

कुछ सुधार हुआ है, किंतु इसके विस्तार में जाने से पहले क्यों न एक बार प्रेमचंद के समय के चित्रों (फिल्मों) की पड़ताल कर ली जाये।

यह वह समय था जब सत्याभासी या घटित घटनाओं को आधार बनाकर बेहतरीन, सुन्दर, स्वस्थ और मनोरंजक फिल्में बनाई जाती थीं। सामाजिक, ऐतिहासिक, पारिवारिक या व्यक्ति केन्द्रित या अन्यान्य विषयों पर यादगार फिल्में हिन्दी फिल्म जगत ने दी हैं। इन फिल्मों में कथ्य के साथ मैसेज दूध और पानी जैसे इस तरह घुले-मिले रहते थे कि मनोरंजन के दौरान ही कब मैसेज संप्रेषित हो गया, पता ही नहीं चल पाता था। उनमें आइडियोलॉजी होते हुए भी उसका कृत्रिम या स्थूल प्रकटीकरण नहीं होता था। व्ही॰ शान्ताराम की "दो आँखें बारह हाथ" या विमल रॉय की "परख" ऐसी ही फिल्में हैं। इनमें कहीं कोई वल्गैरिटी नहीं, सेक्स का विकृत रूप नहीं मिलता था। बिना किसी भड़कीले खर्चीले आडंबर के इन्होंने स्वस्थ मनोरंजन दिया, साथ ही बिजनेस भी किया। गीत-संगीत ऐसा कि आज भी जुबां पर है। प्रेरक और जीवन मूल्यों से भरपूर 'ऐ मालिक तेरे बंदे हम ऐसे हों हमारे करम, नेकी पर चलें....' गीत आज भी रक्त में ऑक्सीजन का संचार करता है। बीच में समानांतर सिनेमा या कला फिल्मों की धूम भी कुछ समय तक रही और अदृश्य हो गई। उसके बाद का फिल्मी परिदृश्य हिंसा और सेक्स तथा फूहड़ अश्लील द्विअर्थी संवादों का रहा। एकाध निर्माता अभिनेता विशेषकर मनोज कुमार या बड़जात्या बैनर को छोड़कर यह दौर हिंसा, सेक्स तथा फूहड़ अश्लील द्विअर्थी संवादों से भरा रहा। ऐसा क्यों हुआ? कारण बिल्कुल स्पष्ट है—समय की पश्चिमोन्मुख, हृदयविमुख, यंत्रप्रेरित, यंत्रभोगी रफ्तार ने सभी फिल्म निर्माताओं के विज़न और व्यूज़ में आमूलचूल बदलाव लाना शुरू किया, बदलाव का यह सफर रफ्ता-रफ्ता उनकी मानसिकता पर इस कदर काबिज हुआ कि अब उनका विजन आइडियोलॉजी से हटकर केवल धन एवं मनोरंजन पर केन्द्रित हो गया। भोंडी और भद्दी कामुकता, भड़कीले और कम वस्त्र, सेक्स मिश्रित अजीबो-गरीब डांस, हिंसा के नये-नये तरीके, गालियाँ, होमोसेक्स यानि वह सब जो जुगुप्सा को जगाकर बॉक्स आफ़िस पर ऐसा धमाल करे कि एक बार उत्सुकतावश ही सही, दर्शक खिंचकर चला आये। स्टोरी कैसी भी ऊबड़-खाबड़ हो, हास्य के लिये चाहे झूठ पर झूठ ही बुलवाना पड़े, भले ही दर्शकों पर वह झूठ अप्रत्यक्ष रूप से घातक असर करे, उनकी मन:स्थिति विकृत करे। यह सब सोचने का वक्त उनके पास नहीं है और न ही इच्छाशक्ति। फिल्म "हल्ला बोल" के संवाद याद आ रहे हैं, जिसमें एक निर्माता दूसरे से कहता है कि कैसे भी फॉर्मूले इस्तेमाल करके हर तीन महीने बाद नई फिल्म देते रहो, जब तक दर्शक कुछ समझें तब तक पैसा अंदर कर लो। जहाँ इस तरह की धनकेन्द्रित दृष्टि हो, वहाँ भला कैसे

सामाजिक, देशीय, पारिवारिक या समस्या केन्द्रित या शुद्ध वृत्तियों के स्वस्थ विश्लेषण से संबंधित फिल्में बन सकती हैं?

किंतु पूरे कुँए में ही भाँग नहीं पड़ी है। हिंसा अराजकता, नग्नता, सेक्स के बीच आज भी कुछ फिल्में अपनी सार्थक उपस्थिति दर्ज कराने में सफल रही हैं। अपनी सशक्त प्रस्तुति के बल पर ये दर्शकों को बाँधने में सक्षम हैं और अच्छा बिजनेस भी कर रही हैं। "बॉर्डर" में भारत-पाक सीमा की मार्मिक दास्तान हमारे फौजियों के जीवन के त्याग और बलिदान की अनूठी दास्तान है। "भगत सिंह" में शहीदे आजम भगत सिंह की भावनाओं का उद्दाम जज्बा कुछ कर गुजरने का मैसेज देता है। "लगे रहो मुन्ना भाई" की 'गाँधीगिरी' आज भी सिर चढ़कर बोल रही है। "रंग दे बसन्ती' में व्यवस्था परिवर्तन का युवा जज्बा देखते ही बनता है। "लगान" और "मंगल पांडे" ऐसी फिल्में हैं, जिनमें देश के प्रति अपनापन जगाने का पुरअसर मुद्दा दिखाई पड़ता है। "चक दे इंडिया" की टीम भावना और संगठन शक्ति का संप्रेषण भी कम प्रभावी नहीं रहा। आमिर खान की बनाई "तारे जमीं पर" बेहद खूबसूरत फिल्म है। फिल्मी मसालों से परहेज करते हुए आमिर खान ने जिस तरह कथ्य को प्रस्तुत किया है, वह काबिले गौर एवं तारीफ़ के लायक है। इस फिल्म में कोई "बैंडिट क्वीनी" गालियाँ नहीं हैं, हिंसा और सेक्स से भी बराबर दूरी है। हर फिल्म के लिए आवश्यक मान लिया गया 'युगल प्रेम या प्रणय' जो कि साढ़े निन्यानवे प्रतिशत की दर से फिल्मों में होता है और जिसे बच्चा भी जानता है कि अभी हीरो-हीरोइन में प्यार होगा, ऐसा कुछ भी "तारे जमीं पर" में नजर नहीं आता। उल्टे स्वस्थ मनोरंजन के साथ फिल्म में दिखाई गई समस्या पर सहानुभूतिपूर्वक सोचने का मैटर मिलता है और विश्व प्रसिद्ध नामचीन हस्तियों के उक्त समस्या से ग्रस्त होने और उचित इलाज द्वारा पुनः स्वस्थ जीवन जीने के रहस्योद्घाटन से प्रोत्साहनमूलक प्रसन्नता मिलती है। अकारण ही इस फिल्म को एक साथ छः अवार्ड ऐसे ही नहीं मिल गये हैं। इसके साथ की रिलीज फिल्में पानी तक नहीं माँग पाई और धड़ाम हो गईं। इसकी लोकप्रियता एक बार फिर साबित कर देती है कि मेहनत और लगन के साथ फिल्म को एक 'प्रोजेक्ट' की तरह मनोयोग से पूर्ण किया जाये, उसकी कथा, पटकथा, विषय, प्रस्तुति, पात्र चयन पर अगर विचार किया जाए तो दर्शक तहेदिल से उसका स्वागत करते हैं। उसे हाथों-हाथ लेते हैं। तब फिर यह ख्याल बेबुनियाद है कि अच्छी साफ-सुथरी फिल्मों को दर्शक नहीं मिलते। या दर्शक 'वैसा' ही देखना चाहते हैं, तो हम क्या करें? दरअसल दर्शक और वोटर में एक बड़ा साम्य यह है कि मजबूरी के चलते जो विकल्प सामने है उन्हीं में से चयन करना है। अधिसंख्य ऐसे ही होते हैं। वे या तो 'झेलते' हैं या उदासीन हो जाते हैं। आमिर खान निश्चित रूप

से "तारे जमीं पर" के लिए बधाई के पात्र हैं। देखना यह है कि क्या अन्य फिल्म निर्माता निर्देशक आमिर खान से सीख लेते हुए अन्यान्य नये रचनात्मक, समाजोन्मुख विषय उठायेंगे, उन पर हर एंगिल से मेहनत करेंगे या अपनी पुरानी 'खोह' में रहते हुए परंपरित और उबाऊ फिल्में परोसेंगे? जो भी हो फिलहाल आमिर खान को इस स्वस्थ, सुन्दर, सार्थक प्रस्तुति के लिये उनकी पीठ थपथपानी ही चाहिए। इस अपेक्षा के साथ कि उनकी बनाई फिल्में आज के कृत्रिम, जटिल, और कटु होते समाज की पंगु व्यवस्था के लिये पुनः पुनः 'रामशंकर निकुम' जैसे तारे को जमीं पर लायेंगी। व्यवस्था में आमूल परिवर्तन के लिये क्या यह आवश्यक नहीं? लेकिन हाल ही में वे भी अपने भांजे इमरान को फिल्म इण्डस्ट्री में स्थापित करने के लिए "डेल्ही बेली" जैसी फूहड़ फिल्म बनाकर अपनी विशिष्टता पर प्रश्नचिह्न लगवा चुके हैं।

बधाई के पात्र तो राजकुमार संतोषी भी हैं, जिन्होंने फिल्म "हल्ला बोल" में उस निर्मम सच का कटु दृश्यांकन किया है जिसमें 'बाइट' और 'लाइव' के नशे में चूर इंसान की हैवानी क्रूरता का नंगा सच है, नेताओं और पुलिस की नामदर्गी के किस्से हैं, अल्पसंख्यकी भ्रष्ट नेताशाही के बीच संविधान के मूल्यों की बात है, देश के पूर्व राष्ट्रपति और प्रधानमंत्री की मिसाल है, सजीव होती वह गीत संगीत परंपरा जिसमें नानक, कबीर, नामदेव तथा अन्यान्य सामाजिक न्याय की बात करने वाले संतों की 'बानी' का रस है और संगठन शक्ति से व्यवस्था परिवर्तन की बात तो है ही।

राजकुमार जी, क्या आपसे अन्य निर्माता निर्देशक भी सबक लेंगे? क्या वाकई एक बार फिर फिल्म जगत अपना दायित्व समझने में कामयाब होगा? हालाँकि फिल्म निर्माता निर्देशकों की नई पुरानी पीढ़ी यह समझ रही है कि आज के इस दौर के दर्शकों को अगर सिनेमाघर तक खींचना है तो कुछ रचनात्मक और सार्थक मैसेज फिल्मों में लाना होगा, क्योंकि दर्शक/उपभोक्ता आज पहले जैसा भोंदू नहीं रहा, आज वह वक्त और पैसे की कीमत समझ चुका है। रचनात्मक क्रियेटिविटी पहले की अपेक्षा आज के दर्शक में कहीं अधिक है। ऐसे में निरी कल्पनात्मक फिल्में नहीं चल सकतीं। अगर "जोधा अकबर" जैसी इतिहासप्रधान फिल्में बन रही हैं, तब भी इतिहास के साथ-साथ उसमें स्वस्थ मैत्री, एकता एवं संगठन जैसी भावनाओं को उसी इतिहास में से चुनकर सामने रखा जा रहा है। दाम्पत्य की नींव आपसी सद्भाव, सम्मान, सहयोग और विश्वास पर ही पुख्ता होती है, यह मैसेज जब दर्शकों तक पहुँचता है तो वह अभिभूत हुए बिना कैसे रह सकते हैं। दो सम्प्रदायों के आपसी सौहार्द्र को दर्शाती "जोधा अकबर" लाख विरोधों के बाद भी स्वस्थ फिल्म है, जो स्वस्थ मनोरंजन देती है। "थोड़ा प्यार थोड़ा मैजिक" तथा "गॉड तुसी ग्रेट हो"

भी स्वस्थ मनोरंजन और मैसेज की दृष्टि से अच्छी फिल्में हैं। "थोड़ा प्यार...." की थीम मुख्य रूप से उन बच्चों पर आधारित है जिनके माता-पिता का भूलवश अनायास ही नायक की गाड़ी से एक्सीडेंट हो जाता है और वे परलोक सिधार जाते हैं। न्यायपालिका वहाँ नायक को दंडात्मक आदेश देती है कि एक खास अवधि तक उसे मृतकों के बच्चों की परवरिश करनी है। यहीं से संघर्ष शुरू हो जाता है अच्छाई और बुराई का। नायक के सारे सद्प्रयासों पर बड़ा बच्चा पानी फेरे रहता है और अपने बहन-भाइयों से भी ऐसा ही करने को कहता है। धीरे-धीरे किस तरह पहले एक बच्चा, फिर दूसरा, फिर तीसरा नायक के नजदीक आ जाता है, किस तरह बच्चे आपस में तथ्यों का विश्लेषण अपनी बालबुद्धि से करते हैं, किस तरह बड़ा बच्चा भी कन्विंस हो जाता है, किस तरह से वे बच्चे नायक के साथ एक परिवार बन कर रहने लगते हैं। वाकई "तारे जमीं पर" के बाद बच्चों और उनके स्वप्नों-संघर्षों, अरमानों पर बनी यह दूसरी बढ़िया फिल्म है। "गॉड तुसी ग्रेट हो" इस अर्थ में उद्देश्य प्रधान स्वस्थ फिल्म कही जा सकती है क्योंकि उसमें यथार्थ के साथ-साथ उन व्यक्तियों पर निशाना साधा गया है, जो अपनी हर असफलता का सेहरा पराशक्ति/ईश्वर के माथे बाँधने लगते हैं। ऐसे ही एक असंतुष्ट व्यक्ति को ईश्वर सात दिनों के लिये अपनी शक्तियाँ दे देते हैं। अब वह स्वतंत्र है सृष्टि संचालन के लिये। वह सभी मनुष्यों की मनोकामनाएँ पूर्ण कर देता है। ऐसा करके वह बहुत खुश होता है कि चलो अब संसार संतुष्ट हो जायेगा। लेकिन हुआ उल्टा। दरअसल सबकी मनोकामना पूर्ण हो जाने पर ऐसी अव्यवस्था, अशांति, असुरक्षा, अराजकता और अफरातफरी फैल जाती है कि वह सिहर उठता है। ऐसा तो उसने स्वप्न में भी नहीं सोचा था। स्थितियाँ पहले से ज़्यादा खराब देखकर वह ईश्वर से प्रार्थना करता है कि वह अपनी शक्तियाँ वापस ले लें और सृष्टि संचालन को पुनः सुव्यवस्थित करें। उसे अहसास होता है कि मनुष्य का चेतनात्मक स्तर जैसा होता है, तदनुरूप जीवन के संसाधन उसे प्राप्त होते हैं। जिस व्यक्ति के पास जो कुछ भी है उसे उसी में संतुष्टि और शांति मिलती है। ज़्यादा के लालच में वह अपने बचे-खुचे संसाधनों से भी हाथ धो बैठता है। ये ऐसी फिल्में हैं, जिनमें फूहड़पन और वल्गैरिटी है ही नहीं। अगर है तो रचनात्मक क्रियात्मकता। इस फिल्म का वह भाग भी दिलचस्प है, जिसमें एक टी०वी० चैनल द्वारा उस नर्सिंग होम का पर्दाफाश किया जाता है जहाँ मृतक व्यक्ति को भी बाकायदा 'गंभीर पेशेंट' बताकर उसके परिजनों से लाखों रुपये इलाज के नाम पर ले लिये जाते हैं। आजकल 99 प्रतिशत 'नर्सिंग होम' किस तरह से 'निर्मम होम' में तब्दील हुए हैं, कौन नहीं जानता?

इधर "थ्री ईडियट", "माइ नेम इज़ खान", "इश्किया", "राजनीति", "लम्हा", "अजब प्रेम की गजब कहानी", "पीपली लाइव", "सिंघम" बेहद सफल, अच्छी, साफ-सुथरी फिल्में हैं।

फिलहाल कहने का आशय यह कि आज एक बार फिर से फिल्म जगत करवट ले रहा है अच्छी फिल्मों को बनाने की तरफ। यह एक शुभ संकेत है। हमें इसे गंभीरता से लेते हुए उसके ऐसे प्रयासों की सराहना करते हुए अपने जागरूक होने का परिचय देना ही होगा।

15

फिल्म यात्रा : अबोल से सबोल और सबोल से वाचाल तक

कुमारेन्द्र सिंह सेंगर

'सिनेमा'.....'फिल्म'.....ये शब्द जैसे ही चर्चा में आते हैं, हमारे मन-मस्तिष्क में तुरन्त जो तस्वीर उभरती है उसमें एक बड़ा सा वातानुकूलित हॉल, उस हॉल में लगा एक बड़ा सा पर्दा, पर्दे पर रंगीनियाँ बिखेरते हीरो-हीरोइन और इनके प्यार के समानान्तर चलती हिंसा-मारपीट-सेक्स-अश्लीलता की दुनिया। फिल्म की छवि इतने पर ही पूर्ण नहीं होती है...कल्पना की उड़ान आगे जाकर एक-दो रोमांटिक गीतों और एक-दो आइटम सांग की ओर जाती है, जहाँ कोई हसीन अदाकारा अपने जिस्म की नुमाइश करती हुई हंगामे के बीच दोहरी हो-होकर दर्शकों का मनोरंजन करती है। वर्तमान में फिल्म की परिभाषा इतने तक सीमित होकर दिखती है। कॉलेज का खुलेपन का माहौल, शिक्षा से ज़्यादा गुंडागर्दी, इश्कबाजी का प्रदर्शन, कक्षाओं में और कैम्पस में बेहूदा छेड़छाड़...दो-चार फूहड़ गीत और नृत्य...यह सब होते हुए फिल्म अन्ततः हिंसा-मारपीट-बलात्कार-हत्या जैसी स्थितियों से गुजरती हुई 'हीरो-हीरोइन' के सुखद मिलन पर आकर समाप्त हो जाती है। 'शिक्षा की प्राप्ति' से शुरू हुई फिल्म की कहानी 'इश्क और देह की प्राप्ति' पर आकर ठहरती है।

देखा जाये तो भारतीय समाज में वर्तमान में फिल्मों का यह स्वरूप लोगों की आदतानुसार बनता जा रहा है। फॉर्मूला फिल्मों की हिट जुगाड़ में लगे फिल्मकार यह बखूबी जानते, समझते हैं कि सिनेमा की आदत बना चुके लोगों को क्या चाहिए है और इन दर्शकों की इस चाहना के पीछे फिल्मकारों की वास्तविक चाहना क्या है? आज की फिल्में किसी भी रूप में समाजोन्मुखी, सामाजिक जागरूकता हेतु नहीं बनाई जा रही हैं। किसी भी फिल्म के निर्माता का उद्देश्य अपनी फिल्म द्वारा किसी भी रूप में अधिक से अधिक पैसा बटोरने

का रहता है, भले ही इसके लिए कोई भी पैंतरा क्यों न अपनाना पड़े। ज़्यादा से ज़्यादा धन की बारिश की लालसा फिल्मकार को फिल्म में वह सब दिखाने को प्रेरित करती है, जिसकी आकांक्षा समाज का मध्यम वर्ग करता है और कहीं न कहीं वह इसे अश्लील भी मानता है। विदेशी फिल्मों के कथानक में देशी तड़का और चाशनी मिलाकर उसे देशवासियों के लिए प्रस्तुत किया जाता है, वह भी इस बात से अनजान रहते हुए कि इन फिल्मों का समाज पर व्यापक प्रभाव पड़ता है।

फिल्मों का जो वर्तमान स्वरूप हमारे सामने है, वह सदैव से ही ऐसा नहीं था और ऐसा भी नहीं है कि वर्तमान पीढ़ी के सभी फिल्मकार हिंसा-सेक्स-देह प्रदर्शन-फूहड़ नृत्य, गीतों के सहारे ही फिल्मों का निर्माण कर रहे हैं। वर्तमान में भी फिल्मकारों का एक वर्ग ऐसा भी है, जो चलताऊ फिल्मों की श्रृंखला से उतर बौद्धिक, कलात्मक फिल्मों का निर्माण कर रहा है। मुख्य धारा से अलग हटकर ये फिल्मकार राष्ट्रवाद, संस्कृति विषयों को महत्त्व देते हुए अन्तर्राष्ट्रीय ख्याति के लिए फिल्मों का निर्माण करते हैं। कैमरे को फिल्म का खिलौना समझकर ये फिल्मकार एक प्रकार का खेल खेलते हुए अपने मन की फिल्मों का निर्माण करते हैं न कि धनलोलुपता भरी मानसिकता से फिल्म बनाते हैं। इन फिल्मकारों के मन के मूल में अन्तर्राष्ट्रीय ख्याति प्राप्त करने के अतिरिक्त वे फिल्मी संस्कार और कथानक होते हैं, जिन्हें पिछले कई दशकों में स्वस्थ-स्वच्छ फिल्मों का निर्माण करने वाली एक बेहतर पीढ़ी दाय के रूप में पीछे छोड़ गई है। रमाशंकर चौधरी, देवकी बोस, बरुआ, शांताराम, सोहराब मोदी, नंदलाल जसवंत लाल, जयंत देसाई, मोहन सिंह, चेतन आनंद, विमल रॉय, गुरुदत्त, सत्यजीत रे, राजकपूर, आदि फिल्मकारों की फिल्मों को देखकर स्वस्थ-स्वच्छ, मनोरंजक फिल्मों की धारणा-अवधारणा बेहतर तरीके से पुष्ट होती है। नये फिल्मकारों में से अधिकांश न तो इस तरह की स्वस्थ, स्वच्छ, मनोरंजक, संदेश-प्रधान फिल्मों का निर्माण करना चाहते हैं और न ही इन फिल्मकारों को अपना आदर्श बनाना चाहते हैं।

यह एक छोटा सा स्वरूप चित्रण है, जो हमें आज की फिल्मों की वास्तविकता से रूबरू कराता है। इसी अत्यल्प चित्रण के आधार पर समाज में फिल्मों की आलोचना की जाने लगती है। मनोरंजन की दृष्टि से देखी जाने वाली फिल्मों को देखने के बाद उनका आकलन तथा पिछली देखी हुई फिल्म से तुलनात्मक अध्ययन शुरू हो जाता है। फिल्मों का यह आकलन और अध्ययन दर्शकों के स्व-विवेक पर आधारित होता है तथा इसके लिए वह स्व-धारणा का भी सहारा लेता है। अच्छी फिल्मों के प्रति अथवा प्राय: सभी फिल्मों के प्रति दर्शकों की नकारात्मक सोच का कारण फिल्मों के बारे में सही साहित्य

का अभाव कहा जा सकता है। देखा जाये तो हमारे देश में फिल्मों के बारे में साहित्य नहीं के बराबर लिखा गया है। सिनेमा के नाम पर, फिल्मों के नाम पर जो भी लिखा जा रहा है, उसे किसी भी मासिक फिल्मी पत्रिका के पन्नों पर आसानी से देखा जा सकता है। फिल्मों की सामान्य और गम्भीर जानकारी से इतर फिल्मी कलाकारों के रोमांस, शारीरिक नाप-जोख, चटखारेदार अंतरंग किस्से और कुछ फिल्मों का पूर्वाग्रहयुक्त पोस्टमॉर्टम ही फिल्मी साहित्य के नाम पर पाठकों के सामने परोसा जा रहा है।

हमारे पास फिल्मों से सम्बन्धित तकनीकी साहित्य के अतिरिक्त सामाजिक-मनोवैज्ञानिक-आर्थिक पृष्ठभूमि का अवलोकन करने वाले साहित्य का सर्वथा अभाव है। इस अभाव के कारण ही सिनेमा के प्रारम्भिक बाइस्कोपिक दौर से वर्तमान तक की तकनीकी सम्पन्न फिल्मों की विकास-यात्रा को हम देख-समझ नहीं पाते हैं। इस सिनेमाई साहित्यिक सामग्री के अभाव का एक परिणाम यह भी हुआ है कि सिनेमाई संस्कृति, जो आज एकाएक उभरकर हमारे सामने आ गई है, उसके दर्शकों को उस संस्कृति का तनिक भी भान नहीं है, जो सिनेमा के आरम्भिक दौर में दृष्टिगत होती थी। आज की सिनेमाई संस्कृति में तकनीकी और आधुनिकता का इतना ज़बरदस्त घालमेल कर दिया गया है कि एकबारगी सिनेमा के उस संस्करण की ओर ध्यान भी नहीं जाता है, जो केवल स्थिर चित्रों की सहायता से शौकिया-रईस लोगों के लिए ही उपलब्ध हो पाता था। सिनेमा के इस बाइस्कोपिक संस्करण का आविष्कार तो 19वीं सदी में ही हुआ था किन्तु इसका विकास और सर्वमान्य स्वरूप 20वीं सदी के आरम्भिक दशकों में ही सामने आया। इस स्वरूप में चलती-फिरती तस्वीरों को सिरे से जोड़कर उसे जादुई लालटेन के माध्यम से पर्दे पर देखा जा सकता था। प्रारम्भ में तस्वीरों के माध्यम से फिल्मी संस्करण का आनन्द उठाने वाले केवल कुछ शौकिया एवं धनाढ्य लोग ही थे। धीरे-धीरे धनाढ्य लोगों के वर्ग से बाहर आकर चित्र-शृंखला का यह प्रदर्शन व्यावसायिक रूप से होने लगा और इसका स्वरूप इस तरह दिखा कि प्रदर्शन हेतु टिकटों की बिक्री होने लगी।

आज के सिनेमा की तीव्रतम रफ्तार के साथ दौड़ते दर्शकों को, हसीन महिला कलाकारों की मादक अदाओं के साथ बलखाते युवाओं को, युवा शोख पुरुष कलाकारों की जुल्फों और डोलों-शोलों में खोने-उतराने वाली ललनाओं को शायद सिनेमा के विकास की यात्रा का आरम्भ ज्ञात भी नहीं होगा। यह वैसे एक अलग और विस्तीर्ण विषय हो सकता है कि सिनेमा का आदि बिन्दु क्या और कैसा था? आरम्भिक दौर में क्या-क्या कठिनाइयाँ सामने आईं? इसके निर्माण के लिए विशेष उपकरणों—कैमरा, प्रोजेक्टर, रील, आदि की दिलचस्प कहानी क्या है? सिनेमा का जो 'वाचाल' रूप आज हम देख पा रहे हैं उसकी

शुरुआत उसके 'अबोल' रहने से हुई थी, यही आज की पीढ़ी के लिए पर्याप्त जानकारी है, जो उन्हें रोमांचित भी नहीं करती है।

थॉमस एल्वा एडिसन के फोटोग्राफ और बिजली के आविष्कार ने चलती-फिरती तस्वीर को मूर्तरूप देने का कार्य किया और इसी प्रयास में सिनेटोस्कोप नामक मशीन का निर्माण भी किया गया। परिणामतः सबसे पहली चलती-फिरती तस्वीर अमेरिका में 23 अप्रैल सन् 1896 को दिखाई गई। अमेरिका से चली फिल्म यात्रा को भारत में विराम मिला 07 जुलाई, 1896 को जब लुमियर बंधुओं ने बम्बई नगर के वाट्सन होटल में अपना पहला चलचित्र शो किया। यह एक शुरुआत मात्र थी और इसका पहला सार्वजनिक प्रदर्शन 14 जुलाई सन् 1896 को हुआ। नॉवेल्टी थियेटर में प्रतिदिन चलने वाले दो शो में चार आने से लेकर दो रुपये तक की दर से टिकटों की बिक्री भी की गई। इसके बाद देश में शौकिया किन्तु धनवान व्यक्तियों ने अपने-अपने तंबू सिनेमाघरों का निर्माण कर फिल्मों से सम्बन्धित साजोसामान को खरीदकर सिनेमा का देखना-दिखाना शुरू किया। इसी फिल्मी शौक के चलते सन् 1907 तथा सन् 1908 में बम्बई में दो पक्के सिनेमाघर क्रमशः एम्पायर तथा एक्सेल्सियर स्थापित हुए। इसी दौरान सन् 1908 में ही अब्दुल अली द्वारा तंबू के भीतर चलचित्र दिखाने की व्यवस्था की गई, जो घूम-घूम कर फिल्मों का प्रदर्शन करता था और उसके तंबू में एक बार में लगभग एक हजार लोगों के बैठने की व्यवस्था होती थी। इस समय के सिनेमा की विशेष बात यह थी कि यह पूरी तरह से चलचित्र ही था अर्थात् जिन फिल्मों का निर्माण हो रहा था, वे पूर्ण रूप से बेजुबान फिल्में थीं। इन फिल्मों में आवाज़ नहीं थी, इसके बाद भी एक नये प्रकार का अनुभव होने के कारण दर्शकों में सिनेमा के प्रति उत्साह था।

भारतीय सिनेमा की विकास यात्रा में कुछ न कुछ नया स्वरूप जुड़ता ही जा रहा था। अपने आप में इस अद्भुत और करिश्माई तकनीक का उपयोग विदेशियों के द्वारा अथवा विदेशियों की मदद से होता था। सिर्फ और सिर्फ भारतीय तकनीशियनों द्वारा पूरी लम्बाई की पहली फिल्म का निर्माण सन् 1913 में किया गया। "राजा हरिश्चन्द्र" के नाम से पहला पूर्ण भारतीय चित्र निर्माण का श्रेय दादा साहेब फाल्के को जाता है, जिन्होंने तमाम सारी आर्थिक कठिनाइयों से संघर्ष करते हुए भी इस पूर्णतः भारतीय फिल्म का निर्माण किया। इस फिल्म की एक दिलचस्प बात यह भी रही कि इसमें हरिश्चन्द्र की भूमिका दादा साहेब फाल्के ने की और उनकी पत्नी तारामती का किरदार अभिनेता सालुंके ने निभाया। चूँकि तत्कालीन सामाजिक परिस्थितियों के कारण कोई महिला फिल्मों में काम नहीं करना चाहती थी, यहाँ तक कि पेशेवर स्त्रियाँ भी

फिल्मों में काम करना पसंद नहीं करती थीं। कुछ इस तरह की समस्या पुरुषों के साथ भी थी, वे उस समय मूँछों को कटवाना अपनी शान के खिलाफ मानते थे और इसी कारण से वे भी स्त्रियों की भूमिका में आना पसंद नहीं करते थे। विषम परिस्थितियों में किसी तरह अभिनेता सालुंके स्त्री की भूमिका में आने को तैयार हुए। इसके बाद अभिनेता सालुंके देश की सर्वाधिक हिट मानी जाने वाली फिल्म "लंका दहन" में भी हीरोइन की भूमिका में दिखाई पड़े। "लंका दहन" का निर्माण दादा साहब फाल्के ने किया था और यह उनकी अंतिम फिल्म थी। यह फिल्म इतनी सुपरहिट रही कि कहा जाता है कि फिल्म से प्राप्त होने वाले धन को ले जाने के लिए बैलगाड़ियों का इस्तेमाल करना पड़ा था। इस फिल्म में हीरो और हीरोइन दोनों की भूमिका अभिनेता सालुंके ने ही निभाई थी।

इस दौर में जो कि सिनेमा का प्रारम्भिक दौर था, अधिकतर फिल्मों की विषयवस्तु धार्मिक कथायें ही थीं। "कालियामर्दन", "सती महानन्दा", "सेतु बन्धन", "भस्मासुर मोहिनी", "शिवरात्रि", "यशोदानन्दन", "ध्रुवचरित्र", आदि फिल्मों को इसी रूप में देखा-समझा जा सकता है। विकास के इस दौर में अभी चित्रपट का ही विकास हो रहा था। धार्मिक फिल्मों के साथ-साथ आम सामाजिक विषयों पर भी फिल्मों का निर्माण किये जाने के साथ-साथ ऐतिहासिक पात्रों को भी विषयवस्तु बनाया जाने लगा था। सन् 1917 में बनी "नल दमयंती" तथा सन् 1922 में बनी "रजिया सुल्तान" फिल्म के अलावा "सिंहगढ़", "राणा हम्मीर" इसके सशक्त उदाहरण के रूप में आज भी चर्चित हैं। "रजिया सुल्तान" के निर्माण के लिए तो धीरेन गांगुली को हैदराबाद के निजाम की रुष्टता का भी शिकार भी होना पड़ा था। इस फिल्म की पटकथा से नाराज़ होकर निजाम ने गांगुली को 24 घंटे के भीतर हैदराबाद छोड़ने का अल्टीमेटम दे डाला था।

जैसे-जैसे फिल्मों के निर्माण में तेजी आती जा रही थी, वैसे-वैसे फिल्मसाजी में दिलचस्पी और उसके नियमन के लिए ठोस कदमों की आवश्यकता महसूस की जाने लगी थी। इसी आवश्यकता को ध्यान में रखकर तत्कालीन ब्रिटिश भारत सरकार ने सन् 1918 में इंडियन सिनेमेटोग्राफी एक्ट पारित कर फिल्मों के क्रियान्वयन हेतु कदम उठाने शुरू किये तथा सन् 1920 में सेंसर बोर्ड की स्थापना भी कर दी गई। सेंसर बोर्ड ने अपनी स्थापना के साथ ही कड़ा रुख भी अख्तियार किया। ग्रेट ईस्टर्न नामक कम्पनी ने "अनारकली" जैसे ऐतिहासिक चरित्र को लेकर "लव ऑफ ए मुगल प्रिंस" का निर्माण किया, जबकि मुम्बई में इससे पूर्व वहाँ की कम्पनी इंपीरियल इसी विषय पर "अनारकली" नामक फिल्म बनाकर रिलीज कर चुकी थी। परिणामतः सेंसर

बोर्ड ने ग्रेट ईस्टर्न की फिल्म को प्रतिबंधित कर दिया। यह पहली भारतीय फिल्म थी, जिसे प्रतिबंधित किया गया था। भारतीय सिनेमा के इतिहास में प्रतिबंध की इस ऐतिहासिकता के साथ-साथ एक और फिल्म "लाइट ऑफ एशिया" के साथ भी अपनी तरह का अनूठा कीर्तिमान जुड़ा हुआ है। यह पहली भारतीय फिल्म थी, जिसका विदेशों में भी प्रदर्शन किया गया था। इस फिल्म पर कुल 90 हजार रुपये खर्च हुए थे और विडम्बना देखिये कि भारत में इस फिल्म को दिखाने के लिए इस फिल्म निर्माता कम्पनी (ग्रेट ईस्टर्न) को केवल दो ही प्रिंट प्राप्त हुए थे।

फिल्म निर्माण के क्षेत्र में विकास भी हो रहा था और अपनी तरह का नया स्वरूप भी सामने आ रहा था। मूक फिल्मों के द्वारा दर्शकों में उत्सुकता, आकर्षण पैदा करने वाले फिल्मकार कुछ नया करने को छटपटा रहे थे जिससे फिल्मों को और भी प्रभावशाली बनाया जा सके। इसी छटपटाहट का परिणाम यह हुआ कि गूँगी फिल्मों को चिरप्रतीक्षित आवाज मिल गई। इम्पीरियल फिल्म कम्पनी ने सन् 1931 में "आलमआरा" का निर्माण कर भारतीय फिल्मों को आवाज प्रदान की। यद्यपि इससे पूर्व भी फिल्मों के प्रदर्शन के मध्य प्रोजेक्टर पर रील के बदलने के दौरान आये अन्तराल में स्टेज पर नाच-गाने का प्रबन्ध होता था किन्तु फिल्म की कथा के साथ ही आवाज का होना अपने-आप में अद्‌भुत था। "आलमआरा" का पहला शो 14 मार्च सन् 1931 को बम्बई के मैजेस्टिक सिनेमा में हुआ था। इस फिल्म ने भारतीय सिनेमा के गूँगेपन को दूर किया तो सिनेमा के टिकटों की ब्लैक में बिक्री का अध्याय भी शुरू किया। इस फिल्म के प्रदर्शन के समय सिनेमा हॉल ठसाठस भरा हुआ था और आसपास की सड़कों पर यातायात ठप्प हो गया था। हर कोई किसी भी कीमत पर यह फिल्म देखना चाहता था। इस चाहत का परिणाम यह हुआ कि चार आने का टिकट पाँच रुपये तक में बिका।

"आलमआरा" फिल्म की अद्‌भुत सफलता ने फिल्मकारों को अतिउत्साहित किया और तत्कालीन फिल्मों में नाच-गानों तथा मनोरंजन की बाढ़ सी आ गई। "शीरीं फरहाद" फिल्म में 42 गाने और "इन्द्रसभा" में 72 गानों का होना अपने आपमें एक कीर्तिमान ही है। गूँगी फिल्मों से बोलती फिल्मों की तकनीक विकसित होते ही फिल्म निर्माण का ढर्रा भी बदला। सन् 1932 में सामाजिक फिल्म "माधुरी" और सन् 1937 में प्रदर्शित "खजांची" ने क्रमशः सामाजिक विषयों और चटखारेदार गानों-ठुमकेदार नाच को भी पर्याप्त "स्पेस" प्रदान किया। फिल्म निर्माण में लगे लोगों का विचार था कि उनकी फिल्म का कोई उद्देश्य हो, कहानी के माध्यम से, अभिनय के माध्यम से किसी तरह का कोई आदर्श सामने आये। इसी विचारधारा के कारण स्टंटबाजी वाली अथवा

ऊलजलूल विषयों पर फिल्मों का निर्माण नहीं किया जा रहा था। न्यू थियेटर्स, बांबे टाकीज, प्रभात, नवयुग चित्र, प्रकाश, मिनर्वा, आदि फिल्म कम्पनियों के द्वारा प्रयोजनपूर्ण फिल्मों का निर्माण किया जा रहा था। हिन्दू-मुस्लिम एकता पर बनी "रोटी" साहित्यिक कृति पर बनी "चित्रलेखा", भारतीय स्वाधीनता आन्दोलन पर आधारित "धरती के लाल", आदि फिल्मों का निर्माण सोद्देश्यपूर्ण विषय-कहानी जैसी विचारधारा रखने वालों के कारण ही हो सका था।

फिल्मों को आवाज मिलते ही प्रयोगों का नया दौर शुरू हो गया। फिल्मों में विज्ञापन दिखाने का भी प्रयोग किया जाने लगा। बम्बई टाकीज की फिल्म "इज्जत" के साथ पहली बार विज्ञापन रील दिखाने का रिवाज चला और पहला गीतमय विज्ञापन 'डालडा वनस्पति' का दिखाया गया। लगातार नये प्रकार के प्रयोगों से फिल्म निर्माण में अच्छाइयाँ और बुराइयाँ शामिल होती जा रही थीं। एक ओर स्वाधीनता आन्दोलन को लेकर, सामाजिक विषयों को लेकर, किसी सार्थक, सकारात्मक उद्देश्य को लेकर फिल्मों का निर्माण किया जा रहा था तो दूसरी ओर ऐसे लोग भी फिल्म निर्माण में सक्रिय होने लगे, जिनका उद्देश्य घटिया-सस्ते दर्जे का मनोरंजन, फूहड़ता, आदि को दर्शकों के सामने परोसना था।

सेंसर बोर्ड की सक्रियता, लाइसेंस प्राप्त करना, रील की लम्बाई पर पाबंदी के अतिरिक्त तमाम सारी शर्तों का पालन फिल्म निर्माता कम्पनियों को करना होता था। इसी अफ़रातफ़री में कलाकारों का प्रतिमाह वेतन लेकर काम करने का ढाँचा भी टूटा। वर्तमान दौर में यह तथ्य आश्चर्य पैदा कर सकता है कि उस समय कलाकार प्रतिमाह वेतन पर काम किया करते थे। स्टार सिस्टम और फ्रीलांसिंग काम करने की परिपाटी द्वितीय विश्व युद्ध के समय शुरू हुई, जो आज फिल्मों में अंधाधुंध धन के निवेश के दुष्परिणाम के रूप में सामने आ रही है। द्वितीय विश्व युद्ध की समाप्ति की आर्थिक दुर्व्यवस्था और देश विभाजन की त्रासदी के मध्य आजादी ने भारतीय सिनेमा को झकझोर कर रख दिया। सोद्देश्य फिल्म निर्माण करते फिल्म निर्माताओं, फिल्मकारों ने अपना ध्यान विशुद्ध व्यावसायिकता की ओर मोड़ा और दर्शकों को सस्ता मनोरंजन उपलब्ध करवाना शुरू कर दिया। आजादी के बाद सन् 1949 में सरकार ने फिल्म व्यवसाय में रुचि दिखाते हुए एम॰एस॰ वासन की भव्य फिल्म "चित्रलेखा" की निर्धारित 11 हजार फुट से अधिक रील लम्बाई पर आपत्ति की तो वासन ने सर्वोच्च न्यायालय में अभिव्यक्ति की स्वतन्त्रता के आधार पर सरकारी आदेश को चुनौती दी और उसमें विजय भी प्राप्त की। इस विजय के बाद फिल्मों में बड़े-बड़े सेट, बड़े-बड़े स्टार के साथ काम करने का प्रचलन शुरू हो गया। फिल्मों के प्रति सरकार, फिल्मकारों, हीरो-हीरोइन, दर्शकों की बढ़ती उत्सुकता

ने सेंसर बोर्ड को भी सक्रियता प्रदान की। सन् 1949 में ही सेंसर बोर्ड का केन्द्रीयकरण कर दिया गया। यहीं से फिल्मों का वर्गीकरण वयस्क (ए) और यूनिवर्सल (यू) के रूप में कर देने से फिल्मों में प्रेम, हिंसा, सेक्स की बाढ़ सी आ गई। इन्हीं के बीच सन् 1953 में सोहराब मोदी ने देश की पहली टेक्नीकलर फिल्म "झाँसी की रानी" का निर्माण किया किन्तु इस तरह के ऐतिहासिक अथवा सोद्देश्यपूर्ण विषयों पर फिल्मों का निर्माण लगातार कम होता जा रहा था।

अब तक तकनीकी रूप से भी फिल्मों का विकास होता दिखने लगा था तथा तत्कालीन फिल्मकारों द्वारा विशुद्ध रूप से व्यावसायिकता को अपनाकर फिल्मों के द्वारा अधिक से अधिक लाभ प्राप्त करने की भावना घर करने लगी थी। इसी के चलते फिल्मों में इस तरह के विषयों को उठाया जाने लगा, जो दर्शकों को सस्ता और चटखारेदार मनोरंजन प्रदान कर सकें। इसके बाद भी ज्यादातर फिल्मकारों द्वारा इस बात का ध्यान रखा जा रहा था कि किसी तरह की अतिरंजिता से समाज में गलत संदेश का प्रचार न हो और फिल्मी तड़क-भड़क को गीत-नृत्य के द्वारा प्रस्तुत करने पर ज़्यादा जोर दिया जा रहा था। प्रेम, प्रणय, सेक्स, हिंसा के दृश्यों को किसी प्रतीकात्मक रूप में फिल्माये जाने पर ज़ोर रहता था। फिल्म इतिहास में दशक-दर-दशक के परिवर्तन ने लोगों पर भी व्यापक प्रभाव डाला। विषयों का घालमेल, प्रेम-हिंसा-सेक्स-देह प्रदर्शन की मिली-जुली चाशनी, गीत-संगीत के तड़क-भड़क युक्त स्वरूप का होना फिल्मों की सफलता की गारंटी माना जाने लगा। समय के साथ फिल्मों में एक लीक पर काम होने लगा, विषय-वस्तु भी एक ढर्रे पर चलती दिखाई देने लगी। रोमांटिक फिल्मों का दौर चला तो सभी फिल्मकारों ने इसी ओर अपना हाथ आजमाया (हिंसा, मारधाड़, एंग्री यंग मैन की छवि का आगाज़ हुआ तो फिल्म निर्माता भी उसी ओर दौड़ पड़े)। नये चेहरों के साथ पुनः रोमांटिक दौर की वापसी "कयामत से कयामत", "मैंने प्यार किया" जैसी फिल्मों से हुई तो निर्माता-निर्देशकों की विशेष पसंद ऐसे विषय बन गये।

इन सबके बीच कुछ निर्माताओं-निर्देशकों ने व्यवस्था की पोल खोलते हुए प्रशासनिक, राजनीतिक भ्रष्टाचार को सामने रखते हुए वास्तविकता को प्रदर्शित करने का हौसला दिखाया। अपने आसपास की दुर्व्यवस्था, भ्रष्टाचार, अत्याचार का पर्दे पर समाधान होता देखकर दर्शकों ने भी इसे पसंद किया तो निर्माता-निर्देशकों ने वास्तविकता का, जीवन की सच्चाई की ताना-बाना कसते हुए इस सार्थकता के बीच भोंडापन पसार कर रख दिया। जीवन की सच्चाई दिखाने के नाम पर आम आदमी के पर्दे के पीछे का जीवन पर्दे पर उभरने लगा। सेक्स का, देह का खुला प्रदर्शन, अश्लील गीतों-नृत्यों-भावभंगिमाओं के

साथ अश्लील संवादों की अतिरंजिता फिल्मों में दिखाई देने लगी। कभी अश्लील और द्विअर्थी संवादों के लिए विवादास्पद रहे दादा कोंड़के से भी ऊपर जाकर वर्तमान फिल्मकारों ने इस अश्लीलता और द्विअर्थी शब्दावली को सीधे-सीधे फिल्मों में स्थान दे दिया। 'चोली के पीछे क्या है', 'एक चुम्मा तू मुझको उधार दे दे', 'सरकाय लेओ खटिया', 'ए गनपत चल दारू ला' जैसे गानों के बोल और फिल्मों की संवाद अदायगी में भरी गालियों ने बोलती फिल्मों को वाचाल स्वरूप प्रदान किया।

वर्तमान में स्थिति यह है कि फिल्मों की वाचालता पर लिखने बैठा जाये तो पर्याप्त सामग्री पाठकों के सामने प्रस्तुत की जा सकती है। फिल्मकारों ने बँधे-बँधाये, निश्चित विषयों को कम्प्यूटर तकनीक, विदेशी लोकेशन की तड़क-भड़क के साथ मसालेदार गीत-संगीत, सेक्स और अश्लीलता का तड़का लगाकर अपनी फिल्मों को कुछ अलग सिद्ध करने का प्रयास किया है, पर इसमें वे किसी संदेश को देने में असफल रहे हैं। हीरो-हीरोइन का सेक्समय प्रेम, दो-चार गीत-नृत्य, मारपीट-हिंसा और अंत में हीरो-हीरोइन का मिलन...लगभग सभी फिल्मों की बस इतनी सी कहानी है जो फॉर्मूलाबद्ध रूप से हमारे सामने आ रही है। मुंशी प्रेमचन्द ने फिल्मों के सवाक् होने पर लिखा था कि अक्सर लोगों को ख्याल है कि जब से सिनेमा 'सवाक्' हो गया है, वह साहित्य का अंग हो गया है और साहित्य सेवियों के लिए कार्य का एक नया क्षेत्र खुल गया है। साहित्य भावों को जगाता है, सिनेमा भी भावों को जगाता है, इसलिए वह भी साहित्य है। प्रेमचन्द यहाँ एक सवाल भी उठाते हैं कि पर कैसे भावों को? शायद सिनेमाई संस्कृति के द्वारा भावों का सकारात्मक पोषण होना अपने समय में भी नहीं समझ आया था। इसी कारण से सन् 1933 की एक फिल्म "मिल या मजदूर" में कहानी लेखन के साथ-साथ मजदूर नेता की भूमिका अदा करने के बाद भी प्रेमचन्द फिल्मी संसार की विचित्रता से निराश होकर वापस बनारस लौट गये थे। यद्यपि प्रेमचन्द ने नरोत्तम नागर के पत्र पर टिप्पणी करते हुए लिखा था कि सिनेमा की क्षमता से मुझे इन्कार नहीं। अच्छे विचारों और आदर्शों के प्रचार में सिनेमा से बढ़कर दूसरी शक्ति नहीं है।

यही सिनेमाई शक्ति, विचारों और आदर्शों का प्रचार-प्रसार आज कम होता दिख रहा है। जहाँ "रंग दे बसंती", "तारे जमीं पर", "थ्री इडियट्स", "वेलकम टू सज्जनपुर", "न्यूयॉर्क", "इकबाल", "आई एम कलाम" जैसी साफ-सुथरी और विषय-विशेष को आधार बनाकर बनी फिल्मों से सुखद अनुभूति होती दिखती है, वहीं "ख्वाहिश", "कमीने", "कम्पनी", "वाण्टेड", "सरकार", "सरकार राज", "रागिनी एमएमएस", "मर्डर-2", "रक्तचरित्र", "हैट स्टोरी" जैसी फिल्मों की प्रेतछाया डराती भी है। ऐसी फिल्मों की प्रेतछाया से दर्शक

ही भयभीत नहीं हैं, वरन् अच्छी फिल्में भी इनके भय से विलुप्त सी हो जाती हैं। सामाजिक विद्रूपता को फिल्मकार द्वारा एक नये प्रकार का चमकदार मुलम्मा चढ़ाकर पेश किया जा रहा है। जनता की भावाभिव्यक्ति को फिल्मकार अपने लाभ के लिए प्रयोग कर रहे हैं। फिल्मों के द्वारा जनता के जख्मों को कुरेदकर उन पर प्रेम का, अश्लीलता का, देहयष्टि का, ठुमकेदार नृत्य-गीतों का मरहम लगाने का नाटक रचकर एक पूरी की पूरी पीढ़ी को गुमराह किया जा रहा है। फिल्म की इस तरह की नकारात्मक सशक्तता युवा पीढ़ी में कामलोलुपता, फ्री सेक्स, आधुनिक जीवनशैली, भौतिकतावादी संस्कृति का बीजारोपण कर चुकी है। बुद्धिजीवी सुसुप्तावस्था में पड़े फिल्मों की वाचालता देख समाज में होते व्याभिचार को आँखें मूँदे देख रहे हैं। खामोशी समाज के जागरूक वर्ग के होठों पर है और समाज की वास्तविकता का मायाजाल दिखाकर समाज को भरमाने वाले फिल्मकारों की जुबान बोलती है और कहती है–"गोली मार भेजे में, भेजा शोर करता है....।"

16

सफल सिनेमा की कसौटी

मुदिता चन्द्रा

जहाँ एक ओर शिक्षा के प्रचार-प्रसार ने मनुष्य को उन्नति के सोपानों पर सफलतापूर्वक चढ़ना सिखाया है वहीं दूसरी ओर उसे काफी हद तक आत्मकेन्द्रित भी कर दिया है। आज मनुष्य-मनुष्य के बीच सम्बन्धों की वह प्रगाढ़ता दिखाई नहीं देती, जो पहले हुआ करती थी। कभी दोस्त, पड़ोसी, रिश्तेदारों की उपस्थिति से खुशी के रंग बढ़ जाया करते थे, गमों के पहाड़ कम हो जाते थे, वहीं आज दाहिने हाथ का दु:ख बाएँ को दिखाई नहीं पड़ता है। पैसा, शानो-शौकत तो है, परन्तु उसके साथ हमारे पास अकेलापन भी है। मशीन बनती ऐसी ज़िन्दगी में थोड़ी हलचल लाने में सिनेमा महत्त्वपूर्ण भूमिका का निर्वाह करता है। व्यस्तता से उत्पन्न बोझिलपन को कम करने के लिए बड़े-बड़े शहरों में लोग शॉपिंग करते हैं, होटलों में खाना खाते हैं और फिल्म देखते हैं। इसी में छुट्टी का दिन बीत जाता है और शुरू हो जाती है फिर बेहतर "लाइफ स्टाइल" पाने की जद्दो-जहद। छोटे शहरों में तो अभी भी रिश्तों की गरमाहट शेष है परन्तु बड़े शहरों में इसकी ऊष्मा बिल्कुल ठंडी पड़ गई है। ऐसी स्थिति में फिल्में जहाँ मनोरंजन का एक महत्त्वपूर्ण साधन बन गई हैं, वहीं जटिल जीवन की अतृप्त आकांक्षाओं को पूर्ण करने का एक सशक्त माध्यम भी हैं।

शुरू से ही "सिनेमा" शब्द के साथ "मनोरंजन" शब्द भी कुछ इस तरह चिपका है कि आज दर्शक इससे किसी भी प्रकार की गंभीरता की कल्पना ही नहीं कर पाता है। वह जानता है कि परदे का जीवन, जीवन का सच नहीं है, फिर भी वह इसके साथ हंसता है और रोता भी है। स्वप्न की इस दुनिया को देखना उसके लिए एक मनोरंजन है, लेकिन वह यह भूल जाता है कि स्वप्न भी कहीं न कहीं उसके अन्तर्जगत की ही अभिव्यक्ति होते हैं। इसलिए परदे के जीवन को दर्शक के जीवन से पूरी तरह अलग कर भला कैसे देखा जा सकता है।

सिनेमा वर्तमान की सबसे संश्लिष्ट एवं जटिल विधा है, यह केवल "सामूहिक रसास्वादन" की ही विधा नहीं है, बल्कि "सामूहिक सृजन" की भी विधा है, इसलिए इसका भावजगत इतना व्यापक और गहरा होता है। साधारणीकरण भारतीय काव्य, नाटक एवं अन्य ललित कलाओं का प्रमुख बिन्दु रहा है। साधारणीकरण का अर्थ है पाठक-दर्शक-श्रोता की आत्मविस्मृति। वे निज का अस्तित्व भुलाकर नायक-नायिकाओं के व्यक्तित्व का अंग बन जाते हैं। भारतीय फिल्मों ने काव्यशास्त्र के इस रस-सिद्धान्त को अपनी कला में पूरी तरह से अपनाया है। "हिन्दी फिल्मों ने साधारणीकरण की इस प्रक्रिया के लिए दो मूल आधारों का आश्रय लिया है। पहला, दर्शक की भावनाओं को विभिन्न प्रकार से उद्वेलित करके उसे मथना तथा दूसरा, संयोगों की संरचना करके फिल्म के सम्पूर्ण कथानक को एक प्रकार की उदात्ता के आलोक से आलोकित कर आदर्शवादी सुखांत अथवा सुख-दुख मिश्रित अनुपम अनुभूति से युक्त करना।" फिल्म ललित कलाओं का एक "कोलॉज" है इसलिए दर्शकों की भावनाओं को उद्वेलित करने के लिए फिल्म के पास साहित्य की अपेक्षा अधिक साधन उपलब्ध होते हैं। पहली महत्त्वपूर्ण बात फिल्मों के अधिकांश कथानक का भावना प्रधान होना है। भारतीय फिल्मों में प्रेम भावना से जुड़े कथानकों की शुरू से लेकर आज तक प्रधानता रही है। सामाजिक यथार्थ को व्यक्त करने वाली फिल्मों में भी भावनात्मक पक्ष की ही प्रधानता रही है।

"सेट" निर्माण के रूप में स्थापत्य कला का, फोटोग्राफी के रूप में चित्रकला का तथा गीत-संगीत और नृत्य का पर्याप्त प्रयोग साधारणीकरण की दिशा में महत्त्वपूर्ण भूमिका का निर्वाह करते हैं। इन सभी तत्वों को स्थापित करने वाली कई हिन्दी फिल्मों ने प्रशंसा से अपनी झोली भर ली है। भले ही सिनेमा ललित कलाओं का कोलॉज है, परन्तु साधारणीकरण की सबसे महत्त्वपूर्ण कड़ी "कथानक" होती है। परन्तु दुःख की बात यह है कि कथानक की दृष्टि से आज भी हिन्दी फिल्में "मेच्योर" नहीं हुई हैं। अधिकांश फिल्मों के अश्रुगलित रुग्ण भावुकता वाले प्रेमपरक कथानक ही फिल्मों के केन्द्र होते हैं। कमजोर कथानक फिल्म के सभी तत्वों को प्रभावित करते हैं, जिसके कारण फिल्में पिट जाती हैं। आज कथानकों में वैविध्य लाने का प्रयास चल रहा है। इसलिए यदि लीक से हटकर बनाई गई फिल्में चाहे उनमें वास्तविकता हो या न हो, परन्तु नवीनता का बोध कराती हैं तो वह "हिट फिल्म" की संज्ञा पा जाती हैं। फिल्म दर्शकों के लिए बनाई जाती हैं, यदि वे ही उसे स्वीकार नहीं करते हैं तो फिल्म बनाने की उपयोगिता क्या है? स्वांतः सुखाय के लिए साहित्य तो रचा जा सकता है परन्तु फिल्म के लिए इसे स्वीकार नहीं किया जा सकता है। किसी भी फिल्म की सफलता के केन्द्र में मुख्यतः निम्नलिखित गुणों का होना अति आवश्यक है–

(क) लोक चेतना की अनुकूलता

(ख) संगीतात्मकता

(ग) तत्कालीन परिस्थितियाँ

(घ) नयापन।

फिल्म के दायरे में आने वाली यह लोकचेतना अन्य किसी भी कला रूप के दायरे में आने वाली लोकचेतना से व्यापक और बहुविध प्रकार की होती है। हमारी लोकचेतना में निश्चित रूप से प्रेम का प्रधान स्थान है। यह प्रेम परिवार, पड़ोस, समाज, देश एवं प्रकृति से लेकर ईश्वर तक व्याप्त है। "चूँकि 'प्रेम की चेतना' एक ऐसी सार्वभौम चेतना है, जो प्रत्येक सुप्त रूप में विद्यमान रहती ही है, इसलिए जब भी उस चेतना को जागृत होने का वातावरण मिलता है, वह उस वातावरण को ग्रहण कर लेती है।" यही कारण है कि हमारे यहाँ प्रेम पर आधारित फिल्में अधिक बनीं और बहुत सफल भी रहीं। "कभी खुशी कभी ग़म", "हम साथ साथ हैं", "हम आपके हैं कौन", "रब ने बना दी जोड़ी", जैसी प्रेम कथाएँ कितनी सराहीं गईं, यह हम सभी जानते हैं। कितना भी सच्चा प्रेम क्यों न दिखाया जा रहा हो परन्तु वह खून-खराबे पर आधारित होता है तो सब कुछ होते हुए भी फिल्म 'फ्लॉप' हो जाती है जैसे "काइट्स"।

हिन्दी फिल्मों की सफलता का दूसरा गुण है संगीतात्मकता। यह कहना गलत न होगा कि फिल्मों की कामयाबी के पीछे गीतों का बहुत बड़ा हाथ होता है। कुछ फिल्में ऐसी अवश्य हैं जिनके गीत तो बहुत हिट रहे परन्तु फिल्म नहीं चली, किन्तु ऐसी फिल्म का नाम याद कर पाना मुश्किल है, जो हिट हुई हो लेकिन उसके गीत अनजाने हों। हाँ ऐसा अवश्य हुआ है कि गीत पहले लोकप्रिय हुए और उन्होंने फिल्म को लोकप्रिय बनाने का मार्ग प्रशस्त किया। लोकधुनों, शास्त्रीय संगीत, पाश्चात्य संगीत पर आधारित गानों ने धूम मचाई है। अब तो संगीत के साथ नृत्य का गठबंधन भी फिल्मों की लोकप्रियता की मजबूत कसौटी है। ऋतिक रोशन, शाहिद कपूर, गोविन्दा, आदि की फिल्मों को लोग "डांस स्टाइल" सीखने के लिए बड़े चाव से देखते हैं।

किसी फिल्म को लोकप्रिय बनाने में तत्कालीन परिस्थितियों का योगदान भी कम नहीं होता है। किन्हीं विशेष परिस्थितियों में लोकचेतना प्रबल हो जाती है और कुछ समय बाद उन परिस्थितियों के गायब होने या बदल जाने के कारण वह स्वयं भी गायब हो जाती है। "कभी-कभी जब कोई फिल्म अचानक हिट हो जाती है, जिसके बारे में कल्पना भी नहीं की गई थी, उसका कारण फिल्म के परिवेश का तत्कालीन परिवेश से तालमेल बैठ जाना होता है।" "फना", "मिशन कश्मीर", "फिजा", आदि ऐसी ही फिल्में हैं। "जय संतोषी माँ" फिल्म

का अचानक लोकप्रिय हो जाना भी ऐसा ही है, क्योंकि जिस समय यह फिल्म आई, "संतोषी माँ" के व्रत की धूम थी और इस कलयुग में जहाँ किस बात पर विश्वास करें किस पर नहीं, समझ नहीं आता तो ऐसे में ईश्वर की भक्ति से बड़ा सहारा और क्या हो सकता है?

निश्चित रूप से 'नयापन' फिल्म की लोकप्रियता का महत्त्वपूर्ण गुण है। जब कोई फिल्म 'नयापन' लेकर आती है, तो वह दर्शकों के आकर्षण का केन्द्र बन जाती है। "बॉबी" का प्रेम यदि अन्य फिल्मों की तरह युवाओं का प्रेम रहा होता, तो शायद उसे उतनी सफलता नहीं मिलती, पहली बार उसने अल्हड़ उम्र के प्रेम को व्यक्त किया और सफलता पाई, "एक दूजे के लिए" के प्रेम में उत्तर भारतीय और दक्षिण भारतीय प्रेमियों के बीच की भाषा समस्या ने उसे नया रूप दे दिया।

कहते हैं 'साहित्य समाज का दर्पण होता है' परन्तु फिल्मों में कथा होते हुए भी यह समाज का दर्पण नहीं होता है। ढाई घंटे तक दर्शकों को बाँधे रखने और आकर्षित करने का उद्देश्य लेकर बनी फिल्मों में कई ऐसे तथ्यों का समावेश हो जाता है जो किसी भी तरह उचित नहीं होता है। आज मुख्यत: तीन प्रवृत्तियों से जुड़ी फिल्में दिखाई पड़ती हैं–सामाजिक फिल्में, उदात्त भावों से युक्त प्रेम प्रधान फिल्में तथा हिंसात्मक फिल्में। सामाजिक फिल्में वे फिल्में हैं, जिनमें भारतीय समाज को उबारने की कोशिश की जाती है। प्रेम पर आधारित फिल्मों की तो एक लम्बी श्रृंखला है, प्रेम एक ऐसी पवित्र भावना है जो अमीर-गरीब, छोटे-बड़े सबों के दिल को लुभाती है। युवा वर्ग जब अपने हम उम्र नायकों को प्रेम में दीवाना देखता है और सफल होते हुए भी पाता है तो वह इसे जाने-अनजाने अपने जीवन में भी शामिल कर लेता है, फिल्मों का प्रेम वास्तविक जगत का प्रेम नहीं होता, इसे समझने का वह प्रयास ही नहीं करता है, शादी से पहले नायिका का माँ बन जाना फिल्मों में होता होगा, परन्तु भारतीय संस्कृति में रंगे समाज में यह परिस्थिति कितनी दुखदायी होगी, इसकी कल्पना उसका अपरिपक्व मन नहीं कर पाता है और फिल्मों से प्रेरित हो वह बहुत कुछ ऐसा कर बैठता है जिसके कारण उसका जीना दूभर हो जाता है। हताश मन कभी आत्महत्या का सहारा ले लेता है या फिर मानसिक रुग्णता का शिकार बन जाता है। "जंजीर", "दीवार", "शोले" जैसी फिल्मों से हिंसात्मक फिल्मों का एक ऐसा दौर शुरू हुआ जिसकी आँच की गर्मी से सामाजिक फिल्में हो या प्रेम प्रधान फिल्में कोई बच नहीं पाईं। हाल ही में आई फिल्म "काइट्स" ऐसी ही फिल्म है। यूँ तो इस फिल्म की कहानी प्रेम प्रधान कहानी है, परन्तु इस प्रेम की चाह में इतना खून-खराबा होता है कि प्रेम का स्त्रोत कहाँ सूख जाता है पता ही नहीं चलता, 'राकेश रोशन और ॠतिक रोशन' की फिल्म

फ्लॉप की संज्ञा ले, यह आश्चर्य की ही बात है। "कमीने" में भी इतनी हिंसा दिखाई गई है कि ऐसा लगता है मानो "डॉन" जैसे व्यक्ति को महानायक बना दिया है। "वॉण्टेड", "शूट आउट ऐट लोखण्डवाला", आदि फिल्में भी इसी तरह की हैं। कुछ नयापन दिखाने की चाह में फिल्म निर्माता कभी-कभी ऐसा परोस देते हैं जो गुमराह करने का भी कार्य करते हैं। "आँखें", "धूम" (वन, टू), "बंटी और बबली", बदमाश कम्पनी", वाण्टेड", "दम मारो दम", "दबंग", तीसमारखाँ", "गरम मसाला", "नो एण्ट्री", "थैंक्यू", "डेल्ही बेली", आदि फिल्में युवा वर्ग को गलत करने की ओर उकसाती हैं। फिल्मों की चीजें जितनी रोमांचकारी लगती हैं, वैसी असली जीवन में नहीं होतीं। "आँखें" फिल्म में अंधे डकैती को अंजाम देते हैं, "धूम" फिल्म में बड़े ही आकर्षक ढंग से पुलिस को चकमा देकर नायक चोरी करता है। "बंटी और बबली" चोरी और फ्रॉड बाजी को केन्द्र में रखकर बनाई गई रोमांचकारी फिल्म है, बंटी और बबली की तरह धोखेबाजी से पैसा कमाने की बात अक्सर न्यूज़ चैनलों की सुर्खियाँ बनती हैं। "बदमाश कम्पनी" में धोखे के व्यापार से रातों-रात बड़ा आदमी कैसे बना जा सकता है, इसका अहसास है। "वाण्टेड" में हिंसा का उदात्तीकरण है, "दम मारो दम" में सेक्स और ड्रग्स की दुनिया को चकाचौंध के अंदाज़ में पेश किया गया है। "दबंग" में पुलिस की रिश्वतखोरी को महिमामण्डित किया गया है। "तीसमारखाँ" में चोरी, फरेब और लूट को सही बताया गया है। इस फिल्म का नायक कहता है कि वह ऐसा रॉबिनहुड है जो अमीरों को लूटता है, लेकिन गरीबों में बाँटता नहीं है। "गरम मसाला", "नो एण्ट्री", "थैंक्यू", "डेल्ही बेली", आदि फिल्में परस्त्रीगमन को कहीं न कहीं चाकचिक्यपूर्ण कार्य बताती हैं। बुरे काम का बुरा नतीजा, या पश्चाताप की भावना या फिर गलती का एहसास और फिर अच्छा आदमी बनाकर फिल्म का अंत होता है, परन्तु परिणाम पर कौन विचार करता है। ऐसी कई घटनाएँ सुनने या पढ़ने को मिल जाएंगी जब अपराधी यह स्वीकार करता है कि उसने इस अपराध की प्रेरणा इस फिल्म से ली थी।

भले ही यह माना जाता है कि फिल्मों की अपनी दुनिया है, परन्तु इस बात को स्वीकार करना थोड़ा सा मुश्किल ही है कि इस दुनिया में बसने के कारण वह शेष दुनिया से कट गया है। निश्चित रूप से उसकी उंगलियाँ समाज की नब्ज पर रहती हैं और वह उसकी रुचि की धड़कनों को पहचानता है। "वह जानता है कि यदि उसने एक ऐसी फिल्म बनाई, जिसके बीज समाज की जमीन में नहीं हैं, तब वह फिल्म पिट जाएगी।" इसलिए हर बार फिल्म का सम्पर्क लोकचेतना से अवश्य होना चाहिए क्योंकि फिल्म बनती ही है जनता जनार्दन के लिए। अतः फिल्म समाज से गहरे रूप में जुड़ी होती है। इसका कारण मात्र

इतना है कि दर्शकों की भावना में अधिक से अधिक उबाल लाने के लिए वह एक यथार्थ तथ्य के लिए इतने अयथार्थवादी तथ्य प्रस्तुत कर देता है कि सच होने पर भी उस पर विश्वास करना मुश्किल हो जाता है।

अतः अंत में निष्कर्ष रूप में मैं इतना कहना चाहती हूँ कि एक फिल्म में उन सभी साधनों का भरपूर सहारा लिया जाता है, जो दर्शकों की भावनाओं में उफान ला सकें। कथानक, संगीत, ध्वनि, गीत तथा दृश्य, आदि जितने भी आधार तत्व हैं, उन सबका उपयोग क्षमता की चरम सीमा तक किया जाता है। यही कारण है कि एक साधारण सा व्यक्ति हमारे लिए महानायक बन जाता है या फिर एक तिल सा विषय आकर्षक बन जन-जन के हृदय को आकर्षित करने लगता है और फिल्म सुपरहिट हो जाती है।

17

हिन्दी की अभिव्यक्ति क्षमता में सिनेमा की भूमिका

विजय वेदालंकार

भाषा चेतना का प्रवाह है। यह शैथिल्य तोड़ती है, जड़ता का नाश करती है, जाड्य का अपहरण करती है तथा तमस का भेदन कर शुचि वैचारिक समुज्ज्वला का उद्‌घाटन करती है। भाषा में पूरा समाज झंकृत होता है, पूरी संस्कृति प्रतिबिम्बित होती है। भाषा, जातीय संस्कृति को उसकी संपूर्णता में सर्वदा सुरक्षित रखने वाली सार्वकालिक रक्षिका है। जब कभी संस्कृति पर कोई बाहरी हस्तक्षेप होता है तो भाषा उसके प्रति जनमानस में सजगता भर देती है। सजग रहने की यही प्रवृत्ति किसी भी भाषा को जीवंत बना देती है।

हिन्दी हजारों वर्षों से भारत के जनमानस को आन्दोलित करती रही है। विचारों के स्तर पर इसने भारत को संस्कार दिया, भावों के स्तर पर इसने भारत को परिष्कृत किया, अभिव्यक्ति के स्तर पर इसने भारत को विचारपूर्ण वाचालता, भावपूर्ण मुखरता और कलापूर्ण सरसता प्रदान की है।[1] वस्तुतः हिन्दी केन्द्रीय भाषा के रूप में साहित्यिक प्रयत्नों के साथ-साथ सामान्य जन-जीवन की अभिव्यक्ति का महत्त्वपूर्ण आधार रही है। प्रसन्नता के क्षणों में इसी हिन्दी भाषा में जनमानस ने तराने छेड़े हैं, दुख के क्षणों में इसी हिन्दी में जनमानस ने अपने हृदय की वेदना के गीत गाए हैं, आशा में उदात्त संगीत और निराशा में भक्ति भावना की स्नेह-वर्तिका डाली है। यही कारण है कि आज हिन्दी जन-आकांक्षाओं की सांस्कृतिक प्रतीक बन गई है।

आज हिन्दी पूरे भारत की अभिव्यक्ति की सामान्य भाषा के रूप में अधिष्ठित है। पूरा भारत इसे बोल सकता है, समझ सकता है। आज भारत हिन्दी की सार्वकालिक, सांस्कृतिक तात्विकता की स्वीकृति में विकासोन्मुख है। हिन्दी

भाव, विवेक, अभिव्यक्ति एवं जीवनशैली में पूरे भारत का प्रतिनिधित्व करती है। भारतेन्दु ने हिन्दी की समृद्धि पर ही राष्ट्र का स्वप्न देखा था–

निज भाषा उन्नति अहै, सब उन्नति को मूल।
बिन निज भाषा ज्ञान के, मिटत न हिय को सूल।।[2]

भाषा की शक्ति मानवीय प्रयत्नों की शक्ति है, मानव की संस्कृति की शक्ति है। जब यही भाषा चाक्षुष बिम्बों से समन्वित हो जाती है तो उसकी मन और मस्तिष्क को प्रभावित करने की शक्ति अनन्त हो उठती है।

सिनेमा ने अपने चाक्षुष बिम्बों के द्वारा हिन्दी भाषा को ऐसी ही अमोघ शक्ति प्रदान की है। इसी शक्ति के बल पर, समस्त राजनैतिक विरोधों और साम्प्रदायिक तथा क्षेत्रीय गतिरोधों के बावजूद हिन्दी ने इस राष्ट्र के जनमानस में अपना विशिष्ट स्थान बना लिया है। भारत का हिन्दीतर भाषी जनसमुदाय हिन्दी को नहीं सतझता परन्तु सिनेमा की "हिन्दी" को अवश्य समझता है। केवल समझता ही नहीं है अपितु बहुत हद तक उसके साथ, उसमें अभिव्यक्त जीवन के साथ समरस भी होता है। यह एक ऐसा सत्य है, जिसे कोई अस्वीकार नहीं करता। निश्चय ही यह सत्य हिन्दी और सिनेमा के अटूट संबंध को ही नहीं वरन् उस संबंध के कारण उत्पन्न प्रभाव को भी स्पष्ट करता है। जैसे हिन्दीतर भाषी लोग सिनेमा के इन गीतों को गुनगुनाते मिल जाते हैं–

"मेरा लाल दुपट्टा मल-मल का ओ जी, ओजी"

* * * *

"दीदी तेरा देवर दीवाना, हाय राम कुड़ियों को डाले दाना"

सिनेमा ने हिन्दी को इस प्रकार जीवन की भाषा का रूप प्रदान किया है, जो किसी वर्ग विशेष की भाषा नहीं है, केवल हिन्दी भाषियों की ही भाषा नहीं है, अपितु उस हिन्दीतर भाषी की भी भाषा है जो जीवन की मधुर तरंगों में जीता है, गाता है, समरस होता है। आज भी हिन्दीतर भाषी क्षेत्रों के अंतरंग भागों में हिन्दी की इस जीवनी शक्ति को जन-मन की भावतरंगों के साथ खेलते हुए देखा जा सकता है। वहाँ न राजनैतिक स्वार्थों से उत्पन्न गतिरोध है, न क्षेत्रीय विवाद है, अपितु जीवन से जीवन का संवाद है। सिनेमा ने हिन्दी को इस संवाद की भाषा बनाया है।[3]

हिन्दी सिनेमा जीवन को बोलने, अभिव्यक्त करने और लेकर चलने वाली अपनी भाषा के सहारे देश को और सारी भाषाओं के बोलने वाले लोगों को एक भावात्मक सूत्र में बांधने का कार्य करता रहा है। केवल सांस्कृतिक और सामाजिक जागरण के ही नहीं, राजनैतिक उद्‌बोधन के सम्पर्क सूत्र भी भारतीय जीवन में सिनेमा ने पैदा किए हैं और शोषण तथा अन्याय के विरुद्ध विद्रोह

को भी विकसित किया है। देश के किसी भी भाग में हिन्दी सिनेमा के द्वारा विकसित सामाजिक, सांस्कृतिक व राजनैतिक, आर्थिक विचारक्रान्ति को देखा जा सकता है।

हिन्दी विरोध के जो स्वर दक्षिण में पल्लवित और मुखरित हुए वे या तो विशुद्ध राजनैतिक स्वार्थों से प्रेरित हैं अथवा हिन्दी के पंडिताऊ रूप के विरोध में है। सिनेमा द्वारा जीवन में बोलने वाली हिन्दी भाषा के प्रति वहाँ कोई विरोध नहीं है। यही नहीं हिन्दी भाषा में बनने वाली अनेक सफल फिल्मों का निर्माण दक्षिण में वहाँ के कलाकारों द्वारा ही हो रहा है और उनको देखने वाली जनता संपूर्ण भारत के कोने-कोने में बिखरी हुई है।

जहाँ तक हिन्दी की अभिव्यक्ति क्षमता का प्रश्न है तो सिनेमा ने केवल भावनात्मक, सामाजिक और सांस्कृतिक दृष्टि से ही हिन्दी को समृद्ध नहीं किया, अपितु अभिव्यक्ति क्षमता, शैलीगत कलात्मकता, संवादात्मक नाटकीयता, संगीतात्मकता तथा शब्द भंडार की दृष्टि से भी विकसित और समृद्ध किया है। सिनेमा की जीवनी शक्ति और जन-मन को प्रभावित करने वाली रमणीयता ने हिन्दी को अभिव्यक्ति सौन्दर्य के चरम पर पहुँचाया है, हिन्दी की समरसता की शक्ति को बढ़ाया है तथा समन्वय की दृष्टि को विकसित किया है। सिनेमा ने हिन्दी की ग्राहक क्षमता को इतना लचीला बना दिया है कि वह आज प्रत्येक सुंदरता को, चाहे वह किसी भी भाषा के माध्यम से आती हो, अपने कलेवर में समा सकने में समर्थ है।

आज का हमारा सिनेमा अतीत और वर्तमान तथा देश-विदेश के जीवन के यथार्थ सत्यों को लेकर चल रहा है। हिन्दी भाषा इस विस्तार को अभिव्यक्त कर रही है। हिन्दी के पास सूक्ष्मातिसूक्ष्म विचारों, भावों और भाव मुद्राओं को रंगमंच पर मूर्त रूप प्रदान करने की क्षमता है। हिन्दी की शब्द सम्पदा देश-विदेश के शब्दों को ग्रहण कर बहुत विकसित हो गई है। अंग्रेज़ी के शब्दों को इतने स्वाभाविक रूप से हिन्दी ने पचा लिया है कि उनका परायापन समाप्त हो गया है। वे शब्द हमारे दैनन्दिन जीवन के अनिवार्य एवं स्वाभाविक अंग बन गए हैं। सिनेमा के माध्यम से हिन्दी में आए ये शब्द जन-सामान्य के जीवन के साथ इतने घुलमिल गए हैं कि अनपढ़ व्यक्ति भी इन शब्दों का प्रयोग बेधड़क करता हुआ आपको मिल जायेगा। इस प्रकार सिनेमा ने हिन्दी भाषा की शब्द-सम्पदा को बहुत समृद्ध किया है। शब्दों की व्यंजना क्षमता भी विकसित हुई है। रजतपट के हजारों शब्द "फैशन" और "अभिनय" आकर्षण के रूप में भारतीय समाज को रंगीन बनाने का कार्य कर रहे हैं।[4]

मुंबई और चेन्नई हिन्दी सिनेमा के निर्माण केन्द्र हैं। इस कारण मराठी और तमिल के अनेक शब्द बड़ी मधुरता से हिन्दी में खप गए हैं। आज हिन्दी भाषी

मराठी और तमिल भाषा को न समझते हुए भी सहगानों में आए मराठी एवं तमिल शब्दों को उनकी भाव-मुद्राओं के द्वारा समझता है तथा उनको अपना मानकर अपनाता है। "एक दूजे के लिए" नामक फिल्म तमिल शब्दों के प्रयोग का सुंदर उदाहरण प्रस्तुत करती है। जबकि मराठी शब्दों तथा गीत खण्डों का प्रयोग तो "सिंघम" जैसी सैंकड़ों फिल्मों में बिना किसी हिचक के हुआ है। इन प्रयोगों ने हिन्दी की शक्ति को तो बढ़ाया है, विभिन्न भाषाओं को भी समीपता के धागे में पिरोया है।

गीत और संगीत की दृष्टि से हिन्दी सिनेमा ने अपनी विशिष्ट छवि बनाई है। "त्रासदी" हो या "कॉमेडी" हिन्दी का सिनेमा गीतों के माध्यम से ही विकसित होता है। जन-मन पर प्रभाव विस्तार की दृष्टि से गीतों का अपना महत्त्व है। प्रायः ऐसा होता है कि फिल्म के प्रदर्शन से पहले ही उसके गीत लोकप्रियता प्राप्त कर लेते हैं और युवक-युवतियों के कण्ठों का हार बन जाते हैं। इन गीतों ने अपना प्रभाव केवल हिन्दी भाषी जनता तक सीमित नहीं रखा अपितु हिन्दीतर भाषी भी बड़े शौक और उत्साह के साथ इन गीतों को गुनगुनाते और गाते देखें जा सकते हैं। नई पीढ़ी में इन गीतों के प्रति एक प्रकार का दीवानापन दिखाई देता है। इस प्रकार सिनेमा ने गीतों के माध्यम से हिन्दी को सम्पूर्ण भारत में लोकप्रियता और विस्तार प्रदान किया है। सिनेमा ने हिन्दी को सैकड़ों भावमय, रमणीय कल्पना से पूर्ण, संगीत माधुरी सम्पन्न और साहित्य की दृष्टि से श्रेष्ठतम गीत प्रदान किए हैं। ऐसे सैंकड़ों मधुर और सुन्दर गीतों तथा करुण सजल गज़लों ने जन-मन को अपने भाव सौन्दर्य से अभिभूत किया है। जैसे-

"गुनगुना रहे हैं भौंरे, खिल रही है कली-कली" ("आराधना")

* * * *

कश्मीर की कली हूँ मैं, मुझसे न रूठो बाबूजी" ("कश्मीर की कली")

वास्तव में ये गीत/गज़ल हिन्दी साहित्य की अनुपम निधि हैं, जिनमें भाव सबलता के साथ रमणीय कल्पना है, जीवन की गति है।

संगीत की दृष्टि से भी सिनेमा ने हिन्दी भाषी को नवीन भाव-भूमि तथा नवीन कलात्मक सौन्दर्य प्रदान किया है। भारतीय शास्त्रीय संगीत की गरिमा के साथ ही लोकसंगीत तथा पाश्चात्य संगीत का अद्‌भुत समन्वय फिल्म संगीत ने अपने आँचल में समेटा है। इसमें शंकर-जयकिशन, लक्ष्मीकान्त-प्यारेलाल, सचिन देव बर्मन का योगदान प्रमुख है। गायकों में मोहम्मद रफी, लता मंगेशकर, आशा भोंसले, मन्ना डे, मुकेश का काफी योगदान है।

इस प्रकार अनेक राग-रागनियों के प्रयोग और नवीन कलात्मक संगीत विधान का विकास सिनेमा में हुआ है। संगीत के इस नवीन विधान ने हिन्दी को अनेक नवीन छंद, नवीन स्वर और नवीन स्वर-शैलियाँ प्रदान की हैं। आज के हिन्दी साहित्य के भण्डार में हजारों मधुर गीत सिनेमा की देन के रूप में मौजूद हैं। इन गीतों में जीवन के सूक्ष्म से सूक्ष्म भावों, विचारों, उद्‌गारों और आशा-आकांक्षाओं का विशाल सागर लहरा रहा है।

सिनेमा ने हिन्दी भाषा की संवादात्मक क्षमता को बहुत निखारा है, नाटकीय संवादों की सशक्त और परिष्कृत शैली प्रदान की है जो मन के सूक्ष्म भावों और विचारों की गम्भीरता को बड़े सफल और चुटीले ढंग से अभिव्यक्त करने में समर्थ है। हिन्दी सिनेमा के अनेक छोटे-छोटे किन्तु मर्मस्पर्शी संवाद गीतों की कड़ियों की तरह ही युवकों एवं बालकों के मुख से स्वाभाविक ढंग से सुने जा सकते हैं। जैसे-

क्या बोलती तू
आती क्या खंडाला?
क्या करूँ आके मैं खंडाला?
नाचेंगे, गाएंगे ऐश करेंगे, और क्या?

वास्तव में ऐसे गीतात्मक संवाद सीधे-सीधे भावनाओं से जुड़ जाते हैं और लोकप्रियता प्राप्त कर लेते हैं।

स्पष्टतः यदि कहा जाए कि सिनेमा ने हिन्दी भाषा को लोकप्रिय एवं जनभाषा बनाने के साथ ही साथ अभिव्यक्ति क्षमता की दृष्टि से भी काफी महत्वपूर्ण कार्य किया है तो कोई अतिशयोक्ति नहीं होगी। हिन्दी सिनेमा ने हिन्दी को जीवन के यथार्थ एवं आदर्श के साथ जोड़ा है और उसे सच्चे अर्थों में राष्ट्र की भाषा बनाया है।

संदर्भ-ग्रन्थ

1. बालेन्दुशेखर तिवारी–*प्रयोजनमूलक* हिन्दी, पृ० 38।
2. बालेन्दुशेखर तिवारी–*भारतेन्दु समग्र,* पृ० 228।
3. *पूर्णा (राजर्षि टंडन शताब्दि विशेषांक)* मार्च 1983, पृ० 81।
4. *पूर्णा (राजर्षि टंडन शताब्दि विशेषांक)* मार्च 1983, पृ० 83।

18

रीतिकाल पर भारी हिन्दी फिल्में

शिवकुमार शर्मा

आज शादी-पार्टियों में उन्मुक्त होकर नाचना पुरुष वर्ग तक ही सीमित नहीं रह गया है, इस क्षेत्र में अब लड़कियाँ/महिलायें भी पुरुषों से पीछे नहीं हैं। पिछले दिनों मेरे एक विद्यार्थी की शादी के आयोजन में जाना हुआ। वरयात्रा के धूम-धड़ाके और तड़क-भड़क वाले वातावरण में लड़कियों और लड़कों ने हू-बहू फिल्मी शैली में एक दूसरे की कमर पकड़-पकड़ कर नृत्य किया। एक दो पति-पत्नी थे, शेष अविवाहित थे। नृत्य का यह खेल उन सभी गानों पर खेला गया जो सुनने में भी अश्लील लगते हैं। 'पप्पा जग जायेगा', 'पिया समझ कर सो गई', आदि अनेक गीत ऐसे थे जिन पर वे युवक-युवती थिरक रहे थे। हमारे समाज में हमारे ही सामने हमारे बच्चे ऐसे नाचते हैं, तो हमें कुछ गलत लगता ही नहीं, अपितु हम खुश होते हैं और आपस में "आपकी बेटी अच्छी नाची" कहकर बधाइयाँ दी जाती हैं। ऐसे में हम फिल्मों में हो रहे नग्न प्रदर्शन की बात करें, तो भला कैसे?

हिन्दी फिल्मों का प्रभाव हो या धारावाहिकों का, आजकल धारावाहिकों के माध्यम से फिल्म संस्कृति ने घर-घर में पाँव पसार लिए हैं। आम साधारण परिवारों की क्या कहें, अनेक पढ़े-लिखे लोग भी इन सीरियलों के प्रभाव में आ जाते हैं। वे जाने-अनजाने में ही इस विलासितापूर्ण जीवन की हसरती दुनिया का एक ऐसा हिस्सा बन जाते हैं, जिसकी सच्चाई सिर्फ सुखी, सफल, सुविधा सम्पन्न स्वकेन्द्रित ज़िन्दगी है, जहाँ अरबपतियों वाले सजे-संवरे घर हैं, एक से एक महँगी गाड़ियाँ, विदेश यात्रायें हैं और साथ में अप्सराओं की छवि वाली नारी देह है। इस जीवन में यदि कहीं संघर्ष है तो वह केवल इस नारी देह को पाने के लिए है और इस संघर्ष में विजय पाने के लिए सारी नैतिकताओं, मान्यताओं और मूल्यों को ताक पर रख दिया जाता है।

हम प्रतिबन्ध लगाने की बात करते हैं। सेंसर बोर्ड को कोसते हैं, लेकिन फैशन के नाम पर वक्ष को उभारकर चलना, ऐसे कपड़े पहनना, जिनसे शारीरिक आरोह-अवरोह स्पष्ट दिखाई दें, आदि स्थितियाँ एक ऐसे उद्दीपक वातावरण का निर्माण करती हैं, जो समाज की नैतिकता और शालीनता भंग करने के लिए उत्तरदायी हैं। यहाँ किसी विद्वान का यह कथन कि यदि नग्नता ही आधुनिकता है तो इसमें पशु हमसे बहुत आगे हैं, अक्षरशः सत्य है तथा स्वस्थ और सभ्य समाज की कामना करने वालों के लिए निश्चित ही यह चिंता का विषय है। कहाँ-कहाँ और क्या-क्या रोकेंगे आप?

एक बात साफ है कि प्रतिबन्ध किसी भी ऐसे मामले का हल नहीं हो सकता अपितु वह तो प्रायः ऐसे मामलों में प्रचार-प्रसार का माध्यम ही बनता है।

इस प्रसंग में जब मैत्रेयी पुष्पा के उपन्यासों का स्मरण हो आता है तो मन क्षुब्ध हो जाता है। उनका साहित्य भी भाव और भाषा दोनों स्तरों पर निराश कर रहा है। मैत्रेयी पुष्पा ने अपने एक उपन्यास में संभोग के प्रसंग को इतना अतिरंजित कर चित्रित किया है कि भाषाई शालीनता की सारी सीमाएँ लांघ दी हैं। ब्रा के हुक खोलने और चड्डी खिसकाने तक भी तसल्ली नहीं मिलती, तो वह इसके भी चार कदम आगे तक चली जाती हैं। आखिर ऐसे साहित्य सृजन से हम क्या संदेश देना चाहते हैं? जबकि जगदीश चतुर्वेदी लिखते हैं कि अश्लीलता का नग्नता से कोई सम्बन्ध नहीं होता। कोई जैन मुनि अश्लील नहीं लगता, किन्तु जब देह की नग्नता का उपयोग बाजार के लिए होने लगता है, तो वह प्रस्तुति अश्लील हो जाती है। सीमेंट के विज्ञापन में ब्रा-पेन्टी पहले सद्यस्नाता की तरह आती मॉडल को देखकर यह समझ पाना कठिन होता है कि आखिर इसका सीमेंट से क्या सम्बन्ध है।

बॉडी की सहज गति में अश्लीलता नहीं होती। एक प्रकार से वह प्रसाद गुण सम्पन्न होती है किन्तु जब देह को विशेष प्रयोजन के लिए प्रदर्शित किया जाता है तो उसमें अनेक भंगिमायें व्यंजित होने लगती हैं। जब कूल्हे, उरोज, आदि अंग देह की सहज गति को छोड़ कृत्रिम गति से चलने लगते हैं तो अश्लीलता प्रकट होती है। सौन्दर्य प्रतियोगिताएँ इसीलिए अश्लील होती हैं क्योंकि उनमें देह को बाजार की वस्तु के रूप में प्रस्तुत किया जाता है।

वस्तुतः हिन्दी फिल्मों की आज जो स्थिति है और फिल्म जगत आज जिस दौर से गुजर रहा है, उसमें सेंसर बोर्ड की उपस्थिति, आवश्यकता और प्रासंगिकता पर प्रश्नचिह्न लगाने की बजाय पूर्ण विराम लगाने की इच्छा होती है। यदि सेंसर बोर्ड के बावजूद "जिस्म", "मर्डर", "मर्डर-2", "हवस, जूली और ख्वाहिश", जैसी फिल्में बनती और प्रदर्शित होती हैं और मल्लिका शेरावत,

जैक्लीन फर्नांडीज़, विपाशा बसु और नेहा धूपिया अपने अंग-प्रदर्शन को कथानक की आवश्यकता बताकर उसे कला के आवरण में ढँकने का प्रयास करती हैं तो भला फिर सेंसर के होने का क्या अर्थ है?

कहानी की माँग कहकर ऐसे दृश्य दिखाये जाते हैं, जिनके द्वारा परोक्ष रूप से नारी देह को दिखाने का आयोजन किया जाता है। "सलाम-नमस्ते" में प्रीति जिन्टा की प्रसव-वेदना से लेकर प्रसव तक के समूचे दृश्य को दिखाने के पीछे आखिर क्या छुपा है! जी॰टी॰वी॰ पर प्रस्तुत धारावाहिक "अगले जनम मोहि बिटिया ही कीजो" में भी प्रसव के ऐसे ही अनावश्यक दृश्य को अतिरंजित करके प्रस्तुत किया गया है।

"कैसी आगी लगाई" नामक उपन्यास में असगर वजाहत ने रीतिकालीन काव्य की चर्चा की है। वे लिखते हैं कि रीतिकाल को लड़कियों की उपस्थिति में पढ़ाया नहीं जा सकता। वजाहत जी की यह पंक्ति पढ़ते ही मुझे याद आता है जब डॉ॰ जदुपति सिंह कहते थे कि इन लड़कियों के सामने विद्यापति को कैसे पढ़ाऊँ? हिन्दी की रीतिकालीन कविता के सन्दर्भ में यह स्वीकृत सा तथ्य है कि सामंतों को रिझाने के लिए वह शृंगारिक कविता अश्लीलता की सीमा तक पहुँच गई थी। जिन भंगिमाओं, दृश्यों और नारी के अंग-प्रत्यंगों के उत्तेजक वर्णन से कविता को पढ़ाने और समझाने में कठिनाई होती है, आज उनका प्रत्यक्ष दर्शन रूपहले पर्दे पर घंटाये चौबीस उपलब्ध है। रीतिकाल में जो देह-दर्शन राजाओं और सामन्तों को उपलब्ध था, उसे हिन्दी फिल्मों ने सर्वसुलभ बना दिया है। भाषा की सीमा ने जिस देह को राज दरबारों तक सीमित रखा था, अभिव्यक्ति के दृश्य माध्यम ने उसे घर-घर पहुँचा दिया है। इस आधार पर यह कहा जाए कि रीतिकाल की कविता और हिन्दी फिल्मों में महज माध्यम का अन्तर है तो अतिशयोक्ति न होगी क्योंकि दोनों जगह माँसल सौन्दर्य के प्रति दृष्टिकोण में कोई बदलाव दिखाई नहीं देता तथापि हिन्दी फिल्मों ने रीतिकाल में जो सामग्री सीमित क्षेत्र को उपलब्ध थी, उस सामग्री को घर-घर पहुँचा दिया है।

19वीं शताब्दी के अन्त में आरंभ हुये हिन्दी सिनेमा के इतिहास में अनेक बदलाव आये हैं। समय के साथ हिन्दी फिल्मों का सफर आज जिस मुकाम पर पहुँच गया है, वहाँ सार्थक, पारिवारिक और समाज को सही दिशा देने वाली फिल्में कहीं पीछे छूट गई हैं।

आज के दौर की हिन्दी फिल्मों की रीतिकालीन कविता से तुलना में हिन्दी फिल्में रीतिकाल पर भारी हैं। रीतिकालीन कवियों की नायिका भेद, अंग-प्रत्यंगों के वर्णन और भंगिमाओं के प्रदर्शन में भी आज की नायिकाओं के हॉट सीन जैसी फूहड़ता नहीं है तथापि रीतिकालीन कविता जिस देह पर टिकी है, हिन्दी

फिल्मों में उसी देह के फूहड़ और अश्लील प्रदर्शन ने सारी सीमायें तोड़ दी हैं। रीतिकाल में देह, देह थी। आज देह का वस्तुकरण हो गया है। देह को बाजार की वस्तु बनाकर उससे अधिक से अधिक लाभ अर्जित करने का भाव ही हिन्दी फिल्मों के केन्द्र में है।

पहले हिन्दी फिल्मों में भी भारतीय नाट्य परम्परा की दृष्टि से मंच पर वर्जित दृश्यों को ध्यान में रखकर दृश्य फिल्माये जाते थे। प्रणय दृश्यों के लिए नायक-नायिका को नजदीक आते दिखा कर दो फूलों को मिलता हुआ दिखा दिया जाता था। इसी प्रकार सुहागरात के दृश्य में सजी-संवरी प्रतीक्षारत बैठी नायिका के कक्ष में नायक का प्रवेश और उसे दरवाजा बन्द करते और बत्ती बुझाते दिखाकर दृश्य की इतिश्री कर ली जाती थी। आज स्थिति यह है कि मल्लिका शेरावत ने सत्रह चुम्बन दृश्य दिये तो मैं चौंतीस देने को तैयार हूँ। चुम्बन की परम्परा में "1942 ए लव स्टोरी" में मनीषा कोइराला ने अनिल कपूर को जिस गहराई से किस किया, उसकी पुनरावृत्ति "धूम" में ऐश्वर्या और ऋतिक रोशन के द्वारा की गई। मल्लिका, नेहा और विपाशा, राखी सावंत जैसी नायिकाओं के लिये तो यह कहानी की मांग भर है। आज जैक्लीन फर्नांडीज़ जैसी नवोदित अदाकारा तो आपको यह कहती मिल जाती है कि सीरियल किसर इमरान हाशमी मेरे साथ "मर्डर-2" में हॉट सीन करते हुए नर्वस हो गए थे।

नग्नता के इस प्रदर्शन को जहाँ ये नायिकायें कहानी की मांग बताती हैं, वहीं फिल्म के निर्देशक उसे जनता की मांग बताते हैं। इस प्रकार अर्थशास्त्र की मांग और आपूर्ति का सिद्धान्त फिल्मों के देह-प्रदर्शन पर फिट होता है। हिन्दी की रीतिकालीन कविता के सन्दर्भ में कम से कम यह बात नहीं की जा सकती।

फिल्मों में प्रदर्शित पहनावा, आचार-व्यवहार, बात करने का, चलने फिरने और मिलने के शिष्टाचार, आदि सभी को आम दर्शक ग्रहण करता है। साफ-साफ शब्दों में कहें तो वह नायक-नायिका की जीवन शैली से प्रभावित हुए बिना नहीं रहता। टीन एजर्स लड़के-लड़कियों के अतिरिक्त मैच्योर एवं प्रौढ़-प्रौढ़ाएँ भी तीन घंटे बाद जब सिनेमा हॉल से बाहर आते हैं, तब वे भी उसके प्रभाव से अछूते नहीं रहते। यहाँ तक कि समाज के यथार्थ चित्रण के नाम पर फिल्मों में दिखाये जाने वाले आपराधिक दृश्य और अपराध के नये-नये तौर-तरीकों से आज अपराधों में बेतहाशा वृद्धि हो ही रही है। घर-परिवारों में छोटे-छोटे बच्चे हिंसक वारदातें कर रहे हैं। निर्माता-निर्देशकों की यही मनःस्थिति अश्लीलता के रूप में भी देखने को मिल रही है। द्विअर्थी संवाद, कच्ची उम्र में लड़के-लड़कियों के कामुक हाव-भाव, लगातार शरीर पर कम होते कपड़े, अंगों का अशोभनीय प्रदर्शन, सार्वजनिक आलिंगन, चुम्बन और नारी देह की नग्नता के अलावा आज हिन्दी फिल्मों में और कुछ नहीं रह गया है। हिन्दी

फिल्मों की तर्ज पर ही दूरदर्शन के विविध धारावाहिकों में भी घूम-फिर कर यही सब कुछ हो रहा है।

यूँ आधुनिक तकनीक के लिहाज से हिन्दी फिल्में दुनिया में किसी से कम नहीं हैं बल्कि हॉलीवुड से भी टक्कर ले रही हैं, तथापि वे समाज को किस ओर ले जा रही हैं? यह चिंता का विषय है और चैतन्य होने का भी।

अन्त में यही कामना करता हूँ कि हिन्दी फिल्मों से जुड़े लोग अपनी जवाबदेही को समझें और एक बार फिर ऐसी फिल्मों के निर्माण में अपना योगदान दें जो आज बेरोजगारी, बेकारी और परिस्थितिजन्य विषमताओं की मार झेल रहे युवा वर्ग को सही दिशा देने में समर्थ हो सकें।

संदर्भ-ग्रन्थ

राज एक्सप्रेस, ग्वालियर।

दैनिक भास्कर, ग्वालियर।

पत्रिका, ग्वालियर।

पीपुल्स समाचार, ग्वालियर।

नई दुनिया, ग्वालियर।

नवभारत, ग्वालियर।

19

हिन्दी के प्रसार में हिन्दी फिल्मों की भूमिका

मुदिता चन्द्रा एवं प्रणव

हिन्दी भाषा के विश्वव्यापी प्रसार के दो माध्यम हैं–पहला भारत से बाहर जाने वाले लोगों की वह आबादी है जो मुख्यत: हिन्दी क्षेत्र की है। यह आबादी अपने साथ अपनी-अपनी बोलियाँ लेकर गई हैं, लेकिन पारस्परिक संवाद की दीर्घ प्रक्रिया में यह हिन्दी (खड़ी बोली) भाषी होकर उभरी है–जैसे मॉरीशस की हिन्दी। दूसरा माध्यम हिन्दी भाषा के संप्रेषण के वे माध्यम हैं जो न सिर्फ हिन्दी भाषी लोगों के क्षेत्र में विस्तार पाते गए बल्कि जिनका प्रभाव उनकी भाषा बोलने वाले लोगों के आस-पड़ोस की अन्य भाषाई आबादी तक भी होता गया। इसके उदाहरण हैं–रामचरितमानस, हनुमान चालीसा और लोकगीत। इसके अतिरिक्त सबसे बड़ा माध्यम हिन्दी फिल्में हैं। ये हिन्दी फिल्में पहले से उपलब्ध हिन्दी सुबोधता के कारण नहीं बल्कि पहले से उपलब्ध हिन्दी की सुबोधता के आधार पर हिन्दी को विस्तार देने के कारण महत्त्वपूर्ण होती गईं। हिन्दी फिल्में बड़ी तेजी से पूरी दुनिया में फैली हैं, इन्होंने हिन्दी को ऐसे स्थानों तक पहुँचाया है जहाँ तक इसके पहुँचने की कल्पना भी नहीं की जा सकती। इसकी लोकप्रियता के अनेक कारण हैं, जिनके फलस्वरूप हिन्दी फिल्में लोकप्रिय होती जा रही हैं और इस लोकप्रियता के कारण हिन्दी पढ़ने, समझने, बोलने वालों की संख्या निरन्तर बढ़ती जा रही है।

कहा जाता है कि "चन्द्रकांता" उपन्यास पढ़ने के लिए अनेक अहिन्दी भाषी व्यक्तियों ने हिन्दी सीखी थी। यही बात अधिक व्यापक स्तर पर हिन्दी फिल्मों के बारे में कही जा सकती है क्योंकि जनसंचार के विभिन्न माध्यमों में सिनेमा एक सशक्त माध्यम है, जिसका बाजार बहुत बड़ा है, जो किसी अन्य भाषा की फिल्मों का नहीं है। प्रतिवर्ष सात सौ से अधिक हिन्दी फिल्में बनती हैं जो हिन्दी की लोकप्रियता को ही दर्शाती हैं।

सन् 31-32 के आसपास जब "आलमआरा" सवाक् फिल्म बनी तब तक प्रेमचंद जैसे कथाकार और आचार्य महावीर प्रसाद द्विवेदी जैसे पत्रकार हिन्दी की प्रतिष्ठा और लोकप्रियता के लिए काफी कार्य कर चुके थे, परन्तु यह भी सच है कि उस समय हिन्दी पढ़ने और समझने वालों का समुदाय सीमित था। हिन्दी को लोकप्रिय बनाने की दिशा में यदि हम फिल्मों के योगदान पर दृष्टिपात करें तो एक आश्चर्यजनक तथ्य सामने आता है वह यह है कि हिन्दी फिल्मों का निर्माण ही अहिन्दी भाषी क्षेत्रों से प्रारंभ हुआ है। कोलकाता का "न्यू थियेटर्स", पुणे का "प्रभात चित्र मंदिर" तथा "मुम्बई का बॉम्बे टॉकीज" हिन्दी फिल्म निर्माण के प्रारम्भिक महत्त्वपूर्ण केन्द्र थे। इन अहिन्दी भाषी क्षेत्रों में बनने वाली हिन्दी फिल्में "चंडीदास", "देवदास", "विद्यापति", "अछूत कन्या", "कंगन", "बंधन", "झूला", आदि ने न केवल हिन्दी फिल्मों के प्रति बल्कि हिन्दी भाषा के प्रति भी लोगों के मन में अनुराग उत्पन्न किया। दूसरा तथ्य यह भी महत्त्वपूर्ण है कि अधिकांश प्रारम्भिक सशक्त एवं सफल फिल्मों के निर्देशक प्रायः अहिन्दी भाषी थे जैसे प्रथमेश बरुआ, हिमांशु राय, शांताराम, बी॰आर॰ चोपड़ा, आदि। हिन्दी फिल्मों के पितामह पुरुष दादा साहब फाल्के भी अहिन्दी भाषी थे। "औरत", "रोटी", "मदर इंडिया", जैसी महान फिल्मों के निर्माता-निर्देशक महबूब मुसलमान तथा उर्दू भाषी थे। दक्षिण भारत के "जेमिनी फिल्म्स्" के॰एस॰एस॰ वासन, ए॰वी॰एम॰ तथा "प्रसाद प्रोडक्शन" ने दर्जनों महत्त्वपूर्ण और लोकप्रिय हिन्दी फिल्में बनाईं। यही नहीं, हिन्दी फिल्मों के अधिकांश अभिनेता-अभिनेत्रियाँ भी गैर हिन्दी भाषी क्षेत्रों से हैं। हिन्दी फिल्मों के माध्यम से हिन्दी भाषा के प्रचार-प्रसार में गैर हिन्दी भाषी व्यक्तियों ने जो महत्त्वपूर्ण कार्य योगदान दिया है, वह यह साबित करता है कि हिन्दी के प्रभाव और लोकप्रियता को इन्होंने पहचान लिया था, जिसका भान अभी तक हम हिन्दी भाषियों को सही ढंग से नहीं हुआ है।

हिन्दी फिल्मों ने हिन्दी भाषा को लोकप्रिय बनाने की दिशा में जो सबसे महत्त्वपूर्ण कार्य किया वह है हिन्दी का सरलीकरण। इसने इस भाषा को उसके पंडिताऊ जड़स्वरूप से मुक्त किया और उसे बोलचाल का सहज स्वरूप प्रदान किया। इन फिल्मों ने सड़क, गाँव, बाजार और कस्बों की रोजमर्रा की भाषा को अपनाकर हिन्दी को एक जीवंत ऊर्जा तथा प्रवाहमानता प्रदान की। इस सत्य को कोई नहीं नकार सकता कि इस भाषा में समाज के सभी वर्गों को सम्मोहित करने की क्षमता है इसका कारण हिन्दी का विशाल हृदयी होना है क्योंकि इसमें अंग्रेज़ी, बंगला, उर्दू, संस्कृत, आदि सभी बोलियों के शब्द आसानी से समाहित होकर हिन्दी के रंग में रंग जाते हैं। दरअसल भाषा की लोकप्रियता उसकी विशुद्धता से नहीं बल्कि उसकी सम्प्रेषण क्षमता से होती है, जो हिन्दी फिल्मों

में खूब रहती है और जिसकी वजह से ही इसके मुहावरे और चुटीले संवाद आसानी से लोगों की जबान पर चढ़ जाते हैं।

हिन्दी फिल्मों की लोकप्रियता ने सिर्फ प्रान्तीयता के बंधन को ही नहीं तोड़ा है बल्कि देश की सीमाएँ भी टूट गई हैं। बम्बई से दक्षिण जाकर दिलीप कुमार, देवानन्द, किशोर कुमार, मधुबाला, मीना कुमारी, आदि ने वहाँ निर्मित फिल्मों में काम किया तो दक्षिण से वैजयन्तीमाला, हेमामालिनी, श्रीदेवी, जयाप्रदा, रेखा, कमल हसन, रजनीकांत, आदि जैसे प्रतिभा सम्पन्न लोग हिन्दी फिल्मों में आए। यह तथ्य प्रमाणित करता है कि इस भाषाई तथा सांस्कृतिक आदान-प्रदान से तमाम संकीर्णता के छिछोरेपन के बावजूद कम से कम भाषा के स्तर पर हिन्दी फिल्मों ने उत्तरोत्तर हिन्दी भाषा के क्षितिज को विस्तार प्रदान किया है। सलमा आग़ा, मोहसिन खान, ज़ेबा बख्तियार, कैटरीना कैफ समेत कई विदेशी कलाकार भी हिन्दी फिल्मों में काम कर चुके हैं या कर रहे हैं। इनकी संख्या निरंतर बढ़ती जा रही है।

हिन्दी फिल्मों का पहला उद्देश्य दर्शकों की भावनाओं को विभिन्न प्रकार से उद्वेलित करके उसे मथना तथा दूसरा संयोगों की संरचना कर उसे आदर्शवादी, सुखांत अथवा सुख-दुख मिश्रित अनुपम अनुभूति से युक्त करना है। इन गुणों के कारण हिन्दी फिल्में बड़ी आसानी से मानव मन को मोह लेती हैं, जिसके कारण हिन्दी नहीं जानने वाला भी इसे देखने समझने के लिए लालायित हो जाता है और यह आकर्षण उसे हिन्दी सीखने पर मजबूर कर देता है। साहित्य में जिसे आंचलिकता कहते हैं, उसका उत्स हिन्दी फिल्मों में आसानी से देखा जा सकता है। बंगाली, पंजाबी, मराठी, गुजराती तथा दूर-दराज के ग्रामांचलों पर आधारित फिल्मों ने उनके रीति-रिवाज, परिवेश, संस्कृति को ही छायांकित नहीं किया है, बल्कि उनकी भाषाई विशिष्टता से भी हमारा परिचय कराया है। गोवा की पृष्ठभूमि पर बनी फिल्म "बॉबी" और "सागर" जैसी लोकप्रिय फिल्में कितनी बन चुकी हैं, जिनमें वहाँ की अनूठी संस्कृति का दिग्दर्शन तो होता ही है साथ ही वहाँ के जन-जीवन की भाषा से हिन्दी के शब्द समूह को समृद्ध किया है। हिन्दी की भाषा-सम्पदा के विकास और विस्तार में हिन्दी फिल्मों का अत्यन्त महत्त्वपूर्ण योगदान है, जिसे नकारा नहीं जा सकता।

फिल्म ललित कलाओं का एक "कोलॉज" है। गीत, संगीत, नृत्य, आदि का संतुलित प्रयोग फिल्म को अत्यधिक आकर्षक बना देता है। लोक संस्कृति पर आधारित गीतों के कारण हिन्दी फिल्में आज लोकप्रियता के ऊँचे सोपान पर हैं क्योंकि गीत मन के भावों का आइना होते हैं। इसलिए गीत-संगीत केवल फिल्म के अन्दर ही दर्शकों के भाव-बोध को उद्वेलित नहीं करते बल्कि स्वतंत्र रूप से सुनने के लिए भी प्रेरित करते हैं। गीत में निहित भावों से प्रत्यक्ष रूबरू

होने का आकर्षण निश्चित रूप से आज पूरे विश्व में हिन्दी सीखने की दिशा में प्रेरक तत्व का काम कर रहा है।

हिन्दी की कई ऐसी फिल्में है जो लोगों में हिन्दी सीखने की ललक जगाती हैं। जैसे "शोले"। इसमें गब्बर सिंह का "ये हाथ मुझे दे दे ठाकुर" कहते हुए ठाकुर का हाथ काट लेना भयानकता की पराकाष्ठा है। इस व्यंग्यात्मक विनती के डरावनेपन का एहसास वही कर सकता है, जो हिन्दी जानता है। भारतीय संस्कृति की विविधता के कारण फिल्मों के कथ्य में पाई जाने वाली विविधता भी पूरे विश्व के लोगों के लिए आकर्षण का कारण है। इन सबके अतिरिक्त यह भी ध्यान देने योग्य है कि हिन्दी के प्रचार-प्रसार में हिन्दी फिल्मों की भूमिका भारत की सीमाओं तक सीमित नहीं है, बल्कि सऊदी अरब, अफगानिस्तान, ईरान, इराक, अनेक अफ्रीकी देशों, सोवियत रूस, अमरीका, आदि तक में हिन्दी फिल्मों ने अपनी पहुँच तथा लोकप्रियता के माध्यम से हिन्दी का परचम लहराया है। आज भी राजकपूर अनेक देशों में बड़े लोकप्रिय हैं। उनकी फिल्म "आवारा" तथा "श्री चार सौ बीस" के गीत "आवारा हूँ", "मेरा जूता है जापानी", जन-जन की जबान पर हैं। शाहरुख खान, अमिताभ बच्चन, ऐश्वर्या राय, आदि की फिल्में देश में ही नहीं विदेशों में भी धूम मचाती हैं।

हिन्दी फिल्मों ने हिन्दी को एक लोकतांत्रिक तथा धर्मनिरपेक्ष भाषा के रूप में प्रतिष्ठित करने के साथ-साथ उसे प्रकारान्तर से अन्तर्राष्ट्रीय स्वरूप प्रदान करने का सराहनीय कार्य किया है। हिन्दी को विश्व की सबसे लोकप्रिय, बोधगम्य और आकर्षक भाषा बनाने की दिशा में हिन्दी फिल्मों के महत्त्वपूर्ण योगदान को नकारा नहीं जा सकता है इसलिए इस भाषा को उन्नत बनाने की दिशा में निरन्तर प्रयास करना हमारा कर्तव्य है।

संचार माध्यमों के प्रचार-प्रसार तथा समाज में उसकी बढ़ती भागीदारी और विशेष रूप से इलेक्ट्रॉनिक माध्यमों के विस्तार ने भाषा संबंधी नई चुनौतियाँ खड़ी कर दी हैं। यह तो स्पष्ट है कि जनता की भाषा का कोई पर्याय नहीं हो सकता। कुछ दशकों पहले हिन्दी क्षेत्रों में अंग्रेज़ी का जो दबदबा था, वह कम हुआ है और यह विश्वास पक्का हो गया है कि इलेक्ट्रॉनिक माध्यमों की भाषा जनभाषा ही हो सकती है। जनसंचार की मूल अवधारणा के पीछे यह तथ्य विद्यमान है कि जनभाषा के बिना जनसंचार नहीं हो सकता। भारत की ही नहीं विश्व की एक बड़ी और महत्त्वपूर्ण भाषा होने के कारण हिन्दी को जनसंचार माध्यमों की आवश्यकताओं को पूरा करना होगा और एक ऐसा बहुआयामी और गतिशील स्वरूप ग्रहण करना होगा जो बदलते हुए समय की आवश्यकताओं को पूरा कर सकें।

संदर्भ-ग्रन्थ

हिन्दी फिल्में और हिन्दी भाषा, विजय मोहन सिंह।

हिन्दी और टेलीविजन, डॉ॰ असगर वज़ाहत।

हिन्दी सिनेमा, डॉ॰ अरुण कुमार।

जनसंचार माध्यमों में हिन्दी, चन्द्र कुमार।

हिन्दी पत्रकारिता एवं जनसंचार, डॉ॰ ठाकुर दत्त शर्मा "आलोक"।

20

सिनेमा और रेडियो के माध्यम से हिन्दी में रोजगार की उपलब्धता

गायत्री सिंह

आधुनिक युग विज्ञान का युग है। विज्ञान ने न केवल मानव की बुद्धि का विस्तार कर उसकी वैचारिक शक्ति को नये आयाम दिये हैं, बल्कि विश्व समुदाय के मध्य भौगोलिक दूरी को भी कम किया है। यह विज्ञान की ही सार्थक देन है कि आज भावनात्मक और बौद्धिक दोनों ही स्तरों पर विश्व परस्पर निकट आया है। इस निकटता में सिनेमा और रेडियो की अग्रणी भूमिका है। सिनेमा और रेडियो जनसंचार माध्यम हैं और आज सर्वाधिक रोजगार उपलब्धता के माध्यम भी हैं। भारत की राष्ट्रभाषा, राजभाषा और जनभाषा हिन्दी है। अत: रेडियो तथा सिनेमा क्षेत्र का प्रतिनिधित्व भी भाषा के संदर्भ में हिन्दी ही करती है। इसका उदाहरण बॉलीवुड में बनने वाली हिन्दी फिल्में हैं और उनका वार्षिक लेखा-जोखा उतना ही है जितना किसी छोटे देश का पूरा वार्षिक बजट होता है। हिन्दी फिल्मों की लोकप्रियता का आकलन इसी से लगाया जा सकता है कि अच्छी फिल्में भारत सहित विश्व के 22 देशों के महत्त्वपूर्ण थियेटर्स/मल्टीप्लेक्स में एक साथ रिलीज होती हैं और अच्छी कमाई करती हैं। "थ्री ईडियट्स" और "बॉडीगार्ड" फिल्मों की विदेशों में हुई भारी कमाई इसका प्रत्यक्ष उदाहरण है। आज भारत का फिल्म उद्योग अपने चरम पर है, लाखों लोगों की रोजी-रोटी प्रत्यक्षत: इससे प्रभावित होती है और लाखों लोग अप्रत्यक्षत: इस उद्योग से रोजगार पाते हैं।

हिन्दी सिनेमा जगत में रोजगार की अपार सम्भावनाएँ हैं। यदि ऐसा नहीं होता तो विदेशों से बी॰टेक॰, एम॰बी॰ए॰, आदि की डिग्री करने के बाद अंग्रेज़ीदाँ नवयुवक और नवयुवतियाँ धनाढ्य घरों से आकर मुम्बई में हिन्दी न सीख रहे होते। ये फिल्मों में काम ढूँढ रहे हैं, अभिनेता पुत्र/पुत्रियाँ भी इसके उदाहरण

हैं। न जाने कितने विदेशी कलाकार, गायक, टेक्नीशियन्स मुंबई में हिन्दी फिल्मों में काम पाने के लिए लालायित रहते हैं।

फिल्मों में कहानी-लेखन, पटकथा-लेख, गीत, संवाद-लेखन, आदि के कार्य करने के लिए एक बहुत अच्छे हिन्दी जानने वाले साहित्यकार की उतनी आवश्यकता नहीं होती, जितनी सामान्य हिन्दी (जिसे कामचलाऊ हिन्दी कह सकते हैं और जिसका आजकल बड़ा विरोध भी हो रहा है) जानने वाले और जनता की नब्ज़ पकड़ने वाले की आवश्यकता होती है। फिल्मों में हिन्दी का सरलतम रूप चल रहा है। वहाँ प्रेमचन्द की हिन्दी स्वीकार्य है किन्तु जयशंकर प्रसाद की हिन्दी के लिए सोचना पड़ेगा।

हिन्दी फिल्मों में काम पाने की गरज से आज भी छोटे कस्बों से लेकर बड़े शहरों से युवा पीढ़ी मुंबई की ओर रुख करती हैं और लाखों लोगों की भीड़ में से कुछ ही इज्ज़त, शोहरत और धन कमा पाते हैं लेकिन शेष लोग भी यहाँ रोजी-रोटी तो पा ही जाते हैं।

हिन्दी के कई जाने-माने लेखक फिल्मी दुनिया के रवैये से दुखी होकर वापस आ गये क्योंकि वहाँ हिन्दी के बल पर राज करने वाले लोग हिन्दी गीतकारों, लेखकों, शायरों का सम्मान नहीं कर सके। फिल्मी दुनिया से जुड़े लोगों का रवैया भी आज वैसा ही है जैसा नेताओं का, ब्यूरोक्रेट्स का, और उन अंग्रेज़ीदां गुलामों का है, जो खाते तो हिन्दी की और हिन्दुस्तान की हैं और बजाते अंग्रेज़ी और इंग्लिस्तान की हैं। यह दोहरा रवैया तो भारत सरकार में बैठे कुछ जिम्मेदार लोगों का भी है तभी हिन्दी विरोधी नीतियाँ और कानून बनते जा रहे हैं, फिर फिल्मसिटी भला इससे अछूती कैसे रह सकती है।

अकाट्य सच्चाई यह है कि आज हिन्दी का वर्चस्व फिल्म जगत पर छाया हुआ है तभी दुनिया की सबसे महँगी फिल्म "अवतार" जो मूलरूप से अंग्रेज़ी में बनी हॉलीवुड फिल्म थी, का नाम हिन्दी में रखकर एक बड़े बाजार को आकर्षित करने का प्रयास किया गया है क्योंकि अब डबिंग के द्वारा नई तकनीकी के सहयोग से किसी भी भाषा की फिल्म हिन्दी में दिखाई जा रही है। डबिंग का कारोबार ही अपने आप में एक स्वतंत्र उद्योग बन गया है। संवादों को भाषान्तरण करके समय और होंठों के मूवमेंट को, पात्र के हावभाव के साथ मैच करते हुए सधी हुई तकनीकी से यह कार्य किया जाता है, इसमें अच्छी और सधी हुई आवाज, सही उच्चारण, आदि में कुशल लोग कार्य करके अच्छा उपार्जन कर लेते हैं।

फिल्मों के साथ-साथ विज्ञापन फिल्में, टी०वी० सीरियल, डाक्युमेंट्री तथा कार्टून फिल्में, वीडियो गेम, आदि का व्यापार भी हिन्दी जगत से जुड़े हुए लोगों

के लिए रोजगार का एक नया द्वार खोल रहा है। वास्तव में भारत की सवा अरब की आबादी विश्व का एक बड़ा बाजार है। यहाँ पर मनोरंजन के समस्त संसाधन निम्न स्तर से लेकर उच्च स्तर के लोगों में आसानी से खप जाते हैं। यहाँ जो जितना कमाता है वह उसी स्तर का मनोरंजन खरीदता है। इसीलिए यहाँ प्रत्येक फिल्म, चाहे वह कला फिल्म हो, हॉरर फिल्म हो, कॉमेडी हो या फूहड़ हो, चल जाती है, उसे दर्शक मिल ही जाते हैं। इसी प्रकार सैकड़ों टी॰वी॰ चैनल रोज खुल रहे हैं और उनको देखने के लिए भी दर्शक मिल जाते हैं। बहुत कम ही चैनल बन्द होते देखे गये हैं, पहले केवल समाचारों के लिए दूरदर्शन चैनल पर निर्भर रहने वाला दर्शक आज अनेक समाचार चैनलों को हर क्षण बदलते देखा जा सकता है। मजे की बात यह कि स्टार न्यूज़ जैसे ग्रुप को भी यहाँ के हिन्दी दर्शकों की मांग देखते हुए हिन्दी समाचार चैनल खोलना पड़ा। "आज तक" चैनल की लोकप्रियता इस तथ्य की साक्षी है कि भारत में हिन्दी समझने वाले और पसन्द करने वाले इतनी बड़ी संख्या में हैं कि उनको नज़रअंदाज करके कोई अपनी दुकान नहीं चला सकता। इसलिए जब तक ये हिन्दी दर्शक अपनी ठसक के साथ हिन्दी फिल्मों से अपना रिश्ता जोड़े हुए हैं, तब तक हिन्दी कलमकारों से लेकर हिन्दी कलाकारों तक को रोजगार की कमी नहीं होगी।

रेडियो की विकास यात्रा

मुद्रण कला के द्वारा मात्र शिक्षित जनमानस ही लाभान्वित हो पाता था लेकिन रेडियो के आविष्कार के बाद शहरी जीवन से लेकर ग्रामीण जीवन में भी नव चेतना का संचार हुआ और समाज का हर वर्ग दूसरे वर्ग से परिचित होने लगा। यहाँ यह उल्लेखनीय है कि रेडियो का आविष्कार टेलीविजन से पहले हुआ था।

सन् 1890 में जी मारकोनी ने बिना तार के ध्वनि को एक स्थान से दूसरे स्थान पर पहुँचा सकने वाले यंत्र का आविष्कार किया तथा 1906 में फारेस्ट ने वैक्यूम ट्यूब का आविष्कार कर रेडियो पर आवाज़ के प्रसारण की सुविधा को कार्यान्वित किया।

जून सन् 1923 में "बॉम्बे रेडियो क्लब" ने पहला कार्यक्रम रेडियो से प्रसारित किया। सन् 1930 में "भारतीय प्रसारण सेवा" की स्थापना हुई, जिसका नाम बदलकर सन् 1936 में "ऑल इंडिया रेडियो" कर दिया गया तथा सन् 1957 से इसे "आकाशवाणी" के नाम से जाना जाता है। सन् 1956 में "विविध भारती" के द्वारा कार्यक्रमों का प्रसारण आरंभ किया गया, जिसने "रेडियो सीलोन" (श्रीलंका रेडियो) के प्रति लोगों के आकर्षण को काफी हद

तक कम कर दिया। वर्तमान में संपूर्ण भारत में विविध भारती के लगभग तैंतालीस केन्द्र सफलतापूर्वक अपने कार्यक्रमों का प्रस्तुतीकरण तथा संचालन कर रहे हैं।

तीव्रता से हो रही इलेक्ट्रॉनिक क्रान्ति के बावजूद आज भी टी॰वी॰ व पत्र-पत्रिकाओं का महत्त्व उतना नहीं है जितना कि रेडियो का है। एक आदमी जो किसी दूर-दराज के क्षेत्र में रहता है, जहाँ बिजली नहीं है, साथ ही अशिक्षित भी है, गरीब है, वह रोज अखबार, पत्रिकाएँ खरीद नहीं सकता है, ऐसे में हजार पाँच सौ में वह एक रेडियो तो खरीद ही सकता है जो सेल से चल सके। चूँकि भारत कृषि और किसानों तथा गाँवों का देश है, अतः रेडियो यहाँ अति महत्त्वपूर्ण संसाधन है, साथ ही अधिकांश भारतीय इस संचार साधन से युक्त हैं। अतः सामान्यजन तक शिक्षा व संदेशों का प्रचार-प्रसार करने के साथ-साथ उन्हें स्वस्थ मनोरंजन प्रदान करने में रेडियो सक्षम है। तरह-तरह के विज्ञापनों, गीतमालाओं, संगीत कार्यक्रमों, वार्ताओं, नाटकों, समाचारों के द्वारा जनता का मनोरंजन तथा ज्ञानवर्द्धन दोनों ही हो जाते हैं।

आजकल रेडियो के हजारों चैनल्स हैं। एफ॰एम॰ रेडियो की शुरुआत के बाद तो भारत के हर नगर का लोकल चैनल है, बल्कि एक नहीं कई-कई लोकल चैनल हैं, जो अलग-अलग तरह से गीत-संगीत, समाचार-साक्षात्कार के द्वारा जनता का मनोरंजन करते हैं। हिन्दी रेडियो के इन प्रसारण केन्द्रों को जहाँ एक ओर तकनीकी ज्ञान वाले व्यक्तियों की आवश्यकता पड़ती है, वहीं कार्यक्रमों को तैयार करने के लिए प्रसारण करने के लिए, प्रस्तुत करने के लिए हर स्तर पर लोगों की आवश्यकता होती है।

रेडियो पत्रकारिता के लिए एक विशिष्ट भाषा-शैली तथा वाचन क्षमता की आवश्यकता होती है। इसी प्रकार कार्यक्रम प्रस्तोता को जिसे रेडियो जॉकी कहते हैं, उसको भी धारा प्रवाह सम्भाषण तथा अकेले बोलने और शुद्ध उच्चारण तथा व्यावहारिक भाषा-शैली की क्षमता की आवश्यकता होती है।

रेडियो पर संगीत कार्यक्रमों के अलावा जो भी कार्यक्रम प्रसारित किया जाता है, वह काफी हद तक पत्रकारिता पर आधारित होता है। चाहे विभिन्न विषयों पर वार्ताएँ हों, फीचर हो, कहानी वाचन, समाचार वाचन, साक्षात्कार हो या नाटक का प्रस्तुतीकरण हो, प्रत्येक कार्यक्रम के लिए पत्रकारिता की विधाओं की जानकारी होना अत्यन्त आवश्यक है। लेकिन पत्रकारिता की लेखन विधि की अपेक्षा वाचन तथा प्रस्तुतीकरण विधि की जानकारी अगर कार्यक्रम प्रस्तुतकर्ता को है तो उसे कार्यक्रम संचालित करने में सुविधा रहती है तथा कार्यक्रम सजीव और सरल अर्थात् जनता को तुरन्त समझ आने वाला होता है।

रेडियो पत्रकारिता करते समय संक्षिप्तता तथा स्पष्टता का ध्यान रखना अत्यन्त आवश्यक है, क्योंकि आम जनता ज्यादा पढ़ी-लिखी नहीं होती और उसे क्लिष्ट भाषा की जानकारी नहीं होती। साथ ही कार्यक्रम की पूर्ण रचना और जानकारी करके प्लानिंग कर लेनी चाहिए जिससे प्रस्तुति के समय कोई समस्या न हो।

रेडियो के क्षेत्र में रोजगार उपलब्धता के लिए जो कार्य हैं, वे हैं—संवाद लेखन, समाचार दर्शन, समाचार वाचन, साक्षात्कार, फीचर, विशेष स्टोरी, कहानी लेखन, नाटक या लघु नाटिका या हास्य नाटिका, इत्यादि।

संवाद लेखन रेडियो के लिए थोड़ा कठिन कार्य होता है, क्योंकि इसको सुनने वाले दर्शक पात्रों के समक्ष नहीं होते। अतः सब कुछ सुनाकर ही नाटक का पूरा तात्पर्य तथा चित्र श्रोता तक पहुँचाना होता है।

समाचार दर्शन के अन्तर्गत समाचारों की सूचना देने के साथ-साथ अधिक रोचकता भी प्रदान की जाती है, ताकि लोग उस घटना या कार्यक्रम का आँखों देखा वर्णन सुन सकें तथा उसे अप्रत्यक्ष रूप से देखकर रोमांचित हो सकें। क्रिकेट या हॉकी या खेलों का आँखों देखा प्रसारण या किसी मेले, आयोजन, आदि का रेडियो प्रसारण ऐसा ही कार्यक्रम होता है जिसमें सजीवता अवश्य होनी चाहिए।

समाचार बुलेटिन प्रस्तुत करने के लिए आवाज़ का उतार-चढ़ाव, शब्दों का उच्चारण, आदि संतुलित होना चाहिए। रेडियो संवाद लेखन का कार्य भी खासा दिलचस्प है, एक बार रेडियो पर प्रसारित हो जाने के पश्चात् शब्दों को बदला नहीं जा सकता। अतः प्रसारण से पहले कार्यक्रम को लिखित रूप दे दिया जाता है तथा इसकी भाषा, लिपि व सत्यता की जाँच की जाती है। यह कार्य रेडियो स्क्रिप्ट के अन्तर्गत आता है। समाचार बुलेटिन के लेखन में भी सदैव समाचार के प्रमुख अवयवों का जैसे—क्या, क्यों, कौन, कहाँ, कब और कैसे का ध्यान रखा जाता है क्योंकि ये समाचार के अनिवार्य तत्व हैं। सामान्यतः रेडियो पर पाँच मिनट से पन्द्रह मिनट तक का समय समाचारों के लिए निर्धारित होता है।

साक्षात्कार के दौरान साक्षात्कारकर्ता और साक्षात्कारदाता को वातावरण बोझिल बनाने से बचाने का प्रयास बराबर रखना होता है तथा श्रोताओं की पसंद का ध्यान रखना पड़ता है।

फीचर के अन्तर्गत लिखित रूप में पूर्व तैयारी की ज़रूरत होती है। फीचर किसी व्यक्ति, घटनाक्रम या कार्यक्रम से सम्बन्धित होता है।

समाचार लेखन तथा वाचन दोनों अलग-अलग क्रियाएँ हैं। चूँकि समाचारों का प्रभावी तरीके से प्रस्तुतीकरण आवश्यक है, अतः इसके लिए पहले से व्यक्ति का टेस्ट लेकर चुनाव कर लिया जाता है।

अनुपम खेर, राज बब्बर, नादिरा बब्बर, अनिल कपूर, मीनाक्षी शेषाद्रि, ओमपुरी, जसपाल भट्टी, बनवारी तनेजा, सतीश आनन्द, सईद जाफरी, हबीब तनवीर, रामगोपाल बजाज, आदि अनेक ऐसे नाम हैं, जिन्होंने अपने अभिनय की शुरुआत रेडियो नाटकों से की। आज ये अभिनय के शिखर पर हैं।

आज हिन्दी के विद्यार्थियों को रेडियो के क्षेत्र में रोजगार की कमी नहीं है। केवल थोड़े समय किसी अच्छे इंस्टिट्यूट से इन कार्यों की ट्रेनिंग या कोर्स कर लिया जाना आवश्यक है, क्योंकि बिना स्किल्ड नॉलेज के कोई आपको नौकरी या काम कैसे दे देगा? आज प्रतिस्पर्धा का जमाना है, एक काम के लिए हजार लोग लाइन में खड़े हैं, ऐसे में बिना डिग्री, डिप्लोमा या ट्रेनिंग के न तो अवसर मिलेगा, न ही सही कार्य हो पायेगा। किन्तु यदि आपमें गुण है, अच्छी ट्रेनिंग है तो देश ही नहीं बी॰बी॰सी॰ लंदन, वॉयस ऑफ अमेरिका, सीलोन, आदि रेडियो स्टेशन भी आपको अपने यहाँ कार्य देने के लिए प्रतीक्षा में हैं।

अतः हिन्दी के प्रति हीन भावना छोड़कर सवा अरब हिन्दी भाषियों पर भरोसा करके पूर्ण समर्पण भाव से, भरपूर क्षमता के साथ, नई तकनीकी, स्किल को लेकर अपने भाग्यविधाता जरूर बनें।

21

भारतीय सिनेमा के एक सौ पन्द्रह वर्षों का इतिहास

नीरज कुमार सिंह एवं समता सिंह

भारत में सिनेमा का इतिहास 7 जुलाई, 2011 को 115 (एक सौ पन्द्रह) वर्ष का हो गया है। 7 जुलाई, 1896 ई॰ को जब मुंबई के वाटसन होटल में फ्रांस निवासी ल्यूमियर बंधुओं (आगस्ट और लुई) ने अपने छायाचित्रों का प्रदर्शन किया था,[1] तब सिनेमा के जन्मदाताओं को यह अनुमान लगाना मुश्किल रहा होगा कि भविष्य में भारतीय फिल्में ऐसे युग में प्रवेश कर जायेंगी, जिसमें पर्दे पर मनुष्य को हवा में ऊँची छलांग लगाते हुए दिखाया जायेगा और पलक झपकते ही मनुष्य मकड़ी बन जाएगा और साधारण मनुष्य पलक झपकते ही स्पाइडर मैन या शक्तिमान बन जाएगा या करोड़ों साल पहले लुप्त हो चुका डायनासोर एक बार फिर बसे-बसाये अत्याधुनिक शहर को तहस-नहस कर देगा क्योंकि तब हॉलीवुड भी अपने शैशवकाल में था।[2]

भारतीय सिनेमा ने काफी लम्बे संघर्ष के पश्चात् ठीक से चलना-फिरना और बोलना शुरू किया। जिसके बाद नई उपलब्धियाँ और नई मंजिलें भारतीय सिनेमा को मिलती गईं। आज सिनेमा स्पेशल इफेक्ट्स और डिजिटल युग में प्रवेश कर चुका है। उसे यह स्थान प्राप्त करने में काफी समय लगा। भारतीय सिनेमा के पितामह के रूप में प्रसिद्ध दादा साहेब फाल्के को सम्मान देते हुए और अध्ययन की सुविधा की दृष्टि से सिनेमा के एक सौ पन्द्रह वर्षों के इतिहास को तीन भागों (पूर्व फाल्के युग, दादा साहेब फाल्के युग, उत्तर फाल्के युग) में विभाजित किया जा सकता है–

पूर्व फाल्के युग

भारतीय सिनेमा के इतिहास में पूर्व फाल्के युग का प्रारम्भ फ्रांस निवासी ल्यूमियर बंधुओं के भारत आगमन (1896 ई॰) से माना जा सकता है। ल्यूमियर

भारत कब और कैसे आए, इसकी भी एक कहानी है।[3] सन् 1896 में भारत में महारानी विक्टोरिया के प्रतिनिधि लार्ड एल्गिन का शासन था। इसी वर्ष अचानक भीषण बाढ़ ने देश के अनेक भू-भागों को अपनी चपेट में ले लिया था। जैसे ही बाढ़ का पानी उतरा, प्लेग ने अपने पाँव पसार लिये। परिणामस्वरूप लगभग 20,000 लोगों की मृत्यु हुई। बंगाल में तो पीने के पानी की कमी तक पड़ गई। शोलापुर के करीब 5,000 भूखे लोगों ने एक गोदाम पर धावा बोलकर अनाज लूटने का प्रयास किया था, जिन पर पुलिस ने फायरिंग की थी। दरअसल इन्हीं घटनाओं की फोटोग्राफी करने के लिए ल्यूमियर भारत आए थे। यह विचित्र संयोग है कि हिन्दी साहित्य का प्रथम इतिहास ग्रन्थ "इस्त्वार द ला लितरेत्यूर एंदुई एंदुस्तानी" फ्रान्सीसी विद्वान गार्सा द तासी द्वारा लिखा गया[4] और भारतीय सिनेमा का प्रारम्भ भी फ्रांस निवासी ल्यूमियर बंधुओं (आगस्ट और लुई) के माध्यम से हुआ। उस समय इनकी फिल्में मात्र सत्रह मीटर लम्बी होती थीं, जिनकी अवधि लगभग आधा घंटा से कुछ ज़्यादा होती थीं। तब पारदर्शी स्क्रीन से मात्र 20 फिट की दूरी पर हस्तचालित प्रोजेक्टर रखा जाता था और प्रतिदिन चार शो होते थे। ऐसे शो उस समय सारे शहर में बहुचर्चित थे।

मुंबई में जब ल्यूमियर ने अपने छायाचित्रों को प्रदर्शित किया था, तब के भारतीय दर्शकों के लिए यह किसी अजूबे से कम न था क्योंकि लोगों ने पहली बार इन चित्रों को गतिशील शैली में देखा था। ये दृश्य कुछ इस प्रकार थे– रेलगाड़ी का चलना, समुद्र में स्नान करना, दीवार का ढहना, बच्चों का नाश्ता करना, फैक्ट्री से मजदूरों का बाहर निकलना, आदि। तब के समाचार पत्रों ने इसी "सदी का चमत्कार" और "दुनिया का नया आश्चर्य" कहा था। उस समय अधिकांश थियेटरों में नाटकों के प्रदर्शन होते थे। ल्यूमियर के ये गतिशील छायाचित्र मुंबई के अधिकांश थियेटरों जैसे–नावेल्टी, गेइटी, आदि में नाटकों के बदले प्रदर्शित होने लगे, किन्तु ये सभी विदेशी फिल्में ही होती थीं। दो साल बाद सन् 1898 ई॰ में भारतीय स्थलों की फिल्में बनीं तो ज़रूर लेकिन इनका निर्माण भी अंग्रेज़ों ने किया था।[5]

भारत में सिनेमा के हिन्दुस्तानी उन्नायकों में हरिश्चन्द्र सखाराम भाटवडेकर उर्फ सावे दादा का नाम काफी आदर से लिया जाता है। सावे दादा पहले भारतीय थे, जिन्होंने 1897 ई॰ में लंदन से मोशन पिक्चर कैमरा मँगवाया था। इसके बाद उन्होंने कई वृत्तचित्र बनाये, जिनमें सन् 1903 ई॰ में निर्मित "एडवर्ड सप्तम का राज्याभिषेक" भी शामिल था। अर्थात् भारत में सिनेमा की नींव यथार्थ और सामाजिकता पर आधारित रही है। आगे चलकर व्यापारोन्मुख कल्पनाशीलता ने सिनेमा को घर-घर में ज़रूर लोकप्रिय बनाया, किन्तु कमजोरों के अधिकार और सोद्देश्यता से उसका सरोकार हमेशा बना रहा।[6]

भारत में सावे दादा के समानान्तर ही हीरालाल सेन हमारे फिल्मोद्योग की एक ऐसी शख्सियत के रूप में सामने आये, जिन्होंने शुरुआत भले ही नाटकों के फिल्मांकन से की थी, लेकिन वे पहले फिल्मकार थे, जिन्होंने अपने कैमरे से क्लोज़अप पैनिंग और टिल्ट, इत्यादि प्रभावों को उत्पन्न किया था। उस समय ये तकनीकें अत्यन्त आधुनिक मानी गई थीं। हीरालाल सेन ने सन् 1906 में "बंगाल विभाजन का आन्दोलन" नामक वृत्तचित्र बनाया, जो हिन्दी सिनेमा निर्माण जगत में काफी महत्त्वपूर्ण माना जाता है।[7]

दादा साहेब फाल्के युग

भारतीय सिनेमा को वृत्तचित्रों की दुनिया से निकालकर कथाचित्र की दुनिया में पहुँचाया दादा साहेब फाल्के ने। इनका एक नाम और है--धुंडिराज गोविन्द फाल्के। इन्हें भारतीय सिनेमा का पितामह माना जाता है। फाल्के साहब हिन्दी सिनेमा की वह शख्सियत थे, जिन्होंने स्थिर छायांकन और वृत्तचित्रों से कई कदम आगे बढ़कर काम को अंजाम दिया। सन् 1910 ई॰ में एक विदेशी फिल्म "क्राइस्ट का जीवन" ने उनकी कल्पना को पंख लगा दिये। फाल्के दादा ने इसी शैली में "श्रीकृष्ण का जीवन" नाम से फिल्म बनाने का विचार किया। लेकिन उन दिनों बम्बई में राजा हरिश्चन्द्र नाटक काफी लोकप्रिय हो चुका था। इस लोकप्रियता को ध्यान में रखते हुए फाल्के ने "राजा हरिश्चन्द्र" नाम से फिल्म बना डाली। यह फिल्म 3 मई 1913 ई॰ को मुंबई के ओलंपिया सिनेमा में प्रदर्शित हुई। इसके साथ ही भारत में मूक फिल्मों का चलन शुरू हुआ।[8]

"राजा हरिश्चन्द्र" पहली भारतीय फिल्म क्यों है? इसकी भी चर्चा आवश्यक है। "राजा हरिश्चन्द्र" भारत की पहली "मूक फिल्म" व "कथा फिल्म" है। यद्यपि इतिहास की दृष्टि से आर॰जी॰ तोरणे की फिल्म "भक्त पुण्डलिक" का प्रदर्शन पहले हुआ था, जबकि "राजा हरिश्चन्द्र" का प्रदर्शन इसके बाद 3 मई, 1913 ई॰ को हुआ। बाद में प्रदर्शित होने वाली कथा फिल्म को पहली फिल्म क्यों माना गया? दरअसल उन दिनों भारत में विदेशी फिल्में ही दिखाई जाती थीं। एक विदेशी फिल्म "ए डेड मेन्स चाइल्ड" के साथ पहली बार भारतीय फिल्म "भक्त पुंडलिक" दिखाई गई थी। वास्तव में "भक्त पुंडलिक" अपने आप में स्वतंत्र फिल्म नहीं थी, बल्कि एक नाटक का फिल्मांकन था। इसका कैमरामैन भी विदेशी था। इसके विपरीत "राजा हरिश्चन्द्र" सम्पूर्ण रूप से भारतीय फीचर फिल्म थी। इसका कथानक, इसके कलाकार, तकनीशियन और लोकेशन भारतीय थे। परन्तु "राजा हरिश्चन्द्र" फिल्म में फाल्के जी किसी महिला अभिनेत्री को भूमिका में नहीं ले पाए। एक तो उस समय पारसी रंगमंचीय परम्पराओं के अनुरूप केवल पुरुष ही महिला वेशभूषा में महिला की भूमिका अदा करते थे और दूसरा, उस समय समाज में

कुलीन परिवारों की युवतियों के रंगमंच पर अभिनय करने पर सामाजिक प्रतिबंध था।[9]

इस विषम परिस्थिति में फाल्के की मुलाकात सालुंके से हुई। वह एक रेस्तरां के रसोइये का सहायक था। सालुंके गौरवर्ण का छरहरा महिला समान सुकुमार युवक था। सालुंके ने "राजा हरिश्चन्द्र" में तारामती की भूमिका अदा की, जबकि फाल्के स्वयं राजा हरिश्चन्द्र बने। सालुंके ने फाल्के की अनेक फिल्मों में मुख्य अभिनेत्री की भूमिका निभाई। फाल्के की एक फिल्म में तो सालुंके ने राम और सीता, दोनों की भूमिका अदा की। बहरहाल, पूरी होने के बाद "राजा हरिश्चन्द्र" नाम की यह फिल्म 3700 फुट लम्बी थी और इसकी चार रीलें थीं। दादा साहब फाल्के ने अपनी फिल्म "राजा हरिश्चन्द्र" को देखने के लिये गांव के दर्शकों को लुभाने का एक नायाब तरीका निकाला। अपनी फिल्म को लेकर जब वे एक गाँव में पहुँचे तो बहुत कम लोग फिल्म देखने आये। फाल्के दादा ने मैनेजर से पूछा, क्या बात है? मैनेजर ने जवाब दिया, इस गाँव के लोग लम्बे नाटक देखने के आदी हैं। दो आने के टिकट में साढ़े छह घण्टे लम्बा नाटक। आपकी फिल्म तो डेढ़ घंटे में खत्म हो जाती है। दूसरे दिन फाल्के दादा ने गाँव में प्रचार करा दिया–"राजा हरिश्चन्द्र" में देखिये सत्तावन हजार फोटो। दो मील लम्बी फिल्म, सिर्फ तीन आने में। दर्शकों को यह बात राष्ट्रीय सम्मान जैसी महसूस हुई और वे उमड़ पड़े सिनेमाघर की ओर। इसके बाद फाल्के दादा ने नासिक में एक स्टूडियो की स्थापना की। यहाँ उन्होंने मोहिनी भस्मासुर (1913 ई०) और सत्यवान-सावित्री (1914 ई०) बनाई। इसके बाद फाल्के दादा ने एनीमेशन फिल्में, यात्रा-वृत्तान्त फिल्में, वृत्तचित्र और एक छोटी शिक्षाप्रद फिल्म "हाऊ फिल्म्स आर मेड" भी बनाई। "दि मैजिक ऑफ़ प्रो० केल्फा" (प्रो० केल्फा का जादू) नामक फिल्म में फाल्के ने स्पेशल इफेक्ट्स में अपनी महारत को प्रदर्शित किया। इस फिल्म का नाम उन्होंने अपना नाम "फाल्के" का उलटा कर "केल्फा" रखा था। फाल्के दादा ने "लंका दहन" फिल्म बनाई, जो बॉक्स ऑफिस पर अत्यन्त सफल रही। हिन्दुस्तान कंपनी के बैनर तले बनाई गई प्रथम फिल्म "श्रीकृष्ण जन्म" थी, जिसे बॉक्स ऑफिस पर अपार सफलता मिली। फाल्के दादा की आखिरी मूक फिल्म "सेतुबंधन" थी, जो 1932 ई० में बनी। फाल्के दादा ने कुल 20 फीचर फिल्में और 97 लघु फिल्में बनाईं।[10]

मूक सिनेमा के दौर में फाल्के दादा के अतिरिक्त अन्य कई महत्त्वपूर्ण फिल्मकार हमारे सामने आते हैं, जिन्होंने फिल्मों को एक नई ऊँचाई दी। इनमें सम्पत, आर्देशिर एम०ई० ईरानी, भोगीलाल, एम०के० दवे, चंदूलाल, आदि प्रमुख हैं। मूक फिल्मों का यह युग करीब अठारह वर्षों तक चला।[11]

उत्तर फाल्के युग

उत्तर फाल्के युग को हम बोलती फिल्मों का युग अथवा सवाक् फिल्मों का युग भी कह सकते हैं। मूक फिल्मों की एकरसता से अब जनता ऊबने लगी थी और सिनेमा हॉल बन्द होने लगे थे। 1927 ई॰ में वार्नर बन्धुओं ने दुनिया की पहली बोलती फिल्म "द जॉज सिंगर" बना डाली। भारत में इसके चार साल बाद सन् 1931 ई॰ में पहली बोलती फिल्म "आलमआरा" बनी। आर्देशिर ए॰ई॰ ईरानी द्वारा निर्देशित यह फिल्म 14 मार्च, 1931 ई॰ को मुंबई के मैजेस्टिक सिनेमा हॉल में प्रदर्शित हुई, जिसे देखने के लिए दर्शक टूट पड़े। इस तरह भारत में सिनेमा ने करीब 35 वर्षों के लम्बे संघर्ष के बाद ठीक से चलना-फिरना और बोलना शुरू किया। इसके बाद नये प्रयोगों का सिलसिला चल पड़ा। आज भारतीय सिनेमा स्पेशल इफेक्ट्स और डिजिटल युग में प्रवेश कर चुका है। सिनेमा के पर्दे पर कोई भी करतब दिखाना अब मुश्किल नहीं रहा। 1931 से 1941 तक हमारा सिनेमा ऐतिहासिक और समाज सुधार के विषयों से परिपूर्ण रहा। "दौलत का नशा" (1931 ई॰), "चण्डीदास" (1932), "पूरन भगत" (1933) जैसी फिल्मों ने सामाजिक चेतना की बुनियाद रखी। न्यू थियेटर्स के देवकी बोस, नितिन बोस और प्रथमेश बरुआ ने ऐसी फिल्मों का निर्माण किया, जो सामाजिक परिवर्तन में सहायक हुईं।[12]

सन् 1936 में प्रगतिशील लेखन संघ की स्थापना, मार्क्सवाद की लहर, गांधीवाद और देशभक्ति की प्रेरणा ने सिनेमा को काफी प्रभावित किया। नितिन बोस ने सन् 1936 में मजदूरों के जीवन पर आधारित फिल्म "प्रेसीडेन्ट" बनाई। सन् 1938 में नितिन बोस ने "धरती माता" फिल्म बनाई, जो खेत खलिहानों में काम करने वालों पर आधारित थी। सन् 1935 ई॰ में प्रथमेश चन्द्र बरुआ ने "देवदास" बनाई, जो शरत बाबू के उपन्यास "देवदास" पर आधारित थी। सन् 1938 में न्यू थियेटर्स ने "स्ट्रीट सिंगर" बनाई, जिसके निर्देशक फणि मजूमदार थे। आजादी से पहले न्यू थियेटर्स के अलावा प्रभात फिल्म कम्पनी और बाम्बे टाकीज फिल्म निर्माण के क्षेत्र में थे। सन् 1941 ई॰ में वी॰ शांताराम ने अपनी अलग फिल्म कंपनी "राजकमल कला मंदिर" बनाई। सन् में अशोक कुमार की पहली फिल्म "जीवन नैया" बनी। इसकी नायिका देविका रानी थीं। सन् 1937 में दुनिया न माने, 1939 में आदमी, 1941 में पड़ोसी, 1946 में डॉ॰ कोटनीस की अमर कहानी नामक फिल्में बनीं। 1942 से 1946 के मध्य हिन्दी सिनेमा देशभक्ति की भावनाओं से परिपूर्ण हो गया। "किस्मत", "बापू की अमर कहानी", "शहीद", "हम एक हैं", "हमराही, पड़ोसी", "अपना देश", "आग", "बरसात" जैसी फिल्मों में रोमानी और सामाजिक भावनाओं के साथ-साथ राष्ट्रवादी विचारों को अभिव्यक्ति मिली।[13]

15 अगस्त, 1947 के बाद शासकीय प्रशासकीय आजादी के साथ-साथ लिखने बोलने और फिल्मोग्राफी की आज़ादी ने सिनेकारों को नई जिन्दगी दे दी। नव स्वतन्त्र सिनेमा के उन्नायकों में महबूब खान, वी. शांताराम, गुरुदत्त, विमल राय, राजकपूर, बी॰आर॰ चोपड़ा, कमाल अमरोही, ख्वाजा अहमद अब्बास, आदि प्रमुख हैं। चौथा, पाचवाँ, छठाँ दशक इन फिल्मकारों की उपलब्धियों से गुंजायमान रहा। सातवें दशक की फिल्में महज तमाशा नहीं, बल्कि एक रचनात्मक अभिव्यक्ति हुआ करती थीं। "मुग़ले आज़म", "मदर इंडिया", "दो आँखे बारह हाथ", "प्यासा, "कागज के फूल", "धरती के लाल", "धरतीपुत्र", आदि फिल्में फिल्मोद्योग की मानक प्रस्तुतियाँ हैं। इसी कारण हिन्दी सिनेमा के "छठवें, सातवें दशक को स्वर्ण युग कहा गया।[14] सातवें दशक के बाद हिन्दी सिनेमा दो भागों में बँट गया–पहले स्वर्ण युग के फिल्मकार जो भावुक संवेदना का धरातल तैयार कर गये। ये शुद्ध मनोरंजनवादी थे तो दूसरे फ्रांस के न्यू वेव आन्दोलन से प्रभावित थे। इसकी प्रेरणा भूमि बंगाल थी। जहाँ सत्यजीत राय ने "पथेर पांचाली" का निर्माण किया। इसके अलावा "भुवनशोम", "गर्म हवा", "माया दर्पण", "अर्द्धसत्य", आदि फिल्में भी इसी समय बनीं। सातवें दशक के बाद मुख्य धारा के सिनेमा की बात करें तो अपराध का पर्दाफाश इस दौर का खास विषय प्रतीत होता है। इसकी शुरुआत 1975 ई॰ में निर्मित यश चोपड़ा द्वारा निर्देशित फिल्म "दीवार" से मानी जाती है। इस फिल्म की लोकप्रियता ने हिन्दी सिनेमा के समीकरण बदल दिये। इसी साल "शोले" ने ऐतिहासिक प्रसिद्धि प्राप्त की। इसमें मिलेनियम स्टार अमिताभ बच्चन का अत्यधिक योगदान रहा। आठवें दशक के आरम्भ से हिन्दी सिनेमा स्टार-संतान युग में प्रवेश कर गया और नये सिरे से स्टार और ग्लैमर का सम्मोहन देखने को मिला।

आज हिन्दी फिल्मोद्योग की ख्याति अंतर्राष्ट्रीय स्तर पर है। "अछूत कन्या" से लेकर "दामिनी" तक में स्त्री के अधिकारों की आवाज उठाई गई है। अमिताभ बच्चन के बाद दूसरे दौर के नायकों में आमिर, शाहरुख खान, सलमान, ऋतिक रोशन, संजय दत्त, अभिषेक बच्चन, मनोज वाजपेयी, मनोज तिवारी, काजोल, ऐश्वर्या राय, आदि ऐसे कलाकार हैं, जिनकी फिल्मों की मांग दुनिया भर में हो रही है। कई मायनों में क्रॉसओवर प्रस्तुतियों ने तो हॉलीवुड और बॉलीवुड की दूरी को भी कम करने की कोशिश की है। इस तरह हम कह सकते हैं कि पिछले एक सौ पन्द्रह वर्षों में भाषाई परेशानियों के बावजूद हमारा बॉलीवुड अन्तर्राष्ट्रीय स्तर पर है। एक साल में सर्वाधिक (आठ सौ से अधिक) फिल्में बनाने का रिकार्ड भी भारत के नाम दर्ज है।

सन्दर्भ-ग्रन्थ

1. *आजकल*, जुलाई 2006 अंक, पृ० 38।
2. वही।
3. वही।
4. *पूर्व पीठिका, हिन्दी साहित्य का इतिहास*, संपा–डॉ० नगेन्द्र, पृ० 28।
5. *आजकल*, जुलाई 2006 अंक, पृ० 38।
6. *आजकल*, जुलाई 2006 अंक, पृ० 39।
7. वही।
8. *आजकल*, जुलाई 2006 अंक, पृ० 38।
9. *आजकल*, जुलाई 2006 अंक, पृ० 36-37।
10. *आजकल*, जुलाई 2006 अंक, पृ० 39।
11. वही।
12. वही।
13. *आजकल*, जुलाई 2006 अंक, पृ० 40।
14. *आजकल*, जुलाई 2006 अंक, पृ० 39।

22

हिन्दी के प्रचार-प्रसार में फिल्मों की भूमिका

हेमा देवरानी

प्रत्येक राष्ट्र में अनेक भाषाएँ एवं बोलियाँ बोली जाती हैं, जिनका अपना-अपना क्षेत्रीय महत्त्व होता है और अस्तित्व भी। प्रत्येक राष्ट्र की अपनी-अपनी जनसामान्य की भाषा होती है, जो सम्पूर्ण राष्ट्र को एकता के सूत्र में संग्रहीत करके रखती है। इस दृष्टि से भारतवर्ष में हिन्दी का महत्त्व निर्विवाद है। हिन्दी की विकास यात्रा सुदीर्घकालीन है और हिन्दी के विकास एवं प्रचार-प्रसार में हिन्दी फिल्मों का महत्त्वपूर्ण योगदान रहा है। हिन्दी भारत की राष्ट्रभाषा है, हिन्दी भाषा का प्रयोग अपने देश की अस्मिता एवं राष्ट्रीय एकता को बनाये रखने के लिए भी आवश्यक है। हिन्दी भाषा जहाँ मनोभावों, अनुभूतियों और संवेदनाओं के प्रकटीकरण का साधन है, वहीं वह सामाजिक संचेतना, सांस्कृतिक समृद्धि और परिवेशगत परिष्कारों के निमित्त जीवन्त और प्राणमयी ऊर्जा भी है। हिन्दी में ही वे सब गुण हैं, जिनके द्वारा समाज की बिखरी हुई इकाइयों को जोड़कर एकात्मभाव की स्थापना की जा सकती है। भाषा राष्ट्रीय चेतना की संवाहिका है; यह राष्ट्रीय गतिशील चेतना का प्रतीक है। भारतीय फिल्मों ने हिन्दी के प्रचार-प्रसार में महत्त्वपूर्ण योगदान दिया है। हमारी प्रथम हिन्दी सवाक फिल्म "आलमआरा" अर्देशिर ईरानी के द्वारा बनायी गयी थी, जिसमें हिन्दुस्तानी का प्रयोग किया गया था। उस समय उर्दू और खड़ी बोली मिश्रित भाषा को हिन्दुस्तानी हिन्दी के नाम से जाना जाता था। उस समय की जनभाषा हिन्दुस्तानी ही थी। भाषा, समाज व्यवहार का माध्यम है। भाषिक व्यवहार से आर्थिक सम्बन्ध कायम होते हैं। हिन्दी भाषा में मानवीय क्षमता के विस्तार के मूल स्त्रोत हैं, उसमें अपार संभावनाएँ हैं। व्यावसायिक संभावनाओं की दृष्टि से फिल्म निर्माताओं ने विशाल दर्शक समूह को तैयार करने के लिए

हिन्दी भाषा की उपयोगिता को समझा। भारत की सर्वप्रथम रंगीन फिल्म 'सैरन्ध्री' सन् 1933 में आई। सबसे महत्त्वपूर्ण तथ्य यह है कि सन् 1931 में कुल 27 फिल्मों का निर्माण हुआ था, जिसमें 22 फिल्मों का निर्माण हिन्दी भाषा में ही हुआ था। हिन्दी में इतनी फिल्में बनना उसकी तत्कालीन अपार लोकप्रियता का संकेत देता है। फिल्म ही एक ऐसा माध्यम है, जो आम जनता तक पहुँचता है, चाहे वह अमीर हो अथवा गरीब, सुशिक्षित हो अथवा अशिक्षित। यही कारण है कि सिनेमा को 'मासकेल' कहा जाता है।

फिल्में एक ओर मानवीय चेतना को रूपायित करती हैं तो दूसरी ओर वे मानव सम्बन्धों की व्याख्या करके एक ऐसा विशिष्ट धरातल तैयार करती हैं, जहाँ मनुष्य अपनी ही उपलब्धियों से साक्षात्कार करके जीवन और संचेतना की व्याख्या प्रस्तुत करता है। फिल्म निर्माता अपने परिवेश को रचनात्मक अभिव्यक्ति देता है; उसमें भारत की सामाजिक, राजनैतिक, आर्थिक और सांस्कृतिक स्थितियों का यथार्थ चित्रण भी होता है।

फिल्म निर्माता ऋत्विक घटक के अनुसार–"अपनी फिल्मों में मैंने अपने देश तथा लोगों के दुखों और पीड़ा को अपनी पूरी क्षमता से चित्रित किया है तथा जो कुछ भी मैंने उपलब्धि पाई है, उसमें ईमानदारी की कहीं कोई कमी नहीं है।"

वी॰ शांताराम जैसे प्रख्यात मराठी निर्देशक ने "पड़ोसी", "आदमी", "दुनिया न माने", "खानदान", "अयोध्या का राजा" एवं "दो आँखें बारह हाथ" जैसी हिन्दी फिल्में बनाईं क्योंकि व्यावसायिक लाभ तो फिल्मकार को केवल हिन्दी भाषा की फिल्मों में ही मिल सकता है। अखिल भारतीय स्तर पर हिन्दी क्षेत्रों में भी इससे हिन्दी का विकास हुआ है। हिन्दी फिल्मों के गीतों को सुनकर, संवादों को सुनकर अहिन्दी भाषी व्यक्ति भी अपने भावों की अभिव्यक्ति कर सकता है। हिन्दी फिल्में जहाँ भी जाएँगी वहाँ हिन्दी भी अवश्य जायेगी, जहाँ दक्षिण भारत में प्रारम्भ में हिन्दी का खूब विरोध हुआ, वहाँ के निर्माताओं ने भी हिन्दी फिल्मों का निर्माण किया। एल॰वी॰ प्रसाद (मद्रास) ने "मिलन", "फूल और पत्थर", "उपकार" जैसी अनेक चर्चित फिल्मों का निर्माण किया। के॰वी॰ सरोजा ने "ससुराल" फिल्म के माध्यम से हिन्दी भाषा की महत्ता को समझा।

आज जब हम दक्षिण भारत के अभिनेता और अभिनेत्रियों को पहचानते हैं तो उसका मूल कारण उनकी पहचान हिन्दी भाषा की फिल्में ही रही हैं। चाहे वह कमल हसन, प्रभु देवा, रजनीकांत हों या श्रीदेवी, हेमामालिनी, मधु, भानुप्रिया, असिन रही हों। प्रसिद्ध अभिनेत्री शबाना आज़मी हिन्दी के महत्त्व को रेखांकित करते हुए कहती हैं–"क्षेत्रीय भाषाओं की फिल्में प्रायः अपने

क्षेत्र-विशेष की सीमा में बँधी रहती हैं इसीलिए वे ज़्यादा लोकप्रिय नहीं हो पातीं। दूसरी ओर हिन्दी फिल्में इतनी सारगार्भित होती हैं कि उन्हें कश्मीर से कन्याकुमारी तक मोटे-तौर पर समझा जाता है। यही वजह है कि हिन्दी के कॉमर्शियल सिनेमा के नायक-नायिका के नाम अनीता, सुनीता आदि रखे जाते हैं। इनके उपनाम नही दिए जाते क्योंकि उपनाम से क्षेत्रीय पृष्ठभूमि का बोध होता है।"

व्यावसायिक फिल्मों के द्वारा हिन्दी का खूब प्रचार-प्रसार हो रहा है। "पड़ोसन", "जंजीर", "शोले", "मिर्च मसाला", "खून भरी मांग", "तेजाब", "बाजीगर", "सौदागर", "कामसूत्र", आदि व्यावसायिक फिल्में जनता के बीच खूब चलीं। फिल्मों में समाज की धड़कनें ही सुनाई देती हैं। "मिलन", "विदाई", "परवरिश", "रोजा", "हम आपके हैं कौन", जैसी फिल्मों के द्वारा हमारी भावनाओं का रेचन होता है।

फिल्मों में गाये जाने वाले गीत जहाँ हमें आनन्द देते हैं, वहाँ वे हमारे कण्ठों से भी गुंजित होने लगते हैं, हिन्दी फिल्म में मीरा की ये भावात्मक पंक्तियाँ द्रष्ट्रव्य हैं–

पद बाँध घूघर्याँ नाच्याँरी
लोग कह्याँ मीरा बावरी
सस कह्याँ कुलनासी री।

ये पंक्तियाँ फिल्म में आने के बाद जन-जन के कण्ठों से गुंजित होने लगीं। इसी प्रकार कुछ फिल्मों के कथ्य देशभक्ति से ओत-प्रोत रहते हैं। राष्ट्र के प्रति राग की भावना केवल भूमि एवं प्रकृति तक सीमित न रहकर विस्तृत होती है। हिन्दी फिल्मों में अपनी मातृभूमि के प्रति राग का अर्थ उसके महत्त्व की स्वीकृति एवं उसका गौरवगान है। हिन्दी फिल्मों में जन्मभूमि की भावमयी अभिव्यक्ति की गई है–

मेरे देश की धरती सोना उगले,
उगले हीरे-मोती,
मेरे देश की धरती।

हिन्दी फिल्मों में हमारे देश के सामाजिक तथा सांस्कृतिक रीति-रिवाजों परम्पराओं और मान्यताओं का सजीव चित्र देखने को मिलता है। "मदर इंडिया" की नायिका लक्ष्मी अपने बेटे को बन्दूक की गोली से उड़ा देती है और कहती है "रूपा सारे गाँव की बेटी है। वह मेरी लाज है। बिरजू, मैं बेटा दे सकती हूँ, लाज नहीं।" यहाँ लक्ष्मी (नार्गिस) की संवेदनाएँ समाज की संवेदनाओं को परिलक्षित करती हैं। इन फिल्मों से गुजरते हुए लगता है कि बहुत से फिल्म

निर्माताओं ने अपने अनुभव-क्षेत्र के किसी विशिष्ट पक्ष को चुनकर उसी के भीतर कल्पना की उड़ान भरी है और उस उड़ान को वैचारिकता के 'रिमोट कंट्रोल' से नियंत्रित किया है।

हिन्दी फिल्मों की कथाभूमि व्यापक गहन और बहुआयामी है। "दो बीघा जमीन" का नायक बलराज साहनी जमींदार से कहता है–"जमीन तो किसान की माँ होती है, हुजूर। उसे कैसे बेच दूँ!" इससे भारतीय समाज के किसान वर्ग का प्रतिनिधित्व करने वाले नायक के साथ सबकी सहानुभूति होने लगती है। सन् 1975 में आई "शोले" फिल्म के संवाद तो सभी को याद हो गये थे।

फिल्मों में हमें कहीं मुंबइया हिन्दी, गुजराती हिन्दी, मराठी हिन्दी, तमिल हिन्दी, हैदराबादी हिन्दी, आदि के रंग देखने को मिलते हैं। "अमर अकबर एंथनी", में एंथनी (अमिताभ बच्चन) मुम्बइया हिन्दी बोलते हुए नज़र आते हैं–"अप्पुन पुलिस के पास नहीं जाएगा, थोबड़े से फंदेबाज लगता हूँ, अप्पुन जो कमाता है, उसका फिफ्टी परसेंट उसकी पेट में डालता है। उसको भी गरीबों की चिंता है, अप्पुन को भी गरीबों की चिन्ता है।" इसी प्रकार अकबर (ऋषि कपूर) डॉक्टर से मजाक करता हुआ उर्दू मिश्रित हिन्दी में कहता है–"माफ कीजिए हुजूर, ये आपका मरीज दर्दे-दिल का इलाज करवाने नहीं, आपको कव्वाली की खास दावत देने के लिए आया है।"

इस प्रकार से मिली जुली हिन्दी भाषा आमजन तक फिल्मों के माध्यम से आसानी से जन-जन तक पहुँच जाती है।

हिन्दी सिनेमा केवल सामान्य बोलचाल की हिन्दी फिल्मों को ही परोस रहा है, ऐसा नहीं है। फिल्मों ने हिन्दी भाषा को अपनाकर साहित्यिक कृतियों को भी जनमानस तक पहुँचाने में भी अपना योगदान किया है। साहित्यिक सरोकारों की कृतियाँ विश्वसनीय दस्तावेज हैं। साहित्यकारों की ये कृतियाँ समसामयिक जीवन के तथ्यों का, तनावों और संघर्षों का, वास्तविकताओं और उनको लाँघने वाले स्वप्नों और संभावनाओं का सृजन और अभिव्यक्ति के नूतन आयामों के अन्वेषण करती हैं और विविध प्रयोगों के साथ भारतीय समाज और जनजीवन की आशा-आकांक्षा, सुख-दुख, समता-विषमता सहजता-जटिलता, भय-प्रेम, आदि का यथार्थ चित्रण करती हैं। आज व्यक्ति का जीवन अनेक जटिल समस्याओं से ग्रसित हो गया है, उसका स्वरूप भौतिकता से प्रभावित क्रिया-कलापों के कारण सहज, सपाट नहीं रह गया है। भौतिक जीवन तथा उसका यथार्थ ही उसका आधार हो गया है।

साहित्यिक कृतियों पर जब फिल्म बनाई जाती है तो निश्चित रूप से वह जनमानस को भी उद्वेलित करती है। कथा सम्राट प्रेमचन्द की "शतरंज के खिलाड़ी", "सद्गति", "दो बैलों की कथा", "कफन" तथा प्रसिद्ध कालजयी

उपन्यास गोदान पर फिल्में बनी हैं। इसी तरह बासु भट्टाचार्य ने फणीश्वरनाथ रेणु की कृति "तीसरी कसम उर्फ मारे गए गुलफाम" पर "तीसरी कसम" नाम से फिल्म बनाई, जिसे भारतीय जनता ने खूब सराहा। श्याम बेनेगल ने धर्मवीर भारती के "सूरज का सातवाँ घोड़ा" उपन्यास पर इसी नाम से फिल्म बनाई। कुछ ऐतिहासिक उपन्यासों पर भी फिल्में बनी हैं। वृन्दावनलाल वर्मा के उपन्यास "मृगनयनी" पर इसी नाम से ऐतिहासिक फिल्में बनी। भगवतीचरण वर्मा के उपन्यास "चित्रलेखा" पर एक से अधिक हिन्दी फिल्में बन चुकी हैं।

हिन्दी फिल्मों में हिन्दी भाषा की आकर्षण क्षमता की विशेषता सबसे महत्त्वपूर्ण स्थान रखती है। जॉनीवाकर, टुनटुन, जगदीप, जॉनी लीवर, केष्टो मुखर्जी, आदि हास्य पात्र अपने संवादों से दर्शकों को लोट-पोट करते हैं। खलनायकों के तकिया कलाम वाक्यों के कारण उनकी भाषा प्रभावी बन जाती है। फिल्मों के कारण ही हिन्दी भाषा का इतना विकास सम्भव हुआ है। यदि हिन्दी में इतनी फिल्में न बनी होतीं तो शायद हिन्दी भाषा का इतना विकास नहीं होता। सूचना एवं प्रसारण मंत्रालय द्वारा प्रस्तुत एक रिपोर्ट के अनुसार सन् 1955 से लेकर 1998 तक भारत में लगभग 236000 फिल्में बनाई गईं और उनमें से लगभग 32000 हिन्दी फिल्में है। हिन्दी फिल्मों की इतनी अधिक संख्या हिन्दी की लोकप्रियता को ही स्पष्ट करती है, उत्तर, दक्षिण तथा पूर्व से पश्चिम तक फिल्मों के माध्यम से हिन्दी में अनेक शब्दों का समावेश हुआ है। फिल्मों से ही हिन्दी का रेलवे स्टेशन, सब्जी-मंडी, कुली, चाय की दुकान, तथा आम दुकानों तक पहुँच पाना सम्भव हो सका है, इसमें कोई संदेह नहीं। आज हिन्दी का व्यावसायिक तथा गैर-व्यावसायिक दोनों ही क्षेत्रों में प्रचुर प्रयोग देखा जा सकता है। आज हमें फिल्मों के माध्यम से विदेशी शब्दों का प्रयोग भी देखने को मिल रहा है। अर्थात् हिन्दी का प्रायोगिक क्षितिज अनन्त है। अखिल भारतीय स्तर पर हिन्दी फिल्मों के माध्यम से अहिन्दी-भाषी क्षेत्रों में हिन्दी का अविराम विकास हुआ और इसकी लोकप्रियता में इजाफा हुआ। यह सच है कि हिन्दी फिल्मों ने देश में हिन्दी के आम शब्दों को क्षेत्रवाद की सभी सीमाएँ लाँघते हुए बेरोकटोक यात्रा की और वे अपने लक्ष्य तक पहुँचे। अतः हिन्दी के विकास में फिल्मों की भूमिका को नज़रअंदाज नहीं किया जा सकता है।

23

भारतीय सिनेमा पर पौराणिकता का प्रभाव

दीपक पाठक

किंवदन्ती है कि आज से ढाई हजार वर्ष पूर्व जब भरत मुनि ने देखा कि उच्च वर्ग के आमोद-प्रमोद के विभिन्न साधन हैं, परन्तु निम्न वर्ग किसी भी प्रकार से अपना रंजन नहीं कर पा रहा है, तो उन्होंने देवताओं की सहायता से नाट्य शास्त्र की रचना की और दुःखी व कार्त्त मानव को न केवल दैहिक अपितु मानसिक आनन्द व विश्राम का मार्ग भी सुलभ कराया-

दुःखार्त्तानां श्रमार्त्तानां शोकार्त्तानां तपस्विनाम्।
विश्रांतिजननं काले नाट्यमेतन्मयाकृतम्।
धर्म्यं यशस्यमायुष्यं हितं बुद्धि विवर्द्धनम्।
लोकोपदेश जननं नाट्यमेतद्भविश्यति।।
अहो नाट्यमिदं सम्यक् त्वया सृष्टं महामते।
यशस्यं च शुभार्थं च पुण्यं बुद्धि विवर्द्धनम्।।

नाट्यकला का न केवल भारतीय संस्कृति में अपितु ग्रीक संस्कृति में भी पर्याप्त विकास व विस्तार हुआ। यही नाट्यकला परिवर्तन के विभिन्न सोपानों को पार करती हुई कालक्रम से वर्तमान में सिनेमा के रूप में विद्यमान है। भारत में मनोरंजन के साधनों में नाटकों के बाद दूसरा स्थान सिनेमा का ही है। आइए जानें कि सिनेमा क्या है और इसका विकास कैसे हुआ तथा इस पर पुराणों का प्रभाव किस प्रकार पड़ा?

किसी भी देश में सिनेमा का विकास दो बातों पर निर्भर करता है। प्रथम तो विश्वस्तरीय कलात्मकता और तकनीक, जिसका प्रत्यक्ष उदाहरण है कि भारतीय समाज में किसी न किसी रूप में भारतीय सिनेमा के साथ-साथ विदेशी सिनेमा को देखा जाता है। इससे भारतीय दर्शकों की न केवल रुचि का भान

होता है, साथ ही सिनेमा के महत्त्वपूर्ण घटक निर्देशक, पटकथा लेखक, निर्माता, अभिनेता, आदि को विभिन्न प्रयोग करने के लिए प्रोत्साहन समय-समय पर प्राप्त होता रहा है। द्वितीय तथ्य है, इस देश की सभ्यता-संस्कृति, जो कला के स्वरूप में सदियों से विकास करती चली आ रही है। कला की प्रकृति परिवर्तन ही है और यूँ कहा जाये कि परिवर्तन प्रकृति का नियम है अतः भारतीय सिनेमा भी इससे अछूता न रह सका। भारतीय सिनेमा भी हमेशा से और हर जगह दूसरे सिनेमा के लेखकों, रंगकर्मियों, अभिनेता, छायाकार, सम्पादक, आदि के कार्यों व परम्पराओं से प्रभावित रहा है व इनकी विशेषताओं को ग्रहण करने व दूसरी जगह हस्तान्तरित करने में अपना योगदान दिया है। यद्यपि भूमण्डलीकरण की स्थिति में भी सिनेमा किसी भी देश-समाज की सामाजिक, राजनीतिक व सांस्कृतिक परम्पराओं को व्यक्त करने का सबसे सशक्त माध्यम है।

उपर्युक्त दोनों तथ्यों का योगदान काल व परिस्थिति के अनुसार परिवर्तित होता रहता है। मूक सिनेमा के समय, विकासशील देशों में गम्भीर फिल्मों को बॉलीवुड ने खूब प्रभावित किया। फिल्मों में आवाज आने के बाद तो मानो सिनेमा में प्राण फूँक गये। राष्ट्रीय चरित्रों को फिल्मों के माध्यम से पर्दे पर उकेरा जाने लगा और नैतिक आदर्शों को राष्ट्र के सामने रखा गया।

सिनेमा के आरम्भ से ही भारत देश, संसार के समक्ष एक विलक्षण उदाहरण रहा है, क्योंकि एक द्वन्द्व सदा से ही यहाँ विद्यमान रहा है--पश्चिम का अन्धानुकरण और अन्तर्निहित प्रतिभा और आकांक्षा को उजागर कर सिनेमा का पर्दे पर साकारीकरण, परस्पर विरोध का एक और महत्त्वपूर्ण कारण था कि दोनों (पूर्व और पश्चिम) के द्वारा अपनी परस्पर भिन्न सभ्यता-संस्कृति का सिनेमा में समावेशन्। भारत में विदेशी सिनेमा का अर्थ है विज्ञान की कल्पनाओं पर आधारित नयी सभ्यता तथा एक ऐसी जीवन पद्धति जो तकनीक पर आधारित है। लेकिन, भारत जो इक्कीसवीं शताब्दी में जी रहा है, में आज भी सिनेमा पर परम्पराओं, धर्म-दर्शन तथा कलात्मकता का प्रभाव देखा जा सकता है। परम्पराएँ जिन्हें लगभग भुलाया जा रहा है, वे भारत के जनमानस में हिमालय से सीलोन तक हमेशा स्पन्दित होती हैं, हमेशा जीवित रहेंगी, हमेशा विद्यमान रहेंगी। क्योंकि परम्पराएँ एक पीढ़ी से दूसरी पीढ़ी को हस्तान्तरित होती रहती हैं, कभी नृत्य के माध्यम से, कभी गीत से और कभी काव्य जैसे मनोरंजक, लोकरंजक साधनों के माध्यम से।

परिचय

उन्नीसवीं शताब्दी में सबसे पहले जब सिनेमा यूरोप से अमेरिका होता हुआ 1914 में अमेरिका से भारत आया, उस समय संगीत, रंगमंच के क्षेत्र में एक नये आन्दोलन का जन्म हो चुका था। सिनेमा का वर्तमान स्वरूप उसी क्रांति का

हिस्सा है। पूर्व की कला और पश्चिम की तकनीक ने सिनेमा को एक नयी परिभाषा दी, नया मुकाम दिया। "इण्डियन सिनेमा" पुस्तक के लेखक ऐरिक बरनौ व एस० कृष्णास्वामी के शब्दों में "भारत में सिनेमा का इतिहास, भारतीय सिनेमा और पाश्चात्य सिनेमा का मिश्रित स्वरूप है और इसे किसी भी प्रकार से नकारा नहीं जा सकता"।

सिनेमा के आगमन के साथ ही भारत में मनोरंजन के क्षेत्र में एक नयी क्रांति का सूत्रपात हो गया था। भारत में सिनेमा शहरों तक ही सीमित था। उसे अच्छा नहीं माना जाता था। सिनेमा परिवार के साथ देखना अथवा सिनेमा में अभिनय करना बड़ा ही कुत्सित कार्य समझा जाता था। लेकिन "राजा हरिश्चन्द्र" के आने के साथ ही भारतीय सिनेमा को एक नई पहचान मिल गई। धार्मिक व पौराणिक आख्यान पर आधारित होने के कारण फिल्म साधारण जनमानस पर एक छाप छोड़ गई। न केवल शहरों में अपितु गाँवों में भी फिल्म का जोरदार स्वागत हुआ। फिल्म सुबह सात बजे से शुरू होकर आधी रात तक चलती थी तथा फिल्म से अर्जित धन को ले जाने के लिए बैलगाड़ियों की आवश्यकता पड़ी थी। जो इस तथ्य की ओर इंगित करता है कि भारतीय सिनेमा में पौराणिकता अपना एक विशिष्ट स्थान रखती है।

भारतीय सिनेमा का इतिहास व पुराणों का प्रभाव

प्रथम भारतीय फिल्म "राजा हरिश्चन्द्र" का निर्माण व निर्देशन धुन्डिराज गोविन्द फालके (दादा साहब फालके) ने किया था और 03 मई, 1913 को कॉरोनेशन सिनेमा बम्बई में इसे सबसे पहले दिखाया गया था। कालक्रम से यह बड़ा ही महत्त्वाकांक्षी कार्य था, जिसका कारण था इसकी लम्बाई 3700 फीट और इसमें पाँच भाग थे, जबकि "महारानी ऐलिजाबेथ" में चार ही भाग थे। फाल्के, एक कर्मकाण्डी ब्राह्मण परिवार से सम्बन्धित थे तथा उनके पिता चाहते थे कि वे भी अपना जीवन कर्मकाण्ड व शास्त्रों को समर्पित कर दें, जो सम्भव न हो सका। कुछ तो पारिवारिक परिवेश, सामाजिक स्थिति और कुछ पाश्चात्य प्रभाव ने फाल्के को "राजा हरिश्चन्द्र" बनाने को प्रेरित किया। "राजा हरिश्चन्द्र" का विचार फाल्के को मूल रूप से इटली की फिल्म "द लाइफ ऑफ क्राइस्ट" से मिला, जिसने यूरोप के जनमानस के अन्तःकरण को अन्दर तक प्रभावित व आह्लादित किया था, सो फाल्के ने भी इसी लीक पर भारतीय जनमानस को दृष्टिगत रखते हुए "महाभारत" में वर्णित "राजा हरिश्चन्द्र" के चरित्र को पर्दे पर "राजा हरिश्चन्द्र" के रूप में साकार किया। दादा साहब की उसी समय की पुराण आधारित अन्य फिल्में थीं–"भस्मासुर मोहिनी" और "सरस्वती"।

"राजा हरिश्चन्द्र" के बाद तो मानो भारतीय सिनेमा जगत में पौराणिक आख्यानों पर फिल्म बनाने की बाढ़ सी आ गई। लगभग सभी फिल्मकारों ने "दादा साहब फाल्के" के सूत्र को अपनाया, मझे हुए कलाकार, प्रसिद्ध पौराणिक कथानक और फ्राँस, इटली अथवा अमेरिका से लाई गई सिनेमा की तत्कालीन शैली। जिस समय इटली, जर्मनी और अमेरिका में ऐतिहासिक फिल्मों का निर्माण जोरों पर था, उस समय भारत में "राजा हरिश्चन्द्र" अपने चुम्बकीय प्रभाव से साधारण जनमानस को बाँधे हुए थे, कलकत्ता रहने बाले, बहुत से सिनेमा हॉल के मालिक जमशेदजी प्रेमजी मदन ने उस समय की सर्वश्रेष्ठ फिल्म "नल-दमयन्ती" का निर्माण किया। इस फिल्म का निर्देशन इटली के युजेनियो-डी-लिग्यूरो ने किया था और इसके कलाकारों में प्रमुख थे अंग्रेज अभिनेता पेशियेन्ट कूपर। उस समय इस फिल्म की समालोचना में लिखा गया था कि यह फिल्म पूर्व के अभिनय और पश्चिम की तकनीक का बेजोड़ नमूना है।

साठ के दशक तक आते-आते हिन्दी सिनेमा में पौराणिक आख्यानों पर आधारित फिल्मों ने भारतीय दर्शकों पर अपना पर्याप्त प्रभाव छोड़ दिया था। अब समय आ गया था कि भारतीय फिल्मों से पौराणिक कथानक पीछे छूटता जा रहा था। सामाजिक, राजनैतिक मुद्दे फिल्मों पर हावी होने लगे थे। पूरे कथानक को न लेकर, मात्र पौराणिक पात्र विशेष पर आधारित फिल्में आने लगीं। ऐसी फिल्मों पर पहले विभिन्न पहलुओं से शोध किया जाता था। इसी समय आई देवकी बोस की फिल्म "सीता" जिसने दर्शकों को सोच की एक नई दिशा दी। फिल्म रामायण के एक पात्र के जीवन चरित्र पर आधारित थी, परन्तु इसने अपना पर्याप्त प्रभाव छोड़ा। फिल्म संस्कृत के मूर्धन्य विद्वान महाकवि भवभूति की अमर कृति "उत्तररामचरितम्" पर आधारित थी। फिल्म में भित्तिचित्रों व प्रस्तोता के रूप में सूत्रधार का प्रयोग किया था। संस्कृत नाटक आधारित इस फिल्म ने एक नई पद्धति का सूत्रपात कर दिया, जिसका प्रभाव वर्तमान फिल्मों पर भी स्पष्ट रूप से देखा जा सकता है।

खैर, इस समय तक संगीत व नृत्य फिल्मों के मुख्य अंग के रूप में प्रतिष्ठा प्राप्त कर चुके थे तथा दर्शकों को अपनी ओर आकृष्ट कर रहे थे। मॉडर्न थियेटर की "कृष्ण लीला" (भगवान कृष्ण का चरित) में 62 गाने थे जो तीन नृत्य के साथ थे। 1932 में भाल जी॰ पेंढ़ारकर की इसी प्रकार की एक दूसरी मराठी फिल्म आई "श्याम सुन्दर" जो बम्बई के मुख्य सिनेमा हॉलों में 25 सप्ताह तक लगातार चली। इस फिल्म ने एक अलग ही रिकॉर्ड बनाया था।

अनवरत यात्रा

पौराणिक आख्यानों और तत्कालीन जीवन पर आधारित फिल्मों के मध्य प्रसिद्ध सन्तों के जीवन पर आधारित कुछ धार्मिक फिल्में आई। पौराणिकता, प्राचीन कथाओं व अनुश्रुतियों के साथ ने इन फिल्मों को खूब उत्प्रेरित किया। साथ ही ऐसी फिल्मों के लिए ऐतिहासिकता की कोई आवश्यकता नहीं रहती थी। इन फिल्मों ने भारतीय दर्शकों पर मनोवैज्ञानिक प्रभाव डाला। उनके विचार और व्यवहार में नैतिक रूप से परिवर्तन देखा गया। अधिकतर धार्मिक फिल्में, जो देवकी बाबू द्वारा निर्देशित थी, भगवान विष्णु के चरित पर आधारित थी। ऐसी फिल्मों के निर्माण में विष्णु पुराण का विस्तृत अध्ययन किया गया। सोलहवीं सदी में प्रारम्भ हुए वैष्णव सम्प्रदाय की आधार पीठ पर आधारित, देवकी बाबू की वी॰ दामले और एस॰ फतहलाल द्वारा निर्देशित फिल्में "चण्डीदास" (1932), "विद्यापीठ" (1933) और "सन्त तुकाराम" (1936), इस श्रेणी की सर्वश्रेष्ठ फिल्में थीं। फिल्में साल भर बम्बई के सिनेमाघरों में चलीं। सिनेमा हॉलों की हालत किसी मन्दिर अथवा तीर्थ से कम न थी। श्रद्धालु सिनेमा हॉलों में अपने साथ फूल, आदि लाते थे और फिल्म शुरू होने से पहले पर्दे पर चढ़ाते थे। ऐसे ही समय आई सत्यजीत रे की "देवी" (1960), और वी॰ शान्ताराम की "अमर ज्योति" (1936), जिसने लोगों की श्रद्धा को नया आयाम दिया।

एस॰ श्रीनिवासन अथवा एस॰एस॰ वासन, जिन्हें धार्मिक फिल्मों का उस्ताद कहा जाता है, 1941 में इन्होंने मद्रास स्टूडियो की स्थापना की और उसी का आधुनिकीकरण कर उसे जेमिनी स्टूडियो कहा जाने लगा। इन्होंने 1947 में तीन करोड़ की लागत से "चन्द्रलेखा" नाम की फिल्म का निर्माण किया। महाभारत से प्रेरित इस फिल्म ने लगभग दस करोड़ रुपये की रिकॉर्ड कमाई की।

न केवल पुराणों ने भारतीय सिनेमा को अपितु संस्कृत साहित्य ने भी भारतीय सिनेमा को कृतार्थ किया है। विशेष रूप से यदि कहा जाये तो कविकुल शिरोमणि महाकवि कालिदास के नाटक "अभिज्ञानशाकुन्तलम्" पर निर्मित फिल्म "शकुन्तला" ने पर्दे पर कीर्तिमान के नये शिखर स्थापित किये। इसी प्रकार संस्कृत साहित्य का आधार "गुणाढ्य की वृहद्कथा" पर आधारित राजामन्नार की फिल्म "कथासरित्सागर" आधुनिक स्थितियों व संवेदनाओं का स्रोत माना जाता है।

उपसंहार

1913 से चली कला की यह भागीरथी-साधना वर्तमान समय तक चल रही है। भरतमुनि से लेकर करण जौहर तक कला के ये चितेरे अपने प्रयासों से

साधारण जनमानस का रंजन कर रहे है। "राजा हरिश्चन्द्र" से लेकर "माई फ्रेंड गनेशा" तक पौराणिक आख्यानों की आधारशिला पर निर्मित यह लोक रंजन का भवन सदैव ही जन साधारण को मोदित विनोदित करता रहेगा। अन्य विषयों से इतर पुराण आधारित फिल्में जनमानस के अन्दर परमात्मा के प्रति श्रद्धा, बड़ों के प्रति आदर तथा नैतिकता के गुणों का विकास कर चरित्र का निर्माण करती हैं। यह मनोवैज्ञानिक तथ्य है कि हम जैसा देखते हैं, सुनते हैं वैसा ही हम अनुकरण करते हैं और वैसे ही गुणों का प्रस्फुटन हमारे अन्तःकरण में होने लगता है। वर्तमान समय संक्रमण काल से गुजर रहा है। नैतिकता, आदि गुणों का ह्रास हो रहा है, ऐसे में हमारे सिनेमा जगत से जुड़े बन्धुजनों का यह नैतिक कर्तव्य बनता है कि वे अपने कार्यों में नीति के आगर, कर्तव्य बोध से परिपूर्ण व ज्ञान के सागर, पुराण व संस्कृत साहित्य को आधार बनाकर फिल्मों का निर्माण करें और हमारा (साधारण जनों) अर्थात् दर्शकों का भी यह कर्तव्य बनता है कि इस प्रकार की फिल्मों को देखें व उनके पात्रों के सदाचरण का अनुकरण कर अपना चरित्र उज्ज्वल बनाएँ।

सन्दर्भ-ग्रन्थ

भरतमुनि विरचित, *नाट्यशास्त्र।*

ऐरिक बरनौ और एस॰ कृष्णास्वामी, *भारतीय सिनेमा,* न्यूयार्क और लंदन, कोलंबिया यूनीवर्सिटी प्रेस।

वी॰पी॰ साठे, *भारतीय फिल्मों पर पश्चिम का प्रभाव।*

सितारा देवी, *कत्थक--द डांस ऑफ गोड।*

के॰ए॰ अब्बास, *इण्डिया थ्रू इण्डियन फिल्म।*

जेरजी टियोप्लिट्ज, *इण्डियन फिल्मस् एण्ड वैस्टर्न ऑडियन्स।*

डब्लू॰ डब्लू॰ डब्लू॰ इण्डियन सिनेमा डॉट कॉम।

शिव पुराण, विष्णु पुराण, ब्रह्म पुराण।

महाभारत।

उत्तररामचरितम्।

24

सार्थक व सोद्देश्य फिल्मों की बढ़ती लोकप्रियता

दीप्ति रंजन बिसारिया

हिन्दी फिल्म जगत का इतिहास उठाकर देखें तो हिन्दी फिल्मों को दो खाँचों में आसानी से फिट किया जा सकता है। एक ओर तो शुद्ध व्यावसायिक फिल्में बनीं तो दूसरी ओर बौद्धिक रुचि की फिल्में दर्शकों की रुचि को ध्यान में रखकर बनाई गईं। इन्हें कला फिल्में या फिर समानान्तर फिल्मों के नाम से पुकारा गया। आज शुद्ध कला और समानान्तर फिल्मों से अलग हटकर सार्थक व सोद्देश्य फिल्में बनाई जा रही है, जो दर्शकों को खास मैसेज देती हैं।

"मुग़ले आज़म" या "पाकीजा" सरीखी फिल्में, 50-60 के दशक में आई दिलीप कुमार की "गंगा-जमना", 70 के दशक की बड़े कैनवास वाली फिल्म "शोले", आज के युग में बनी "धूम" और "रेडी" सरीखी मसाला फिल्मों ने बॉक्स ऑफिस के रिकार्ड तोड़ दिए। बॉलीवुड का हिन्दी सिनेमा मसाला फिल्मों से ही चलता है जहाँ एक वर्ष में सैकड़ों फिल्में स्क्रीन पर आती हैं जिनमें से चंद ही दर्शकों का ध्यान आकृष्ट कर पाती हैं, दर्शकों का एक बड़ा वर्ग इन फिल्मों को चलाता है। इसके विपरीत एक विशेष वर्ग उन दर्शकों का रहा, जो मसाला फिल्मों से हटकर सार्थक सिनेमा की चाह रखते हैं। ये फिल्में समानान्तर या सार्थक सिनेमा के अन्तर्गत आती हैं। समानान्तर फिल्मों का दौर 80 के दशक से प्रारम्भ हुआ। इससे पहले कला फिल्में बनती थीं। ब्लैक एण्ड व्हाइट फिल्मों के दौर में गुरुदत्त की "कागज के फूल" कलात्मक फिल्म मानी गयी। सत्यजीत रॉय की "पाथेर पांचाली" तो ऑस्कर पुरस्कार तक पहुँच गई लेकिन स्वतन्त्रता के पश्चात् भारत अनेक समस्याओं से घिर गया, आम आदमी की बेचैनी किसी से छिपी नहीं रही। भ्रष्टाचार, बेरोजगारी, भुखमरी, महँगाई, आदि समस्याओं के चक्रव्यूह में आम आदमी फँस गया। ये छटपटाहट जहाँ एक ओर

साहित्य में व्यक्त हुई, वहीं दूसरी ओर फिल्में भी इनसे अछूती न रह सकीं। सत्तर से नब्बे के दशक में बनी इन यथार्थवादी फिल्मों को कला या आर्ट फिल्मों का नाम दिया गया। "अर्धसत्य", "अंकुर", "मंथन", "पार", "भुवन शोम", "भूमिका" जैसी न जाने कितनी फिल्में एक के बाद एक आती चली गयीं। ये फिल्में आम जनता के अन्दर उपज रही कुण्ठा और संत्रास को व्यक्त करती थीं, साथ ही आशा की नयी किरण भी इन फिल्मों के माध्यम से कभी-कभी दिखाई पड़ जाती थी। प्रेमचन्द की कहानी पर बनी फिल्म "शतरंज के खिलाड़ी" एक महान कलात्मक फिल्म थी, जिसे सत्यजीत रॉय ने बड़ी बखूबी से फिल्माया।

नब्बे के दशक के बाद से कला फिल्मों का रूप बदला और दर्शकों को सोद्देश्य के साथ-साथ मनोरंजन देने वाली फिल्में पसन्द आने लगीं। ये यथार्थ को कटु नहीं, वरन् उद्देश्य प्रधान बनाती हैं। दर्शकों को ऐसी फिल्में खूब पसंद आयीं। कम बजट वाली ये फिल्में दर्शकों के आसपास के वातावरण को जीती हैं। कुछ समय पहले आयी ऐश्वर्या राय की फिल्म "चोखेर बाली" असफल प्रेम कथा की खामोश पेन्टिंग सी लगती है। कुछ फिल्में युवा पीढ़ी के अन्दर देश के प्रति कुछ कर गुजरने की जज़्बा रखने के लिए बनाई गयी जिनमें "चक दे इण्डिया" और "रंग दे बसंती" या फिर "हल्ला बोल" और "ए वेडनेसड़े" जैसी फिल्में थीं। इन्होंने दर्शकों की खूब प्रशंसा बटोरी। जनवरी 2010 में रिलीज राजकुमार हिरानी की फिल्म "थ्री ईडियट्स" तो फिल्म जगत में मील का पत्थर साबित हुई। इसने हमें बताया कि शिक्षा में सूचनाओं से ज़्यादा ज्ञान की आवश्यकता है।

अप्रैल 2010 के प्रथम सप्ताह में राहुल बोस की फिल्म "दि जैपनीज़ वाइफ" रिलीज हुई। दिल्ली जैसे बड़े शहर में यह बमुश्किल कोई आधा दर्जन सिनेमाघरों में रिलीज हुई होगी। यह फिल्म सभी जगह केवल मल्टीप्लेक्सों में रिलीज हुई थी। अभय देओल की एक फिल्म "रोड दि मूवी" भी इसी तरह से रिलीज हुई थी। "ओए लक्की, लक्की ओए" और "देव डी" के बाद बेशक अभय को काफी लोग पहचानने लगे हैं लेकिन उनकी इस फिल्म को पहचानने और समझने वाले मुट्ठी भर थे। इसी साल नंदिता दास की फिल्म "फिराक" को राष्ट्रीय पुरस्कार मिला है। पिछले साल इस फिल्म का हाल भी कुछ ऐसा ही था। यह फिल्म भी मल्टीप्लेक्सों में ही देखी गई। अभय देओल, फरहान अख्तर, राहुल बोस, रणवीर शौरी, विनय पाठक, इरफान खान, राइमा सेन, आदि कुछ ऐसे अभिनेता व अभिनेत्रियाँ हैं, जिनकी अपनी आडियंस है, ये आडियंस फिल्म में संदेश ढूँढते हैं, उन्हें सार्थक फिल्मों की तलाश रहती है। कम बजट में बनी ये फिल्में अच्छा प्रदर्शन करती हैं। दर्शक भी अच्छी, साफ-सुथरी

उद्देश्यपूर्ण साथ में मनोरंजन से भरपूर फिल्मों की चाहत में टाकीजों की ओर रुख करने लगे हैं। देखा जाए तो राहुल बोस, अभय देओल और फरहान अख्तर एवं कोंकणा सेन जैसे सितारों ने भारतीय सिनेमा को एक नया रूप दिया है। इन सितारों ने मसाला फिल्मों के साथ आज के दौर में मल्टीप्लेक्स फिल्में कही जाने वाली कला फिल्मों में एक नई जान फूँक दी है। वे कला फिल्में, जो कभी पैसों की कमी के कारण बरसों डिब्बे में बंद रहती थीं, आज अच्छी मार्केटिंग और टीवी पर धड़ाधड आने वाले प्रोमोज़ की वजह से कम से कम आम जन की आँखों-कानों तक तो पहुँचती हैं।

"मिस्टर एण्ड मिसेज अय्यर" फिल्म राहुल बोस व कोंकणा सेन, की भावात्मक कलात्मक फिल्म है। यह फिल्म हिन्दू-मुस्लिम दंगों में फँसी एक हिन्दू विवाहित स्त्री व एक मुस्लिम फोटोग्राफर के मध्य घूमती है, जो विधर्मी होते हुए भी एक दूसरे की मदद करते हैं और बाद में संवेदनाओं के उस धरातल पर पहुँच जाते हैं, जहाँ पर सारे रिश्ते बेमानी हो जाते हैं। यह एक मर्मस्पर्शी फिल्म थी जिसे बंग्ला निर्देशिका अपर्णा सेन ने अत्यंत कलात्मक ढंग से प्रस्तुत किया था। "15 पार्क एवेन्यू", "इंग्लिश अगस्त" और "दि जैपनीज वाइफ" उन फिल्मों में से हैं, जिनसे उन्हें अपने काम को पहचानने और समझने के लिए एक नया दर्शक वर्ग दिया। यह दर्शक वर्ग आज का नौजवान है, वह युवा है जो आई॰टी॰ इण्डस्ट्री से है, इंजीनियरिंग की पढ़ाई कर रहा है, आर्किटेक्ट में रुचि रखता है, साइंस और टेक्नॉलॉजी की बातें करता है, आईपॉड और आईफोन की बातें करता है और बेशक न भी खरीद पाए तो कम से कम सैमसंग के जार्जियो अरमानी द्वारा डिजाइन किए गए चालीस हजार के फोन के बारे में जानकारी रखता है। ऐसा युवा बॉलीवुड के रूटीन मसाला फिल्मी फॉर्मूले को ताक पर रख अभय देओल की "रोड मूवी" देखने जाता है।

आज का युवा वर्ग भी समझदार हो गया है। वह मसाला फिल्म व सार्थक फिल्म के अन्तर को समझने लगा है। इसीलिए गत वर्षों में राजकुमार हिरानी की कुछ फिल्में सार्थक प्रदर्शन करती दिखती हैं। इनमें एक खास तरह की सामाजिकता दिखाई पड़ती है। "मुन्ना भाई एम॰बी॰बी॰एस॰" और "लगे रहो मुन्ना भाई" फिल्मों से राजकुमार हिरानी एक खास मैसेज देते हैं। ये दोनों फिल्में युवा वर्ग मे बहुत सराही गईं। "लगे रहो मुन्ना भाई" ने तो गाँधी जी को युवा वर्ग के मध्य अत्यन्त लोकप्रिय कर दिया। यह फिल्म भारत में ही नहीं, वरन् विश्व के कई देशों में प्रशंसा की पात्र बनी। इसकी गाँधीगीरी को लोगों ने अपना अस्त्र बना लिया। इसी प्रकार "मुन्ना भाई एम॰बी॰बी॰एस॰" की 'जादू की झप्पी' का जादू लोगों के सर चढ़कर बोला।

फरहान अख्तर "लक बाय चांस" और "कार्तिक कालिंग कार्तिक" की रिलीज से पहले साफ कर देते है कि ये फिल्में अर्बन क्लास को ध्यान में रखकर बनाई गई हैं। उन्हें खुद भी पता होता है कि उनकी ये फिल्में मल्टीप्लेक्स दर्शकों को कुछ अर्थपूर्ण और थ्रिल से भरपूर मनोरंजन देंगी, जिसके लिए अब से पहले तक वे हॉलीवुड के आँगन में झाँका करते थे। अभय देओल तो लीक से हटकर काम कर ही रहे हैं। "देव डी॰" में वे कहीं से भी पारंपरिक देवदास की तरह नज़र नहीं आते, तभी तो मौजूदा दौर में भी वे अपनी देवदास को हिट कराने में सफल रहे। इरफान ने तो मसाला और मल्टीप्लेक्स के बीच गजब बैलेंस बनाया हुआ है। उन्होंने चोटी के सितारों को भी अपने साथ काम करने पर मजबूर कर डाला है।

इधर, रजत कपूर भी इसी श्रेणी में गिने जाने लगे हैं। कैरेक्टर रोल करते-करते वे निर्माता बने और अब निर्देशक भी। उनकी फिल्म "रात गई बात गई" बेशक मल्टीप्लेक्स दर्शकों के ही समझ आ सकती थी। इस फिल्म में दिखाए गए माहौल और सोसाइटी के बारे में आज की युवा पीढ़ी ही ज़्यादा समझ रखती है। अपनी इस फिल्म के माध्यम से रिश्तों की नई पौध और उन्हें साझा करने की रिवायतों को उन्होंने आज के सन्दर्भ में पेश कर यह बताने की कोशिश की है कि आज सोसाइटी में क्या और क्यों हो रहा है।

दिबाकर बनर्जी, अनुराग कश्यप, राजकुमार गुप्ता और सागर बेल्लारी जैसे निर्देशक इस दबाव मे काम नहीं करते कि उनकी फिल्म चलेगी या नहीं। अनुराग कश्यप ने "गुलाल" में और अनुराग बसु ने "लाइफ़ इन ए मेट्रो" में यह जता दिया कि भारतीय सिनेमा को बदलने में उनका क्या योगदान रहा है। अनुराग कश्यप ने "ब्लैक फ्राइडे" का निर्माण कर यह बताया कि संवेदनशील मुद्दों पर कैसे धैर्य से काम किया जाता है और एक ऑथेंटिक फिल्म दर्शकों को दी जा सकती है। लेकिन भारतीय सिनेमा के इस बदलते स्वरूप की त्रासदी यही है कि इन्हें मुट्ठी भर मल्टीप्लेक्स दर्शक ही समझ पाते हैं जिसकी वजह से तमाम प्रतिभाशाली सितारे नॉन ग्लैमरस छवि के साथ मल्टीप्लेक्स स्टार्स ही बनकर रह गए हैं।

आज फिल्म निर्माता-निर्देशक को यह समझ में आ गया है कि इस दौर में दर्शकों को यदि छविगृह तक खींचना है तो सोद्देश्य फिल्में बनानी ही होंगी क्योंकि आज का दर्शक इंटलेक्चुअल हो गया है। अंग प्रदर्शन से युक्त फूहड़ फिल्में आम दर्शकों की तालियाँ भले ही बटोर ले जाएँ, परन्तु ये विशिष्ट वर्ग को कतई प्रभावित नहीं करतीं। इसीलिए इधर हिन्दी सिनेमा एक नए और बेहतर दौर में दिखाई पड़ रहा है। आज उद्देश्य से भरपूर अच्छी फिल्में बन रही हैं और दर्शक उन्हें पसन्द भी कर रहे हैं। ये फिल्में बॉक्स ऑफिस पर भले ही हिट

न हों पर वह घाटा भी नहीं देती हैं। इसका कारण है कि इनमें करोड़ों रुपयों की लागत से बने सेट और वस्तु विन्यास नहीं होते। अतः ये फिल्में कम बजट में ही बन जाती हैं और ठीक-ठाक कमाई भी कर लेती हैं। इस संदर्भ में ऋषिकेश मुखर्जी एवं बासु चटर्जी का नाम अछूता नहीं है, जिनकी फिल्में आज भी दिल को छू लेती हैं। मल्टीप्लेक्स संस्कृति व फिल्मों के अन्तर्राष्ट्रीय मार्केट ने फिल्मों के जीवन को भले ही छोटा कर दिया हो, परंतु उसे एक स्वतन्त्र और बहुआयामी आधार अवश्य प्रदान किया है। आज सिनेमा का नया बाजार बन चुका है। पहले हिट फिल्में महीनों टॉकीज में लगी रहती थीं। आज फिल्में चाहें कितनी भी हिट क्यों न हों, वे कुछ हफ्ते ही चल पाती हैं। आज फिल्म का बाजार केवल व्यावसायिक या ठेठ कला फिल्मों का नहीं रह गया है, बल्कि कलात्मक और सार्थक फिल्मों के लिए भी एक नई संभावना बनी है। यह सही है कि न तो शुद्ध कला फिल्में बनाई जा रही हैं, न ही शुद्ध साहित्यिक फिल्में बन रही हैं, वरन् दर्शकों की रुचि को ध्यान में रखते हुए ऐसी फिल्में बनाई जा रही हैं, जो दर्शकों को सामाजिक व बौद्धिक स्तर पर प्रभावित करने का कार्य कर सकें।

सन्दर्भ-ग्रंथ

इण्डिया टुडे-साहित्यिक वार्षिकी 1995-96।

वर्तमान साहित्य, जनवरी 2010।

हिन्दुस्तान रविवासरीय के विभिन्न अंक।

25

हिन्दी सिनेमा : गीत एवं संगीत

केदार सिंह

भारतीय सिनेमा आज जिस रफ्तार से राष्ट्रीय-अन्तर्राष्ट्रीय ख्याति अर्जित कर रहा है, उसके मूल में गीत और संगीत की महत्त्वपूर्ण भूमिका है। गीत एवं संगीत के कारण फिल्में अपनी ऊँचाई को प्राप्त करती हैं, और जन-जन की जुबान पर छा जाती हैं। जिन फिल्मों में गीत एवं संगीत की जितनी बेहतर प्रस्तुति होती है, उन फिल्मों की उतनी ही अधिक प्रसिद्धि होती है। भारतीय फिल्मों में इन दोनों तत्त्वों पर विशेष ध्यान दिया जाता है। लोक जीवन से जुड़े गीत और संगीत तो आज भी सफलता की कसौटी हैं। संभवत: "नदिया के पार" फिल्म की सफलता का राज पारिवारिक एवं लोक संगीत, गीत ही हैं। फिल्म "डॉन" में परचम लहराने वाला गीत 'खाई के पान बनारस वाला' लोक धुन पर ही आधारित है। फिल्म "संघर्ष" का यह गीत 'मेरे पैरों में घुंघरू बँधा दे तो फिर मेरी चाल देख ले' भी तो लोक धुन पर ही आधारित है। खूबसूरत अदाकारा विपाशा बसु को लेकर फिल्माया गया 'बीड़ी जलाइले जिगर से पिया, जिगर मा बड़ी आग है' लोक धुन के कारण ही चर्चा का विषय बना हुआ है। "पीपली लाइव" फिल्म का गीत 'सखी सैंया तो बहुतै कमात हैं, मंहगाई डायन खाये जात है' भी इसी लोक धुन पर आधारित है, और आम आदमी से लेकर संसद तक चर्चा का विषय बना था। शास्त्रीयता पर आधारित फिल्म "मदर इंडिया" महबूब खान की सबसे अच्छी फिल्म थी। इस फिल्म में नौशाद को जब एक सिचुएशनल गीत की आवश्यकता पड़ी तो उन्होंने लोकधुन पर आधारित 'चुनरिया कटती जाए रे, उमरिया घटती जाए रे' गीत को चुना। इस गीत को फनकार मन्ना डे ने आवाज दी और इसमें बहुत ही सादगी के साथ लोक धुन का प्रयोग किया गया।

हिन्दुस्तान संगीतकारों एवं गीतकारों की धरती रही है। यहाँ बड़े-बड़े घरानों के संगीतकार एवं गीतकार पैदा हुए हैं। हिन्दी की पहली बोलती फिल्म

1931 में "आलमआरा" बनी थी। इस फिल्म के निर्माता एवं निर्देशक खान बहादुर अर्देशिर ईरानी थे। यह फिल्म संगीत के लिए क्रान्ति बनकर आई। इस फिल्म में सात गीत थे। इसमें 'दे दे खुदा के नाम पर प्यारे' एक गीत था। इस गीत को पहली बार आवाज़ देकर वजीर मोहम्मद खान प्रथम पार्श्व गायक बने। 1932 ई० में "माधुरी" नामक फिल्म का निर्माण हुआ था। इसमें शास्त्रीय गायक पंडित विनायकराव पटवर्धन ने अभिनय किया था, और चार गीत भी गाए थे। इसी फिल्म से भारतीय फिल्मों में गीत के साथ नृत्य की परम्परा प्रारंभ हुई और फिल्म उद्योग में फिल्मी संगीत की भी शुरुआत हुई। 1935 ई० में बनी फिल्म "देवदास" के लिए कुंदनलाल सहगल ने गीत गाया और अभिनय भी किया। इस फिल्म की पार्श्व गायिका कानन देवी थीं। उसी समय फिल्म "चंडीदास" के लिए भी के०एल० सहगल एवं उमा शाशि ने मिलकर 'प्रेमनगर बसाऊँगी मैं घर में' नामक गीत गाया, जो काफी प्रसिद्ध हुआ। इससे पूर्व 1932 ई० में पुणे की प्रभात फिल्म्स कम्पनी द्वारा "माया मंदिर" नामक एक फिल्म बनी थी। इसके लिए गोविन्दराव टेम्बे ने 'छोड़ आकाश के सितारे' नामक गीत की बंदिश बनायी और गाया भी। इसी कम्पनी ने 1934 ई. में "अमृत मंथन", 1936 ई० में "अमर ज्योति", 1937 ई० में "दुनिया ना माने", 1939 ई० में "आदमी", आदि फिल्मों का निर्माण किया, जो गीत और संगीत के लिए काफी चर्चित हुईं। बाम्बे टॉकीज द्वारा निर्मित "अछूत कन्या" के लिए उसी समय देविका रानी और अशोक कुमार ने मिलकर 'मैं वन की चिड़िया' गीत गाया जो काफी प्रसिद्ध हुआ। बाम्बे टॉकीज के बैनर तले ही 1943 ई० में "किस्मत" नामक फिल्म बनी, जो संगीत के लिए मिसाल बन गई। इसके संगीतकार अनिल विश्वास थे। अनिल विश्वास ने ही बाम्बे टॉकीज द्वारा निर्मित "ज्वार भाटा" और "मिलन" फिल्मों के लिए भी संगीत दिया था, जो काफी हिट हुईं। संगीतकार अनिल विश्वास की ही प्रेरणा से ही मुकेश और तलत महमूद जैसे प्रसिद्ध गायकों ने फिल्म इंडस्ट्री में कदम रखे। 1942 ई० में निर्मित फिल्म "खानदान" के लिए नूरजहाँ ने गीत गाए। गुलाम हैदर के संगीत निर्देशन में 1948 ई० में पहली बार लता मंगेशकर ने फिल्म "मजबूर" के लिए पहला हिट गाना गाया। 1943 ई० में खेमचन्द प्रकाश ने फिल्म 'तानसेन' के लिए संगीत दिया, जिसने देशभर में धूम मचा दी। फिल्म "महल" का गीत 'आएगा आने वाला' से लता मंगेशकर गायिकी की दुनिया में छा गयीं। उसी समय फिल्म "जिद्दी" के लिए किशोर कुमार ने खेमचन्द प्रकाश के संगीत निर्देशन में 'मरने की दुआएँ क्यों मांगू' और लता मंगेशकर ने 'चन्दा जा रे जा रे' गीत गाए, जो हिट गीत थे। 1940 में संगीतकार नौशाद अली ने "प्रेम नगर" के लिए संगीत दिया। 1944 ई० में प्रदर्शित फिल्म "रतन" से नौशाद अली के संगीत का जादू सर चढ़कर बोलने

लगा। इस प्रकार नौशाद ने "अनमोल घड़ी", "शाहजहाँ", "मेला", "दिल्लगी", आदि फिल्मों में यादगार संगीत दिया। 1952 ई॰ में प्रदर्शित फिल्म "बैजू बावरा" के संगीत के लिए नौशाद को 'फिल्म फेयर अवार्ड' से सम्मानित किया गया। "शबाब", "मुगले आज़म", आदि फिल्मों के अमर संगीतकार के रूप में नौशाद को सदा याद रखा जायेगा। मोहम्मद रफी, सुरैया, श्याम कुमार, आदि को गायक के रूप में निखारने वाले अमर संगीतकार नौशाद ही थे।

1940 के बाद संगीतकार की दूसरी पीढ़ी का आगमन हुआ। इस पीढ़ी के संगीतकारों में पंडित हुस्नलाल भगत राम, सी॰ रामचन्द्र, एस॰डी॰ बर्मन, आदि थे। इस पीढ़ी के गीतकारों में मजरूह सुल्तानपुरी, साहिर लुधियानवी, राजेन्द्र कृष्ण, हसरत जयपुरी, शैलेन्द्र, आदि थे।

"शहनाई", "पतंगा", "आशा", आदि फिल्मों के माध्यम से संगीतकार सी॰ रामचन्द्र ने पाश्चात्य संगीत को भारतीय फिल्म संगीत के क्षेत्र में प्रवेश दिलाया। राजकपूर की फिल्म "बरसात" से संगीतकार शंकर-जयकिशन की जोड़ी सुपरहिट बनकर उभरती है। शंकर-जयकिशन ने "दाग", "पतिता", "बसंत बहार", "यहूदी", "दिल अपना और प्रीत पराई" और "जंगली", आदि फिल्मों के लिए संगीत निर्देशन किया। फिल्म "दाग" के लिए 'ऐ मेरे दिल कहीं और चल', "पतिता" के लिए 'अंधे जहाँ के अंधे रास्ते', आदि गीतों को तलत महमूद ने आवाज दी थी। जयकिशन की मौत के पश्चात् जोड़ी टूट गई और झंकृत होने वाला संगीत सदा के लिए खामोश हो गया।

गज़ल को फिल्म संगीत के लिए लोकप्रिय बनाने का श्रेय संगीतकार मदन मोहन को है। उन्होंने ही 1958 में प्रदर्शित फिल्म "अदालत" के लिए 'उनको ये शिकायत है' नामक गज़ल को संगीतबद्ध किया था। उन्हीं के संगीत निर्देशन में 1957 में प्रदर्शित फिल्म में गज़ल 'हम से आया न गया' को तलत महमूद ने आवाज दी, जो यादगार गजल बनीं। इस तरह मदन मोहन ने "अनपढ़", "हकीकत", "जहाँआरा", आदि फिल्मों में भी गज़ल की परम्परा स्थापित की। 1970 ई॰ में "दस्तक" फिल्म के संगीत निर्देशन के लिए मदन मोहन जी को राष्ट्रीय पुरस्कार प्राप्त हुआ। इस फिल्म के गीतों को लता मंगेशकर ने आवाज दी थी। फिल्म संगीत की दुनिया में फिल्मफेयर लाइफ टाइम अचीवमेन्ट अवार्ड से सम्मानित होने वाले मोहम्मद जहूर 'खय्याम' का प्रवेश 1952 में प्रदर्शित फिल्म "फुटपाथ" के संगीत निर्देशन से होता है। 'खय्याम' जी ने "फिर सुबह होगी", "शोला और शबनम", "शगुन", "कभी-कभी", "उमराव जान", "रज़िया सुलतान", आदि फिल्मों के लिए यादगार संगीत दिया 1940 ई॰ में ही संगीत के क्षेत्र में सज्जाद हुसैन का आगमन हुआ। इन्होंने "बावरे नैन" के लिए

सुपरहिट संगीत दिया। एस०डी० बर्मन ने विमल राय की फिल्म "देवदास", "सुजाता" तथा "बंदिनी" के लिए संगीत तैयार किया। इन्होंने ही गुरुदत्त की फिल्म "प्यासा" और "कागज के फूल" के लिए भी यादगार धुनें तैयार कीं।

बिमल राय की फिल्म "दो बीघा जमीन", "मधुमती", 'परख", आदि के लिए संगीतकार सलिल चौधरी ने पाश्चात्य तथा क्षेत्रीय धुनों का सम्मिश्रण कर नई धुनें बनाईं। चौधरी जी ने 1950 ई० के आस-पास संगीत के क्षेत्र में कदम रखा। इन्होंने "हम दोनों", "मुझे जीने दो", "रेशमा और शेरा", आदि कम फिल्मों में ही संगीत दिया। 1952 ई० में प्रदर्शित फिल्म "आसमान" से ओ०पी० नैयर ने संगीत निर्देशन की शुरुआत की। इसके बाद नैयर जी ने "आर-पार", "सी०आई०डी०" तथा "मिस्टर एण्ड मिसेज़ 55", के लिए यादगार संगीत दिया। मोहम्मद रफी ने इनके गीतों को आवाज दी। ओ०पी० नैयर जी को उनकी प्रतिभा का सम्मान तब प्राप्त हुआ जब उन्हें "नया दौर" के लिए फिल्मफे़यर अवार्ड से नवाजा गया। 1950 से 1960 का समय संगीत के लिए स्वर्ण काल था। इस दशक में लक्ष्मीकांत-प्यारेलाल, कल्याणजी-आनन्दजी और आर०डी० बर्मन ने संगीत के क्षेत्र में तहलका मचा दिया। लक्ष्मीकांत-प्यारेलाल ने सबसे ज़्यादा फिल्मों के लिए संगीत दिया। आर०डी० बर्मन ने हिन्दी संगीत को आधुनिकता के साथ जोड़कर नया आयाम दिया। उन्होंने आशा भोंसले और किशोर कुमार की आवाज़ के लिए नए इलेक्ट्रॉनिक वाद्ययंत्रों का प्रयोग कर संगीत जगत का परिदृश्य ही बदल दिया। बर्मन जी ने "पड़ोसन", "हरे रामा हरे कृष्णा", "हीरा-पन्ना", "कटी पतंग", "यादों की बारात", "हम किसी से कम नहीं", "अमर प्रेम", "परिचय", "आंधी", "शोले", "किनारा", "घर", "सागर", आदि फिल्मों के लिए संगीत तैयार किया।

बहरहाल गुजरते समय के साथ नए तकनीकी प्रयोगों के कारण हिन्दी सिनेमा के गीत एवं संगीत में काफी परिवर्तन हुआ है। "अराउण्ड द वर्ल्ड" में पहली बार स्टीरियोफ़ोनिक साउण्ड का प्रयोग किया गया। बप्पी लाहिरी का सन् 1990 ई० में फिल्म "थानेदार" के लिए 'तम्मा तम्मा लोगे' कम्प्यूटर द्वारा बनाया गया पहला गीत था। 1994 ई० में विधु विनोद चोपड़ा ने "1942 ए लव स्टोरी" में पहली बार डॉल्बी साउण्ड का प्रयोग किया था। कमल हसन ने 2002 ई० में "हे राम" फिल्म से सिंक साउण्ड की शुरुआत की थी।

हिन्दी सिनेमा का गीत और संगीत से अटूट रिश्ता रहा है। यहाँ ज़्यादातर फिल्में गीत एवं संगीत के कारण हिट होती हैं। इस कारण यहाँ नायक, नायिकाओं की तरह ही गीतकार एवं संगीतकारों को भी सम्मान दिया जाता है। "रोजा" फिल्म तमिल से डब हुई हिन्दी फिल्म थी। इस फिल्म ने हिन्दी फिल्मी

संगीत एवं प्ले बैक की दिशा ही बदल दी। ए॰आर॰ रहमान ने इसका संगीत तैयार किया था। इसका संगीत आज भी लोगों की जुबान पर है। 'छोटी सी आशा', 'ये हसीं वादियाँ, 'रोजा जानेमन', 'रुक्मिणि', तथा 'भारत हमको जान से', आदि गीतों के आज भी लोग दीवाने बने हुए हैं। ए॰आर॰ रहमान का यह पहला संगीत निर्देशन था। इसके बाद रहमान ने कभी पीछे मुड़कर नहीं देखा। "बांबे", "दिल से", "ताल", "रंगीला" जैसी फिल्मों के लिए रहमान ने मोहक संगीत गढ़ा। रहमान किसी भी फिल्म के लिए स्वेच्छा से संगीत बनाते हैं। उनका चेन्नई अवस्थित 'पंचतन रिकार्ड इन' और ए॰एम॰ स्टूडियो एशिया के आधुनिकतम स्टूडियो में से एक है। रहमान हमेशा कुछ नया करने की सोचते हैं। इसी कारण देश में ही नहीं विदेशों में भी रहमान का डंका बज रहा है। उन्होंने अपनी नई सोच के कारण ही "लगान", "रंग दे बसंती", "जोधा अकबर", "जाने तू या जाने ना", "स्लमडॉग मिलिनेयर", "गुरु", "रावण", आदि फिल्मों के लिए अद्‌भुत संगीत तैयार किया।

इधर नए-नए प्रयोगों के साथ शंकर-एहसान-लॉय संगीतकारों की एक महत्त्वपूर्ण कड़ी के रूप में उभरकर सामने आ रहे हैं। गायक कंपोजर शंकर महादेवन, गिटारिस्ट संगीतकार अहसान नूरानी, तथा प्लेयर संगीतकार लॉय मेंडोसा की यह टीम संगीत के क्षेत्र में नए-नए प्रयोग कर रही है। उनकी "मिशन कश्मीर", "दिल चाहता है", "कल हो न हो", "बंटी और बबली", "कभी अलविदा ना कहना", "तारे जमीं पर", "माई नेम इज़ खान", आदि फिल्मों के संगीत को खूब सराहा गया है।

टी॰वी॰ सीरियल "जंगल बुक" की धुनों के साथ संगीत के क्षेत्र में प्रवेश करने वाले विशाल भारद्वाज ने "माचिस", "सत्या", "ओमकारा", "कमीने", "इश्किया", आदि फिल्मों के संगीत से अच्छा नाम कमाया है।

आज हर क्षेत्र में बाजारवाद हावी है। इसी बाजार को देखते हुए आज के नए-नए संगीतकारों द्वारा धड़ाम-धुडुम के साथ नए-नए प्रयोग किये जा रहे हैं। आज के गीत कालजयी नहीं होते हैं। सप्ताह दस दिनों तक बजने के बाद मृतप्रायः हो जाते हैं। आज बाजार की नब्ज़ को पहचानने वाले संगीतकारों में विशाल ददलानी-शेखर खजियानी, सलीम-सुलेमान, आदि की जोड़ियाँ खूब नाम कमा रही हैं।

स्पष्ट करना चाहूँगा कि गीतकारों एवं संगीतकारों को आज अपनी पहचान बनाने के लिए फिल्म एवं टी॰वी॰ काफी सशक्त माध्यम हैं। ये माध्यम जनता के लिए भी सर्वसुलभ हैं। गीत अगर सिचुएशन के साथ सटीक बैठ गया तो निश्चित रूप से अच्छा लगता है। पर जब बिना सिचुएशन के जबरन गीत घुसेड़

दिए जाते हैं, जैसा कि हिन्दी सिनेमा में हमेशा होता आया है तब यह स्थिति बड़ी नाजुक और असह्य हो जाती है। किसी एक गीत के लिए पूरी फिल्म झेलनी पड़ती है या हर पाँच मिनट पर एक गीत झेलना पड़ता है। हालांकि गीत के साथ अब अंग प्रदर्शन करने वाले नृत्य फिल्मों की सबसे बड़ी आवश्यकता बन चुके हैं, लेकिन आवश्यकता है कि कला को कला के रूप में पेश किया जाये।

26

हिन्दी सिनेमा में वंचित चित्रण

प्रियंका सिंह

शुरुआती दौर से ही हिन्दी फिल्में समस्याओं को सार्थक ढंग से जनता के सामने पेश करती रही हैं। अपने प्रारंभिक दौर में हिन्दी सिनेमा पर धर्म और इतिहास का गहरा प्रभाव दिखाई देता है, लेकिन कुछ समय पश्चात् ही इनमें भारतीय समाज की कुरीतियों एवं समस्याओं का निरूपण प्रदर्शित होने लगता है। हिन्दी की पहली सवाक् फिल्म "आलमआरा" सन् 1931 में प्रदर्शित की गई और इसके पाँच वर्ष के भीतर ही सन् 1936 में निर्देशक फ्रेंज ऑस्टेन "अछूत कन्या" नामक हिन्दी की प्रथम दलित चेतना पर आधारित फिल्म लेकर आ गए। बोधिसत्व डॉ॰ बाबा साहब अम्बेडकर के दलित जागरूकता आन्दोलन से प्रभावित होकर ही सम्भवत: यह फिल्म बनाई गई थी। देविका रानी ने इस फिल्म में दलित कन्या की भूमिका को साकार किया था। आज भी यह फिल्म हिन्दी सिनेमा के इतिहास में मील का पत्थर मानी जाती है।

हिन्दी सिनेमा की एक विशेषता यह रही है कि इसमें समाज के सभी वर्गों की वाणी को स्वर दिया गया है। धार्मिक फिल्मों से प्रारम्भ हुई यह परम्परा इतिहास से होते हुए समाज तक पहुँची है। समाज में आते ही इसने समाज के अन्तिम पायदान पर खड़े हुए समाज के दर्द को महसूस किया और रूपहले चित्रपट पर उसकी वेदना के चित्र उकेरने प्रारम्भ कर दिए। "अछूत कन्या" के प्रदर्शित होने के बाद अगले साल ही निर्देशक मोती बी॰ गिडवानी फिल्म "किसान कन्या" लेकर आ गए, जिसमें एक किसान की पुत्री के जीवन में आने वाले उतार-चढ़ावों को चित्रित किया गया था। पद्मा देवी और जिल्लो द्वारा इस फिल्म में मुख्य भूमिका अदा की गई थी। इतिहास में इस फिल्म का इस दृष्टि से भी महत्त्व है कि यह फिल्म भारत में बनी पहली रंगीन भारतीय फिल्म थी। सन् 1951 में आई राजकपूर की "आवारा" ने आवारा बेरोजगारों की असहायता को चित्रित किया था। यह फिल्म देश ही नहीं अपितु विदेशों में भी अत्यधिक

सफल रही। इस फिल्म के गीत 'आवारा हूँ' को विदेशों में आज भी लोग गुनगुनाते हैं।

वंचित समाज के चित्रण की दृष्टि से वर्ष 1953 अत्यधिक महत्त्वपूर्ण है क्योंकि इस वर्ष हिन्दी सिनेमा की दो अमर फिल्में "आह" और "दो बीघा जमीन" प्रदर्शित हुईं। इन दोनों फिल्मों में क्रमशः राजकपूर एवं बलराज साहनी ने अपने बेजोड़ अभिनय से वंचितों की वेदना को साकार कर दिया था। "आह" फिल्म में राजकपूर ने जीवन के अंधेरे को बड़ी ही कुशलतापूर्वक अभिव्यक्त किया था। "दो बीघा जमीन" में बलराज साहनी ने कृषक जीवन की निरीहता को जीवंत किया था।

सन् 1954 में डेविड, रतन और बेबी नाज के अभिनय से सुसज्जित "बूटपॉलिश" फिल्म में जूते-चप्पल पॉलिश करके जीवनयापन करने वाले अनाथ बच्चों की जिन्दगी का निरूपण किया गया था। सन् 1956 में राजकपूर की "जागते रहो", वी० शांताराम की "दो आँखे बारह हाथ" तथा ख्वाजा अहमद अब्बास की "मदर इण्डिया" प्रदर्शित हुईं। "जागते रहो" नगरीय जीवन की संवेदनहीनता को उजागर करती थी, "दो आँखे बारह हाथ" डाकुओं के आत्मसमर्पण पर आधारित थी, तो "मदर इण्डिया" फिल्म गाँव के भोले-भाले किसानों पर साहूकारों द्वारा किए जाने वाले अमानवीय अत्याचारों पर आधारित थी। "जागते रहो" में राजकपूर, मोतीलाल और नर्गिस ने अविस्मरणीय अभिनय किया था, "दो आँखें बारह हाथ" में वी० शांताराम तथा संध्या ने अपने अभिनय से लोगों का दिल जीत लिया था। "मदर इण्डिया" में राजकुमार, नर्गिस, सुनील दत्त, राजेन्द्र कुमार और कन्हैयालाल ने प्रभावशाली अभिनय किया था। यह फिल्म भारत में ऑस्कर हेतु नामांकित होने वाली पहली फिल्म थी। सन् 1957 में "प्यासा" तथा सन् 1959 में "कागज के फूल" फिल्म से गुरुदत्त ने हिन्दी सिनेमा में नयी चेतना का संचार किया।

सन् 1968 में "मेरा नाम जोकर" फिल्म में भोले-भाले सर्कसवासियों के जीवन के अभावों तथा निरीहता को वाणी दी गई थी। इसके पश्चात् सन् 1973 में आई "जंजीर" फिल्म ने अभावों से ग्रस्त युवा के आक्रोश को बड़े परदे पर लाने का काम किया। अमिताभ बच्चन ने इस फिल्म से जो अपना फिल्मी सफर शुरू किया, वह आज भी जारी है। अगले वर्ष सन् 1974 में मनोज कुमार की "रोटी, कपड़ा और मकान", श्याम बेनेगल की "अंकुर" और एम०एस० सत्थू की "गरम हवा" प्रदर्शित हुई। ये सभी फिल्में दीन-हीनों के अभावों तथा समस्याओं की सार्थक अभिव्यक्ति थीं। सन् 1975 में प्रदर्शित फिल्म "शोले" में बेरोजगारी का चित्रण किया गया था। इस फिल्म का मौसी तथा बीरू के बेरोजगारी से सम्बन्धित संवादों को लोग आज भी दोहराया करते हैं। सन् 1978

में "मुकद्दर का सिकन्दर" फिल्म अनाथ बच्चे के जीवन के आस-पास घूमती थी। सन् 1981 में आई "लावारिस" फिल्म भी इसी विषय पर आधारित थी। अमिताभ बच्चन ने इन दोनों फिल्मों में अविस्मरणीय अभिनय किया था। इसी वर्ष आई "चक्र" फिल्म को स्मिता पाटिल एवं नसीरुद्दीन शाह के अमर अभिनय के कारण लोग आज भी याद करते हैं। सन् 1982 में प्रकाश मेहरा निर्देशित तथा अमिताभ बच्चन अभिनीत "कुली" फिल्म में रेलवे स्टेशनों पर काम करने वाले कुलियों के जीवन को सेल्युलाइड पर पहली बार उतारा गया था। सन् 1983 में "रूदाली" फिल्म में गाँवों में रोने का धंधा करके जीवन-यापन करने की परम्परा की निर्वहन करने वाली स्त्री की कारूणिक कथा को डिंपल कपाड़िया ने अपने जीवंत अभिनय से साकार किया था। इसके बाद सन् 1985 में आई प्रकाश झा की फिल्म "दामुल" में भी ग्राम जीवन की निरूपायता व्यंजित हुई है। सन् 1986 में आई॰एन॰ चन्द्रा की "तेजाब" फिल्म में बेरोजगारी और निर्धनता के दुष्परिणाम दिखाए गए हैं। सन् 1993 में आई "गर्दिश" भी इसी विषय के इर्द-गिर्द घूमती थी। 1998 की आमिर खान अभिनीत "गुलाम" तथा 1999 की संजय दत्त अभिनीत "वास्तव" फिल्में बेरोजगारी की कोख से पैदा हुए अपराधियों के जीवन की मार्मिक अभिव्यक्ति थीं। सन् 2001 में आई आशुतोष गोवारीकर निर्देशित फिल्म "लगान" किसानों की अंग्रेज राज में हुई दुर्दशा को बयान करती थी। इसके बाद सन् 2005 में आई फिल्म "बंटी और बबली" बेरोजगारी से जूझते राकेश के बंटी चालबाज में परिवर्तित होने की कहानी है। "ब्लैक" (2005), "पा" (2010) और "गुजारिश" (2010) फिल्में बीमारी से जुझते लोगों की करुण कथाएँ सुनाती थीं।

2007 की फिल्म "तारे जमीं पर" पढ़ाई से जी चुराने वाले मंदबुद्धि बालक के जीवन का चित्रण करती थी। बेंडिट क्वीन (1988), "ओमकारा" (2006) तथा "आरक्षण" (2011), आदि अनेक फिल्मों में दलितों तथा सामंतवादी मानसिकता के लोगों के बीच संघर्ष को चित्रित किया गया है। "स्लमडॉग मिलिनेयर" (2009) एक बालक के स्लम से उठकर करोड़पति बनने की कहानी थी। अभी हाल में 1 नवम्बर, 2011 को प्रसारित "कौन बनेगा करोड़पति" के एपिसोड में बिहार के अतिनिर्धन सुशील कुमार के पाँच करोड़ रुपए जीत जाने से ऐसा प्रतीत होता है कि स्लमडॉग मिलिनेयर की सेल्युलाइड की कहानी ही सचमुच यथार्थ में परिवर्तित हो गई है। निष्कर्षत: कहा जा सकता है कि हिन्दी सिनेमा में वंचितों को पर्याप्त स्पेस दिया गया है और इन फिल्मों ने समाज के हाशिए पर पड़े समाज को सिनेमाई चाकचिक्य की दुनिया में उनका वास्तविक स्थान दिलाया है।

27

सिनेमा में पिघलती ज़िन्दगी...ज़िन्दगी में विलीन सिनेमा

अडूर गोपालकृष्णन से के॰ए॰ बीना की बातचीत

हिन्दी अनुवाद एवं प्रस्तुति–बबिता के॰

अनुभवों की ताकत को नापतौल कर मलयालम को गढ़ने वाली विश्व प्रसिद्ध प्रतिभा अडूर गोपालकृष्णन की ज़िन्दगी की तरफ झाँकने का प्रयास है यह साक्षात्कार। न किसी औपचारिकता के और न ही किसी पूर्व तैयारी के उनकी ज़िन्दगी की ओर एक यात्रा। उनके परिवार, सिनेमा के अच्छे और बुरे अनुभव, उनकी यात्राएँ, नाटक सम्बन्धी अनुभव, रिश्तों के बारे में–सब कुछ पर इस सफर के दौरान बात की जा रही है। प्रस्तुत है मलयालम की प्रसिद्ध लेखिका के॰ए॰ बीना द्वारा की गयी लंबी बातचीत के खास हिस्सेः

(1) बचपन से ही तमिल सुन रहे हैं। उस भाषा का कोई प्रभाव?

नहीं, छोटी उम्र थी। जल्दी कुछ भी ग्रहण नहीं कर सकता था। बाद में गांधीग्राम में पढ़ाई करते वक्त ही तमिल सीख ली।

(2) महात्मा गाँधी का देहांत जिस दिन हुआ वह दिन याद है? "कथापुरुषन" के दृश्य की तरह भावपूर्ण है क्या वह अनुभव?

"कथापुरुषन" देखने के बाद मेरे भाई ने कहा कि जिस दिन गाँधीजी का देहांत हुआ था उस पूरे दिन मैं रोता रहा। "कथापुरुषन" में उस दृश्य को शूट करते समय इस बात की मुझे याद नहीं थी। गाँधीजी की मृत्यु ने मुझे बहुत ज़्यादा दुःख पहुँचाया होगा मुझे।

(3) स्कूली दिनों की मुख्य यादें?

स्कूल में पढ़ते वक्त नाटक में अभिनय करने लगा था। पहली बार हमारे अध्यापक गोपाल पिल्लै द्वारा लिखित श्री बुद्ध पर आधारित नाटक में अभिनय

किया। श्री बुद्ध का किरदार निभाने के लिए मैं चुन लिया गया। जीवन का अर्थ ढूँढ निकालने वाले श्री बुद्ध का गंभीर भाव तथा शहर के दयनीय चेहरों को देखने वाले सिद्धार्थ राजकुमार का दुःख आदि नाटक का इतिवृत्त था–

अरे दुनिया। तुम मेरे साथ दौड़ो मत
तुम मुझे पकड़ नहीं पाओगी।

मेरी बहिन ने हाल ही में कहा था कि नाटक में मेरा यह संवाद था। उस बीच मुझे एक जोड़ा कपड़ा और शू मिला था। यह सब पहनकर नाटक में सिद्धार्थ की भूमिका का मज़ा लेने की मधुर उम्मीद थी मेरी। लेकिन उल्टा पड़ गया। मेरे साथ पढ़ने वाले मेरे एक रिश्तेदार ने बुद्ध की भूमिका मुझे देने की बात पर घर जाकर शिकायत की। इसके फलस्वरूप गोपाल पिल्लै जी ने बुद्ध की भूमिका को बाँटकर दो लोगों द्वारा करवाने का निश्चय किया। सिद्धार्थ के आडंबरपूर्ण जीवन के बदले में घर, परिवार, आदि सब त्यागकर जीवन का नया अर्थ खोजने वाला भाग ही मुझे मिला था। नये शू और कपड़े पहनकर मज़ा लेने की इच्छा पूरी नहीं हो पायी।

(4) **पहला नाटक कौन-सा था?**

"कपटयोगी"। मुतुकलम राघवन पिल्लै, आरन्मुला पोन्नम्मा, वाइक्कम वासुदेवन नायर, तन्गम वासुदेवन नायर, आदि उस समय नाटक से जुड़े मुख्य व्यक्तित्व थे। झोपड़ी बनाकर नाटक प्रस्तुत करने की रीति उस समय प्रचलित थी। प्रोफेशनल नाटक "याचकी" मेरे पहले नाटक "कपटयोगी" के लिए प्रेरणा था। नाटक के बीच में गाना भी गाया जाता था उस समय। इस गाने के दौरान नाटक के कलाकारों को दर्शक आकर उपहार देते थे। कुछ लोग उपहार के बहाने मेढक वगैरह का उपहार देते हुए कलाकारों का उपहास भी करते थे। अत्यधिक ध्यान से ही उन पुरस्कारों को खोलकर देखना पड़ता था। यह सब उस समय की मज़ेदार बातें थीं।

(5) **"कपटयोगी" का संवाद किस तरह का था? जटिल संस्कृत?**

नहीं, बिल्कुल आम भाषा में।

(6) **नाटक प्रस्तुत करने की रीति?**

सेट वगैरह नहीं था। पर्दा भी नहीं था। कोई मरते हुए गिर रहा है तो पिछवाड़े के दरवाजे की ओर से बाहर निकलने की रीति थी। मेरे घर में पिताजी नहीं थे इसलिए पूर्ण स्वतंत्रता थी। नाटक प्रस्तुत करने के लिए उस तरह से उपयुक्त और कोई जगह नहीं थी। माँ इन सबका विरोध नहीं करती थीं।

स्टेज के बदले में अडूर कणियारम के घर के आगे के बरामदे का इस्तेमाल किया जाता था। कोई विशेष खर्चा भी नहीं था। कपड़ों का इन्तजाम हम खुद

करते थे। विशेष अवसरों पर घर पर हम नाटक प्रस्तुत करते थे। निकट के सभी रिश्तेदार नाटक देखने आते थे। यह सब बच्चों का खेल था तो भी बड़े लोग इसे गौरवपूर्ण समझते थे।

(7) **नायक कौन था?**

मेरे द्वारा लिखित नाटकों में नायक मैं खुद था। मैं कभी एक विद्रोही नहीं बना था। मेरा अनुभव है कि शिष्टता से सब कुछ सीखा जा सकता है। ऐसा ज़िन्दगी के स्थिति-संदर्भों तथा संस्कृति के प्रभाव से हो सकता है। मैंने कभी भी कहीं जबरदस्ती घुसपैठ करने की कोशिश नहीं की है, भले ही अलग दूर हटकर खड़ा रहा हूँ। घर के नौकरों को भी हम शिष्टतापूर्वक बुलाते थे।

(8) **यौवन के जोश में विद्रोही बनने के बारे में सोचा था?**

नहीं। पूरे समय पढ़ाई नाटक, आदि कार्यों में व्यस्त रहता था। विद्रोही बनने के लिए समय नहीं था। घर में पूरी स्वतंत्रता थी। माँ किसी बात के विरोध में नहीं थी। हमारी आदतें वे जानती थीं।

(9) **फिल्म देखने का अवसर उस समय मिला था कि नहीं?**

मामाजी के तीन सिनेमा हॉल थे। वहाँ जाकर फिल्में देखना पसंद था। "बालन" वगैरह फिल्में इस तरह देखी थीं। फिल्म बिलकुल मुफ्त में देखता था। उस समय इच्छा केवल यही रहती थी कि गेट का पहरेदार जान-पहचान का कोई हो।

(10) **नाटक सम्बन्धी कार्यकलापों में कौन साथ थे?**

हम तीन मित्र थे। लोग हमको आर॰एन॰जी॰ बुलाते थे। रवीन्द्रन, नारायणन्, गोपालकृष्णन्। छुट्टी के दिनों में घर के पास स्थित काजू के पेड़ पर चढ़कर हाथ में कागज, पेंसिल से कहानी, कविता, चित्र रचना, आदि करते थे। लेकिन हम ज़्यादातर नाटक ही लिखा करते थे।

(11) **कविता लिखते थे?**

लिखता था। बचपन में लिखी एक कविता मेरे भतीजे को हाल ही में गाते हुए सुना। "Nightingale and the Globeworm" कविता थी वह।

(12) **कहानियों के बारे में?**

लिखता था। "मलयाल राज्यम" साप्ताहिक में अनेक कहानियाँ प्रकाशित हुई हैं।

(13) **कथकलि, नाटक इसमें से ज़्यादा पसंद है?**

बचपन से ही कथकलि देखना शुरू किया था। घर के आसपास रहने वाली औरतें माँ से कहानी सुनने के लिए आती थीं। माँ उनको कथकलि की विभिन्न

शैलियाँ सुनाती थीं। यह सब सुनकर मैं बड़ा हो गया। बचपन में अक्षर स्पष्टता के साथ कथकलि गीत गाने वाले इलन्कारा नीलकण्ठन उन्नित्तान के गीत मैंने सुने थे। माँ की निकट की एक रिश्तेदार से उन्होंने शादी की।

बचपन में कथकलि से बहुत प्रभावित था। लेकिन आधुनिक नाटकों के आने से यह पसन्द बदल गयी। कॉलेज में पढ़ते समय नाटक एक तरह से जोश बन गया। तोपिल भासी और कैनिक्करा के नाटकों ने बहुत प्रभावित किया था। नाटक देखने का अवसर यदि नहीं मिला तो पुस्तक मंगाकर पढ़ता था।

घर पर बहुत सारी किताबें थीं। घर एक पुस्तकालय था। केरलवर्मा ग्रन्थालय, सत्यवान स्मारक ग्रन्थालय, ई॰एम॰एस॰ स्मारक ग्रन्थालय, आदि से हम अनेक किताबें पढ़ने के लिए लाते थे। बाद में घरों तथा गांव वालों से किताबें एकत्रित करके हम लोगों ने ग्रन्थालय शुरू किया। पी॰एन॰ पणिकर ने हमारे इन कार्यकलापों की प्रशंसा की थी।

(14) शुरू में कौन-सी पुस्तक ज़्यादा पसन्द करते थे?

कारूर के नाम पर केशव पिल्लै द्वारा लिखित पुस्तक "बालचन्द्रन"। जीवन में बहुत कष्टों को सहने वाला एक परिवार था इस पुस्तक का मुख्य विषय। यह जीवन को अत्यधिक स्पर्श करने वाला था। भौतिक रूप से मेरे घर से इसकी कोई समानता नहीं, फिर भी भावात्मक रूप से अत्यधिक मिलता-जुलता है। पुस्तक पसन्द करने का यही कारण हो सकता है।

हाई स्कूल पढ़ते वक्त बशीर, केशवदेव, उरूब, तकषी, आदि की कृतियाँ अधिक पढ़ता था। स्कूल में एकांकी नाटक प्रतियोगिता में टी॰एन॰ नायर की पुस्तक इनाम स्वरूप मिली थी।

(15) स्कूल में पढ़ते समय क्या बनने की इच्छा थी?

डॉक्टर बनने की इच्छा थी। जब पन्तलम कॉलेज में प्रवेश लेने गया, प्रिंसिपल रामय्यर ने मेरे अंक देखकर प्रथम ग्रुप में प्रवेश दिया तो असल में मैं चौंक गया। गणित से बचकर किसी तरह आया था। फिर से गणित। मैं मामाजी के कान में बोला कि मुझे विज्ञान ग्रुप लेकर डॉक्टर बनना है। मामाजी ने इस बात को प्रिंसिपल से बताकर ग्रुप बदलवा दिया। बाद में भौतिक विज्ञान और रसायन विज्ञान बेहद मुश्किल लगा। परीक्षाफल आने के बाद त्रिवेन्द्रम मेडिकल कॉलेज में प्रवेश के लिए आवेदन भेजा गया, लेकिन कोई जवाब नहीं मिला।

(16) लिखने की क्षमता रहने पर ऐच्छिक विषय के रूप में साहित्य को क्यों नहीं लिया?

बाद में वही किया था। केरल विश्वविद्यालय में बी॰ए॰ ऑनर्स मलयालम के लिए आवेदन किया। प्रवेश भी पाया था लेकिन मलयालम अध्यापक बनने जा रहे हैं कहकर सबने मजाक उड़ाया तो वह उद्यम छोड़ दिया और बी॰एस॰सी॰ में दाखिला लिया। उस समय के॰ बालकृष्णन की "कौमुदी" में कभी-कभार लिखा करता था। बी॰एस॰सी॰ करते वक्त गाँधीग्राम का एक विज्ञापन देखा। पढ़ाई के बाद सीधा बी॰डी॰ओ॰ के रूप में भर्ती ऐसा था विज्ञापन। आवेदन किया। एक समिति साक्षात्कार ले रही थी। लेकिन मुझे सफलता नहीं मिली।

लेकिन बाद में पता चला कि और कहीं जाने से बचने वाली सोच के कारण उन्होंने प्रवेश नहीं दिया। दूसरी बार आवेदन किया तो मजबूर होकर मुझे प्रवेश देना पड़ा।

(17) गाँधीग्राम में दाखिला लेने के पीछे प्रेरणा क्या थी?

प्रेरणाएँ तो कई थीं। गाँधीग्राम की विचारधारा में प्रतिबद्धता पहले से थी, उसके साथ-साथ एक प्रेरणा यह भी थी कि आसानी से नौकरी मिल सकती थी। गाँधीजी के प्रति सम्मान भाव के कारण मिडिल स्कूल में पढ़ते समय खुद खर्चा उठाकर हिन्दी सीख ली। मध्यमा तक पास की। तभी से पहनावा पूरा खादी कर दिया। खुद बुनाई का काम भी सीख लिया।

(18) मन ही मन एक फ्लूडलिस्ट (सामंतवादी) थे आप?

ऐसा तो नहीं। कभी नहीं कहता था कि मैं किसी विशेष घर का लड़का हूँ। उस जमाने में अच्छे खानदान के लोग बाहर होटलों या दुकानों से चाय व खाना नहीं खाते थे। यह सब दोयम दर्जे की बात मानी जाती थी।

(19) गाँधीग्राम की ज़िन्दगी कैसी थी?

गाँधीग्राम जाने के बाद ही मलयालम छोड़ किसी दूसरी भाषा की कोई किताब पढ़ी थी। पाठ्यपुस्तकों के अलावा अंग्रेज़ी की या और कोई पुस्तक नहीं पढ़ते थे। उधर एक अच्छी लाइब्रेरी थी। जब उधर मेरा दाखिला हुआ तो उसी समय जी॰ शंकर पिल्लै (प्रथम ज्ञानपीठ पुरस्कार विजेता) जी की भी नियुक्ति मलयालम प्राध्यापक के रूप में वहाँ हुई थी।

पिल्लै जी को लाइब्रेरी का कार्यभार सौंप दिया गया था। वे दुनिया भर की तमाम नाटक सम्बन्धी पुस्तकें खरीदते थे। उस लाइब्रेरी में बहुत अच्छे नाटकों से सम्बन्धित अंग्रेज़ी किताबों का एक अलग विभाग उन्होंने बनाया था। हर साल नयी किताबें खरीदी जाती थीं। सार्वजनिक प्रबन्धन, अर्थशास्त्र, राजनीतिशास्त्र,

आदि मेरा पाठ्य विषय था। एक आवास प्रबन्धन वाली संस्था में ज़िन्दगी में पहली बार पढ़ रहा था।

(20) **नाटक से पूर्णतः कब से पीछे हटे?**

पुणे संस्थान से बिछुड़ने के बाद भी नाटक किया। 1974 में "गोदाये कात्त" (गोदों के इन्तजार में) तक।

वह एक विशेष प्रस्तुति थी। दुनियाभर के सैकड़ों मंचों पर "गोदाये कात्त" की प्रस्तुति हुई। हर बार निर्देशक के दृष्टिकोण के अनुसार नाटक भिन्न था। मेरी दृष्टि के अनुसार पात्रों के मुख और भाव प्रमुख थे। इसी कारण से पूरे दृश्य को सिर से अन्दर से निकलने वाली शक्ति के रूप में दिखाया गया था। पात्र उसके नीचे शतरंज के मोहरों की तरह आगे बढ़ता रहा।

(21) **अकादमी में दाखिला लेने के निर्णय पर घर के लोगों की क्या प्रतिक्रिया रही?**

सबसे ज़्यादा प्रोत्साहन बड़े भाई साहब ने दिया था। मैंने उनसे पूछा "आपकी क्या राय है?" "तुम्हें अगर पक्का विश्वास है तो जाओ" यही उनका कहना था। निकम्मे मामा ने भी दुनियादारी के बारे में अखबार पढ़कर काफी ज्ञान प्राप्त किया था। उन्होंने भी मुझे आगे बढ़ने की प्रेरणा दी। उनका कहना था कि "तुम्हारे लिए वह एक सही और सच्चा रास्ता होगा"। वैसे भी मेरे परिवार के लोग कलाओं में रुचि रखने वाले थे। इसलिए इन परिवर्तनों को समझने में उन्हें कोई दिक्कत नहीं हुई।

(22) **अच्छी तनख्वाह मिलने वाली नौकरी थी नेशनल सैंपिल सर्वे की। उसे छोड़ने में कोई हिचकिचाहट नहीं हुई?**

नहीं, उस समय नौकरी से एक फायदा भविष्यनिधि मे आनेवाला कुछ पैसा मात्र था। उससे मैंने एक टाइपराइटर खरीद लिया। पटकथा पढ़ाने वाले प्रोफेसर एक पंजाबी थे। कड़ा अनुशासन था कि हर दो सप्ताह में उन्हें एक पटकथा ज़रूर लिखकर दें। वह भी हाथ से लिखकर नहीं टाइप कराकर किताब के रूप में बनाकर देना पड़ता था। पुणे में अंग्रेज़ी टाइपिंग जानने वाले कम थे। गाँधीग्राम की तीन साल की पढ़ाई के कारण अंग्रेज़ी थोड़ी बहुत आसान-सी हो गयी थी। क्लिष्ट शब्दों को टाइप करने वाले समझते नहीं थे। इस संदर्भ में मैंने खुद टाइप सीखने और करने का निश्चय किया। Teach Yourself Typing नामक किताब खरीदकर तीन हफ्ते में मैंने टाइपिंग सीख ली। बहुत ही जल्दी मैं एक अच्छा टंकक बन गया। अब मेरी अंगुलियाँ ही जानती हैं कि अक्षर कहाँ हैं? उसके बाद स्क्रिप्ट वगैरह मैंने ही टाइप किया। सिर्फ बाइंडिंग के लिए बाहर देता था। इसका फायदा चित्रलेखा फिल्म सोसाइटी बनाते समय हुआ। चित्रलेखा

का उस समय का सारा पत्राधार मेरे टाइपराइटर पर ही टाइप किया गया था। तब से लेकर मैंने अपना सारा लेखन टाइप करके भेजना शुरू किया। अब उसकी जगह पर कम्प्यूटर आ गया, बस उतना ही है।

(23) 1962 **में एफ॰टी॰आई॰आई॰ में आपका दाखिला हो गया था। पहला दिन याद है?**

कैंपस में घुसते ही मुझे बड़ा रोचक व प्रभावकारी लगा। यह गाँधीग्राम जैसा नहीं था। शान्ताराम के प्रभात स्टूडियो को सरकार ने एफ॰टी॰आई॰आई॰ के लिए खरीद लिया था और मुंबई में फिल्म अकादमी न बनाने की बात पर चर्चा तथा आलोचना उस समय ज़ोर पकड़ रही थी। पाटील कमेटी की सिफारिश के अनुसार ही पुणे में एफ॰टी॰आई॰आई॰ स्थापित किया गया था। यह काफी अच्छा हुआ कि मुंबई फिल्म इंडस्ट्री का सीधा प्रभाव जहाँ नहीं पड़ता, उधर अकादमी की स्थापना हुई। कुछ ऐसी बातें होती ही हैं जो आम लोगों की सोच-विचार से बिलकुल अलग सच होंगी। उस समय आज के जैसे सिनेमा का आविर्भाव नहीं हुआ था। सन् 1951 में भारत में पहली बार अन्तर्राष्ट्रीय फिल्म मेला सम्पन्न हुआ। हॉलीवुड से अलग इस दुनिया में सिनेमा है, इस बात का भारतीय फिल्मकारों को तब ही पता चला था। इन फिल्मों ने उन्हें बहुत ही अच्छे ढंग से प्रभावित किया था। इससे पहले भी दुनिया की कई नवयथार्थवादी फिल्मों ने हमें प्रभावित किया था।

(24) **राय की फिल्में?**

सिर्फ सत्यजीत रॉय नहीं ऋतिक घटक, मृणाल सेन, नेमाय घोष, आदि बंगाली निर्देशक तथा राजकपूर, के॰ए॰ अब्बास, विमल रॉय, गुरुदत्त, आदि हिन्दी निर्देशक भी रियलिज्म (यथार्थवाद) की राह पर चलने लगे थे उस समय। "दो बीघा ज़मीन" उसी समय आयी थी। यथार्थवाद के निकट रहने वाली कई फिल्में इस समय बनकर आयी थीं।

(25) **उस तरह की फिल्में पहले देखी थीं?**

स्कूल में पढ़ते वक्त शान्ताराम की "झनक-झनक पायल बाजे" देखी थी। उस समय जो भी फिल्में मैंने देखीं, उनमें ज़्यादातर पौराणिक थीं। "नीलक्कुयिल", "न्यूज़पेपर बॉय", आदि देखकर कुछ भिन्न लगा। गाँधीग्राम में जब था तो "पथेर पांचाली" देखी थी। 1958 का जमाना। उधर पढ़ाई शुरू करके एक साल हो चुका था। उस बीच एक दिन अचानक सूचना दी गयी कि रात खाने के बाद फिल्म दिखायी जाएगी।

कोई विशेष फिल्म न होगी, इस सन्देह के साथ देखने बैठा था। मगर, वह एक विशिष्ट अनुभव ही था। उससे पहले मैंने जितनी फिल्में देखी थीं उन सबसे

अलग थी वह। लोग, घर, परिवेश, भू-भाग, आदि दैनिक जीवन से उसी तरह उसी सूक्ष्मता से खींचा दिखाया गया था। हर एक से अलग जीवन जीने की स्थिति। मुझे सबसे बड़ी दिक्कत यह हुई थी कि बांग्ला में जो बातचीत थी, वह मेरी समझ में नहीं आ रही थी। उपशीर्षक (Subtitle) देने की तकनीकी जानकारी भारतीयों के पास उस समय उपलब्ध नहीं थी। दर्शकों के बीच बैठे शंकर पिल्लै जी ने कहा कि उस फिल्म के निर्देशक शान्ति निकेतन के सत्यजीत रॉय नामक युवा चित्रकार हैं तथा उस फिल्म को कई पुरस्कार भी प्राप्त हैं।

(26) एफ०टी०आई०आई० में शिक्षा की क्या शैली थी?

1961 में एफ०टी०आई०आई० शुरू हुआ था। पढ़ने और पढ़ाने के लिए जो आये थे उनकी निश्चित रूप से कोई धारणा नहीं थी कि क्या करना है। एक सुनिश्चित पाठ्य पद्धति नहीं थी। एस०बी० ठक्कर, आर०एस० प्रूथी, आर०के० रामचन्द्रन (आर०के० नारायणन् और आर०के० लक्ष्मण के भाई), जी०बी० कुलकर्णी, एल०पी० शॉ, आदि अध्यापक थे। लॉस एंजल्स से फिल्म में एम०ए० पास करके आये जगत् मुरारी थे प्रिंसिपल। दूसरे साल सहायक प्रिंसिपल बनकर ऋत्विक घटक आए। निर्देशन उन्होंने सिखाया था। असामान्य प्रतिभा वाले वे कला, साहित्य और सिनेमा विषयों में निकलने वाली नयी-नयी पुस्तकें इकट्ठा करके पढ़ते थे। उनमें से अनेक पुस्तकों पर हमसे उत्साह के साथ बात करते थे। एक ही समय बुनुवले के उपासक और बरगमैन के आलोचक घटक "इंडियन पीपुल्स रंगमंच" के नाटकानुभव, भरपूर संगीत सम्बन्धी ज्ञान, लेखन में प्रतिभा संपन्न, खुली सोच, आदि मिलकर एक असाधारण व्यक्तित्व थे।

घटक कभी कक्षा में दारू पीकर नहीं आते थे। एक असाधारण प्रतिभा वाले फिल्मकार तथा विषय पर गहरी जानकारी प्राप्त अध्यापक होने के कारण मुझमें घटक के प्रति बहुत ही ज़्यादा सम्मान भाव था। लेकिन घटक को या अन्य किसी दूसरे अध्यापक को कक्षा के बाहर वैयक्तिक रूप से जाकर मिलने तथा उनसे विशेष सम्बन्ध स्थापित करने की कोशिश मैंने कभी नहीं की। कक्षा के बाद पूरा समय मैंने लाइब्रेरी में ही बिताया। उस समय फिल्म इंस्टिट्यूट में एक बढ़िया लाइब्रेरी थी। इंस्टिट्यूट में भी पहले साल पूरा नाटक पर ही मैंने पढ़ाई की।

इंस्टिट्यूट छोड़ने के दस साल बाद ही फिर घटक से मुलाकात हुई। उनकी मृत्यु से लगभग एक साल पहले। दिल्ली अन्तर्राष्ट्रीय फिल्म मेला से सम्बन्धित एक राष्ट्रीय संगोष्ठी में घटक, मणि कौल, कुमार साहनी और मैं भाग ले रहा था। देखने में थके हुए घटक पंक्ति के अन्त में बैठे हुए थे। मन में कई बार

सोच-विचार कर मैंने निश्चय किया कि मीटिंग के बाद सीधे जाकर उनसे मिलकर पुरानी यादों को ताजा करना है।

कार्यक्रम के बाद सब उठकर खड़े हो गये तो मैं फिर सोचने लगा–जाना है या नहीं? किसी तरह हिम्मत जुटाकर घटक के पास पहुँचकर मैंने उनसे हाथ मिलाया और पूछा क्या आप मुझे जानते हैं? मैं आपका शिष्य हूँ, फिल्म इंस्टिट्यूट में। बिलकुल अजनबी नजरों से उन्होंने मेरी ओर देखा और कहा– "नहीं"।

(27) **घटक के प्रिय शिष्य मणि कौल और कुमार साहनी उस समय अकादमी में पढ़ते थे?**

मणि कौल मेरा जूनियर था। मेरी कक्षा में एक जोन शंकरमंगलम पढ़ रहा था। पहले साल दस लोग थे कक्षा में, उनमें से कई छोड़कर चले गये। अन्त में पाँच बाकी रह गये। सच कहूँ तो सिनेमा के बारे में प्रचलित मिथ्या धारणाओं को निकालने की प्रक्रिया चल रही थी एफ०टी०आई में। फिल्म देखकर एक नया भावबोध जाग रहा था। आश्चर्य और सम्मान के साथ ही मैंने हर एक फिल्म को देखा। एक दृश्य वाली फिल्म से लेकर इधर बहुत ही ज़्यादा संकीर्ण फिल्म तक दिल खोलकर देख रहा था। यूरोपियन फिल्में ही ज़्यादातर देख रहा था। पुणे शहर के सिनेमा हॉल में लगी हॉलीवुड फिल्में भी देखा करता था। रविवार के दिन आधा टिकट पर फिल्म दिखाते थे, वह भी देखता था। जब समय बचता था तब पुणे के सैकेंड हैण्ड किताब की दुकानों में जाकर किताबें खरीदता था। पुणे "शोधार्थियों का शहर" था। पढ़नेवालों तथा शोधार्थियों की जगह। डेक्कन जिमखाना तथा शहर के नज़दीकी इलाकों में भी घूमकर तो अच्छी किताबें मिल सकती थीं। उस समय खरीदी गयी कई किताबें आज भी मेरे पास हैं। उनमें से कई खो गयीं। बाद में पुस्तकें उधार देना बन्द कर दिया क्योंकि दो तो वापस नहीं मिलेंगी। लोग किताबें पढ़े बिना ऐसे ही अपनी अलमारी में रखेंगे। एक वक्त की रोटी छोड़कर खरीदी गयी थी उनमें से अधिकांश किताबें।

(28) **उस समय भी फिल्म अकादमी में बोहीमियन जीवन शैली थी?**

बिलकुल नहीं। वैसे अमीर लोग उस समय फिल्म अकादमी में पढ़ने नहीं आते थे। अकादमी प्रसिद्ध होने के बाद आया है बोहीमियन स्टाइल।

(29) **क्या आपके कोई धर्मपिता** (Godfather) **रहे थे?**

नहीं। मुझ पर शिक्षक कभी ध्यान नहीं देते थे। एक बार के०ए० अब्बास ने मेरे डिप्लोमा की स्क्रिप्ट पढ़कर प्रोफेसर से ऐसा कहा था कि इस तरह के छात्र को प्रशिक्षण देने से ही आपका कोर्स सफल हो जाएगा। उस जमाने में "मलयाल राज्यम", "कौमुदी", "मातृभूमि", आदि पत्रिकाओं में सिनेमा पर

कुछेक लेख लिखे थे। फोटोग्राफी में रुचि इंस्टिट्यूट से ही जगी थी। पहली बार स्टिल कैमरे का इस्तेमाल भी वहीं पर किया था। जी॰बी॰ कुलकर्णी नामक प्रोफेसर से ही कैमरे सम्बन्धी सभी बातें समझ लीं। आगे चलकर फोटोग्राफी एक नशा ही हो गया। विभिन्न प्रकार के कैमरे हैं मेरे पास। इसी तरह मेरा एक और नशा था कि जब कभी विख्यात लोग व्याख्यान देने आते थे तो अच्छे से टाइप करके उस व्यक्ति को भेज देता था। बलराज साहनी को भी इस तरह का "व्याख्यान-पत्र" मैंने भेज दिया था। वे उसमें संशोधन करके वापस भेज देते थे तथा मैं उसको फिर से अच्छे ढंग से टाइप करके लेख के रूप में बनाता था। स्मारिका में राय के लेख तथा घटक के व्याख्यानों को भी मैंने लगवाया था। मलयालम में एक तरह से नवीन सिनेमाई अवधारणा/भावबोध जगाना मेरा लक्ष्य था। स्मारिका का भाषान्तरण कुलत्तूर भास्करन नायक, श्री वराहं बालकृष्णन, वेलियनाड गोपालकृष्णन्, के॰एम॰ प्रभाकरन् नायर, आदि लोगों ने मिलकर किया था। स्मारिका के अनुबन्ध में प्रयुक्त किये गये गलत फिल्मी वाक्यों का मलयालीकरण करके अर्थ लगाया करता था। जैसे–संपादन के लिए "चित्र संयोजन" परिवर्तित करके "सन्निवेशम" कर दिया। इस तरह 400 से अधिक शब्दों का मैंने रूपान्तरण किया था। लेकिन स्मारिका में प्रयुक्त करने से ज़्यादा मेरी फिल्मों में निरंतर प्रयुक्त करने के कारण ही इन शब्दों का प्रचार बढ़ गया। "दुनिया के फिल्मों की मार्ग शिलाएँ" नामक अंश भी इसमें था। पुणे फिल्म अकादमी के पुरालेख से ही छायाचित्र एकत्रित किये थे। मलयालम में इस तरह का प्रकाशन पहली बार था।

जीवन के बारे में जो अभिगम और दृष्टि अकादमी की इस अवधि में मिली थी, यह प्रतिक्रिया अनेक अनुभवों का समर्थन था। कभी सोचा नहीं था कि एस॰एस॰एल॰सी॰ के बाद आगे की पढ़ाई करूँगा। आगे पढ़ाई कर पाने का एक ही कारण यह है कि मामाजी सहायता करने के लिए तैयार थे जबकि सहायता करना उनका कर्तव्य नहीं था। भैया को नौकरी मिलने से पूरे परिवार का भार उसने ले लिया, यह भी मेरे लिए सौभाग्य की बात थी।

(30) आर्थिक स्थिति कैसी थी उस समय?

बहुत ही ज़्यादा मुश्किल में था। मुझे 75 रु॰ छात्रवृत्ति मिलती थी। उसके बाद जरूरत के हिसाब से भाई साहब भेज देते थे, उन्होंने हमारी कुछ जमीन बेच दी थी। उसमें से मेरा हिस्सा भैया ने भेज दिया था। उस समय अकादमी में सबसे घटिया किस्म के कपड़े पहननेवाला व्यक्ति मैं ही था। पुणे जाते समय पहली बार मैंने पैंट पहनी थी, वह भी भाई साहब की।

1962 में जब माँ की मृत्यु हुई तब मैं एफ॰टी॰आई॰आई॰ में था। अन्त में माँ को देख नहीं पाया। माँ के साथ मेरा लगाव बहुत गहरा था। अभी माँ को

सपने में देखता हूँ। माँ सम्मोहित उपस्थिति है। "कथापुरुषन" और सत्यजीत रॉय की "अपराजिता", आदि फिल्मों में माँ की उपस्थिति है। यही कारण है कि ये दो फिल्में मेरे लिए सबसे पसंदीदा हैं। माँ और बेटे के रिश्ते को सुन्दर ढंग से रॉय ने प्रस्तुत किया है। उस फिल्म को देखकर मैं सिसक कर रोया था। मनुष्यों के बीच के रिश्तों के बारे में मैंने माँ से सीखा। मेरे स्वभाव के रूपांतरण व बनावट में माँ का हिस्सा कितना बड़ा है, मैं अंदाजा लगा नहीं सकता। माँ के मन में लोगों के बीच उच्च, निम्न, अछूते, अपवित्र ऐसा कोई अन्तर नहीं था। मन में अपार स्नेह रखते हुए भी उसे बाहर दिखाना माँ नहीं चाहती थी। स्नेह, वात्सल्य और लगाव मैंने हठ से माँ से छीन लिया था। माँ के सामने गलती न कर सच्चाई बनाए रखने वाला बच्चा रहा मैं। लेकिन एक निर्णय लेने के बाद उसके विरुद्ध कुछ कहने की आदत माँ को नहीं थी। आठवीं कक्षा में पढ़ते वक्त जब मर्चेन्ट नेवी में दाखिला लेने इन्टरव्यू के लिए त्रिवेन्द्रम गया और केन्द्रीय नमूने सर्वे की अच्छी तनख्वाह वाली नौकरी छोड़ने का निर्णय लिया, तब भी माँ इसके विरुद्ध कुछ नहीं बोली। रॉय की "अपराजिता" में इन सारी बातों को मैं महसूस कर रहा था। मैंने उनको कहा भी था। रॉय ने कहा कि वेनिस फिल्म मेले के लिए बहुत जल्द ही करने के कारण उस समय फिल्म का निर्देशन ठीक नहीं हुआ और समय मिले तो इसके कुछ भाग काटने हैं। लेकिन ऐसा न करने की मैंने अपेक्षा की।

उस समय बनी "मेरी डिप्लोमा" फिल्म 40 सालों बाद मैंने फिर देखी। उसका नाम था "A Great Day" (एक महत्त्वपूर्ण दिन) फिल्म शुरू होते ही मैंने कहा था कि यह फिल्म 40 वर्ष पहले की है और इसलिए मुझे इससे कोई अपेक्षा नहीं है। अनन्तमूर्ति, आदि लोग यह फिल्म देखने आये थे। फिल्म की शुरुआत से लेकर अन्त तक सब लोग हँस रहे थे। फिल्म खत्म होते ही अनन्तमूर्ति ने फिल्म की एक प्रति मांगी।

(31) इस फिल्म की कहानी क्या थी?

एक तमाशा फिल्म थी वह। कोई निष्ठा या क्रम के बिना जीनेवाले एक आदमी की कहानी। वह बहुत आलसी था। सुबह दूधवाले को दरवाजा खोल देने में आलस करने वाला, एक डोरी द्वारा दरवाजा खोलने की सुविधा बनाकर सोनेवाला एक आदमी। उसकी प्रियतमा एक दिन आकर बोली कि उसके पिताजी उसको देखने आ रहे हैं। पिताजी के देखकर अनुमति दिये बिना शादी संभव नहीं है। वह अव्यवस्थित कमरा ठीक करने का प्रयास करता है आगे के दृश्य में। कुछ भी व्यवस्थित नहीं हो पा रहा था। तब तक पिताजी आ गये। उन्होंने घबराकर आश्चर्य के साथ सब देखा और जल्दी ही चले गये। सब खत्म हो गया, सोचकर वे बैठे तो प्रियतमा दौड़ी आयी और बोली कि पिताजी ने शादी

के लिए अनुमति दे दी है और यह भी बताया "जब आपने मुँह खोला, तब पिताजी ने आपकी दंत पंक्तियों को देखा। उनको वे पसन्द आयीं क्योंकि वे दांतों के डाक्टर हैं।"

(32) गुरुजनों के साथ रिश्ता हमेशा अच्छा रहा?

बड़ों का आदर करने और सम्मान के साथ बर्ताव करने की मेरी आदत छोटी उम्र से ही रही। इसका फल अनुग्रह के रूप में सब जगह से मिला भी था। "गलती" कहीं देखें तो मैं दृढ़तापूर्वक खुलकर ही बताऊँगा। लेकिन अहंकारी नहीं बन सकता था। फिल्म क्षेत्र के मेरे गुरु सत्यजीत रॉय, मृणाल सेन और घटक, आदि के साथ हमेशा अच्छा रिश्ता रख पा रहा था। मुझमें ज़्यादा विनय है, कभी बताने की बात स्पष्ट बोल नहीं पाता, यह कहकर अक्सर सुनन्दा शिकायत करती है। सच्चाई यह है कि मेरी यही आदत बन गयी है। उस संस्कार में पला, बड़ा हो गया जैसे कि हमारे काम को लेकर ही सबको सवाल करना है न कि शब्दों को लेकर। केरल के लोग अच्छे काम को स्वीकार करने वाले ही हैं। अधिकांश प्रतिशत बहुत ऊँची स्थिति को बनाये रखने वाले हैं। आज अवार्ड फिल्म जैसे नाट्य कर अनेक कपटताएँ भरकर वे उस तरह की फिल्मों से दूर हो गये हैं।

(33) अकादमी का परीक्षाफल कैसा था?

दूसरी श्रेणी मिली थी। पहली श्रेणी शंकर मंगलम को मिली। अकादमी के अन्तिम साल में मेरे जीवन को बुरी तरह हिलाने वाली एक घटना हुई। एक बार छुट्टियों में घर आते वक्त गाँव में "ऑल इंडिया राइटर्स कॉन्फ्रेन्स" आयोजित करने के बारे में चर्चा चल रही थीं। कॉन्फ्रेन्स के साथ एक अन्तर्राष्ट्रीय फिल्म मेला भी आयोजित करने के बारे में एम॰ गोविन्दन ने पूछा। मैंने हाँ कहा। अनेक जगहों पर चिट्ठियाँ भेजीं। 21 फिल्में एकत्रित कर दीं। सुनील दत्त से "Cranes are Flying" नामक प्रसिद्ध फिल्म इकट्ठा की। सत्यजीत रॉय की "देवी" और ऋतिक घटक की "मेरे धक्के तारा" नामक दो भारतीय फिल्में दिखायी गयीं। केरल में 10 जगहों पर (नागरकोविल से लेकर कासरकोड तक) दिन में तीन प्रदर्शन किए गए। जनवरी 1966 में यह आयोजित किया गया था। इस फिल्म मेले के बारे में अच्छी प्रतिक्रिया लोगों के बीच देखी गयी। टिकट लेकर फिल्म देखने सभी जगह लोग पहुँच रहे थे। पूरे केरल में इस मेले ने बहुत बड़ा कंपन पैदा किया। बुद्धिजीवियों के साथ साधारण लोग भी फिल्म देखने आये। स्मारिका के आमुख में मैंने लिखा था कि अब जहाँ-जहाँ फिल्म मेला चल रहा है वहाँ एक-एक फिल्म सोसाइटी का निर्माण किया जाएगा। इस मेले के अविरल रूप से ही केरल में फिल्म सोसाइटी संस्थान अस्तित्व में आया। त्रिवेन्द्रम में मैं, कुलत्तूर भास्करन नायर और अन्य दोस्तों ने मिलकर चित्रलेखा

फिल्म सोसाइटी की शुरुआत की। 10 साल में हम केरल में सौ से अधिक फिल्म सोसाइटियाँ बना पाये। उसमें चित्रलेखा की शाखाएँ नहीं थीं। हर प्रदेश में वहाँ के लोग ही फिल्म सोसाइटियाँ बना रहे थे।

बीच में एम॰के॰ नायर के बारे में कुछ बताना चाहता हूँ। मुझे लगा है कि केरल में पैदा होना ही उनके लिए एक दुर्भाग्य हैं। वे कला साहित्य विषयों में गहरे वीक्षण और उत्साह भरे व्यक्ति थे। सबसे अधिक विकास और प्रयोग की संभावनाओं से युक्त उस व्यक्तित्व को हम ठीक से अनुभव नहीं कर पाये। एक खाद निर्माणशाला के इस एम॰डी॰ ने केरल की कलाओं और कलाकारों के लिए बहुत बड़ी महत्त्वपूर्ण सेवा की थी। कथकलि के बारे में उनके द्वारा लिखी पुस्तक छोटे बच्चों के भी समझने लायक है। किसी दुष्ट व्यक्ति द्वारा किया गया अन्याय उस बड़े आदमी के नाश का कारण बन गया।

(34) अरविन्दन भी इन प्रवर्तनों में सजीव थे?

लेखक समिति में ही अरविन्दन से परिचय हुआ। "छोटे मनुष्य और बड़ी दुनिया" पढ़कर बहुत पहले से ही मैं उनको जानता था। मुझे लगा कि अरविन्दन की यथार्थ प्रतिभा "छोटे मनुष्य और बड़ी दुनिया" में ही चमकी है। वे बहुत पढ़ते थे। 1965 से हम दोस्त बने। हम एक दूसरे को अनेक चिट्ठियाँ लिखते थे। सी॰एन॰ के नेतृत्व में कोट्टयम में फिल्म सोसाइटी शुरू होते वक्त सेक्रेटरी अरविन्दन थे। चित्रलेखा के ब्रॉशर्स के लिए अरविन्दन ने रूपरेखा बनायी थी। चित्रलेखा के साथ रिश्ता रखने के बाद ही अरविन्दन फिल्म को कार्टूनों में विषय बनाने लगे। हम दोनों को लेकर अनेक कहानियाँ विभिन्न कालों में प्रचलित थीं। कुछ लोग बोले कि हम योजनाबद्ध रूप से हर साल पुरस्कार के लिए फिल्म भेजते रहते हैं। फिर कभी बोले कि मैंने जान-बूझकर अरविन्दन के "उत्तरायनम्" को पुरस्कार नहीं दिया। अरविन्दन के "उत्तरायनम्" शूट करने के लिए चित्रलेखा की तकनीकी सुविधाएँ आधे पैसे में दी गयी थीं। मैंने समझाया था कि कैमरा मैन के रूप में मन्कड़ा रवि वर्मा ही ठीक रहेगा। अरविन्दन ने इसे स्वीकार कर ऐसा ही किया।

"चित्रलेखा" को फिल्म यूनिट का रूप देने के बाद एक त्रिमुख अनुक्रम का आयोजन किया गया। पहला आशय था एक फिल्म सोसाइटी शुरू करना। फिल्म के बारे में साहित्य, फिल्म निर्माण, आदि थे दूसरे आशय। इसके बारे में अकादमी के प्रिंसिपल से मैंने बात की। लेकिन उन्होंने सहमति नहीं दी। अकादमी से सीधे जाकर फिल्म करने के वे पक्षधर नहीं थे। उन्होंने यह कहा कि किन्हीं परिचित लोगों के साथ सहायक रूप में काम करने के बाद ही निर्देशन करना उचित है। यह मेरे लिए स्वीकार्य नहीं था। फिर भी मैं उनको समझाने नहीं गया। अकादमी से निकलकर सीधे फिल्म निर्देशन करने वाला एक

आशीष था। फिल्म का नाम था "अवल"। आशीष अकादमी में मेरा जूनियर था। लेकिन बाद में आने वालों के लिए आशीष का इस तरह फिल्म लेना मुसीबतें खड़ा कर गया। अकादमी के लोगों के मन में फिल्म के बारे में बने पूर्वाग्रहों को दूर करने के लिए बहुत मेहनत करनी पड़ी।

(35) फिल्म सोसाइटी के अनुभव?

फिल्म सोसाइटी संस्थान के बारे में पढ़ाई के समय से ही मन में स्पष्ट रूपरेखा बनायी थी। उसका सफल होना खुशी की बात थी। लेकिन अध्यापकों के साथ खुशियाँ नहीं बाँटीं। उत्साह और अन्वेषण के अतिरिक्त चुनौतियाँ जारी रखता हूँ। आज फिल्म सोसाइटी संस्थान अन्य किसी दिशा में जाते हुए देखते ही यह बताता हूँ। उस समय "चित्रलेखा" शुरू करते वक्त फिल्म के बारे में बहुत ऊँचे आदर्श और आग्रह मन में थे। फिल्म के लिए पैसा खर्च करने किसी को ढूँढने का श्रम अकादमी से आते ही मैंने शुरू किया। सरकारी संघ बनाने का सुझाव कुलत्तूर भास्करन नायर का था। सदस्यों के हिस्सों का दस गुना शेयर सहयोग के रूप में सरकार दे रही थी। दो तीन सालों में एक लाख उन्तीस हजार रुपए सोसाइटी के प्रवर्तन के लिए मूलधन के रूप में मिला। हजार रुपए था उस समय एक शेयर का मूल्य। हजारों लोगों ने शेयर लिए थे। अधिकांश हमारे दोस्त लोग ही शेयर लेने वालों में से थे। इसमें फिल्म के साथ रिश्ता रखने वाले कम थे। त्रिवेन्द्रम में आयुर्वेद कॉलेज के पास हिन्दू धर्म ग्रन्थालय के सामने वेलू बढ़ई की एक श्रीमूलम इमारत थी, उसकी दूसरी मंजिल के एक कमरे में ही चित्रलेखा फिल्म सोसाइटी चला रहा था। मैं वहाँ रहता था। मेरा दोस्त "रास परिशोधक" कृष्ण पिल्लै ने बेंत की दो कुर्सियाँ दे दी। ज़्यादा लोग आये तो मैं खड़ा होकर उनको बैठने के लिए कुर्सियाँ दे देता था। नीचे के साधारण शौचालय को ही नहाने के लिए भी प्रयुक्त कर रहा था। घर से लाकर नारियल काटकर ही जीवन काटना है क्या, कहकर कौमुदी बालकृष्णन मेरा मजाक उड़ाता था।

(36) चित्रलेखा की शुरुआत कैसी थी?

1965 जुलाई में उस समय के राज्यपाल भगवान सहाय ने चित्रलेखा का उद्घाटन किया था। सी॰ए॰ परमेश्वरन पिल्लै, टी॰एन॰ गोपीनाथन नायर, के॰ बालकृष्णन, आदि लोगों ने समिति में भाषण दिया था। श्रीकुमार थियेटर में "Land of Angels" नामक हंगेरियन फिल्म उद्घाटन फिल्म के रूप में दिखायी गयी थी। चित्रलेखा के समय कुलत्तूर भास्करन नायर थे सतत सहचर। एक अच्छे दोस्त से परे वे मेरे लिए भाई समान ही थे। वे अच्छे व्यावहारिक और कर्मनिष्ठ व्यक्ति भी थे। किसी भी काम में नेतृत्व करने और लोगों से अच्छा व्यवहार करने में उनकी विशेष निपुणता थी। इन सभी कामों में मैं पीछे

रह गया था। शुरू में भास्करन नायर अत्यधिक परिश्रम करके वृत्तचित्रों को ढूँढकर लाया करता था।

इंस्टिट्यूट छोड़ते वक्त वृत्तचित्र करने का उद्देश्य नहीं था। लेकिन कैमरा इस्तेमाल करना, आवाज़ दर्ज कराना और संपादन, आदि करने के सुअवसर वृत्तचित्र करने से ही मिले। एक कैमरामैन को बुलाने की आर्थिक स्थिति उस समय नहीं थी। अन्य तकनीकी विशेषज्ञों की बात भी कुछ ऐसी ही थी। अनेक बार एक यूनिट बनकर ही वृत्तचित्र किए थे। प्रक्षेपण कार्य करने में भी मुझे कोई हिचकिचाहट नहीं थी। आसानी से एक स्थान से दूसरे स्थान पर ले जाने का एक प्रोजक्टर चित्रलेखा ने खुद खरीद लिया था। दूतावासों और फिल्म अकादमी संगठनों से भी फिल्में एकत्रित कर शहर के विभिन्न भागों में प्रदर्शित कर रहे थे। अधिकांशतः प्रवर्तक (Operator) का काम मैं खुद करता था। मेडिकल, इंजीनियरिंग, विद्यार्थी, सरकारी कर्मचारी, आदि फिल्म देखने आये। "बुद्धिजीवी" वर्ग के लोग कम ही आये। उस समय पूर्वी यूरोप से आई फिल्में ही हम ज़्यादातर दिखा रहे थे। आज वे राज्य नहीं रहे। दूतावासों के साथ अच्छा रिश्ता होने के कारण इंग्लैंड में दिखाने के पहले अनेक फिल्में यहाँ दिखाता था। उस जमाने में सरकार से अनुमति लेकर टैगोर थियेटर में फिल्म प्रदर्शन आरम्भ किया गया। बाद में जनसम्पर्क विभाग (Public Relations Department) ने एक प्रोजेक्टर खरीदकर वहाँ स्थापित किया तो चित्रलेखा को बाहर निकाल दिया गया।

(37) **"स्वयंवरम्" के साथ चित्रलेखा ने "रोक" नामक लघुचित्र भी बनाया था?**

"स्वयंवरम्" शूट करने के बाद बची हुई फिल्म को लेकर ही "रोक" शूट किया। कोवलम सागर के किनारे एक बड़ी चट्टान के ऊपर थी शूटिंग। उस समय नाराणत्त भ्रांतन के बारे में के॰पी॰ कुमारन ने आकर बताया। पालयम में घूमे एक अनाथ बूढ़े को के॰पी॰ कुमारन ले आ रहा था। शूटिंग और निर्देशन मैंने खुद किया था तो भी कुमारन का नाम ही मुख्य रूप से रखा गया। कुलत्तूर भास्करन नायर ने ही ऐसा करने के लिए कहा था। "रोक" को भारत की स्वतंत्रता की रजत जयंती के अनुबंध किये हुए लघुचित्र प्रतियोगिता में 25,000 रुपयों का पुरस्कार मिला। उस पुरस्कार के नाम पर हुई नाराजगी में के॰पी॰ कुमारन और चित्रलेखा के बीच रिश्ते खराब हो गये।

(38) **फिल्म क्षेत्र में किसी के सहायक बनकर काम करने के बारे में सोचा था?**

ऐसा कभी सोचा नहीं था। अगर फिल्म क्षेत्र में जाना है तो भी उस समय की फिल्मों के निर्देशकों के साथ मिलाप संभव नहीं था। फिल्म के बारे में मेरी

दृष्टि बिल्कुल शुद्ध और स्पष्ट थी। शायद फिल्म क्षेत्र छोड़ भले देता लेकिन और किसी के साथ सहायक बनने के बारे में सोच भी नहीं सकता था।

(39) **फिल्म क्षेत्र को अगर कभी छोड़ना पड़ता तो क्या करने वाले थे?**

मैं दो काम अच्छे से जानता हूँ। मैं एक अच्छा टाइपिस्ट और एक अच्छा ड्राइवर भी हूँ। मैं हमेशा कहता था कि इनमें से एक काम करके ज़िन्दगी बिताऊँगा। 1965 से स्कूटर और 1969 से कार चलाने का लाइसेंस मिला। सबसे पहले मैंने लम्ब्रेटा स्कूटर चलाया था। भैया अपने लिए लाया स्कूटर मुझे दे रहा था। उस जमाने में एक स्कूटर बुक करके मिलने में 8 साल तक लग जाता था। चित्रलेखा का पूरा काम उस स्कूटर से ही किया था।

(40) **सुना है कि पटकथा बताकर लिखवाने की शैली है?**

पहले ऐसा था। अब पटकथा लिखते वक्त मैं और मेरा कम्प्यूटर ही रहता है। "स्वयंवरम्", "कोटियेट्टम", आदि फिल्मों की पटकथाएँ बताकर लिखवायी थीं। सुनकर लिखनेवालों में से कुछ बोलने लगे कि पटकथा उनकी अपनी है, तब से ही यह तरीका मैंने खत्म कर दिया।

(42) **केन्द्रीय पुरस्कारों में "स्वयंवरम्" पीछे रह गया। इसका आघात हुआ?**

"स्वयंवरम्" को केन्द्रीय पुरस्कार नहीं मिला, यह एक सच था। उस समय सेतु माधवन की फिल्म के लिए मिला था यह पुरस्कार। केन्द्रीय पुरस्कार के लिए क्षेत्रीय समिति ने "स्वयंवरम्" की सिफारिश नहीं की थी। उस समय केन्द्रीय पुरस्कार के लिए प्रान्तीय समिति द्वारा सिफारिश चाहिए थी। दुर्भाग्यवश केन्द्रीय पुरस्कार समिति के दो सदस्य प्रान्तीय समिति में भी थे। उन्होंने "स्वयंवरम्" को नहीं भेजा। एक दिन अखबार पढ़ते वक्त केन्द्रीय पुरस्कार के लिए चुनी गयी फिल्मों का क्रम नज़र आया। उसमें "स्वयंवर" नहीं थी। मैंने ज़ल्दी से मेरे अध्यापक आर॰ रामचन्द्रन को बुलाया। वे प्रान्तीय समिति के अध्यक्ष थे। उन्होंने मेरे दु:ख को बहुत निस्सार कर दिया और पूछा "तुम इसको लेकर क्यों घबरा रहे हो?" अखबार द्वारा मैंने यह जान लिया था कि उस समय केन्द्रीय पुरस्कार समिति का अध्यक्ष पाथर है। मैंने एक पन्ने का तार तैयार कर दिया। एफ॰टी॰आई॰आई॰ से पढ़ाई करने के बाद हम लोगों ने बहुत कष्टों को सहकर यह फिल्म की थी और वह जानबूझकर हमें धकेल रहे हैं, जूरी इस फिल्म को एक बार देखकर निर्णय लें, आदि बातें थी उस तार में। उस ज़माने में तार के अतिरिक्त कोई अन्य उपाय नहीं था। दिल्ली को एक ट्रंक कॉल बुक करें तो तीन दिनों तक इन्तज़ार करना पड़ता था।

(42) **पुरस्कार की खबर दिल्ली से कैसे दी गयी थी, टेलीग्राम आया था क्या?**

एक दिन शाम को पी॰एम॰जी॰ के सामने वेणुगोपाल निलयम होटल में कॉफी पी रहे थे तो 6 बजे के बाद रेडियो में अंग्रेज़ी समाचार के दौरान पुरस्कार की खबर आयी The Malayalam Film Swayamvaram got...

सचमुच हम लोग खुशी से उछल पड़े थे क्योंकि तब तक के अनुभव के बाद ऐसी कोई उम्मीद नहीं थी। कुछ भी हो, तदुपरांत रमेश थापर पुरस्कार हेतु फिल्मों के चयन में उचित बदलाव लाए। उन्होंने यह व्यवस्था बनायी कि दिल्ली की कमेटी सभी फिल्मों को देखेगी। मॉस्को मेले के लिए भेजी गयी "स्वयंवरम्" की प्रतियाँ पुरस्कार समिति ने देखी थीं।

मॉस्को फिल्म मेले में भी "स्वयंवरम्" चुनी गयी तथा उसमें मैं भी गया। होटल मॉस्को में रहा था। उधर के सभी आलोचकों ने बड़ी अच्छी प्रतिक्रिया दी थी। मगर फिल्म प्रदर्शित करते समय अंग्रेज़ी में वार्तालापों को जो अनुवाद प्रस्तुत किया गया, उसका मेरे द्वारा लिखे वार्तालापों से कोई सम्बन्ध नहीं था। उस पर ध्यान दिलाने की कोशिश मैंने की लेकिन कोई फायदा नहीं हुआ। उसी दिन शाम को भारतीय दूतावास में हुए कार्यक्रम में सभी लोगों ने बधाई दी। मगर उस समय के हमारे राजदूत ने उसी अवसर पर मुझसे कहा–"यह सब सुनकर कोई उम्मीद न रखिए, इनकी रीतियाँ कुछ अलग हैं।" उसी तरह हुआ भी। एक भी पुरस्कार प्राप्त नहीं हुआ। उस समय रूस का भारत के साथ सम्बन्ध उतना अच्छा नहीं रहा होगा। लेकिन सबसे दुःखद घटना यह हुई थी कि मॉस्को में फिल्म पर अत्यधिक खुश होकर बधाई देने के बाद भारत पहुँचकर एम॰जी॰आर॰ ने पत्रकार सम्मेलन में ऐसा कहा था कि "भारत की गरीबी को 'स्वयंवरम्' ने रूस में दिखाया था।"

(43) **पहली विदेशी यात्रा मॉस्को की थी क्या?**

नहीं, यूनिसेफ के लिए एक वृत्तचित्र का निर्देशन करने थाईलैंड गया था। उस समय वहाँ 16 एम.एम. निर्देशन करने की सुविधा नहीं थी। फिर 1969 में रॉकफ़ेलर फाउण्डेशन द्वारा दी गयी छात्रवृत्ति से अमेरिका में हुए डिसैन कॉन्फ्रेन्स में भाग लेने गया था। भविष्य के पेशेवरों को अन्तर्राष्ट्रीय स्तर पर प्रशिक्षण देने के लक्ष्य को लेकर संगठित की गयी योजना थी वह। फिर मॉस्को फिल्म मेले के पहले "स्वयंवरम्" को लेकर लंदन गया था। एफ॰एफ॰सी॰ द्वारा आयोजित किये गये न्यू इंडियन सिनेमा नामक मेले में "स्वयंवरम्" देखकर मेरी स्टोन ने अच्छी राय दी थी। "टाइम्स" अखबार में इसके बारे में अच्छी समीक्षा भी छपी थी, जिसमें कहा गया था कि "स्वयंवरम्" में पहले सिनेमा के रूप

में अनेक विशेषताएँ एवं कमियाँ भी हैं साथ-साथ महत्त्व भी। मेरा रास्ता स्पष्ट करने वाली फिल्म थी वह।

(44) एक लंबे अंतराल के बाद "कोटियेट्टम" निकली। इसका क्या कारण था?

सबसे बड़ी समस्या आर्थिक थी। "कोटियेट्टम" की शूटिंग करके इसको प्रोसेसिंग के लिए मद्रास में दिया गया था। उसके बाद एक साल तक उस तरफ गया ही नहीं क्योंकि पैसे नहीं थे। उसके बाद "इडुक्कि" डॉक्युमेंटरी (वृत्तचित्र) से जो पैसा मिला, उससे "कोटियेट्टम" को पूरा किया। "चित्रलेखा" के अहाते में सेट बनाकर कुछ ज़्यादा ही समय लेकर "कोटियेट्टम" शूट किया था। जब भी मन करता था और मौका पाता था तब शूटिंग करने की रीति थी। "स्वयंवरम्" से जो मुनाफा मिला था, उससे "चित्रलेखा" में कैमरा व अन्य ज़रूरी उपकरणों को लगवाया गया। शब्द लेखन (Dubbing) व साउण्ड रिकार्डिंग (Sound Recording) चित्रलेखा के अपने ही स्टूडियो में किया था। साउण्ड रिकार्डिंग मैंने खुद की थी। उस समय नायक गोपी को सिने स्टार की ख्याति प्राप्त नहीं थी तो मंदिरों के मेले में जाकर शूटिंग करने में कोई दिक्कत नहीं हुई थी। कैमरा को छिपाकर रखते हुए मैंने कई सीन शूट किए। कुछेक मंदिरों को छोड़कर बाकी जगहों को त्रिवेन्द्रम में ही शूट किया था।

(45) "कोटियेट्टम्" के शंकरनकुट्टी को असली ज़िन्दगी में कभी देखा है?

वह सिर्फ एक पात्र नहीं है। उस तरह के कई लोगों को बचपन में मैंने देखा है। कहानी सुनाने वाले कई लोग घर पर आते थे। मैंने पहले बताया है कि 10-12 की उम्र से ही मैं खूब यात्राएँ करता था। उन यात्राओं से मिले अनुभव मेरे पास बहुत ज़्यादा थे। "कोटियेट्टम्" की पटकथा गोपी ने सुनकर लिखी थी। अक्सर खाने के समय पटकथा में भी खाने का दृश्य जोड़ देता था। गोपी कहता था-"सटीक है।" आखिर पटकथा पूर्ण होते ही मैंने कहा कि इसमें शंकरनकुट्टी की भूमिका आप करेंगे। गोपी के चेहरे पर जो खुशी की लहर उमड़ आयी थी, उसे आज भी भूल नहीं सकता।

सत्यजीत रॉय ने मेरी फिल्मों में "कोटियेट्टम्" पहली बार देखी थी। वह भी दिल्ली फिल्म मेले में। फिल्म शुरू होने पर 2-3 मिनट बाद रॉय जोर-जोर से हँसने लगे। हॉल में सबके लायक आवाज़ के साथ अत्यधिक मज़े में उन्होंने "कोटियेट्टम्" देखी थी। "मतिलुकल" तक मेरी सभी फिल्में रॉय ने देखी थीं। कोलकाता में "मतिलुकल" दिखाते वक्त रॉय की तबीयत बिलकुल खराब चल रही थी। डाक्टरों ने बाहर जाने से साफ मना कर दिया था। मैं जब फिल्म देखने के लिए आमंत्रित करने गया था तो "देखेंगे" कहा था। इस बात का मुझे सन्देह

था कि गोर्की भवन की सीढ़ियाँ चढ़कर रॉय फिल्म देखने आ भी पायेंगे कि नहीं। इसके बावजूद प्रदर्शन शुरू होने के कुछ मिनट पहले तक मैं बाहर इंतज़ार में खड़ा रहा। तब मेरी प्रतीक्षा के मुताबिक सीढ़ियाँ चढ़कर वे आ रहे थे। अत्यधिक खुश होकर मन में धन्यवाद देते हुए मैंने उनका स्वागत किया था। फिल्म के बाद उन्होंने "बहुत बढ़िया अडूर" कहा था। उन दिनों में सत्यजीत रॉय ने अगर कुछ कहा तो वह कोलकाता के संचार माध्यमों के लिए उत्सव था। वह खबर आग की तरह जल्द ही फैल जाती थी। अगले दिन का मुख्य समाचार यही था–"रॉय अडूर की फिल्म देखने जा रहे हैं।"

(46) राय की कौन-सी फिल्म को आप पसंद करते हैं?

"अपराजिता"। उसमें मैं अपने आपको देख पाता हूँ। मृणाल सेन ने भी कभी कहा था, उन्हें भी "अपराजिता" पसंद है। मगर रॉय को "चारूलता" पसंद थी। रॉय की अंतिम फिल्म "आगन्तुक" को राष्ट्रीय पुरस्कार देते समय मैं जूरी अध्यक्ष था।

(47) मृणाल सेन की फिल्मों में सबसे पसंदीदा?

"एक दिन प्रतिदिन", "मृगया" भी पसंद है। उसमें कई सीन ऐसे हैं जो हम भूल नहीं पायेंगे। अदालत में बिजली कटने पर पंखा चल-चलकर रुकने वाला वह सीन उसी तरह का एक है।

(48) "मुखामुखम्" को कई सारी आलोचनाओं का सामना करना पड़ा था।

वह तो मज़ेदार बात है। भारत के बाहर एक साम्यवादी फिल्म के रूप में "मुखामुखम्" की ख्याति थी तो इधर कम्युनिस्ट विरुद्ध फिल्म के रूप में। मैं कम्युनिस्ट विरोधी नहीं हूँ, कार्ड होल्डर भी नहीं हूँ। साथ ही साथ उस दृष्टिकोण से मेरा अत्यधिक लगाव भी है। लोगों में उम्मीद भर देने वाले उस दृष्टिकोण का क्या हुआ–इसे जानने की मेरी जिजीविषा को क्यों रोका जा रहा है–आज भी मैं यह समझ नहीं पा रहा हूँ। मॉस्को के फिल्म आलोचक व बुद्धिजीवी वर्गों द्वारा अत्यधिक चर्चित और प्रशंसित फिल्म है "मुखामुखम्"। भारत की कम्युनिस्ट पार्टी की कई अन्य राज्यों की इकाइयों से कार्यकर्ताओं का प्रशंसा पत्र मिला।

पश्चिम बंगाल के निवर्तमान मुख्यमंत्री बुद्धदेव भट्टाचार्य ने कहा कि इस तरह की एक फिल्म को उसके लायक महत्त्व देते हुए ही हम स्वीकार करने की कोशिश करेंगे। यहाँ पर केरल में तोपिल्ल भासि जैसे कुछ लोगों ने भी "मुखामुखम्" का उचित ढंग से स्वागत किया। साथ-साथ यहाँ पर ही कई सारी आलोचनाएँ तथा हत्या की धमकियाँ भी मिली थीं। सबसे मज़ेदार बात है कि

इनमें से बहुत कम लोगों ने ही "मुखामुखम्" देखी थी। मेरी फिल्मों में सबसे कम दिनों तक बॉक्स ऑफिस पर "मुखामुखम्" चली थी। अगर ये आलोचक लोग उस फिल्म को देखते तो वह शानदार हिट बन सकती थी। "मुखामुखम्" के रिलीज़ होने के बाद उसका पात्र मैं हूँ, कहते हुए कई लोग मेरे पास आये। एक फिल्म के बाद दूसरी फिल्म के बीच होने वाले समयांतराल के बारे में सत्यजीत रॉय ने मुझे सलाह दी थी। पर "मुखामुखम्" देखने के बाद उन्होंने कहा–हाँ, अब मैं समझता हूँ, आप इतना समय क्यों लेते हैं। चौबीसों घंटे सोने वाले एक आदमी को फिल्म बनाने के लिए सचमुच हिम्मत की ज़रूरत है।" मृणाल सेन ने कहा था "मैं हमेशा गलत कदम उठाता हूँ, मगर आप ने कभी गलत कदम नहीं उठाया है।"

(49) **"स्वयंवरम्" से पहले शादी हुई थी?**

सितंबर 1972 में 31 की उम्र में शादी हुई थी। उसी साल नवंबर में "स्वयंवरम्" रिलीज़ हुई थी। पत्नी सुनन्दा उस समय त्रिवेन्द्रम ऑलसेइन्ट्स कॉलेज, से बी॰एस॰सी॰ कर चुकी थी। आलप्पुषा में हो रहे सोसाइटी प्रदर्शनों में सुनन्दा अक्सर जाया करती थी। "स्वयंवरम्" के कुछ दृश्यों की डबिंग सुनन्दा ने की थी।

(50) **अडूर गोपालकृष्णन के पीछे हमेशा प्रोत्साहन देती हुई पत्नी सुनंदा रहती है। इस तरह की जोड़ी शायद ही कहीं देख सकते हैं हम!**

अरे सुनंदा, तुम सुन रही हो? लगता है मेरे विवाह जीवन की सफलता का कारण स्त्री का आदर करने की मेरी आदत ही है। मेरी राय में जो व्यक्ति या समाज में स्त्री का सम्मान नहीं कर रहा है, उसकी कभी भलाई नहीं होगी। पत्नी के अभिप्रायों को मानने वाला पति हूँ मैं। उसके कहे अनुसार काम करता भी हूँ। हाल ही में सुनंदा की इच्छानुसार गुरुवायूर मन्दिर में पूजा की थी।

(51) **ईश्वर में आस्था है? मंदिरों में जाने की आदत है?**

ईश्वर में आस्था है, मंदिरों में जाता हूँ। लेकिन आज तक "कुछ दे दो" जैसी मांग मैंने भगवान से नहीं की है। उस तरह का विश्वास नहीं है मेरा। किसी कारणवश मुझसे दूसरों को हानि न पहुँचे–हमेशा यही मेरी कामना रही है। हो सकता है, इसी कारण से ज़िन्दगी भर अच्छे लोगों का प्यार मुझे मिलता रहा है।

(52) **क्या व्यक्ति के रूपांतरण में परिवार की कोई भूमिका होती है?**

पुराने जमाने के लोग "अच्छा परिवार" उसे कहते थे, जिसमें अच्छे जीवन मूल्यों वाले लोग रहते थे। अर्थात् अच्छे दृष्टिकोणों के साथ गंभीर जीवन मूल्यों को बनाये रखने वालों का एकजुट होना ही परिवार की अवधारणा है। लेकिन

आज स्थिति बदल चुकी है। कितना पैसा है, कितना आडंबर दिखा सकते हैं– यह सब हो गयी है आज अच्छे परिवार की परिभाषा। आज सब कहीं मूल्यच्युति से ग्रस्त लोगों का सम्मिलन दिख रहा है।

(53) **फिल्म बनाते समय पत्नी की मदद व सलाह लेते हैं या नहीं?**

मेरी फिल्मों की स्क्रिप्ट पहले सुनंदा को पढ़कर सुनाता हूँ। अर्थात् वह मेरी पहली श्रोता है। सुनंदा जो कुछ भी राय देती है, जानता हूँ कि वह ईमानदार प्रतिक्रिया ही होगी। कुछ पात्रों को प्रस्तुत करने के लिए उपयुक्त कलाकारों को भी सुनंदा सुझा देती है। कभी पात्रों को प्रस्तुत करने योग्य कलाकारों का भी नामोल्लेख वह कर देती है।

(55) **बेटी स्क्रिप्ट पढ़ती है या नहीं?**

अश्वति भी पढ़ती है। मगर कोई राय तो नहीं देती है। अश्वति कम उम्र से ही व्यस्त रहती थी। महाराष्ट्र में एस॰पी॰ है वह। हिमाचल प्रदेश के डॉ॰ व्सेरिंग दोरजे उसके पति हैं। एक बेटा है उनके–ताषि नारबु।

(55) **स्वास्थ्य सम्बन्धी बातों का ध्यान रखते हैं या नहीं?**

जब फिल्मों की शूटिंग नहीं होती तब नियमपूर्वक योगा करता हूँ। फिल्म सम्बन्धी काम करने के दौरान मामूली बीमारियाँ जैसे–सर्दी, खाँसी, आदि भी नहीं होती। मन की एकाग्रता के सामने बीमारियाँ उस समय दूर रहती हैं।

(56) **यात्राएँ अडूर नामक व्यक्ति को कैसे प्रभावित करती हैं?**

बचपन से लेकर आज तक खूब यात्राएँ करने की आदत रही है मेरी। जो यात्रा नहीं करता, उसे आसपास की दुनिया के बारे में जानकारी नहीं होती। जीवन में अनुभव भंडार की सख्त जरूरत है। फिल्म करने के लिए हो या साहित्य रचने के लिए, अनुभव की आवश्यकता है। अच्छी तरह ज़िन्दगी जीने के लिए भी अनुभवों की जरूरत पड़ती है। इन सबके लिए सहायक होती है यात्रा। सिनेमा से सौभाग्य यह मिला कि खूब यात्रा करने का सुअवसर प्राप्त हुआ।

(57) **कई बार सुनने में आया है कि अडूर फिल्मों में पूर्णता की मांग बहुत ज़्यादा करते हैं?**

हर एक छोटी बात पर मुझे ध्यान देना ही पड़ता है। एक बात मन में जिस तरह की है, उसे उसी तरह संभव बनाने तक मेरी कोशिश जारी रहती है।

(58) **क्या कालातीत कला पूर्णता की तरफ हमें पहुँचायेगी?**

पहुँचा भी सकती है। किसी भी हालात में पाँच-दस साल तक टिकने वाली फिल्में करने के लिए मैं तैयार नहीं हूँ। मेरी ज़िन्दगी पूरी तरह फिल्म के

लिए है। इसलिए मेरे गुजरने के बाद भी उसका महत्त्व रहे, यह मेरे लिए ज़रूरी है।

(59) **क्या फिल्म में कट्टरपंथी दृष्टिकोणों को न अपनाने से सामंजस्य बिठा पा रहे हैं आप?**

प्रतिबद्धता न रहने पर कभी-कभी आदमी के इधर-उधर भाग जाने की इच्छा होगी। जैसे कि हम जमाने के साथ फैशन बदलने पर कपड़े बदल-बदल कर पहनते हैं। क्या कर रहा हूँ, इसका संपूर्ण अहसास मुझे है। इसलिए इस तरह की सोच के कभी वशीभूत नहीं होता हूँ।

(60) **पुराने समय के जैसी पढ़ने की तीव्र गति अब है या नहीं?**

पढ़ने की इच्छा बचपन से लेकर आज तक एक नशे की तरह रही है। फिल्म करते समय पढ़ नहीं पाता हूँ। मिलन कुंदेरा, कुट्सी, गेब्रियेल गारिसिया मारक्वेस, आदि को ज़्यादा पढ़ता हूँ। मलयालम की छोटी कहानियों को ज़्यादातर "पद्मराजन पुरस्कार" के लिए आते वक्त पढ़ लेता हूँ।

(61) **आगे नाटक करेंगे?**

अब लगता है नहीं हो पायेगा। "गोदाये कात्त" (गोदों के इन्तज़ार में) का मंचन करने के बाद से नाटक करना बंद कर दिया था। के॰पी॰ए॰सी॰ ने बीच में मांग की थी। अत्यधिक गंभीर रूप से नाटक को देखा जाना चाहिए। दुनिया की अन्य कई जगहों में फिल्म देखने से ज़्यादा पैसा देकर लोग नाटक देखते हैं। आज भी मौका मिलने पर मैं नाटक देखने जाता हूँ।

(62) **टेलीविजन कार्यक्रम?**

बहुत कम देखता हूँ। मेरी राय में टेलीविजन व इण्टरनेट, आदि हमें उपभोक्ता की तरह मानता है। इनके सामने बैठें तो खुद की जाँच-पड़ताल (अन्दर और बाहर की तरफ) नहीं हो पाती है। बहुत ज़रूरी ई-मेल वगैरह तो मैं भी करता हूँ। उससे ज़्यादा नहीं।

(63) **दोस्ती के बारे में?**

मेरा तजुर्बा है कि ज़िन्दगी भर कायम रहने वाली दोस्ती विरल है। पति-पत्नी के बीच ऐसा हो सकता है। हर एक दोस्ती किसी जमाने की देन है। खुशी के साथ, प्रसन्नचित्त होकर समय-समय पर दोस्त आयेंगे... जायेंगे, संतान भी ऐसी ही है, हमेशा एक ही तरह नहीं होगा कुछ भी।

(64) **दुश्मनों से आप किस तरह प्रभावित रहते हैं? बड़ा आश्चर्य होता है कि आप जैसे निष्कपट व सरल व्यक्ति के दुश्मन भी होते हैं?**

दुश्मनी होने का कारण क्या है? यह मैं भी सोचता हूँ। शायद मेरा सौभाग्य होगा। जो भी हो, आगे बढ़ने की ऊर्जा के रूप में मैं दुश्मनों को देखता हूँ। दुश्मन मुझे आगे बढ़ने की प्रेरणा देता है, पीछे खींचने की नहीं।

(65) फिल्म निर्देशक से बढ़कर "सामाजिक प्राणी अडूर" की क्या सोच है?

अक्सर मुझे इस बात की परेशानी रहती है कि क्या हम एक पर्वत का निर्माण कर पायेंगे। पेड़ काटेंगे तो दुबारा लगाया जा सकता है, लेकिन पर्वत का ध्वंस कर देंगे तो क्या दुबारा उसे बनाया जा सकता है? दस साल पहले मंगलूर पत्तन के नज़दीक से जाते हुए मैंने देखा कि एक पहाड़ को कई टुकड़ों में काटकर निर्यात किया जा रहा है। पिछले महीने मूकांबिका जाते समय भी ऐसे ही दृश्य को देखा। कितने दिनों से हमारे पहाड़ों को इस तरह काटकर समुंदर पार भेजा जा रहा है? जापान तथा अन्य विदेशी राष्ट्रों में सड़कों के किनारे लगाने के लिए इन पहाड़ों को ले जाया जा रहा है। उनके पहाड़ों को वे सुरक्षित रहने देंगे। हमारे मन में इस तरह की सोच नहीं है। घूसखोरी और कोरी आदर्शवादिता को नारा बनते हुए देखना मेरे लिए बेहद दु:ख की बात है।

(66) अभी तक की ज़िन्दगी से संतुष्ट हैं?

जो काम मुझे तृप्ति नहीं देता, वह तो मैं करता नहीं। मुझे जोश देनेवाला, मज़ेदार काम ही मैं पसंद करता हूँ। एक विशेष लक्ष्य को सामने रखे बिना ज़िन्दगी जीते रहना, उस बीच जो कुछ पसन्द है उसे करते रहने से तृप्त हूँ मैं। फिल्म मैं अपने लिए करता हूँ। अगर कोई यह सवाल कर रहा है कि मेरी पसंदीदा फिल्म किसी दूसरे को पसंद आयेगी कि नहीं तो मैं कहूँगा कि मेरे जैसे लोग और भी होंगे। मैं जो कुछ कर रहा हूँ उसे वे लोग पसन्द करते हैं इसीलिए तो मेरी फिल्मों का स्वागत किया जा रहा है। सर्वसम्मति वाली सोच से कुछ हासिल नहीं होगा। इसीलिए तो मैं आज बहुत खुश हूँ।

लक्ष्य के समान कार्य भी उच्च स्तरीय हो, वाला गाँधीवादी दृष्टिकोण मेरे लिए सबसे प्रिय है। आज मार्ग में बदलाव आया है। विकास के पीछे इन्सानियत कहीं खो चुकी है। तकनीकी प्रगति हासिल करते हुए कंगाली और गरीबी बढ़ने की स्थिति है। हमारे इस देश में कंगाली के कारण आज लोग मरते जा रहे हैं। ठंड और गर्मी के कारण लोग मर रहे हैं। ये सब बातें हमारी सोच से परे हैं। मनुष्य के पास खाना नहीं है, तब भी सुरक्षा बजट बढ़ रहा है। सभी देश हथियार खरीद रहे हैं। किसे मारने के लिए? किसके खिलाफ जंग शुरू करने के लिए?

परिशिष्ट

I. तमिल की महत्वपूर्ण फिल्में

1916 कीचक वधम् (पहली तमिल फिल्म)
1922 भीष्म प्रतिज्ञा
1923 द्रौपदी वस्त्रापहरणम्
1923 रुक्मिणी सत्यभामा
1923 महिरावणा
1923 भक्तनंदन
1932 कालव
1932 पारिजात पुष्पकम्
1935 कालिदास पहली तमिल सवाक् फिल्म
1935 लंकादहनम्
1934 लव कुश
1935 राजाम्बाल
1935 मेनका
1935 नंदनार
1935 कौशल्या
1936 मीराबाई
1936 मिस कमला
1936 चंद्रकांता
1936 सती लीलावती
1936 त्यागभूमि
1937 बालयोगिनी (पहली तमिल बाल फिल्म)
1937 लेट स्टार ऑफ मिंगरेलिया
1937 चिंतामणि
1937 अंबिकापति
1938 मर्मयोगी (पहली तमिल वयस्क फिल्म)
1938 तेनालीरामन्
1938 सेवासदन
1938 भक्तचेतना
1939 देवयानि
1939 सिरिवकांदे
1939 शकुंतला
1939 भूखालियास
1941 सभापति
1941 चूड़ामणि
1943 शिवकवि
1945 श्री वाल्लि

1947 राजदुलारी
1948 चंद्रलेखा
1948 मोहिनी
1949 वेलैक्कारी
1950 मंतिरी कुमारी
1953 अव्वैयार
1953 मरूमगल
1954 मलैकल्लन, पात्र–एम०जी० रामचन्द्रन
1956 मदुरई वीणा
1958 नाडोडी मन्नन
1964 कादलिक्क नेरमिल्लै
1973 उलगम सुद्रुम वालिबन
1977 अवर्गल
1980 मुरट्टु कालै
1987 नायगन्
1993 जेण्टिलमैन
1994 कादलन
1996 इण्डियन
1998 जींस
1999 मुदलवन
2005 अन्नियन
2007 वेइल
2009 शिवाजी द बॉस
2010 एंतिरन रोबोट
2011 मनकथा
2011 वंघाई
2011 वगई सूद वा

अन्य महत्त्वपूर्ण तमिल फिल्में

अपूर्व सगोदररकल, अटवै राणमुगी, मरोचरित्रा मरोचरित्रम, मक्कल तिलगम, परासक्ति, भारत विलास, आयिरम तलै वांगिय अपूर्व चिंतामणी (हजार सिरों वाली अपूर्व चिंतामणि), अलिबाबावुम नारपदु तिरूडर्गलुम (अलीबाबा और चालीस चोर), अलाबुदीदिन अरपुद विलक्कु (अलाउद्दीन का अद्‌भुत दीप), वीरपांडिय कट्टबोम्मन, सेतु, स्वयंवरम्, वेण्णिला कबड्डीक्कुलु, कादल कोट्टै, परून्ति वीरन, भागाप्पिरिविणै, अनबेवा, ऐरातिल ओरुवन महादेवी, पनम पदैतवन, पास मलर, एंग वीट्टु पिल्लै, तायक्कुप्पिन तारम्, मीनव नंबन अलै पायुदे, उयिरे (दिल से) रावण, गुरु पितागमन, वेइल, चेन्नई-60028, परूती वीरन, सुब्रह्मणिया पुरम, नाडोडीगल, नॉन कडवुल, पसंग, विनयतांडी वरूवर दशावतरम।

तमिल फिल्मों के प्रमुख निर्देशक

एच०एम० रेड्डी, सुब्रमणियम्, टी०पी० राजलक्ष्मी, पी० भारतीराजा, सी० पुलराह, के० सुब्रामणियन, मुरूगदासा, एस०एस० वासन, ए०एस०ए० स्वामी, एम० सोमसुन्दरम्, नटराज मुदालियार, सी०सी० श्रीधर, शंकर, भाग्यराज, मणिरत्नम्, एस०पी० मुत्तुरामन, श्रीधर, बालाचंदर, बालाजी, भारतीराजा, एस० शंकर।

तमिल फिल्मों के प्रमुख पात्र

टी॰आर॰ राजलक्ष्मी, एम॰के॰ त्यागराज, एम॰एस॰ सुब्बालक्ष्मी, जी॰एन॰ बालसुब्रमणियन, आर॰ नागेंद्र राव, भाग्यावतार, पी॰ओ॰ चिन्नप्पा, एम॰जी॰ रामचंद्रन, शिवाजी गणेशन, रजनीकांत, कमल हसन, के॰बी॰ सुंदरंबल, आर॰ शरत कुमार, सरोजा देवी, सावित्री, अंजली, पद्मिनी, वैजयंतीमाला, हेमामालिनी, श्रीदेवी, के॰आर॰ विजया, अजीत, सूर्या, माधवन, विजय, तृशा।

II. तेलुगु की महत्त्वपूर्ण फिल्में

1912 भीष्म प्रतिज्ञा (पहली तेलुगु फिल्म)
1912–30 मत्स्यावतार
1912–30 नंदनार
1912–30 गजेंद्रमोक्षम्
1931 भक्त प्रह्लाद (पहली तेलुगु सवाक् फिल्म)
1934 लव कुश
1934 सीता कल्याणम्
1936 प्रेम विजयम्
1936 संपूर्ण रामायण
1939 वंदेमातरम्
1939 वरविक्रय
1939 रैतु बिड्डा
1940 सुमंगली
1940 बालयोगी
1941 मल्ली पेल्ली
1943 पतुलम्मा
1945 स्वर्ग सीमा
1947 भक्त पोतना
1947 योगि वेमना
1948 पल्नाटि युद्धम
1948 पसुफुलेटि कन्नांबा
1949 मनदेशं
1949 षाउकारू
1951 पाताल भैरवी
1951 मल्लीश्वरी
1950–60 देवदास
1950–60 पिच्चि पुल्लया
1950–60 अग्गिरामुडु
1950–60 विप्रनारायण
1950–60 पेट्ट मनसुलु
1950–60 बंगारू पापा
1950–60 अर्थांगी
1950–60 दोंग रामुडू
1950–60 मिस्सम्मा, रोजुलु माराई
1950–60 तेनाली रामचंद
1950–60 माया बाजार
1960–70 जगदेक वीरूनि कथा
1960–70 भीष्मा
1960–70 भार्या–भर्तृ
1960–70 रक्त संबंध
1960–70 श्रीकृष्णार्जुन युद्ध
1960–70 लवकुश (पहली रंगीन तमिल फिल्म)
1960–70 डॉ॰ चक्रवर्ती

1960-70 मंचि मनिषि
1965 मनुषुल-ममतलु
1965 तेने मनसुलु
1965 विक्टरी
1965 वीराभिमन्यु
1965 पाण्डव वनवास
1969 मनुषुलु मारालि
1970-80 दसरा बुल्लोडु
1970-80 प्रेमनगर
1970-80 तहसीलदार गारि अम्माथि
1970-80 मनसू-मांगल्य
1970-80 पवित्र बंधम्
1974 देवदासु मल्ली पुट्टाडु
1977 नोमु (व्रत)
1977 अडवी रामुडु
1978 प्राणं खरीदु
1980 मरो मलुपु
1980 इंट्लो रामय्या-वीधिलो कृष्णय्या
1980 जस्टिस चौधरी
1980 बोब्बिलि पुलि
1981 इनाडु
1982 इदि पेल्लंटारा
1982 वंदेमातरम्
1982 मेघ संदेशं
1982 बंगारू भूमि
1982 तरंगिणी
1983 एम०एल०ए० एडुकोंडलु
1983 इदि मुगिंपु कादु
1983 ईदेशं लो वोक रोजु
1983 ई पिल्लुक पेल्लिअवुतुंदा?
1984 कैदी
1984 मंत्रिगारि विरयंकुडु
1984 अभिलाषा
1984 चंडशासनुडु
1984 आंध्रकेसरी
1984 सागर संगमम्
1984 काय राजा काय
1985 अग्निपर्वतं
1985 चट्टंतो पोराटम
1985 ओ तंड्रि तीर्पु
1985 प्रतिध्वनि
1985 स्वातिमुत्यम
1985 सिंहासन
1985 अर्ध रात्रि स्वतंत्रम
1985 तलंब्रालु
1990-00 मौन पोराटम
1990-00 फ़ारेस्ट ऑफिसर
1990-00 अंकुशम
1990-00 शिवा
1990-00 पीपुल्स एनकाउण्टर
1990-00 कड़पा रेड्डम्मा
1990-00 एर्रामंदारम
1990-00 पेल्लिपुस्तकम
1990-00 असेंब्ली रौडी
1990-00 ब्रह्मर्षि विश्वामित्र
1990-00 मेजर चंद्रकांत
2000-11 रामन्नु
2000-11 जयं मनदेरा
2000-11 कलिसुंदाम रा...

2000–11 नुव्वे कावाली
2000–11 चिरूनव्वुतो
2000–11 कुशी
2000–11 मुरारी
2000–11 मनसंता नुव्वे
2000–11 स्टूडेंट नंबर वन
2000–11 ठागुरू
2000–11 इंद्रा
2011 अरण्ड काण्डम्
2000–11 स्नेहम कोसम
2009 गम्यम
2009 मंत्रा
2009 हैप्पी डेज़
2009 प्रयाणम
2009 ए फि़ल्म बाइ अरविंद
2010 मगधीरा
2010 सिम्हा
2010 प्रस्थानम्
2011 रक्तचरित्र
2011 पिला ज़मींदार

तेलुगु फिल्मों के प्रमुख निर्देशक

रघुपति वेंकैय्या नायडू, आर॰एस॰ प्रकाश, सी॰ पुल्लटया, के॰ नागेश्वर राव, गूडवल्ली रामब्रहाम, एस॰वी॰ रंगाराव, बी॰एन॰ रेड्डी, के॰ सुब्रह्मणयम, निडमर्ती सूरय्या, बी॰एन॰ रेड्डी, वै॰वी॰ राव, के. राघवेंद्रराव, परूचूरि ब्रदर्स, कोडि रामकृष्ण, दासरि नारायण राव, के॰ विश्वनाथ, बी॰ गोपाल, आर॰ नारायण मूर्ति, कोडिराम कृष्ण, रामगोपाल वर्मा, ए॰ मोहन गाँधी, ईतरम बाबूराव, मुल्लपूड़ी वेंकट रमणा (बापु), डी॰ रामानायुडु, वेंकटेश।

तेलुगु फिल्मों के प्रमुख पात्र

ए॰ नागेश्वर राव, सी॰वी॰ नागैया, पी॰ सुब्बाराव, श्रीरंजनी, नंदकमूरि तारक रामाराव, कुमारी जयललिता, घटमनेनि शिवरामकृष्ण, जानकी माधवपेड्ढी, कोच्चर्लाकोटा ए॰एन॰आर॰, कृष्ण, शोभन बाबू, एस॰वी॰ रंगाराव, सावित्री, जमुना, कृष्ण कुमारी, सी॰एस॰आर॰ कन्नाम्बा, बी॰एन॰ रेड्डी, ब्रह्मानंदन, कृष्ण, चिरंजीवी, रामोजीराव, विजया शांति, रामचरण तेजा, नानी, हरिप्रिया, बिंदु माधवी।

III. कन्नड़ की महत्त्वपूर्ण फिल्में

1934 सती सुलोचना (पहली कन्नड़ फिल्म)
1935 भक्त ध्रुव
1940–50 भक्त कुंबर
1940–50 गुणसागरी
1940–50 हेमरेड्डी मल्लम्मा
1940–50 अन्ना तंगी
1940–50 रानी होन्नम्मा

1940–50	महाकवि कालिदास	2004	मौर्य
1950	बेडर कण्णप्पा	2005	अन्ना तंगी
1950–60	रणधीर क्रांतिवीर	2005	जोगी
1973	काडु	2006	मुगारू मले
1970–80	चोमन दुडी	2006	अरासु
1977	घटश्राद्ध	2007	मिलन
1970–80	वंशवृक्ष	2008	नवग्रह
1970–80	फणियम्मा	2008	वाम्शी
1970–80	बेलडिंगला बाले	2009	गुलाबी टाकीज़
1990–2000	नम्मूरा मंदारा हूवा	2009	राम
1990–2000	अमेरिका अमेरिका	2010	आपातरक्षक
1990–2000	ओम	2011	केम्पीगौड़ा
1990–2000	ए	2011	हुदुगरू
1990–2000	बेलडिंगला बल्ले	2011	संजू वेड्स गीता
2000–10	यजमान	2011	जोगाया
2003	अभी	2011	कूर्मावतार

कन्नड़ फिल्मों के प्रमुख निर्देशक

गुब्बी वीरण्णा, कुरासी, डॉ॰ राजकुमार, पुट्टण कणगाल्, आर॰ नागेंद्र राव, एच॰एल॰एन॰ सिम्हा, बी॰आर॰ पंतुलु, एम॰आर॰ विट्ठल, हंसेर कृष्णामूर्ति, सत्थू, गिरीश कर्नाड, यू॰आर॰ अनंतमूर्ति, सम्पत, डॉ॰ विष्णुवर्धन, बी॰वी॰ कारंत, गिरीश कासरवल्ली, प्रेमा कारंत, पी॰ कणगल, शंकर नाग, अनंत नाग, अंबरीश प्रभाकर, एच॰आर॰ भार्गव, सुदेश नागराज, टी॰एस॰ नागाभरण, दिनेश बाबू, फणि रामचंद्र, उपेंद्र, सुदीप, मादेश, नागशेखर, प्रेम।

कन्नड़ फिल्मों के प्रमुख पात्र

कुरासी, नरसिंह राजु, जी॰वी॰ अय्यर, कल्याण राजकुमार, उदय कुमार, राजेश, गंगाधार, बी॰ जयम्मा, बी॰ सरोजा देवी, पण्डरीबाई, लीलावती, राजम्मा, कल्पना, मंजुला, आरती, जयंती, बालकृष्ण, एन॰ वज्रमणि, कोकिला मोहन, रामकृष्ण, माधवी, सरिता, जयमाला, रविचंद्र, देवराज, जागेश, श्रुति, पुनीत राजकुमार, शिवराजकुमार, उमाश्री, दर्शन तुगदीप, उपेंद्र, रम्या, रक्षिता, सुदीप, रागिनी द्विवेदी, तारा, राधिका पण्डित।

IV. मलयालम की महत्त्वपूर्ण फिल्में

1930 विगतकुमारन (निर्देशक जे॰सी॰ डैनियल मलयालम की पहली मूक फिल्म)

1938 बालन (निर्देशक एस॰ नोट्टानी मलयालम की पहली सवाक फिल्म)

1951 जीवित नौका

1954 नीलक्कुइल

1955 न्यूज़ पेपर बॉय

1964 भार्गवी निलयम्

1964 जीवित नौका

1965 चेम्मीन

1965 मुरप्पेन्नु

1966 इरूट्टिनथे अतमायु

1964 जीवित नौका

1972 स्वयंवरम्

1973 निर्माल्यम्

1974 उत्तर रामायणम्

1977 कंचन सीता

1978 थंपू

1979 कुमाट्टी

1981 अलिप्पाथयम्

1981 स्पोदनम्

1983 कूदेविदे

1984 मुखामुखम्

1984 कनामरयथु

1985 चिदंबरम्

1986 ओरिदातु

1987 अनंतरम्

1988 आदिपापम्

1989 मैथिलकल

1989 पिरावी

1990 वास्तुहरा

1994 विधेयन

1995 कथापुरुषन

1999 गुरु

1999 मरण सिंहासन

2003 निजालकुथ्थु

2006 पलसीराजा

2011 आदमिंते मकन अबू

2011 क्रिश्चियन ब्रदर्स

2011 अडगर सामयिन कुड़िरई

2011 इण्डियन रूपी

2011 आदि महयन्तम्

मलयाली फिल्मों के प्रमुख निर्देशक

अडूर गोपालकृष्णन, अरविन्दन, एम॰टी॰ वासुदेवन नायर, पी॰जी॰ विश्वंभरन, पद्मराजन, पी॰ चंद्रकुमार, आई॰वी॰ शशि, शाजी एन॰ करुण, लोहित दास, प्रियदर्शन, हरिहरन, भारतन, कमल, संतोष सिवान, मुरली नायर, राजीव अंचल, लाल जोस, सलीम अहमद।

मलयाली फिल्मों के प्रमुख पात्र

सत्यन, प्रेम नज़ीर, मोहन लाल, मम्मूटी, जॉन अब्राहम, जयराम, तिलकन सुरेश गोपी, अप्पू कुट्टी।

V. बंगाली की महत्त्वपूर्ण फिल्में

1919 बिल्वमंगल (पहली बंगाली फिल्म)

1931 जमाई शास्त्री

1932 चण्डीदास

1956 मुखा ओ मोखाश

1952 नागरिक

1955–59 अप्पू ट्रायोलॉजी

1931 जमाई शास्त्री

1958 जलसाघर निर्देशक

1959 नील आकाशेर नीचे

1960 देवदास शास्त्री

1960 मेघे ढाका तारा

1960 देवी

1962 सुवर्णरेखा, निर्देशक–ऋत्विक घटक

1971–76 कलकत्ता ट्रायोलॉजी

1974 सोणार केला

1978 जय बाबा फेलूनाथ

1990 उनीशे अप्रैल

1990 तितली

1994 मिस्टर एण्ड मिसेज अय्यर

1999 बम्बइयर बॉम्बेटे

2005 निशब्द

2004–08 ट्रायोलॉजी–महुलबानीर सेरंग, क्रांतिकाल, कालेर राखाल

2008 अंतहीन

2011 रंजना आमि आर आशवो ना

2011 लैपटॉप

2011 नौकाडूबी

बंगाली फिल्मों के प्रमुख निर्देशक

हीरालाल सेन, डी॰एन॰ गांगुली, अमर चौधरी अब्दुल जब्बार खान सत्यजीत रॉय, प्रथमेश बरुआ, देवकी बोस, मृणाल सेन, ऋत्विक घटक, अपर्णा सेन, शेखर दास, अनिरुद्ध रॉय चौधरी, संदीप रॉय, अतनु घोष, अंजन दत्त।

बंगाली फिल्मों के प्रमुख पात्र

उत्तम कुमार, सुचित्रा सेन, सौमित्र चटर्जी, शर्मिला टैगोर, ऋतुपर्णासेन गुप्ता, बुद्धदेव दास गुप्ता, तापस देव, तापस पॉल, चिरंजीत, प्रोसेनजीत, जीत देव, परमब्रत, रुद्रनील।

VI. मराठी की महत्त्वपूर्ण फिल्में

1913 राजा हरिश्चंद्र (भारत तथा मराठी की पहली फिल्म)
1920 सैरंध्री
1932 संत तुकाराम
1932 अयोध्येचा राजा
1932 श्याम सुंदर, निर्देशक–भाल जी पेंढाकर
1936 साबकारी पाश
1937 संत तुकाराम
1947 जय मल्हार
1954 श्यामची आई
1971 शांता कोर्ट चालू आहे!
1972 सामना
1992 एक होता विदूषक
1995 बांगरवाड़ी
2009 श्वास
2009 हरिश्चंद्राची फैक्टरी
2009 नटरंग
2010 पारद
2011 देओल (सर्वश्रेष्ठ फिल्म का राष्ट्रीय पुरस्कार)
2011 शाला
2011 बाल गन्धर्व

मराठी फिल्मों के प्रमुख निर्देशक

वी॰ शांताराम, मास्टर विनायक, भालजी पेंढारकर, पी॰के॰ अत्रे, दिनकर डी॰ पाटिल, राजा परांजपे, जी॰डी॰ मदगुलकर, सुधीर फड़के, अनंत माने, दादा कोंडके, महेश कोठारे, सचिन पिलगांवकर, डॉ॰ जब्बार पटेल, प्रकाश मोकाशी।

मराठी फिल्मों के प्रमुख पात्र

अशोक सर्राफ, लक्ष्मीकांत बेर्डे, मकरंद अनासपुरे, श्रेयस तलपड़े, अंकुश चौधरी, वर्षा उसगांवकर, अश्विनी भावे, सदाशिव अमरापुरकर, सोनाली कुलकर्णी, सचिन खेड़ेकर, भरत जाधव, अमोल पालेकर, रेणुका शहाणे, संदीप कुलकर्णी, गिरीश कुलकर्णी।

VII. गुजराती की महत्त्वपूर्ण फिल्में

1932 नरसिंह मेहता (पहली गुजराती फिल्म)
1932 सती सावित्री
1932 मुंबईनी शेठाणी
1932 संसारलीला
1935 घरजमाई
1936 बे खराब जण
1938 संसारलीला
1939 अछूत
1946 राणकदेवी
1947 बहारवटियों
1947 कुंवरबाईनुं मामेरूं
1947 सती जसमा
1947 गुणसुंदरी

1947	ननद-भौजाई	1967	रमत रमाड़े राम
1948	भाभीनां हेत	1968	मारे जवुं छे पेले पार
1948	भाई-बहेन	1969	कंकु
1948-50	जेसलतोरल	1970	अमी अने जिगर
1948-50	रा नवघण	1970	जेसलतोरल
1948-50	शेणी विजानंद	1970	उपर गगन विशाल
1950	मंगलफेरा	1972	गुणसुंदरीनो घरसंसार
1950	गाड़ानों बेल	1973	जनमटीप
1950	दीवादाँड़ी	1974	हरिश्चंद्र तारामती
1961	चुंदड़ीचोखा	1975	मेला गुर्जरी
1948, 1962, 1975,	जोगीदास खुमाण	1975	तानारीरी
1948-80	कन्यादान	1974	हरिश्चंद्र तारामती
1948-80	मलेला जीव	1975	लाखों फुलाणी
1948-80	कादु मकराणी	1976	सोनलबाईनी चुंदड़ी
1948-80	अखण्ड सौभाग्यवती	1976	डाकुराणी गंगा
1948-80	ऊपर गगन विशाल	1979	काशी नो दीकरो
1948-80	संतु रंगीली	1980	भवनी भवाई
1960-70	मारे जाऊं पेले पार	1993	मानवीनी भवाई
1960-70	जिगर अने अमी	1995	दरियाछोरूं
1962	मकराणी	2000	साद

गुजराती फिल्मों के प्रमुख निर्देशक

चंदूलाल शाह, चिमनलाल देसाई, चिमनलाल लुहार, वी॰एम॰ व्यास, विजय भट्ट, रतिलाल पुनातर, मनहर रसकपूर, बलवंत भट्ट, चतुर्भुज दोषी, डब्ल्यू गार्चर, यूसुफ मूलजी, कृष्णकांत (के॰के॰), एस॰जे॰ तालुकदार, रामकुमार बोरा, मेहुलकुमार, अरुण भट्ट, चंद्रकांत सांगाणी, दिनेश रावल, कांतिलाल राठौड़, रवीन्द्र दवे, संजीव शाह, गोविन्द सरैया, फिरोज सरकार, बाबूभाई मिस्त्री, गिरीश मनुकांत, कांति मड़िया, केतन मेहता, उपेन्द्र त्रिवेदी, विपुल शाह, चंद्रवदन सेठ।

गुजराती फिल्मों के प्रमुख पात्र

भगवानदास, गौहरबानू, राजकुमारी, शोभना समर्थ, मोतीलाल, याकूब, रमादेवी, मोतीबाई, छनालाल, भगवानदास, निरूपा राय, मनहर देसाई, दीना

पाठक, अरविंद पंड्या, चॉपशीभाई नागड़ा, उर्मिला भट्ट, संजीव कुमार, कानन कौशल, सोहराब मोदी, आशा पारेख, महेश देसाई, उमाकांत देसाई, उपेन्द्र त्रिवेदी, अनुपमा, अरविंद त्रिवेदी, रमेश मेहता, कृष्णकांत, सरिता जोशी, प्रवीण जोशी, मल्लिका साराभाई, रीटा भादुरी, स्नेहलता

VIII. पंजाबी की महत्त्वपूर्ण फिल्में

1936	शीला (पिंड दी कुड़ी) पहली पंजाबी फिल्म	1975	तेरी मेरी इक जिंदड़ी
1938	हीर सियाल	1976	सवा लाख से एक लड़ाऊं
1950-60	पोस्ती	1970	गुरु मानियो ग्रंथ
1950-60	दो लछियां	1980	चन्न परदेसी
1957	जॉनीवाकर	1980	जट्टी
1958	भांगड़ा	1989	मरही दा दीवां
1964	सतलुज दे कण्डे	1994	कचेहरी
1969	नानक नाम जहाज है	1998	मैं मां पंजाब दी
1970	केकण दे ओहले	1999	शहीदे मोहब्बत
1970	नानक दुखिया सब संसार	2000	शहीद उधम सिंह
1972	मिला मितरां दे	2005	देस होया परदेस
1972	मन जीते जग जीत	2006	वारिस शाह–इश्क दा वारिस
1974	दुखभंजन तेरा नाम	2011	अंधे घोड़े दा दान

पंजाबी फिल्मों के प्रमुख निर्देशक

के॰डी॰ मेहरा, मुल्कराज भाखड़ी, पदमप्रकाश माहेश्वरी, पन्नालाल माहेश्वरी, चित्रार्थ, मोहम्मद सादिक, सुरिंदर सिंह, बलवंत दुल्लट, मनोज पुंज, मनमोहन सिंह, हरिंदर गिल।

पंजाबी फिल्मों के प्रमुख पात्र

नूरजहां, चंद्रमोहन, मोतीलाल, सुंदर, निशी, मेहर मित्तल, अपर्णा चौधरी, बलराज साहनी, पृथ्वीराज कपूर, आई॰एस॰ जौहर, विम्मी, धर्मेंद्र, आशा पारेख, दारा सिंह, राधा सलूजा, मनोज कुमार, रेखा, सुनील दत्त, कुलभूषण खरबंदा, गुरदास मान, राज बब्बर, प्रीति सप्रू, परमीत सेठी, बाबू मान, हरभजन मान, जसपाल भट्टी, कंवलजीत सिंह, विवेक शौक, कुलराज रंधावा, मदन पुरी, जिमी शेरगिल, ओमपुरी, अनुपम खेर, उपासना सिंह, वीरेंद्र।

IX. असमिया की महत्त्वपूर्ण फिल्में

1935 जॉयमोती
1939 इंद्रमालती
1946 रूपाही
1950 पियाली फूकन
1955 स्मृत पारस
1956 रंग पोलिस
1958 माक आरू मोरम
1959 एरा बातोर सुर
1959 पूबेरन
1959 लाचित बोरफूकन
1961 शकुंतला
1970 अरण्य
1972 भाइती
1974 बृष्टि
2000 राग बिराग

असमिया फिल्मों के प्रमुख निर्देशक

ज्योति प्रसाद अग्रवाल, जानू बरुआ, भाबेंद्र नाथ सैकिया, संजीव हजारिका, रोहिणी कुमार बरुआ, पार्वती प्रसाद बरुआ, निप बरुआ, भूपेन हजारिका, प्रभात मुखर्जी, सर्बेश्वर चक्रवर्ती, समरेंद्र नारायण देव, सांत्वना बारदोलोई, बिद्युत चक्रवर्ती।

असमिया फिल्मों के प्रमुख पात्र

फणि शर्मा, तारा, भाभा हजारिका, ब्रोजेन बरुआ, बिंदिया गोस्वामी, झरना, तपन दास, निषिता गोस्वामी।

X. उड़िया की महत्त्वपूर्ण फिल्में

1936 सीता बिबाह (पहली उड़िया फिल्म)
1951 रोल्स टु एट
1960 श्री लोकनाथ
19६0 नुआ बाउ
1966 मातिर मनीषा
1969 आदिना मेघा
1987 भंग सिलाता
1994 लावण्य प्रीति
1997 अहल्या
2000 बिस्वप्रकाश

उड़िया फिल्मों के प्रमुख निर्देशक

मोहन सुंदरदेब गोस्वामी, प्रफुल्लसेन गुप्ता, प्रशांत नंदा, ब्योमकेश त्रिपाठी, राजू मिश्रा, प्रणब दास, मोहम्मद मोहसिन, सुसांता मिश्रा, बिजय केतन मिश्रा।

उड़िया फिल्मों के प्रमुख पात्र

माखनलाल बनर्जी, प्रतिभा देवी, प्रशांत नंदा, उत्तम मोहंती, अपराजिता मोहंती, नंदिता दास, बिजय मोहंती, मिहिर दास, सिद्धांत महापात्र, अर्चिता, अनुभव मोहंती, मंजुला कंवर।

XI. कोंकणी की महत्त्वपूर्ण फिल्में

1950 मोगैचो अनवड्डो (पहली कोंकणी फिल्म)
1950–90 आमचेन नाक्सिब
1950–90 सुखचेन सोपोन
1950–90 निरमोन
1950–90 म्हौजी घोरकर्ण
1950–90 कोरतुबांचो सोंवसर
1950–90 जीवित आमचेन आक्सिम
1950–90 मोग आणि मोइपास
1950–90 भूजेरंतलो मूणिस
1950–90 सूज़न
1950–90 बोग्लैंट
1950–90 भोगसोने
2009 पल्टाचो माणिस (सन् 2009 की विश्व की सर्वश्रेष्ठ फिल्मों की सूची में शामिल)
2011 ओ मारिया

कोंकणी फिल्मों के प्रमुख निर्देशक

जेरी ब्रिगेंजा, राजेंद्र तलक।

कोंकणी फिल्मों के प्रमुख पात्र

जेरी ब्रिगेंजा।

XII. राजस्थानी की महत्त्वपूर्ण फिल्में

1942 नजराना (पहली राजस्थानी फिल्म)
1961 बाबासा री लाडली
1963 बाबा रामदेव
1981 सुपत्तर बीनानी
1982 वीर तेजाजी
1982 गणगौर
1988 बाई चली सासरिए
2002 बवण्डर
2005 पहेली
2006 प्रीत ना जाणे रीत
2008 ओढ़ ली री चुनरिया
2011 ओ जी रे दीवाणा
2011 भोभर
2011 लाला हरदौल (चुंदड़ी ओढ़ासी म्हारो बीर) अक्तूबर 2011 में रिलीज़

राजस्थानी फिल्मों के प्रमुख निर्देशक

मोहन सिंह राठौर, भानु प्रकाश राठी, नीलू, गजेंद्र एस॰ श्रोत्रिय।

राजस्थानी फिल्मों के प्रमुख पात्र

महिपाल, राकेश, रोशन, प्राण, महमूद, जगदीप, शाहरुख खान, रानी मुखर्जी, अमिताभ बच्चन, अनुपम खेर, संजय दत्त, माधुरी दीक्षित, गोविंदा, नीलू।

XIII. भोजपुरी की महत्त्वपूर्ण फिल्में

1962 गंगा मइया तोहे पियरी चढ़इबो (पहली भोजपुरी फिल्म)
1963 बिदेसिया
1963 लागी नाही छूटे राम
1965 गंगा
1965 भौजी
1966 लोहा सिंह
1971 ढेर चालाकी जिन करा
1976 डाकू रानी गंगा
1978 अमर सुहागिन
1979 बलम परदेसिया
1980 माई
1981 चनवा के ताके चकोर
1981 सैंया तोरे कारन
1982 नदिया के पार
1983 हमार भौजी
1986 दुल्हा गंगा पार के
1988 रूस गइलें सैंया हमार
2001 सैयां हमार
2005 पण्डितजी बताई ना बियाह कब होई
2005 ससुरा बड़ा पईसा वाला
2006 गंगा
2008 धर्मवीर
2008 भोलेशंकर
2008 बिदाई
2009 निरहुआ रिक्शावाला
2010 निरहुआ चलल सुसराल
2011 बलम हापुरिया
2011 लागल रहा ऐ राजाजी

भोजपुरी फिल्मों के प्रमुख निर्देशक

कुंदन कुमार, एस॰एन॰ त्रिपाठी, कल्पतरू, गोविंद मूनिस, राजकुमार शर्मा, मोहन प्रसाद।

भोजपुरी फिल्मों के प्रमुख पात्र

सचिन, साधना सिंह, पद्मा खन्ना, प्रेमा नारायण, जयश्री टी॰, रंभा, अरुणा ईरानी, मनोज तिवारी, रविकिशन, नगमा, श्वेता तिवारी, अमिताभ बच्चन, मिथुन चक्रवर्ती, दिनेश लाल यादव निरहुआ।

XIV. मणिपुरी की महत्त्वपूर्ण फिल्में

1972 मातमगी मणिपुर (पहली मणिपुरी फिल्म)
1972 बाजोन्द्रगी लुहोंग्बा
1974 लामजा पसुरम्
1976 सफाबी
1979 खुतांग लैमिएल
1980 ओलांग्थाकी वांग्मादासु
1981 इमागी निंबथेम
1981 खोंजेल
1981 वांग्मा वांग्मा
1983 पावखुम अमा
1983 सनीखीतेल
1984 थाबा
1984 लैंग्लेन थडोइ
1984 येरीफोक थंबेनु
1986 इशानोउ
1986 इचे साखी
1989 कोंबिरे
1990 इंगाली
1991 पाप
1992 खोनथांग
1993 संबल वांग्मा
1993 थंबल
1993 माधाबी
1994 मावोफिगी माचा
1995 सनामानबी सनारी
1995 सानबी
1995 खम्बा खामनू
1996 कनगा हिंघौनी
1997 खम्बा थोइबी
1997 चिंग्लेसना
2011 फिजगी मणि

मणिपुरी फिल्मों के प्रमुख निर्देशक

देबकुमार बोस, अरिबमश्याम शर्मा, एस०एन० चांद, बिस्वमित्र, जी० नारायण शर्मा, चान।

मणिपुरी फिल्मों के प्रमुख पात्र

मास्टर लीखेंद्र।

XV. छत्तीसगढ़ी की महत्त्वपूर्ण फिल्में

1965 कहि देबे सन्देश (पहली छत्तीसगढ़ी फिल्म)
2010 मोर छैंया भुइयाँ
2011 माया

छत्तीसगढ़ी फिल्मों के प्रमुख निर्देशक

मनु नायक।

छत्तीसगढ़ी फिल्मों के प्रमुख पात्र

अनुज शर्मा।

ब्यारी (दक्षिण कर्नाटक की अल्पज्ञात भाषा)

2011 ब्यारी (पहली ब्यारी फिल्म), नायिका–मल्लिका।

इस फिल्म को 59वें राष्ट्रीय फिल्म पुरस्कार समारोह में 3 मई, 2012 को सर्वश्रेष्ठ फिल्म का पुरस्कार दिया गया था। इसका निर्देशन ब्यारी क्षेत्र के निवासी के॰जी॰ सुवीरन ने किया था।

XVI. डोगरी की महत्त्वपूर्ण फिल्में

1966 गल्लाँ होइयाँ बीतियाँ, निर्देशक–कुमार कुलदीप (पहली डोगरी फिल्म)

1976 सफाबी

2011 कुग्गी मार दुआरी

2011 भा नी मिल दी

2011 धीर धुआड़ी

2011 चंचलो

XVII. कश्मीरी की महत्त्वपूर्ण फिल्में

1964 महेंदी रात (पहली कश्मीरी फिल्म)

1976 सफाबी

2006 अख दलील लू लेच

2011 वैली ऑफ सेंट्स

2012 शिकारावाला

2012 इंशा अल्लाह कश्मीरा। यशेधरा कारजू कश्मीर की पहली नायिका थीं। ये पंडित जवाहरलाल नेहरू की भतीजी थीं।

XVIII. मोनपा (अरूणाचल प्रदेश की एक भाषा) की महत्त्वपूर्ण फिल्में

2005 सोनम, निर्देशक–अहसान मजीद (इस फिल्म को 2005 ने राष्ट्रीय रजत कमल सम्मान मिला था, यह फिल्म जर्मन फिल्म समारोह हेतु चयनित हुई थीं।)

2010 ग्योतपा

2010 लेह, द डेस्टिनी, निदेशक–डी॰ के॰ थुंगन, अहसान मजीद, प्रमुख निर्देशक–डी॰ के॰ थुंगन; प्रमुख पात्र–ढावा नोरबु

XIX. कोकबारोक त्रिपुरा की महत्त्वपूर्ण फिल्में

2010 न्वांग बई, पात्र–रेक्स देबरमा, निर्देशक–शरत रियांग

2011 यार्विंग (जड़ें) राष्ट्रीय पुरस्कार से पुरस्कृत

2011 एड गांथियावी, निर्देशक–कमल कोलोई।

XX. तिब्बती या लद्दाखी की महत्त्वपूर्ण फिल्में

2002 संसारा, निर्देशक–नलिन पान, पात्र–शॉन कू, क्रिस्टी चुंग, नीलेश बावोरा

2007 फ्रोज़ेन, निर्देशक–शिवाजी चन्द्रभूषण, पात्र–डैनी, गौरी, स्कालजांग आंम्चुक

2009 देवला

2011 लैसडेल

XXI. सिंधी की महत्त्वपूर्ण फिल्में

1958 अबाना (पहली सिंधी फिल्म)

1960–2000 हाल ता भाजी हालून

1960–2000 दिल दीजे दिलवारा खें

1960–2000 परेवारी

2007 प्यार करे दिस

XXII. हिन्दी की महत्त्वपूर्ण फिल्में

1917 लंका दहन

1919 कालिय मर्दन

1930 रामरहीम, निर्देशक–ई॰ बिलिमोरिया

1930 वीर ना वेर, मोती निर्देशक–बी॰ गिडवानी पात्र–गौहर

1930 सरफरोश, निर्देशक–अब्दुल रशीद कारदार पात्र–नज़ीर अहमद खान

1931 आलमआरा, निर्देशक–आर्देशिर इरानी पात्र–मास्टर विट्ठल, प्रथम सवाक् फिल्म

1931 दौलत का नशा

1932 चण्डीदास

1932 अयोध्या का राजा

1932 ज़रीना, निर्देशक–एज़रा मीर पात्र–जाल मर्जेण्ट, जुबेदा, इस फिल्म में पचास चुंबन थे।

1933 पूरन भगत

1933 लाल–ए–यमन, निर्देशक–अब्ब्दुल रशीद कारदार पात्र–नज़ीर अहमद खान

1933 आबे हयात, पात्र–नज़ीर अहमद खान

1933 नाइट बर्ड, पात्र–नज़ीर अहमद खान

1933 मिल या मजदूर, पात्र–प्रेमचन्द

1934 चंद्रगुप्त, निर्देशक–अब्ब्दुल रशीद कारदार पात्र–नज़ीर अहमद खान

1934 इराक का चोर, पात्र–नज़ीर अहमद खान

1934 दिल्ली का ठग, पात्र–नज़ीर अहमद खान

1935 प्रतिमा, पात्र–नज़ीर अहमद खान

1935 सैरंध्री, निर्देशक–वी॰ शांताराम पात्र–मास्टर विनायक, शकुंतला परांजपे, जर्मनी में प्रॉसेस की गई भारत की पहली रंगीन फिल्म

1935 देवदास, निर्देशक–प्रथमेश चंद्र बरुआ

1935 धूप–छाँव, निर्देशक–नितिन बोस, इस फिल्म से पार्श्व गायन की शुरुआत हुई।

1936 अछूत कन्या, निर्देशक–फ्रेंज ऑस्टेन पात्र–अशोक कुमार, देविका रानी

1936 जीवन नैया, निर्देशक–फ्रेंज ऑस्टेन पात्र–अशोक कुमार, देविका रानी

1936 द प्रेसीडेंट, निर्देशक–नितिन बोस पात्र–कुंदनलाल सहगल

1937 दुनिया ना माने, निर्देशक–वी॰ शांताराम पात्र–शांता आप्टे, केशवराव दाते

1937 किसान कन्या, निर्देशक–मोती बी॰ गिडवानी पात्र–पद्मादेवी, जिल्लो, भारत में बनी भारत की पहली रंगीन फिल्म पटकथा लेखक–मण्टो

1937 दुनिया न माने, पात्र–अशोक कुमार

1938 बागबान, निर्देशक–अब्दुल रशीद कारदार पात्र–नज़ीर अहमद खान

1938 स्ट्रीट सिंगर, निर्देशक–फणि मजूमदार

1939 पुकार, पात्र–चंद्रमोहन, नसीम बानो, सोहराब मोदी

1939 ताजमहल, पात्र–नज़ीर अहमद खान

1939 आदमी, पात्र–अशोक कुमार

1940 नया संसार, निर्देशक–एन०आर० आचार्य कारदार पात्र–रेणुका देवी, अशोक कुमार, मुबारक

1941 पड़ोसी

1941 सिकंदर, निर्देशक–सोहराब मोदी पात्र–नज़ीर अहमद खान

1942 खानदान, निर्देशक–शौकत हुसैन रिज़वी पात्र–प्राण, नूरजहाँ, मनोरमा

1942 ममता, निर्देशक–आई०ए० हाफिजजी पात्र–प्रिंस दारा, पुष्पा रानी, कलावती

1942 रोटी, निर्देशक–महबूब अख्तर पात्र–चंद्रमोहन, शेख मुख्तार, अशरफ खान, अख्तरीबाई फैजाबादी, सितारा

1942 भक्त सूरदास, निर्देशक–चतुर्भुज दोषी पात्र–केसरबाई, खुर्शीद, मोनिका देसाई, कुंदनलाल सहगल, देसाई

1943 किस्मत, निर्देशक–ज्ञान मुखर्जी पात्र–अशोक कुमार, मुमजाज, शांति, शाहनवाज

1943 नादान, निर्देशक–जिया सरहदी पात्र–अमन, नूरजहाँ, मसूद

1944 ज्वार भाटा, निर्देशक–अमिय चक्रवर्ती पात्र–दिलीप कुमार

1944 लाल हवेली, पात्र–नूरजहाँ, मीना कुमारी, उल्हास, सुरेंद्र

1945 लैला मजनू, निर्देशक–नज़ीर अहमद खान पात्र–स्वर्णलता, नज़ीर अहमद खान

1945 अनमोल घड़ी, निर्देशक–महबूब खाँ पात्र–नूरजहाँ

1946 धरती के लाल, निर्देशक–ख्वाजा अहमद अब्बास पात्र–बलराज साहनी, तृप्ति मिर्जा, ज़ोहरा सहगल

1946 नीचा नगर, निर्देशक–चेतन आनंद (कॉन फिल्म फेस्टिबल में दिखाई गयी)

1946 डॉ० कोटनीस की अमर कहानी, निर्देशक व्ही० शान्ताराम पात्र–व्ही० शान्ताराम

1947 चन्द्रलेखा, निर्देशक–एस.एस. वासन

1947 जुगनू, निर्देशक–शौकत हुसैन रिजवी पात्र–दिलीप कुमार, नूरजहाँ, गुलाम अहमद, सुलोचना

1948 नदिया के पार, निर्देशक–किशोर साहू पात्र–दिलीप कुमार, कामिनी कौशल

1948 शहीद, निर्देशक–रमेश सैगल पात्र–दिलीप कुमार, कामिनी कौशल

1948 आग, निर्देशक–राज कपूर पात्र–राज कपूर, नर्गिस, प्रेमनाथ, कामिनी कौशल, निगार सुल्ताना

1948 अंदाज, पात्र–दिलीप कुमार

1949 महल

1949 बरसात, निर्देशक–राज कपूर पात्र–राज कपूर, नर्गिस, प्रेमनाथ

1949 पतंगा

1950 अफसर, निर्देशक–चेतन आनंद पात्र–देव आनंद, सुरैया, रशीद खान

1950 बावरे नैन, निर्देशक–केदार नाथ शर्मा पात्र–राज कपूर, गीता दत्त

1950 बाबुल, निर्देशक–नौशाद पात्र-दिलीप कुमार, नर्गिस

1950 आरजू, निर्देशक–शाहिद लतीफ पात्र–दिलीप कुमार. कामिनी कौशल, शशिकला

1950 आधी रात, निर्देशक–एस॰के॰ ओझा पात्र–गीता दत्त, मीना कपूर, लता मंगेशकर

1951 आवारा, निर्देशक–राज कपूर पात्र–राज कपूर, नर्गिस, पृथ्वीराज कपूर, लीना चिटनिस

1951 बाजी, निर्देशक–गुरुदत्त पात्र–देव आनंद, गीता दत्त, कल्पना कार्तिक

1952 आन, निर्देशक–महबूब खाँ पात्र–दिलीप कुमार, प्रेमनाथ, निम्मी, नादिरा

1952 बैजू बावरा, पात्र–मीना कुमारी, भारत भूषण

1952 दाग, निर्देशक–अमिय चक्रवर्ती पात्र–दिलीप कुमार, निम्मी

1952 जाल, निर्देशक–पात्र–देव आनंद, गीता दत्त

1952 आन, निर्देशक–महबूब खाँ पात्र–दिलीप कुमार, प्रेमनाथ, निम्मी, नादिरा

1953 आह, निर्देशक–राजा नवाथे कपूर पात्र–राज कपूर, नर्गिस, प्राण

1953 दो बीघा जमीन, पात्र–बलराज साहनी, निरूपा रॉय

1953 झाँसी की रानी, निर्देशक–सोहराब मोदी, देश की पहली टेक्नीकलर फिल्म

1954 आर पार, निर्देशक–गुरुदत्त पात्र–गुरुदत्त, श्यामा, जॉनीवाकर

1954 बूटपॉलिश, पात्र–डेविड, मस्त रतन, बेबी नाज़

1954 दोस्त, निर्देशक–राजेंद्र शर्मा पात्र–सुरेश उषाकिरण, ओमप्रकाश

1954 जागृति, पात्र–अभि भट्टाचार्य

1954 संगम, पात्र–राज कपूर, राजेंद्र कुमार, वैजयंतीमाला

1955 देवदास, निर्देशक–बिमल रॉय पात्र–दिलीप कुमार, सुचित्र सेन, वैजयंतीमाला, मोतीलाल, मुराद

1955 झनक झनक पायल बाजे, निर्देशक–वी॰ शांताराम पात्र–संध्या, गोपीकृष्ण

1955 मि॰ एण्ड मिसेज़ 55, निर्देशक–गुरुदत्त पात्र–गुरुदत्त, मधुबाला, जॉनीवाकर

1955 श्री चार सौ बीस, पात्र–राज कपूर, नर्गिस, नादिरा, ललिता पवार

1956 सी॰आई॰डी॰, निर्देशक–राजखोसला पात्र–देव आनंद, शकीला, वहीदा रहमान, जॉनीवाकर

1956 जागते रहो, पात्र–राज कपूर, मोतीलाल, नर्गिस

1956 दो आंखें बारह हाथ, निर्देशक–वी॰ शांताराम पात्र–वी॰ शांताराम, संध्या

1957 मदर इण्डिया, निर्देशक–महबूब खाँ पात्र–नर्गिस, सुनील दत्त, राजेंद्र कुमार, राजकुमार, ऑस्कर में जाने वाली पहली भारतीय फिल्म

1957 प्यासा, निर्देशक–गुरुदत्त पात्र–गुरुदत्त, माला सिन्हा, वहीदा रहमान, जॉनीवाकर, रहमान

1957 नया दौर, पात्र–दिलीप कुमार

1957 चलती का नाम गाड़ी, निर्देशक–सत्येन बोस पात्र–किशोर कुमार, मधुबाला, अशोक कुमार

1958 मधुमती, पात्र–दिलीप कुमार, वैजयंतीमाला

1959 अनाड़ी, पात्र–राज कपूर, नूतन

1959 धूल का फूल, पात्र–राजेंद्र कुमार, माला सिन्हा

1959 कागज के फूल, निर्देशक–गुरुदत्त पात्र–गुरुदत्त, वहीदा रहमान

1959 नवरंग, निर्देशक–वी॰ शांतारामद पात्र–महिपाल, संध्या

1960 अनुराधा, निर्देशक–ऋषिकेष मुखर्जी पात्र–बलराज साहनी

1960 बरसात की रात, निर्देशक पी॰एल॰ संतोषी पात्र–भारत भूषण, मधुबाला, श्यामा

1960 चौदहवीं का चांद, निर्देशक–एम॰ सादिक पात्र–गुरुदत्त, वहीदा रहमान, रहमान, जॉनीवाकर

1960 जिस देश में गंगा बहती है, निर्देशक–राधू करमाकर पात्र–राज कपूर, पद्मिनी, प्राण, ललिता पवार

1960 मुग़ले आज़म, निर्देशक–के० आसिफ़ पात्र–दिलीप कुमार, पृथ्वीराज कपूर, दुर्गा खोटे, अजीत

1961 गंगा जमना, पात्र–दिलीप कुमार, वैजयंतीमाला, नासिर खान

1961 जंगली, पात्र–शम्मी कपूर, सायरा बानो

1961 काबुलीवाला, निर्देशक–बिमल रॉय पात्र–बलराज साहनी

1962 साहब बीबी और गुलाम, निर्देशक–गुरुदत्त पात्र–मीना कुमारी, गुरुदत्त, वहीदा रहमान, रहमान

1962 सन ऑफ इण्डिया, पात्र–महबूब, कुमकुम, नौशाद

1963 बन्दिनी, निर्देशक–बिमल रॉय पात्र–धर्मेंद्र, नूतन, अशोक कुमार

1963 मेरे महबूब, पात्र–राजेंद्र कुमार, साधना, अशोक कुमार

1964 चित्रलेखा, निर्देशक–केदार शर्मा पात्र–अशोक कुमार, मीना कुमारी, प्रदीप कुमार

1964 गीत गाया पत्थरों ने, निर्देशक–वी० शांताराम पात्र–जितेंद्र, राजश्री

1964 हकीकत, निर्देशक–चेतन आनंद पात्र–बलराज साहनी, धर्मेंद्र

1964 संगम, निर्देशक–राज कपूर पात्र–राज कपूर, राजेंद्र कुमार, वैजयंतीमाला

1965 गाइड, निर्देशक–विजय आनंद पात्र–देव आनंद, वहीदा रहमान

1965 शहीद, निर्देशक–एस० राम शर्मा पात्र–मनोज कुमार, निरूपा रॉय, प्राण, प्रेम चोपड़ा

1965 वक्त, निर्देशक–यश चोपड़ा पात्र–बलराज साहनी, सुनील दत्त, राजकुमार, शशि कपूर, साधाना

1966 अनुपमा, निर्देशक–ऋषिकेश मुखर्जी पात्र–धर्मेंद्र, शर्मिला टैगोर

1966 फूल और पत्थर, निर्देशक–ओ०पी० रल्हन पात्र–धर्मेंद्र, मीना कुमारी

1966 तीसरी कसम, पात्र–राज कपूर, वहीदा रहमान

1966 तीसरी मंजिल, निर्देशक–नासिर हुसैन, पात्र–शम्मी कपूर

1967 राम और श्याम, पात्र–दिलीप कुमार, वैजयंतीमाला

1967 हमराज, निर्देशक–बी०आर० चोपड़ा पात्र–सुनील दत्त, राजकुमार, विम्मी

1967 ज्वेल थीफ, निर्देशक–विजय आनंद पात्र–देव आनंद, वैजयंतीमाला

1967 उपकार, निर्देशक–मनोज कुमार पात्र–मनोज कुमार, आशा पारेख, प्राण, प्रेम चोपड़ा

1968 आँखें, निर्देशक–रामानंद सागर पात्र–धर्मेंद्र, माला सिन्हा

1968 मेरा नाम जोकर, निर्देशक–राज कपूर पात्र–राज कपूर, मनोज कुमार, सिम्मी ग्रेवाल, धर्मेंद्र,

1969 आराधना, निर्देशक–शक्ति सामंत पात्र–राजेश खन्ना, शर्मिला टैगोर

1969 भुवन शोम, निर्देशक–मृणाल सेन

1969 एक फूल दो माली, निर्देशक–देवेंद्र गोयल पात्र–बलराज साहनी, संजय, साधना

1969 सात हिन्दुस्तानी, निर्देशक–ख्वाजा अहमद अब्बास पात्र–अमिताभ बच्चन

1969 सत्यकाम, पात्र–धर्मेंद्र, संजीव कुमार

1969 दो रास्ते, पात्र–राजेश खन्ना

1970 जॉनी मेरा नाम, पात्र–देव आनंद, हेमामालिनी

1970 कटी पतंग, पात्र–राजेश खन्ना, आशा पारेख

1970 पूरब और पश्चिम, निर्देशक–मनोज कुमार पात्र–मनोज कुमार, सायरा बानो, विनोद खन्ना

1970 मेरा नाम जोकर, पात्र–राजकपूर, धर्मेन्द्र, राजेन्द्र कुमार, सिमी ग्रेवाल, मनोज कुमार

1971 हरे रामा हरे कृष्णा, निर्देशक–विजय आनंद पात्र–देव आनंद, जीनत अमान, मुमताज

1971 आनंद, निर्देशक–ऋषिकेष मुखर्जी पात्र–राजेश खन्ना, अमिताभ बच्चन

1971 गुड्डी, पात्र–धर्मेंद्र, जया भादुड़ी

1972 सीता और गीता, पात्र–धर्मेंद्र, हेमामालिनी, संजीव कुमार

1972 पाकीज़ा, निर्देशक–कमाल अमरोही पात्र–राजकुमार, मीना कुमारी

1973 बॉबी, निर्देशक–राज कपूर पात्र–ऋषि कपूर, डिंपल कपाड़िया, प्रेमनाथ

1973 ज़ंजीर, निर्देशक–प्रकाश मेहरा पात्र–अमिताभ बच्चन, प्राण, जया भादुड़ी

1973 अनामिका, पात्र–संजीव कुमार, प्राण, जया भादुड़ी

1973 गरम हवा, निर्देशक–एम०एस० सत्थू पात्र–बलराज साहनी, निरूपा रॉय, फारुख शेख

1974 रोटी कपड़ा और मकान, पात्र–मनोज कुमार, अमिताभ बच्चन, ऋषि कपूर, जीनत अमान

1974 अंकुर, निर्देशक–श्याम बेनेगल पात्र–शबाना आजमी, अनंत नाग

1975 शोले, निर्देशक–रमेश सिप्पी पात्र–अमिताभ बच्चन, धर्मेंद्र, संजीव कुमार, हेमामालिनी, अमजद खान

1975 जय संतोषी माँ, निर्देशक–रमेश सिप्पी पात्र–कानन कौशल, अनीता गुहा

1975 दीवार, निर्देशक–यश चोपड़ा पात्र–अमिताभ बच्चन, ऋषि कपूर, नीतू सिंह

1975 आंधी, निर्देशक–रमेश सिप्पी पात्र–संजीव कुमार, सुचित्रा सेन

1976 लैला मजनू, पात्र–ऋषि कपूर, रंजीता

1977 अमर अकबर एंथोनी, निर्देशक–मनमोहन देसाई पात्र–अमिताभ बच्चन, विनोद खन्ना, ऋषि कपूर, नीतू सिंह

1977 शतरंज के खिलाड़ी, निर्देशक–सत्यजीत रॉय पात्र–संजीव कुमार, शबाना आजमी

1977 कभी कभी, निर्देशक–यश चोपड़ा पात्र–अमिताभ बच्चन, राखी

1978 मुकद्दर का सिकंदर, निर्देशक–प्रकाश मेहरा पात्र–अमिताभ बच्चन, विनोद खन्ना, राखी, रेखा

1978 त्रिशूल, निर्देशक–यश चोपड़ा पात्र–अमिताभ बच्चन, संजीव कुमार, हेमामालिनी

1978 डॉन, निर्देशक–चंद्रा बारोट पात्र–अमिताभ बच्चन, जीनत अमान

1978 सत्यम् शिवम् सुंदरम्, निर्देशक–राज कपूर पात्र–शशि कपूर, जीनत अमान

1978 जुनून, निर्देशक–श्याम बेनेगल पात्र–शशि कपूर, शबाना आजमी, जेनिफर केण्डेल

1979 गोलमाल, निर्देशक–ऋषिकेश मुखर्जी पात्र–अमोल पालेकर, उत्पल दत्त

1979 जानी दुश्मन, निर्देशक–निशी फिल्म्स पात्र–सुनील दत्त, संजीव कुमार, शशि कपूर, रीना राय, रेखा

1979 सुहाग, पात्र–अमिताभ बच्चन, शशि कपूर, रेखा

1980 आक्रोश, पात्र–नसीरूद्दीन शाह, स्मिता पाटिल, ओमपुरी, अमरीश पुरी

1980 शान, निर्देशक–रमेश सिप्पी पात्र–अमिताभ बच्चन, शशि कपूर, परवीन बाबी, कुलभूषण खरबंदा

1980 कर्ज, निर्देशक–सुभाष घई पात्र–ऋषि कपूर, टीना मुनीम

1980 कुर्बानी, निर्देशक–फिरोज खान पात्र–जीनत अमान, फिरोज खान, विनोद खन्ना

1981 क्रांति, निर्देशक–मनोज कुमार पात्र–मनोज कुमार, हेमामालिनी, दिलीप कुमार, शशि कपूर

1981 लावारिस, निर्देशक–प्रकाश मेहरा पात्र–अमिताभ बच्चन, जीनत अमान, अमजद खान

1981 एक दूजे के लिए, निर्देशक–के॰ बालाचंदर पात्र–कमल हसन, रति अग्निहोत्री

1981 लवस्टोरी, निर्देशक–राजेंद्र कुमार पात्र–कुमार गौरव, विजयेता पण्डित

1981 उमराव जान, निर्देशक–मुजफुर अली पात्र–रेखा, फारुख शेख, नसीरूद्दीन शाह

1981 चश्मे बद्दूर, निर्देशक–सई परांजपे पात्र-फारुख शेख, दीप्ति नवल

1981 चक्र, निर्देशक–श्याम बेनेगल पात्र–स्मिता पाटिल, नसीरूद्दीन शाह

1981 सिलसिला, निर्देशक–यश चोपड़ा पात्र–अमिताभ बच्चन, रेखा, जया बच्चन, संजीव कुमार, शशि कपूर

1982 विधाता, निर्देशक–सुभाष घई पात्र–दिलीप कुमार, संजीव कुमार, संजयदत्त, पद्मिनी कोल्हापुरे

1982 नमक हलाल, पात्र–अमिताभ बच्चन, शशि कपूर

1982 निकाह, पात्र–राज बब्बर, सलमा आग़ा, दीपक पाराशर

1982 अंगूर, पात्र–संजीव कुमार, मौसमी चटर्जी, दलीप, देवेन वर्मा, दीप्ति नवल

1982 गांधी, निर्देशक–रिचर्ड एटनबरो पात्र-बेन किंग्सले, रोहिणी हटगड़ी

1982 नदिया के पार, निर्देशक–राजकुमार बड़जात्या पात्र-सचिन, साधना सिंह

1983 जाने भी दो यारो, पात्र–नसीरूद्दीन शाह, पंकज कपूर, ओमपुरी

1983 हिम्मतवाला, पात्र–जितेन्द्र, श्रीदेवी

1984 तोहफा, पात्र–जितेंद्र, श्रीदेवी, जयाप्रदा

1984 सोहनी महिवाल, पात्र–सनी दयोल, पूनम ढिल्लों, प्राण

1985 दामुल, निर्देशक–प्रकाश झा

1985 राम तेरी गंगा मैली, निर्देशक–राज कपूर पात्र–राजीव कपूर, मंदाकिनी

1985 प्यार झुकता नहीं, पात्र–मिथुन चक्रवर्ती, पद्मिनी कोल्हापुरे

1985 मर्द, पात्र–अमिताभ बच्चन, अमृता सिंह

1985 गुलामी, निर्देशक–जे॰पी॰ दत्ता पात्र–धर्मेंद्र, रीना राय, नसीरूद्दीन शाह

1985 सागर, पात्र–कमल हसन, ऋषि कपूर, डिंपल कपाड़िया

1985 मिर्च मसाला, निर्देशक–श्याम बेनेगल पात्र–स्मिता पाटिल, नसीरूद्दीन शाह, ओमपुरी

1986 कर्मा, निर्देशक–सुभाष घई पात्र–दिलीप कुमार, नूतन, अनिल कपूर, अनुपम खेर

1986 नगीना, निर्देशक–हरमेश मल्होत्रा पात्र–ऋषि कपूर, श्रीदेवी, अमरीश पुरी

1986 नाम, निर्देशक–राजेंद्र कुमार पात्र–कुमार गौरव, संजय दत्त, अमृता सिंह

1986 अंकुश, निर्देशक–एन॰ चंद्रा पात्र–नाना पाटेकर

1987 पुष्पक, पात्र–कमल हसन, अमला, टीनू आनंद

1987 मि॰ इण्डिया, पात्र–अनिल कपूर, श्रीदेवी, अमरीश पुरी

1987 प्रतिघात, निर्देशक–एन॰ चंद्रा

1987 शहंशाह, निर्देशक–टीनू आनंद पात्र–अमिताभ बच्चन, मीनाक्षी शेषाद्रि

1988 तेजाब, निर्देशक–एन॰ चंद्रा पात्र–अनिल कपूर, अनुपम खेर, माधुरी दीक्षित, चंकी पाण्डे

1988 कयामत से कयामत तक, निर्देशक–नासिर हुसैन पात्र–आमिर खान, जुही चावला

1989 मैंने प्यार किया, निर्देशक–सूरज बड़जात्या पात्र–सलमान खान, भाग्यश्री, आलोकनाथ

1989 त्रिदेव, निर्देशक–गुलशन राय पात्र–नसीरूद्दीन शाह, सनी दयोल, जैकी श्राफ, सोनम, माधुरी दीक्षित

1989 चांदनी, निर्देशक–यश चोपड़ा पात्र–ऋषि कपूर, श्रीदेवी, विनोद खन्ना

1989 राम लखन, निर्देशक–सुभाष घई पात्र–अनिल कपूर, माधुरी दीक्षित

1990 दिल, निर्देशक–इंद्र कुमार पात्र–आमिर खान, माधुरी दीक्षित

1990 अग्निपथ पात्र–अमिताभ बच्चन, माधवी, नीलम

1991 सौदागर, निर्देशक–सुभाष घई पात्र–राजकुमार, दिलीप कुमार, मनीषा कोइराला, विवेक मुश्रान

1991 साजन, निर्देशक–लॉरेंस डिसूजा पात्र–सलमान खान, संजयदत्त, माधुरी दीक्षित

1992 हिना, निर्देशक–रणधीर कपूर पात्र–ऋषि कपूर, अनिल कपूर, माधुरी दीक्षित

1993 रूदाली, पात्र–डिंपल कपाड़िया

1993 खलनायक, निर्देशक–सुभाष घई पात्र–संजयदत्त, माधुरी दीक्षित, जैकीश्राफ़

1993 डर, पात्र–सनी दयोल, जुही चावला, शाहरुख खान

1993 गर्दिश, पात्र–जैकीश्राफ़, राजबब्बर, डिंपल कपाड़िया

1993 दलाल, पात्र–मिथुन चक्रवर्ती, आयशा जुल्का

1994 हम आपके हैं कौन, निर्देशक–सूरज बड़जात्या पात्र–सलमान खान, माधुरी दीक्षित

1994 मोहरा, निर्देशक–गुलशन राय पात्र–अक्षय कुमार, सुनील शेट्टी, रवीना टण्डन

1995 दिल वाले दुल्हनिया ले जाएंगे, निर्देशक–आदित्य चोपड़ा पात्र–शाहरुख खान, काजोल, अमरीश पुरी

1995 बॉम्बे, निर्देशक–मणिरत्नम पात्र–अरविन्द स्वामी, मनीषा कोइराला

1996 राजा हिन्दुस्तानी, निर्देशक–धर्मेश दर्शन पात्र–आमिर खान, करिश्मा कपूर

1996 बैण्डिट क्वीन, निर्देशक–शेखर कपूर पात्र–सीमा बिस्वास

1996 माचिस, निर्देशक–गुलजार पात्र–चंद्रचूड़ सिंह, तब्बू

1997 बॉर्डर, निर्देशक–जे॰पी॰ दत्ता पात्र–सनी दयोल, सुनील शेट्टी, अक्षय खन्ना

1997 दिल तो पागल है, निर्देशक–आदित्य चोपड़ा पात्र–शाहरुख खान, करिश्मा कपूर, माधुरी दीक्षित

1998 कुछ कुछ होता है, निर्देशक–करन जौहर पात्र–शाहरुख खान, काजोल, रानी मुखर्जी

1998 गुलाम, पात्र–आमिर खान, रानी मुखर्जी

1999 हम साथ-साथ हैं, निर्देशक–सूरज बड़जात्या पात्र–सलमान खान, माधुरी दीक्षित, सैफ अली खान

1999 वास्तव, निर्देशक–महेश मांजरेकर पात्र–संजय दत्त, नम्रता शिरोडकर

1999 हम दिल दे चुके सनम, निर्देशक–संजय लीला भनसाली पात्र–सलमान खान, अजय देवगन, ऐश्वर्या राय

2000 कहो न प्यार है, निर्देशक–राकेश रोशन पात्र–ऋतिक रोशन, अमीषा पटेल

2000 मिशन कश्मीर, निर्देशक–विधु विनोद चोपड़ा पात्र–ऋतिक रोशन, संजय दत्त, प्रीति जिंटा

2000 गजगामिनी, निर्देशक–एम०एफ० हुसैन पात्र–माधुरी दीक्षित, शिल्पा शिरोडकर, शबाना आजमी, शाहरुख खान

2001 गदर-एक प्रेमकथा, पात्र–सनी दयोल, अमीषा पटेल, अमरीश पुरी

2001 लगान, निर्देशक–आशुतोष गोवारीकर पात्र–आमिर खान, ग्रेसी सिंह

2001 दिल चाहता है, निर्देशक–फरहान अख्तर पात्र–आमिर खान, सैफ अली, अक्षय खन्ना, प्रीति जिंटा

2002 दि लीजेण्ड ऑफ भगत सिंह, निर्देशक–राजकुमार संतोषी पात्र–अजय देवगन, अमृता राव, सुशांत सिंह

2002 देवदास, निर्देशक–संजय लीला भनसाली पात्र–शाहरुख खान, ऐश्वर्या राय, माधुरी दीक्षित, जैकीश्राफ

2002 कंपनी, निर्देशक–रामगोपाल वर्मा पात्र–अजय देवगन, विवेक ओबेराय, मनीषा कोइराला, अंतरा माली

2003 कोई मिल गया, निर्देशक–राकेश रोशन पात्र–ऋतिक रोशन, रेखा

2003 मुन्ना भाई एम०बी०बी०एस०, निर्देशक–राजकुमार हिरानी पात्र–संजयदत्त, ग्रेसीसिंह, अरशद वारसी, बोमन इरानी

2004 धूम, पात्र–जॉन अब्राहम, अभिषेक बच्चन

2004 खाकी निर्देशक–राजकुमार संतोषी पात्र–अमिताभ बच्चन, ऐश्वर्या राय, अजय देवगन

2005 बंटी और बबली, पात्र–अमिताभ बच्चन, ऐश्वर्या राय, अभिषेक बच्चन

2005 ब्लैक, निर्देशक–संजय लीला भनसाली पात्र–अमिताभ बच्चन, रानी मुखर्जी

2005 मंगल पाण्डे द राइजिंग, पात्र–आमिर खान, ऐश्वर्या राय

2005 सरकार, निर्देशक–रामगोपाल वर्मा पात्र–अमिताभ बच्चन, ऐश्वर्या राय, अभिषेक बच्चन

2006 फना, निर्देशक–कुणाल कोहली पात्र–आमिर खान, काजोल

2006 लगे रहो मुन्ना भाई, निर्देशक–राजकुमार हिरानी पात्र–संजय दत्त, विद्या बालन, अरशद वारसी, बोमन इरानी

2006 ओमकारा, निर्देशक–विशाल भारद्वाज पात्र–अजय देवगन, करीना कपूर सैफ अली

2006 रंग दे बसंती, निर्देशक–राकेश ओमप्रकाश मेहरा पात्र–आमिर खान, कुणाल कपूर, सोहा, शरमन जोशी

2007 ओम शांति ओम, निर्देशक–फरहा खान पात्र–शाहरुख खान, दीपिका पादुकोण

2007 चक दे इण्डिया, निर्देशक–शिमित अमीन पात्र-शाहरुख खान, सागरिका घाटगे, विद्या

2007 गांधी माई फादर, निर्देशक–फिरोज अब्बास खान पात्र–अक्षय खन्ना, शेफाली शाह

2007 तारे जमीं पर, निर्देशक–आमिर खान पात्र–आमिर खान दर्शील सफारी, टिस्का चोपड़ा

2008 गजनी, निर्देशक–ए०आर० मुरुगदास पात्र–आमिर खान, असिन, जिया खान

2008 फैशन, निर्देशक–मधुर भण्डारकर पात्र–प्रियंका चोपड़ा, कंगना रानावत, अरबाज खान

2008 ए वेडनेसडे, निर्देशक–नीरज पाण्डेय पात्र–नसीरूद्दीन शाह, अनुपम खेर

2009 थ्री ईडियटस, निर्देशक–राजकुमार हिरानी पात्र–आमिर खान, करीना कपूर, शरमन जोशी, माधवन, बोमन इरानी

2009 वांटेड, पात्र-सलमान खान, आयशा टाकिया

2010 देव डी, निर्देशक–अनुराग कश्यप पात्र–अभय दयोल, माही गिल, कल्कि कोचलीन

2010 पा, निर्देशक–आर० बाल्की पात्र–अमिताभ बच्चन, अभिषेक बच्चन, विद्या बालन

2010 इश्किया, निर्देशक–अभिषेक चौबे पात्र–नसीरूद्दीन शाह, अरशद वारसी विद्या बालन

2010 पीपली लाइव, निर्देशक–अनुषा रिजवी पात्र–ओमकारदास मानिकपुरी, रघुवीर यादव

2010 दबंग, निर्देशक–अभिनव कश्यप पात्र–सलमान खान, सोनाक्षी सिन्हा, अरबाज खान, सोनू सूद

2010 फिराक, पात्र–नन्दिता दास

2010 रोबोट, पात्र–रजनीकांत, ऐश्वर्या राय

2011 बाडीगार्ड, निर्देशक–अभिषेक चौबे पात्र–नसीरूद्दीन

2011 रेडी, निर्देशक–अनीस बज्मी पात्र–सलमान खान, असिन, अजय देवगन, संजय दत्त

2011 सिंघम, निर्देशक–रोहित शेट्टी अजय सिन्हा पात्र–ओम पुरी, गोविन्द नामदेव

2012 कहानी, निर्देशक–सुजौय घोष, पात्र–विद्या बालन, परमव्रत चटर्जी, नवाजुद्दीन सिद्दीकी

2012 विक्की डोनर, निर्माता–जॉन अब्राहम, निर्देशक, शुजीत सरकार, पात्र–आयुष्मान खुराना, यमी गौतम, अनु कपूर, डाली अहलूवालिया

2012 पान सिंह तोमर, निर्देशक–तिग्मांशु धलिया, पात्र–इरफान खान, माही गिल

2012 एक था टाइगर, निर्देशक–कबीर खान, पात्र–सलमान खान, कैटरीना कैफ

2012 गैंग ऑफ वासेपुर I, II, निर्देशक–अनुराग कश्यप, पात्र–मनोज बाजपेई, नवाजुद्दीन सिद्दीकी, हुमा कुरेशी, ऋचा चड्ढा

2012 बरफी, निर्देशक–अनुराग बासु, पात्र–रणवीर कपूर, प्रियंका चोपड़ा इलियाना डी क्रूज (ऑस्कर हेतु विदेशी भाषा वर्ग में भारत से नामित फिल्म)

2013 मोहल्ला अस्सी, निर्देशक–डॉ॰ चन्द्रप्रकाश द्विवेदी, पात्र–सनी देयोल, उर्मिला मातोडंकर, रविकिशन, मनोज बाजपेई, साक्षी तँवर, मुकेश तिवारी

लेखकीय सम्पर्क

कनुभाई पटेल, लज्जा कम्युनिकेशन, वल्लभविद्यानगर, गुजरात।

शैलजा माहेश्वरी, प्राध्यापक, हिन्दी विभाग, प्रताप महाविद्यालय, अमलनेर, जलगाँव, महाराष्ट्र।

एन॰ ललिता, अध्यक्षा, हिन्दी विभाग, आर॰ वी॰ एस॰ कॉलेज, कोयम्बतूर, तमिलनाडु।

सी॰आर॰ राजश्री, अध्यक्षा, भाषा विज्ञान विभाग, जी॰ एस॰ दामोदरन महाविद्यालय, कोयम्बतूर, तमिलनाडु।

एस॰ पद्मप्रिया, वरिष्ठ प्राध्यापक, हिन्दी विभाग, पॉण्डिचेरी विश्वविद्यालय, पुदूच्चेरी।

राजशेखर उमेश जाधव, पोस्ट ओबलापुर, तालुका रामदुर्ग, जिला बेलगाम, कर्नाटक।

दोड्डा शेषु बाबु, वरिष्ठ प्राध्यापक, हिन्दी विभाग, मौलाना आजाद उर्दू विश्वविद्यालय, हैदराबाद, आन्ध्र प्रदेश।

राजनारायण शुक्ल, एस॰ एच॰ ए॰–5, कविनगर, गाजियाबाद, उत्तर प्रदेश।

वीरेन्द्र सिंह यादव, उपाचार्य हिन्दी विभाग, शकुन्तला मिश्रा विकलांग पुनर्वास विश्वविद्यालय, लखनऊ, उत्तर प्रदेश।

दयाशंकर, आचार्य हिन्दी विभाग, सरदार पटेल विश्वविद्यालय, बल्लभविद्यानगर, गुजरात।

सृष्टि माथुर, प्राध्यापक गायन, भातखण्डे संगीत संस्थान सम विश्वविद्यालय, 1, कैसरबाग, लखनऊ, उत्तर प्रदेश।

अश्विनी कुमार शुक्ल, ए॰–80, आवास विकास कॉलोनी, बाँदा, उत्तर प्रदेश।

दया दीक्षित, एसोशिएट प्रोफेसर, हिन्दी विभाग, डी॰ए॰वी॰ कॉलेज, कानपुर, उत्तर प्रदेश।

कुमारेन्द्र सिंह सेंगर, प्राध्यापक, हिन्दी विभाग, गाँधी महाविद्यालय, उरई, जालौन, उत्तर प्रदेश।

मुदिता चन्द्रा, प्राध्यापक, हिन्दी विभाग, जमशेदपुर वीमेंस कॉलेज, जमशेदपुर, झारखण्ड।

विजय वेदलंकार, 486, पी॰, सेक्टर-23, सोनीपत (हरियाणा)।

शिवकुमार शर्मा, प्राध्यापक–हिन्दी विभाग, माधव स्नातकोत्तर महाविद्यालय, ग्वालियर, मध्य प्रदेश।

प्रणव, व्याख्याता–हिन्दी विभाग, उपाधि स्नातकोत्तर महाविद्यालय, पीलीभीत, उत्तर प्रदेश।

गायत्री सिंह, प्राध्यापक–हिन्दी विभाग, चौधरी चरण सिंह (पी॰ जी॰) कॉलेज, हेवरा, इटावा, उत्तर प्रदेश।

नीरज कुमार सिंह, प्राध्यापक–हिन्दी विभाग, चौधरी चरण सिंह (पी॰ जी॰) कॉलेज, हेवरा, इटावा, उत्तर प्रदेश।

समता सिंह, द्वारा डॉ॰ नीरज कुमार सिंह, प्राध्यापक–हिन्दी विभाग, चौधरी चरण सिंह (पी॰ जी॰), कॉलेज हवेरा, इटावा, उत्तर प्रदेश।

हेमा देवरानी, ए॰ आर॰ जी॰ 55, अलवर (राजस्थान)।

दीपक पाठक, प्रवक्ता, संस्कृत विभाग, नेहरू महाविद्यालय, ललितपुर, उत्तर प्रदेश।

दीप्ति रंजन बिसारिया, प्राध्यापक, हिन्दी विभाग, वी॰एस॰एस॰डी॰ कॉलेज, कानपुर, उत्तर प्रदेश।

केदार सिंह, प्राध्यापक, हिन्दी विभाग, विनोबा भावे विश्वविद्यालय, हजारीबाग, झारखण्ड।

प्रियंका सिंह, 1/4 ऑफिसर्स कॉलोनी, तहसील कम्पाउण्ड, गाँधीनगर गाजियाबाद, उत्तर प्रदेश।

बबिता के॰, शोधार्थी, हिन्दी विभाग, द्वारा डॉ॰ एस॰ पद्मप्रिया, पांडिचेरी विश्वविद्यालय, पुदुच्चेरी।